KB203062

함께-형성을 위한 '종교 간 교육'

종교란 무엇인가

함께-형성을 위한 '종교 간 교육'
종교란 무엇인가

2024년 11월 29일 처음 찍음

엮은이 | 나지바 사이드 · 하이디 하셀
옮긴이 | 김성래 · 이정철 · 한가람
펴낸이 | 김영호
펴낸곳 | 도서출판 동연
등   록 | 제1-1383호(1992년 6월 12일)
주   소 | 서울시 마포구 월드컵로 163-3
전   화 | (02) 335-2630
팩   스 | (02) 335-2640
이메일 | yh4321@gmail.com

Copyright ⓒ Dong Yeon Press, 2024

ISBN 978-89-6447-055-8 03200

함께-형성을 위한 '종교 간 교육'

종교란 무엇인가

나지바 사이드 · 하이디 하셀 편저
김성래 · 이정철 · 한가람 옮김

동연

| 책 을 옮 기 며 |

"우리는 이제 종교적 다양성의 의미를 논의하려는 시도 자체가 종교 다원

주의적 견해를 가지는 것이라고 선입견을 갖는 시대에 살고 있지 않다."

— 존 타타마닐(John Thatamanil)

이 책은 말하자면 21세기 미국의 신학 교육에서 시도된 위대한 실험에
대한 보고서라고 할 수 있다. 이 위대한 실험의 내용은 바로 '종교 간 교
육'(interreligious education)이라고 불리는 새로운 교육법에 대한 실천이
다. 세계 어느 곳에서나 그랬지만, 과거 미국의 신학교들은 개신교 신학
교이든 유대교나 가톨릭 신학교이든 학생들을 온전히 자신들의 전통에
둘러싸여 있는 환경에서 교육해왔다. 이웃 종교는 교육의 주제에 포함
되지 않는 경우도 다반사였지만, 만약 포함되었다 하더라도 그것은 대
체로 같은 전통 내의 일원이 자신의 관점으로 채색된 내용을 정리해서

가르쳐주는 것뿐이었다. 하지만 새로이 시도된 이 위대한 실험은 그러한 고전적 방법을 거부했다. 과감히 자신들의 학교에 다른 종교를 지닌 학생을 모집하거나 교수를 임용하는 방법 혹은 이웃 종교 교육기관과 협약을 맺어 공동 교육 과정을 제공하는 방식 등으로 진행되었다. 어느 쪽이든, 참여자들은 손님으로가 아니라 서로의 선생으로, 함께 배움의 주체로, 더 나아가 '함께 형성'(coformation)의 동료로 초대되었다.

미국에서 이러한 교육법은 (물론 4장에 나오는 재건주의 유대교 대학과 같이 그렇지 않은 경우들도 있었지만) 대체로 기독교 배경(특히 개신교) 신학교를 중심으로 주로 시도되었다. 하지만 그것은 기독교가 더 포용적이었거나 더 진취적이어서 그랬다는 뜻은 아니다. 인구의 90% 이상이 기독교인이었던 미국의 특성상 제도화된 신학 교육기관은 대부분 기독교 신학교들이었고, 그곳에는 많은 자원과 인력이 있었다. 더불어 그들에게는 이 혁신적인 실험을 시도하고자 하는 명백한 신학적 동기가 있었다. 하나는 기독교가 역사에 남긴 무수한 폭력과 억압에 대한 철저한 반성이었고, 다른 하나는 그들이 살아가고 있는 사회가 겪고 있는 다원화에 대한 성찰 그리고 마지막은 그 안에서 그리스도가 말한 이웃 사랑의 의미는 어떻게 실천되어야 하는가에 대한 끈질긴 책임 의식이었다.

시기적으로는 제2차 세계대전 때 발생한 홀로코스트 이후 혹은 1965년 비그리스도교와 교회의 관계에 대한 선언인 〈우리 시대〉(Nostra Ae-tate)를 발표하며 이웃 종교에 대한 가톨릭의 입장이 거대한 변화를 이룬 때를 전후로 하여 종교 간 교육이 처음 시도되기 시작했다. 기독교인들은 먼저 유대인에 대한 나치 폭력의 배경에는 기독교가 심은 반유대주의가 작용했다고 반성하고, 언러닝(unlearning)과 리러닝(relearning)—즉,

'과거의 편견을 잊고 새롭게 다시 배우기'―의 작업을 시도했다. 다시 말해, 더 나은 세상을 꿈꾸는 기독교인들은 자신들이 유대인에 대해 갖고 있었던 편견과 무지를 깨우치고, 그들에 대해 정확하게 이해하기를 원했다. 이때 시도된 교육의 핵심은 '~에 관한 배움'(learning about)에서 '~로부터의 배움'(learning from)으로의 전환이었다. 그들은 타자로부터 직접 배울 때에 타자의 목소리와 정체성이 왜곡되지 않고 상대를 있는 그대로 배울 수 있다고 생각했다. 그래서 그들은 목사나 신부가 유대교에 대해 교인들에게 가르치기보다 유대인 랍비가 직접 와서 유대인과 유대교에 대해 그들을 가르치는 방법을 시도했다. 그리고 동일한 방법이 유대교에서도 시도되었다.

이렇게 시작된 종교 간 교육은 1990년대 이후 더욱 활발히 이루어지고 넓게 확장되었다. 이러한 노력은 몇 가지 갈래로 발전하였다. 먼저 유대인과 기독교인 사이에 시작되었던 초기 시도들이 점차 다양한 종교인들에게로 확장되었다. 특별히 2000년대를 전후로 이슬람이 종교 간 교육의 중요 당사자로 등장하기 시작했고, 불교와 힌두교, 자이나교 등 다양한 종교 전통이 신학교에 등장하기 시작했다. 동시에 종교 간 교육의 모델은 '~로부터의 배움'에서 '~와 함께의 배움'(learning with)으로 확장되었다. 이를테면, 다수의 기독교인과 유대교인이 함께 한자리에 모여 서로의 종교 전통과 텍스트들을 같이 공부하는 방법 등을 시도하였다. 그들은 이러한 과정을 통해 서로에 대해 직접 배울 수 있었을 뿐만 아니라 공동의 과거와 현재 그리고 미래를 논할 수 있었다.

그리고 마침내 종교 간 교육은 점차 지역(local)의 문제가 아니라 제도(institution)의 문제로 인식되기 시작했다. 다시 말하자면, 어떠한 특정 지역들에서 교회와 회당 사이에 우정과 공생을 위한 교육적 시도로서

만이 아니라 신학 교육 차원에서 필요한 교육 방법으로 종교 간 교육이 고민되기 시작했다는 뜻이다. 신학교들은 점점 더 종교적으로 다원화되어가고 있는 미국 사회에 대해 이전과는 다른 신학 교육이 필요하다고 느꼈다. 특히 9.11 테러 사건 이후 잇달아 이슬람 혐오(islamophobia)와 혐오 범죄(hate crime)가 증가하는 것을 바라보면서, 종교적 무지와 편견이 또 다른 폭력을 재생산하는 이 현실을 바꿀 수 있는 신학 교육이 필요하다고 인식했다. 이 책의 6장을 저술한 제니퍼 하우 피스(Jennifer Howe Peace)의 질문이 바로 그런 것이었다. "우리 졸업생들이 맞이하게 될 복잡한 다종교적 상황을 생각했을 때, 다음 세대의 종교 지도자와 교육자들이 해야 하는 적합한 준비는 어떤 모습일까?" 신학 교육자들은 이런 질문을 바탕으로 다종교 사회의 종교 지도자가 되어야 할 미래의 지도자들에게 종교 간 지도력(interfaith leadership)이 필수요소임을 깨닫게 되었고, 이를 위해서는 타 종교에 대한 높은 지식과 이해 그리고 감수성이 필요하다고 느꼈다. 그리고 그것을 위한 교육 방법으로 종교 간 교육, 즉 '타자로부터' 그리고 '타자와 함께 하는' 신학 교육을 시도하기 시작했다. 이로써 많은 학교들에서 유대교, 기독교, 무슬림 예비 성직자들(혹은 그 외 다른 종교 전통의 예비 혹은 현 지도자들)이 함께 교육받게 되었고, 함께 형성의 과정을 경험하기 시작하였다.

이 책의 다양한 글들은 바로 이러한 배경에서 탄생한 미국 신학교의 종교 간 교육 현장의 구체적인 경험과 실천 그리고 그에 대한 비판적 분석과 학문적 성찰을 담고 있다. 특별히 이 책은 버클리 연합신학대학원(Graduate Theological Union)의 주디스 벌링 교수가 서문에서 밝히고 있듯이 '종교 간 교육 및 교수법'(Interreligious Education and Pedagogy)이라고 하는 프로젝트를 통해 여러 학자가 수년에 걸쳐서 만나고 대화한 것을 클레어몬트 신학대학원의 교수였던 나지바 사이드(Najeeba Syeed)와 오랜 기간 하트포트 신학대학원의 총장이었던 하이디 하셀(Heidi Hadsell)이 함께 편집하여 출판한 책이다.

필자의 선생이기도 한 사이드 교수는 현재 미니애폴리스에 있는 억스버그대학(Augsburg University)의 초대 엘-히브리 석좌교수(El-Hibri Endowed Chair)이자 종교 간 센터의 센터장을 역임하고 있다. 그녀는 무슬림이며 원래 법학을 전공한 갈등 해결(conflict resolution)과 중재(me-diation) 전문가였다. 이후 클레어몬트 신학대학원의 첫 무슬림 교수로 임용되었고 약 10년간 재직하면서 종교 간 교육이 신학 및 종교 교육계에 널리 알려지는 데 큰 역할을 감당한 학자이자 활동가이다. 하이디 하셀은 2000년부터 2018년까지 하트포드 신학대학원(현재는 하트포드 인터내셔널 대학교)의 총장으로 학교를 이끌었으며, 현재는 버클리 연합신학대학원(GTU)의 재단 이사이기도 하다. 그녀는 미국장로교 교인이면서 교회 일치와 종교 간 평화를 위해 매우 앞장섰고, 세계교회연합(WCC)의 보세이 에큐메니컬 연구소의 소장, 맥코믹 신학대학원의 사회윤리학 교수이자 학장 등을 역임했다. 그녀는 무엇보다 하트포드 신학대학원이 다종교 교육을 실시하도록 오랜 기간 학교의 변화를 이끌었고 마침내 하트포드가 완전한 다종교 학교로 변화하는 데 크게 기여했다.

이 책의 집필진 목록에는 또한 종교 간 교육의 현장에서 이름난 여러 학자-실천가들이 포함되어 있다. 모두를 열거할 수는 없겠지만, 클레어몬트 신학대학원의 모니카 콜먼(Monica Coleman)이나 뉴욕 유니언 신학대학원의 존 타타마닐(John Thatamanil) 같은 신학자들부터, 콜롬비아 신학대학원의 크리스틴 홍(Christine Hong)이나 앤도버뉴튼 신학대학원의 교수였던 제니퍼 하우 피스(Jennifer Howe Peace) 같은 종교 교육학자 그리고 역시 버클리 연합신학대학원의 교수였던 무슬림 교육가 무니르 지와(Munir Jiwa)와 재건주의 유대교 대학의 유대교 교육가인 낸시 크레이머(Nancy Kreimer) 등이 바로 그들이다.

이 책의 가장 큰 장점은 매우 다양한 배경과 관점을 가진 이들이 이 위대한 실험에 대한 경험을 나누고 있다는 점이다. 특히 기독교 신학교의 역할이 중요했음에도 그들의 목소리가 지배적으로 등장하는 것이 아니라 유대교와 이슬람교 관련자들의 목소리가 함께 들려지고 있다. 이는 종교 간 교육이 구현하고자 하는 가치가 상징적으로 책의 구성에도 표현되고 있는 것이다. 저자들은 또한 흑인 · 여성 · 이민자 · 성소수자 등의 정체성이 복잡하게 얽혀 있는 현장의 경험을 생생하게 나눔으로써 이 실험의 내용을 더욱 입체적이고 고차원적으로 묘사하고 있다. 더불어 토니 리치(Tony Richie)와 같은 복음주의/오순절 배경을 가진 교육가의 글은 소위 종교 간 지도력을 위한 교육이 어느 한쪽의 관심이 아니라 모두의 관심이 되어가고 있다는 것을 보여주는 매우 주목할 만한 글이다(글쓴이들과 각 내용에 대한 더욱 자세한 설명은 벌링이 쓴 서문을 참고하기 바란다).

이 책을 번역해서 출판하려는 계획은 미국 아일리프 신학대학원의 학장을 역임했던 이보영 교수의 제안으로 시작되었다. 번역은 게렛 신학대학원에서 종교 교육을 연구하고 있는 한가람이 1, 7, 9장과 '맺으며'를, 버클리 연합신학대학원에서 주디스 벌링 교수의 제자로 박사 학위를 받은 김성래가 2, 4, 5, 8장을 그리고 필자(이정철)가 서문을 포함하여 3, 6, 10, 11장을 번역했다. 이 책의 각 장은 서로 매우 다르면서 상당히 특수한 종교-문화적 상황들을 다루고 있고, 아주 미묘한 순간들에 대한 묘사가 많기에 번역하기가 쉽지 않았다. 따라서 역자들이 최선을 다했음에도 남아 있는 부족한 부분들에 대해서는 독자들의 너그러운 이해를 바란다. 여러 이유로 예상보다 오랜 시간이 걸렸지만, 결국 이 책이 번역되어 나오기까지는 도서출판 동연의 김영호 대표님의 인내와 지지, 그리고 박현주 편집장을 비롯한 출판사 편집부의 끈기와 노고가 있었기에 가능했다. 이 모든 과정이 가능하도록 애쓴 모든 이에게 감사드린다.

대단한 것은 아니지만 필자는 종교 간 교육 분야로 박사 학위를 받은 첫 번째이자 여전히 유일한 한국인으로서 이 책이 한국의 학문과 실천의 영역에 소개되는 것을 매우 고무적으로 생각한다. 한국은 본래 항상 다종교 국가였다. 20세기에 개신교와 가톨릭, 불교의 발전이 눈부셨지만, 여전히 인구의 절반 이상은 무종교인이고, 어느 한 종교도 사회에서 절대적 우위를 점하고 있지 않다. 어찌 보면 이러한 환경에서 90% 이상이 기독교였던 미국의 신학 교육 체제를 그대로 받아들여 왔다는 점은 우리가 깊이 생각해봐야 할 지점이다. 교육은 학습자들이 실제의 환경에서 성공적으로 살아갈 수 있게 도와주는 도구이다. 미국의 이 위대한 실험은 바로 실제 학생들이 살게 될 사회가 다종교 사회로 변화하였고 (미국의 기독교 인구는 현재 60%대이며 계속 줄어들고 있다), 따라서 지도자들에게는 서로 다른 이들이 더불어 살아가는 방법과 지혜가 필수적으로 요구되었기에 그들의 교육 환경도 과감히 개혁한 것이다. 이러한 관점에서 필자는 "우리의 신학 교육이 과연 우리의 사회를 잘 반영한 교육이었을까?"라는 의문이 든다. 더불어 독자들도 이 책을 읽으며 "한국의 신학 교육(참고로, 이 글이나 이 책 전체에 나오는 '신학'이라는 말은 개신교 신학만을 이르는 표현이 아니다) 혹은 예비 성직자 교육은 과연 서로 다른 이들이 조화롭게 살아가며, 자신들이 믿는 초월의 이름으로 이웃과 함께 정의와 평화를 실현해나갈 수 있는 지도자를 양성하는 일에 적극적이고 적합한 교육인가?"라는 질문을 던져보기를 기대한다. 그리고 궁극적으로 우리 모두가 진정 "종교란 무엇일까?"라는 질문과 마주하게 되기를 바란다.

언젠간 한국의 예비 성직자 교육도 다른 종단의 학교들과 연합하여 수업을 교환하고, 서로를 통해 그리고 서로와 함께 배워나가는 교육 과정을 제도화할 수 있을지 모르겠다. 물론 쉽지 않은 일일 것이다. 하지만 그런 날이 온다면 성직자가 된다는 것이 더욱 폐쇄적이고 단선적이며, 완고한 세계로의 침수(浸水)가 아니라 상생과 조화, 이해와 사랑의 전문가가 되는 길로 이해될 수 있을 것이다. 그리고 그러한 교육을 받은 성직자들의 안내와 가르침을 받아 성장하는 신앙 공동체들은 배타주의와 혐오가 낳는 폭력을 줄이고 더불어 살아가는 사회와 모두를 위한 사회를 위한 디딤돌이 될 수 있지 않을까 생각해 본다. 그러한 길이 모든 신앙인에게 자신들이 믿고 따르는 가르침을 더욱 성실하게 수행하는 일임에는 의심의 여지가 없다.

종교 간 교육을 이 한 권의 책으로 모두 소개하기는 어렵지만, 이 책에 담긴 많은 이야기가 독자 모두의 새로운 상상력을 자극하는 자원이 되기를 바란다. 이 책의 사례들이 담고 있는 미국 안에서의 특정하고 다양한 상황들은 그에 익숙지 않은 독자들에게 다소 걸림돌이 될 수도 있겠지만, 세계화와 다원화 시대를 넘어 초연결 시대를 살아가는 우리에게 필요한 새로운 교육 방법을 모색하는 데 분명 도움을 줄 것이다. 이 책을 통해 우리의 대화가 더욱 확장되기를 기원한다.

옮긴이를 대표하여

이정철 씀

| 차 례 |

4부 ﹒ 종교 간 교육의 효과

서문

종교 간 이해를 위한 교수법(pedagogies)

| 주디스 A. 벌링 |

서문

종교 간 이해를 위한 교수법(pedagogies)

주디스 A. 벌링(Judith A. Berling)

이 책에 담긴 글들은 '종교 간 교육 및 교수법' 프로젝트 참가자들이 지난 몇 년간 나눴던 대화에서 발전되었다. 참가자들은 프로젝트를 통해 종교 간 프로그램을 개발하고 평가해본 경험들, 그들의 성공 및 좌절 등을 공유했다. 그들은 서로에게 배웠고, 또한 서로와 함께 배웠다. 그중 몇몇은 학회의 패널로 참가하거나 종교 간 교육법에 대한 책에 글을 쓰기도 했다. 그들은 다양한 교육자를 만나 대화하고자 했고, 자신의 배경이나 자신의 기관을 넘어 여러 교수진들의 연구와 대화를 시도하기도 했다.

해당 프로젝트는 또한 현재 신학대학원이나 신학교에서 일어나고 있는 종교 간 학습에 대한 전반적인 내용을 담은 연구 보고서를 만드는 일을 지원했다. 보고서는 프로젝트 참가자들의 출판된 문헌들에 대한 철저한 검토와 광범위한 학교들의 교수들과 진행한 대면 및 비대면 인터뷰를 통해 더욱 확장되었다. 이를 통해 우리는 각 기관들이 각자의 도전과 기회의 여정을 거치며 종교 간 교육에 대한 그들만의 접근 방식을 형성해왔다는 사실을 알 수 있었다. 해당 보고서는 버클리 연합신학대학원(Graduate Theological Union at Berkeley, 이하 GTU)의 웹사이트에 곧 게시될 것이다.

　이 서문은 이렇게 광범위한 연구를 바탕으로 작성된 이 책의 글들에 담긴 종교 간 교육의 교육적 문제와 의미에 대해 짧게 고찰할 것이다.

1. 일신교적 배타주의 극복

이 책과 이를 만들어낸 프로젝트의 주된 관심은 신학대학원과 신학교였고, 주로 기독교와 유대교와 이슬람교의 종교 간 교육 프로그램에 있었다. 세 전통의 주류 역사에는 다른 종교에 대해 긍정적인 시각을 갖지 못했던 역사가 깊이 내재 되어 있었기 때문에, 종교 간 교육의 시작은 이러한 역사적 제약에서 벗어나는 것이 매우 중요했다. 루벤 파이어스톤(Reuven Firestone)은 바로 이러한 내용을 다루고 있다. 그는 어떻게 유일신 신앙의 등장이 일신교 종교들로 하여금 다른 종교들을 반대하거나 비난하도록 했는지 그 역사를 탐구한다. 하지만 그는 또한 유일신 종교의 어떤 교육 받은 신자들은 후기 계몽주의 시대에 들어서면서 그들의 전통이 풍부하고 다양한 문화와 매우 다양한 지식 그리고 다양한 종교들과 연관되어 있다는 것을 알게 되었다고 주장한다. 그의 견해에서 보면, 또한 그들의 깨달음을 고려하면, 현재의 학생들, 특히 신학생들은 자신의 종교가 강력하고 진짜라고 생각하는 것만큼 모든 지혜와 지식을 가지고 있는 것은 아니라는 사실을 깨닫는 게 중요하다. 다른 전통의 지혜를 배우는 것은 적절한 영적 겸손을 배양하고(신의 계시에 대해서는 항상 더 배울 것이 있다) 또한 자신의 종교에 대해 질문해보는 것이 매우 중요하고 필수적일 수도 있다는 생각이 들게 한다. 파이어스톤은 그래서 신학생들의 평생학습을 위한 필요와 욕구를 확립하는 데 도움이 되도록 (수업을 통해) 다른 종교에 노출시키는 것이 중요하다고 주장한다.

파이어스톤은 종교 간 교육에 대한 '노출'(exposure) 접근 방식의 훌륭한 사례를 제시한다. 그는 '또 다른 전통'에 대한 강의와 텍스트 혹은 강연자를 추가함으로써 학생들이 그동안 영향 받아온 세계관이 절대적이거나 유일한 선택이 아니라 종교적 진리 탐구에는 다양한 접근들이 있다는 사실을 알게 한다. 이러한 노출 모델은 매우 흔하게 종교 간 교육을 향한 첫 시도로 행해진다. 이 책 저자들의 경험은 대부분 이 접근법을 넘어서지만, 이것은 여전히 광범위하게 시도되고 있다.

종교 간 교육에 대한 오순절/복음주의적 접근법에 대한 토니 리치(Tony Richie)의 글은 또한 그의 교단에 있는 많은 사람의 저항을 직접적으로 다루고 있다. 그는 다른 어떤 오순절 신학자들과 복음주의 신학자들처럼 고기독론(high Christology)과 선교학에 대한 강한 헌신을 지속함과 동시에 대화와 종교 간 교육 그리고 관계에 대한 개방성을 유지하고자 한다. 이러한 신학자들은 성령론을 강조하고, 그리스도와 하나님은 제도적 교회에 구속되지 않으며 다른 종교들의 안팎을 포함한 모든 곳에서 활동하고 있다고 주장한다. 또한 이들은 하나님에 대한 정서적 경험과 살아 있는 기독교에 대한 오순절주의적 헌신을 교육의 목표로 삼고 오순절파 교인들을 다종교적 세계로 안내하며, 이들이 다른 종교인들을 포함한 많은 사람과 연대하여 세속주의와 소외된 자들에 대한 억압에 맞서도록 이끄는 종교 간 교육을 주장한다. 다른 종교에 대한 보수적인

거절의 역사를 고려하면, 이러한 오순절/복음주의적 접근은 종교신학
(그들의 기독교 신학이 어떻게 이웃 종교에 대한 개방성과 조화될 수 있는지 가르치는
것)과 다종교 상황에서의 목회(이웃 종교인에게 기독교적 환대와 협력 관계를 갖
는 대안적 모델을 제공하는 것)를 모두 포함해야만 한다. 이처럼 위와 같은
종교 간 교육의 선구자들은 그들의 교단 내에서 일어나는 저항에 부딪히
곤 하지만 그들의 교육과 저술 모든 부분에서 지도력을 발휘하고 있다.

방금 소개한 두 글은 종교 간 교육에 대한 상대적으로 보수적인 경우
들을 다루고 있다는 점에서 중요하다. 이들의 경우는 그들의 전통이 요
구하는 것과 특징을 존중하면서 동시에 조심스럽게 종교 간 관계에 대한
문을 열고자 했다. 왜냐하면 교단의 지도자들과 교인들 모두 다종교 세
계에 살고 있기 때문이다. 그들은 특정한 상황에 따라 종교 간 교육법이
때로는 제한적이기도 하고 때로는 지지를 받으며 다양한 모습으로 만들
어지고 있다는 사실을 보여준다. 즉, 종교 간 교육이란 모든 곳에 적용되
는 한 가지 모델이 있는 것이 아니고 그것이 실천되는 각 기관의 사명과
가치에 기반해야 함을 보여준다.

뉴욕의 유니온 신학대학원의 교수인 존 타타마닐(John Thatamanil)은
반대로 개신교의 진보적인 견해에서 글을 썼다. 그의 글은 종교 간 신학
(interreligious theology)을 가르칠 때 필요한 교수법에 관한 것이다. 그는
(두 개 혹은 그 이상의 종교의 원전이나 교리 등을 비교하는) 비교 신학(compara-
tive theology)적 접근을 떠나 교리적 차이의 복잡성에 제한되지 않는 교
육에 대해 이야기한다. 그는 에드워드 팔리(Edward Farley)를 인용하며,
신학을 하나의 협소한 인식 체계로 이해할 것이 아니라, 어떠한 종교의
텍스트와 가르침에 영향을 받은 영적 실천이자 훈련을 실천함으로써 파
악하는 '체화된 지혜'(embodied wisdom: 몸으로 경험함으로 익히는 지혜를 말

함—역자주)로 이해해야 한다고 주장한다. 이러한 관점에서 그는 학생들에게 다른 종교를 경험해볼 것을 제안하며, 그들의 경험을 깊이 생각해보고 비판적으로 성찰해볼 것을 요청한다. 이러한 경험은 학생들이 교리적인 언어의 묘사들에서 얻을 수 있는 것과는 사뭇 다른, 대상 종교에 대한 '체화된 이해'(embodied appreciation: 혹은 경험적 이해—역자주)를 갖도록 한다. 해당 종교의 지혜들을 경험해보는 것은 신앙고백을 받아들인다거나 어느 기관에 등록한다는 의미는 아니다. 그리고 이해는 '믿음'이 아니다. 그것은 심미적이고 정서적이며, 경험적 영역이다. 종교 간 경험을 사용한 교육 방법은 다양한 상황에서 계속 개발되고 있다.[1] 물론 그러한 활동들이 편안하게 느껴지지 않는 학생들도 있을 것이다. 하지만 그러한 어려움이 어떻게 다뤄질 수 있는지 또한 지켜보아야 할 부분이다. 이 교육 방법은 불편함을 교육의 자원으로 사용한다. 그것은 문화적, 정서적, 혹은 교리적인 면을 포함한다. 우리는 특별히 그가 가르치는 유니온 신학대학원에 불교의 스님과 브라질 해방 신학자가 함께 가르치는 불교와 기독교의 해방적 실천에 대한 종교 간 수업이 있다는 점을 주목할 필요가 있다. 학생들은 이 수업에서 두 종교의 신자들이 모두 참여할 수 있지만, 두 종교 간의 공통점이 아니라 독특한 차별점에 집중한 의식이나 활동을 만들어야 한다.[2] 그러한 차별점들은 과연 어떻게 혹은

---

1   샌디에이고 대학교에서 가르치는 루이스 콤자티(Louis Komjathy)는 종교와 종교 간 배움을 위한 경험적 교육 방법(embodied pedagogies)을 주장한다. 그는 학생들에게 한 학기 동안 그들이 공부하는 이웃 종교를 실제 실천해보고, 비판적으로 성찰하며, 적어도 한 번은 해당 종교의 공동체 활동에 참여할 것을 요구한다. "Engaging Radical Alterity: Pluralism, Interreligious Dialogue, and Encountering 'Reality,'" in *Teaching Interreligious Encounters*, ed. Marc A. Pugliese and Alexander Y. Hwang (New York: Oxford University Press, 2017), 95-114.

2   이를 위해 유니온 신학대학원의 그렉 스나이더(Greg Snyder)와 2018년 7월 2일 인

어느 정도로 조화될 수 있을까?

2. 종교 정체성의 복잡성

종교 간 교육이 신학교들에서 중요한 이유 중 하나는 학생 구성원들이 점점 더 종교적으로 다양해지고 있기 때문이다. 어떤 신학교들은 둘 혹은 그 이상의 종교 전통의 학생들이 함께 수업을 듣는 프로그램이 있다. 아시아와 아프리카, 오세아니아 그리고 원주민 계통의 학생들은 그들의 개인적 및 문화적 정체성 안에 있는 복잡한 다종교적 층위들에 대해 이해가 높아지고 있다. 또한 많은 신학교에서 (영적이지만 종교적이지 않은) 소위 '노네스'(nones: 어떤 특정한 종교에도 속하지 않은 사람들을 지칭함—역자주)의 숫자가 증가하고 있다. 이들은 종교에는 깊은 관심을 갖고 있지만 제도 종교에 소속될 마음은 없고 (때로는) 관습과 신념이 복잡하게 혼합되어 있다. 이러한 복잡한 종교 정체성들의 존재는 학교가 속한 교단 안에서 학생들을 교육하던 과거의 전통적인 방식의 신학 교육에 도전을 주고 있다.

더불어 많은 진지한 학생들이 탈식민지와 페미니즘, 초국가 그리고 민족 연구들과 같은 최근의 학문들을 접하면서 이러한 복잡성과 관련 이슈들에 대해 눈을 뜨게 됐다.

모니카 콜먼(Monica Coleman)의 글은 그녀가 대학원에서 종교 다원주의와 다양성을 이해하기 위해 배웠던 유형들이 아프리카계 미국인들

터뷰를 했다.

의 종교 정체성을 이해하는 데 얼마나 적합하지 않은가에 대해 설명하고 있다. 흑인 교회의 기독교 신자라는 표면 아래에는 지나치게 깔끔한 '기독교인'이라는 정체성을 불가능하게 하는 아프리카의 토속적이고 민속적인 관습들이 겹겹이 쌓여 있다. 그녀의 글은 그러한 풍성한 이해를 교실로 가져오는 데 필요한 교육학적 전제와 움직임들을 보여준다.

크리스틴 홍(Christine Hong)의 글은 이민자들 혹은 다른 문화적 배경에서 온 미국인들의 초국가적 (그리고 그녀가 말하길 또한 초영성적) 정체성을 다룬다. 그녀는 그러한 학생들을 충분히 수업에서 포용하기 위해서는 교육이 그들 자신의 이야기와 경험들에 기반해야 하고 그러한 이야기에 드러나는 다양성이 그들의 학습의 중심이 되어야 한다고 주장한다. 많은 교수가 신학교에서 수업을 시작할 때 학생들에게 자신에 관한 무엇인가를 나누면서 시작하게 하곤 한다. 하지만 홍은 (거기서 멈추는 것이 아니라) 그러한 이야기들에서 배움을 쌓아나가는 교육 모델을 제안한다. 이것은 매우 풍성하고 학생 중심적인 접근 방법이다. 이러한 모델에서 교수자는 학생들이 수업의 '핵심'(공유된 통찰)과 학습 성과를 발견하고 표현하도록 돕는다. 그들은 각 학생들의 경험을 긍정해주고 또한 그들이 그렇게 다양한 상황에서 배우고 성장할 수 있도록 지지해준다. 이 교육 모델은 또한 학생들이 자신들의 다양한 이야기들에서 유기적으로 자라나고 만들어지는 배움의 경험을 갖게 한다. 학생들이 나누는 다양성의 성격과 범위는 또한 이러한 교육 분위기에 영향을 준다. 어떤 경우에는 다른 학생들의 이야기가 매우 익숙할 수도 있고 또 어떤 경우에는 자신들이 이전에 경험해봤던 것과 완전히 다른 이야기들을 듣게 될 수도 있기 때문이다.

3. 무슬림의 관점

이 책의 무슬림 저자 중 한 사람은 종교 간 교육에 참여하는 무슬림 활동에 대해 매우 다른 접근법을 제시한다. 그것은 바로 학생들을 매우 다른 역할을 위해 교육시키는 것이다. 티무르 유스카예프(Timur Yuskaev)는 무슬림들 참여의 오랜 전통이 있는 다종교 학교인 하트포드 신학대학원에서 무슬림 채플린들을 위한 평판이 높은 프로그램을 가르치고 있다. 이 프로그램에서 무슬림 학생들은 채플린 활동과 관련하여 꾸란과 율법에 대한 수업을 따로 듣지만, 몇 가지 기본적인 수업은 기독교인과 유대인 학생들과 함께 듣게 되어 있다. 유스카예프는 이러한 교육 과정의 종교 간 교육적 영역의 영향을 더욱 깊이 이해하기 위해 두 명의 졸업생을 인터뷰했다.

그의 두 가지 사례 연구에서 학생들은 모두 당면한 목회적 상황에 나름대로 자신들의 무슬림 감성과 이해를 사용하여 대처했다. 하지만 둘 다 모두 주어진 상황을 이해와 연민으로 잘 다루도록 자신들의 관점을 열어준 핵심은 그들이 학교에서 배운 종교 간 훈련이었다고 말했다. 목회적 관점과 경험을 다른 종교인들과 공유한 경험은 그들에게 예리한 목회적 감수성을 갖도록 했다. 이는 중요한 의미가 있다. 왜냐하면 대부분의 전통적인 이슬람 교육은 학생들에게 꾸란이나 율법을 가르치는 텍스트 기반 교육이기 때문이다. 그것은 학생들이 다양한 인간 문제를 향해 '말하는'(speak to) 텍스트를 보도록 할 뿐이다. 물론 어떠한 상황에 대해 이슬람의 가르침이 무엇인지 이해하는 것은 필요하고 또한 중요하다. 하지만 때때로 어떤 순간에는 목회적인 결정이 문제의 핵심을 파고들어가서 전통의 가르침을 들을 수 있는 공간을 (아마도 가장 적절한 때에)

만들어낸다.

프로젝트 보고서의 인터뷰 중 하나에서 무슬림 채플린 프로그램의 개발을 돕는 한 무슬림 박사 과정 학생은 자신이 중동의 한 병원을 방문했을 때 무슬림 의료진에게 유산한 여성과 어떻게 소통하는지 물은 적이 있다고 말했다. 의료 종사자들은 알라의 자비와 축복의 관점에서 유산을 장기적으로 바라보라는 하디스를 암송했다고 했다. 그러나 그는 이 여성들에게 그 구절이 관련은 있지만, 극심한 슬픔에 빠진 여성들이 장기적인 관점을 받아들일 수 있는 상태가 아니었을 것이라고 지적했다.[3]

다른 이들도 유스카예프처럼 종교 간 교육을 통해 다양한 종교의 지도자들이 다양한 세계에서 사역할 수 있도록, 특히 이미 나름의 목회적 실천을 가지고 있는 미국의 무슬림들을 훈련시킬 수 있을 것이다. 유스카예프의 학생들은 기독교의 실천들을 배우고 그것을 다른 종교적·문화적 환경에 맞게 적용해보는 종교 간 수업들을 통해 배움을 얻었다.

또 다른 이들은, 이 책의 공동 편집자인 나지바 사이드(Najeeba Syeed)처럼, 다른 종교를 가진 많은 이들을 한데 모아 더 정의롭고 더 나은 세상을 만드는 것을 종교 간 활동의 최우선 목표이자 동기로 삼을 수 있을 것이다. 이것은 종교적 차이가 갈등과 폭력을 만들어내는 경향을 넘어서서 서로에게 공유되고 있는 많은 가치가 반영된 더 나은 세상을 만들기 위해 함께 하는 작업이다. 사이드의 교육은 종교 간 협력에 해방주의 교육학을 적용하고 있다.

연구들은 종교 간 협력이 긍정적인 관계를 만들고, 종교에 대한 고정관념과 종교적 타자에 대한 의심들을 해소시킬 강력한 해독제가 된다는

---

3   Kamal Abu-Shamsieh, 개인적인 의사소통, October 17, 2017.

것을 입증해왔다. 그런데 어떤 종교 간 단체들이 함께 공동의 경험과 가치를 공유하는 공동의 공간을 구축하면서 협력할 수 있는지에 대한 문제도 또한 분명히 있어왔다. 하지만 이 두 가지가 완전히 서로 반대되는 것은 아니다. 왜냐하면 목사와 랍비와 이맘이 기아와 환경 파괴, 그 외 여러 사회 문제에 대처하기 위한 공동체 프로젝트에 참여하는 경우가 점점 더 많아지고 있기 때문이다.

4. 종교적 타자와 함께 배우기: 함께-형성(co-formation)

신학교에서 이뤄진 초기 종교 간 교육이 대체로 노출 모델(exposure mo-del: 다른 종교에 관한 수업, 다른 종교의 문헌, 혹은 다른 종교에서 모셔온 강사)이었다면, 시간이 지나면서 많은 기관들은 효과적인 종교 간 교육이란 단순히 다른 종교에 대해서 배우는 것이 아니라 그들과 함께 배우는, 즉 이웃 종교인들과 관계 맺기(engagement)가 필수라는 사실을 깨닫게 되었다. 이 책에 담긴 세 개의 글은 바로 그러한 점을 다루고 있다.

낸시 푹스 크레이머(Nancy Fuchs Kreimer)의 글은 필라델피아에 있는 재건주의 유대교 대학교(Reconstructionist Rabbinical College, 이하 RRC)에서 종교 간 교육이 발전하는 과정을 다루고 있다. 9.11 이후 RRC는 랍비 학생들에게 이슬람에 대한 건전한 이해와 무슬림과의 긍정적인 협동 관계를 갖는 것이 필요하다고 판단했다. 그들은 펜실베이니아 대학의 이슬람학과 학생들을 모집하여 자신들의 학생들과 함께 공동 프로그램을 하도록 하면서, 함께 원전을 연구하고 협동적인 교육 프로젝트를 진행하도록 추진했다. 공동 텍스트 연구는 서로를 이해하는 데 아주 결정적인 교육적 접근이었다. RRC는 헤브루타(hevruta) 방법을 사용하여, 두 종교의 학생들이 짝을 지어 서로의 텍스트를 공부하고, 서로의 영적이고 해석적인 전통들을 존중하는 시간을 갖도록 했다. 스크립처 리즈닝(scriptural reasoning)은 널리 사용되는 또 다른 방법이다. 이는 서로 다른 종교를 지닌 그룹이 함께 텍스트를 읽고, 텍스트 간의 대화에서 발생하는 많은 해석들을 발견하는 방법이다.4 RRC 프로그램의 두 번째 부분은 유대교와 무슬림 학생들이 짝을 이뤄 유대교 기관에서 시행할 수 있을 만한 교육 과정을 함께 개발하는 것이었다. 이들이 개발해야 하는 과정은 유대교 모임에서 종교 간 이해를 다룰 수 있는 교육자들의 그룹을 훈련시키는 것이었다. 시간이 지나면서 이스라엘과 팔레스타인 간의 긴장이 고조되면서 RRC는 무슬림 참여자들을 모집하는 것이 점점 더 어려워졌다. 또한 유대교 기관들에게 무슬림과 유대인 학생으로 이뤄진 종교 간 교육팀을 받아들이도록 설득하는 것도 더 힘들어졌다. 그래서 이들은 유대인과 무슬림 지도자들을 위한 영적 재충전과 발전의 시간으로 프로그램을 수정해야 했다. 이 새로운 프로그램에서 지도자들은 종교 간 참여의 최전선에 나와 있는 자신들을 새롭게 할 수 있는 자기성찰과 공통된 영적 실천 과정을 통해 만난다. 이 프로그램의 이름은 '인격 양성: 공동체를 넘어선 대화'이다.

RRC의 이야기는 더 넓은 사회라고 하는 상황이 어떻게 종교 간 교육

---

4   스크립처 리즈닝에 대해서는 www.scripturalreasoning.org(2018년 3월 23일 접속)을 참고하라. 또한 Marianne Moyaert, "Interreligious Literacy and Scriptural Reasoning: Some Hermeneutical, Anthropological, Pedagogical and Experiential Reflections," in *Teaching Interreligious Encounters*, 95-114와 텍스트를 사용한 더 많은 종교 간 교육 방법을 위해 같은 책의 3부인 Textual Encounters: Methods, Texts, and Traditions, 181-227을 보라.

의 필요를 명확히 하도록 돕기도 하면서 또한 제약하기도 하는지에 대한 깊은 성찰을 담고 있다. 그들은 두 그룹 사이에 발생할 수 있는 긴장을 피하기 위해 무슬림과 유대교 지도자들이 서로의 전통에 대해 알아야 한다는 생각을 결코 포기하지 않았다. 하지만 변화하는 상황에 맞춰 프로그램과 목표를 지속적으로 조정해야 했고, 다른 종교인들과 함께 배울 수 있는 다양한 학습 방법을 모색해야 했다.

앤도버뉴튼 신학대학원(Andover Newton Theological School)에서 가르치는 제니퍼 피스(Jennifer Peace)는 다종교 사회에서의 신학 교육은 다른 종교인들과 함께 배우고 영적으로 성장하며 리더십을 얻는 함께-형성(co-formation)이 되어야 한다고 확신했다. 앤도버뉴튼은 이미 이웃 학교인 히브리 칼리지(Hebrew College)와 협력 관계를 맺어 공동 수업을 제공하고 교차 수강을 장려하며, 두 학교가 공유하는 종교 간 행사들을 개최하고 있다. 그들은 학생들에게 매우 다양한 종교 간 활동의 기회를 제공해왔다. 피스와 그녀의 동료인 오 로즈(Or Rose)는 한 걸음 더 나아가 종교 간 펠로우 과정을 개발하여 종교가 다른 학생들이 짝을 이루거나 아니면 그룹으로 기금을 신청하여 1년간 학술이나 예술, 혹은 봉사와 같은 종교 간 공동 프로젝트를 진행할 수 있도록 했다. 이 모임들은 지도력 기술에 대한 공동 세미나를 개최하고 프로젝트를 개발하는 데 대한 멘토링을 받았다. 이 프로그램은 강력한 종교 간 협력을 가능하게 했다. 피스가 설명하듯 이 프로그램은 신학 교육의 부수적인 프로그램으로 개발된 것이 아니었다. 이것은 신학 교육의 구조를 재정의하고 함께-형성을 그 중심에 놓고자 한 작업이었다.

시카고 신학대학원(Chicago Theological Seminary)의 레이첼 미크바(Rachel Mikva)는 미국에서 종교 간 관계와 그것을 연구한 종교관계학

(interreligious studies)의 발전을 여성운동의 '흐름'(waves)과 비교하여 추적한 다음, 이러한 통찰을 바탕으로 소속 기관의 종교 간 교육에 대해 성찰했다. 미크바는 2009년부터 시카고 신학대학원에 새로 만들어진 유대교연구센터의 석좌교수를 맡았다. 임용되고 몇 년 후, 그녀는 효과적인 종교 간 교육을 위해서는 다양한 삶의 입장을 가진 학생들이 학교에 존재하는 것이 중요하다고 주장했고, 이에 따라 학교는 맞춤형 학위 프로그램을 개발하고 학생 모집 기반을 확대했다. 시카고 신학대학원은 사회 정의와 지역사회 봉사에 대해 의지가 강한 학교였기에, 학교는 인종과 민족, 성별, 계급, 종교의 교차점에 주목하며 사회 정의를 위한 종교 간 협력을 머지않아 프로그램에 추가했다. 이러한 시카고 신학대학원의 프로그램에 대한 미크바의 설명은 우리가 이미 살펴본 다른 글들과 교차하는 부분이 많다. 하지만 그녀의 글에서 명확하게 드러나는 것 한 가지는 효과적인 종교 간 교육을 위해서는 기독교 기관의 사려 깊은 변화가 필요하다는 점이다. 많은 경우 공동체의 구조와 활동 패턴, 교과 과정의 구조 자체가 너무 철저하게 '기독교적'이고, 따라서 그것들이 종교 간 교육에 충분히 호의적이지 않다. 그 말은 즉, 많은 교육기관과 마찬가지로 시카고 신학대학원도 종교 간 교육의 '명시적'(explicit) 교육 과정뿐만 아니라 '암묵적'(implicit) 교육 과정, 즉 교육 과정의 내용뿐만 아니라 어떻게 기관의 구조와 패턴이 종교 간 교육을 가능하게 하거나 제약하게 하는지에 대해 주의 깊은 관심을 기울여야 했다는 것을 의미한다. 많은 교육기관이 환대의 기관이 되기를 열망하지만, 기관이 가지고 있는 전제와 구조, 교육 과정들은 닥터 수스(Dr. Seuss: 미국의 유명한 동화책 작가—역자주)의 말처럼 "머리끝부터 발끝까지 다 기독교"인 경우가 많다. 교육기관은 종교 간 교육에 깊이 헌신하고자 할 때 자신의 조직과

교과 과정의 여러 측면을 재검토해야 한다. 이를 위해서는 기관 내에서 솔직하게 대화하고 총장과 이사회에서 교수진에 이르기까지 필요한 변화를 이루기 위해 노력해야 한다.

5. 고려할 문제들

이 책에 실린 글들은 종교 간 교육의 문제와 접근 방식, 이해관계에 대한 이 분야의 지도자들의 사려 깊고 비판적인 성찰을 보여준다. 그러나 사려 깊은 독자라면 누구나 알 수 있듯이 종교 간 교육은 여전히 진행 중인 작업이다. 그 역사는 수십 년 전으로 거슬러 올라가지만, 본격적으로 추진력을 얻기 시작한 것은 겨우 21세기 들어서이다. 어느 교수는 그래서인지 인터뷰에서 내게 이렇게 말했다. "마치 어디로 가야 할지 몰라서 빙글빙글 돌고 있는 느낌이에요." 이 말은 문제의 핵심을 잘 요약하고 있다.

이 책에 담긴 글들에서 알 수 있듯이, 종교 간 교육에 대한 지금까지의 접근 방식은 이를 채택하는 기관의 사명과 성격뿐만 아니라 문화와 사회 안에서 일어나는 더 큰 변화들에 의해 형성되어왔다. 그런데 문화에서 '종교적' 활동의 역할과 형태가 계속 변화하고 진화함에 따라, 우리 중 누구도 '종교적' 제도와 패턴, 또는 신학 교육의 미래를 멀리 내다볼 수 없다. 우리는 계속 미지의 미래로 실험적으로 나아가고 있으며, 프로그램과 관행, 제도 등은 계속 진화할 것이다.

이렇게 계속 변화하는 환경은 우리로 하여금 종교 간 교육에 대해 한 걸음 물러서서 깊이 성찰하는 것을 다소 어렵게 만든다. 우리는 계속해서 새로운 환경을 실험하고, 적응하고, 성공과 실패를 통해 배우느라 바쁘기 때문이다. 그러나 환경이 계속해서 바뀐다는 바로 그것이 우리가 더 깊은 성찰을 지향하는 이유다. 그러한 면에서 나는 종교 간 배움의 교육법에 대한 문제를 세 가지 더 언급하고자 한다.

6. 학습 성과

첫 번째 문제는 우리가 종교 간 교육을 통해서 얻고자 하는 학습 성과(learning outcomes)는 무엇인가와 관련되었다. 눈치 빠른 독자라면 이 책에서 이 문제를 직접적으로 다룬 글은 없지만, 여전히 암시적인 결과를 제시하고 있다는 사실을 알 수 있을 것이다.

보통 종교 간 차원이 신학 교육의 '표준' 과정에 추가되면 이는 종종 수업 내용을 강화하는 형태로 나타난다. 따라서 종교 간 교육을 통해 얻게 되는 학습 성과들은 (학위 프로그램의 교육 과정 구조에 의해 결정된) 수업이 목표로 하는 표준 학습 성과들을 넘어서지 못한다. 종교 간 활동은 수업에서 다뤄진 내용들에 대한 다른 관점이 있다는 것을 추가적으로 보여주거나 혹은 학생들에게 다른 종교에서는 이를 다르게 다룬다는 것 정도를 상기시킬 뿐이다.

그러나 이 책의 글들은 종교 간 배움이 수업이나 다른 교육 프로그램에서 훨씬 더 중심이 되도록 하는 교육적 방법들에 대해 설명하고 있다. 이를테면 티무르 유스카예프의 글은 무슬림 채플린들이 유대교인 및 기독교인 학생들과 함께 수강한 과목에서 배운 목회적 실천들이 어떻게 자신들의 목회 상황에서 이슬람교의 가르침을 민감하게 적용할 수 있는 능력의 중심이 되었는지 정리한다. 토니 리치는 오순절/복음주의의 종교 간 교육에서 '종교적 타자'에 대한 역사적 저항을 극복하기 위해 신학적이고 목회적인 문제들을 종교 간 관점으로 다루는 것이 얼마나 필요한지 설명한다. 이는 기독교의 신학적·목회적 사고가 종교 간 상황에 적용된 학습 성과를 포함하고 있는 것으로 보인다.

종교 간 신학을 가르치는 존 타타마닐의 접근 방식은 교리적인 이해가 아닌 체화된 이해에 관한 학습 성과를 설정하기 위해 신학을 체화된 지혜로 폭넓게 이해하도록 유도한다. 그의 접근 방식이 '체화된 이해'를 가늠하는 방법은 매우 흥미로운데, 이는 자기성찰과 대화 모두를 포함하는 것으로 보인다.

모니카 콜먼과 크리스틴 홍은 둘 다 학습자 중심의 교육법을 통해 학생들이 자신들의 복잡한 종교 정체성을 표현하고, 이해하고, 주장하는 것을 돕는다. 이 방법에서 종교 다원성은 내적 실재이면서 동시에 세계에 존재하는 외적 사실이다. 이러한 학습 방법은 자기이해와 표현의 문제를 다루고 있으며, 상호 대화를 통해 다양성을 인정하고 그와 교류하는 것을 추구하는 방법이다. 이 수업들의 중심을 이루는 과제들(학습 활동)에 대해 자세히 살펴보면 도움이 될 것이다.

제니퍼 피스의 종교 간 교육은 지도력 기술을 개발하고 프로젝트를 통해 협동하는 것을 포함한다. 그녀는 경험적이고 협동적인 배움을 통해 지도력 기술을 형성하는 것을 중요하게 생각한다. 레이첼 미크바도 역시 학생들이 공동체 안에서 협동적인 활동을 통하여 배우도록 유도한다.

낸시 푹스 크레이머의 프로그램은 전반적으로 랍비 학생들을 위한 학습 성과에 초점을 맞추지만, 또한 무슬림 학생들과 지도자들에게 유익을 주기 위한 목표도 갖고 있다. 프로그램의 초기 단계에서는 랍비 학생들이 이슬람 혐오 세력에 반대하는 교육자와 지도자들이 되기 위한 지식과 개인적 기술들을 갖추는 것에 초점을 맞췄다. 그때의 학습 성과는 (1) 이슬람의 전통과 경전을 이해하고, (2) 협동적인 관계를 구축하며, (3) 유대교 상황에서 사용할 수 있는 교육 프로그램을 개발하기 등이었다. 현재 진행되는 그들의 인격 양성 프로그램에서 학생들은 이미 자리 잡은 유대교 및 무슬림 지도자들로 그들은 협동적 일들을 수행하기 위해 쇄신과 영감을 필요로 하는 사람들이다. 이 프로그램은 향상된 자기이해와 영적 쇄신, 종교 간 관계를 새로 수립하거나 발전시키는 것을 학습 성과로 삼고 있다.

레이첼 미크바의 접근 방법은 효과적인 사회적 행동을 위한 준비로서 사회에서 억압을 만들어내는 교차적 힘들에 대한 강력한 비판적 분석을 포함한다. 이러한 결과는 명시적으로 종교 간 문제에 대한 것은 아니지만, 학생들에게 종교가 복잡한 사회 상황의 한 요소일 뿐이라는 점을 상기시키면서 정의를 위한 더욱 지식에 입각하고 효과적인 종교 간 협동을 위한 토대를 제공한다.

7. 평가를 위한 지표

이 책의 글들이 제공하고 있지 않은 것은 어떻게 이러한 학습 성과들을 측정하고 설명할 것인가 하는 문제, 즉 어떤 지표를 사용할 것인가 하는 문제이다. 유감스럽게도 현재 종교 간 교육과 관련한 연구에서 평가 지표에 대한 연구는 다소 부실하다. 인터페이스 청년 코어(Interfaith Youth Core)의 이부 파텔(Eboo Patel)이 자신의 기관 기금에 중요한 평가 계획과 훈련으로 만들어놓은 것이 있지만, 그러한 평가가 어떤 형태로 이루어지는지에 대해 공개된 자료는 보지 못했다. 파텔은 지역사회 지도자들을 위한 자신의 프로그램을 태도의 변화, 관계의 발전, 다른 전통에 대한 지식이라는 세 가지 측면으로 평가한다.[5] 산타클라라 대학교 예수회 신학대학원(Jesuit School of Theology at Santa Clara University)은 종교 간 지능을 평가하기 위해 얼리와 앙(Early and Ang)의 '문화 지능'(CQ) 평가 도구를 채택했다. 이 도구는 '전/중/후' 응답에 리커트 척도(긍정/부정이 구분되는 특성을 양 극단에 배치해 수량화는 측정법—역자주)와 자유 응답 항목을 사용한다.[6] 이러한 시작은 유망하지만, 종교 간 학습 평가 방법에 대한 더 많은 연구가 필요한 것은 분명하다.

8. 지속가능성

점점 더 종교적으로 다양해지는 사회에 기여할 수 있는 지도자와 시민을 교육하기 위해 종교 간 교육은 다양한 기관으로 빠르게 확대되고 있다. 그런데 이러한 교육은 중요한 것으로 인식되고 있으며 추진력을 얻고 있는 것처럼 보이지만, 지속가능성에 대한 심각한 도전들이 있다.

첫째, 많은 신학 기관의 경제적 부담과 취약성의 문제가 있다. 하이디 하셀(Heidi Hadsell)은 자신의 글에서도 언급했듯이, 이러한 부담과 취약

---

5   Eboo Patel, *Interfaith Leadership: A Primer* (Boston: Beacon University Press, 2016), 100-101.

6   Marianne Farina and Robert W. McChesney, "A Contextual Model for Interreligious Learning," in *Teaching Interreligious Encounters*, 287.

성이 신학교들로 하여금 자신의 소속 교단 이외의 학생들에게도 학교 공간과 문을 개방하도록 장려했다고 설명한다. 하지만 많은 신학 기관들이 여전히 취약하다. 내가 종교 간 교육을 조사하는 보고서를 위해 연구하던 몇 년 동안, 연구 대상이었던 24개 학교 중 3개 학교가 문을 닫거나 다른 기관으로 이전했고, 매우 성공적인 프로그램 두 개는 재정적 어려움 때문에 종료되었다. 종교 간 교육은 이러한 지각 변동의 한가운데에 놓여 있다. 종교 간 교육은 일부 기관에서는 미래로 나아가는 학교의 사명을 강화하는 방법이 될 수도 있고, 어떤 기관에서는 방해물로 여겨질 수도 있을 것이다. 따라서 학교의 핵심 가치를 확인하면서 학교의 사명을 재정의하거나 확장하는 것이 중요한 과제가 된다. 하이디 하셀과 레이첼 미크바의 글에서 알 수 있듯이, 종교 간 교육에 대해 헌신하기 위해서는 상당한 제도적 변화가 필요할 수 있다.

둘째, 교수진 자원의 문제다. 종교 간 교육은 한 명의 교수진 지도자의 어깨에 달려 있는 경우가 너무 많다. 따라서 그 지도자가 떠나면 프로그램이 무너진다. 그리고 종교 간 문제는 아시아와 아프리카, 오세아니아의 교수진에게 특별한 공감을 불러일으키기 때문에 이들은 본의 아니게 자신들이 원래 수행하고 있는 중요한 문제들에 추가적으로 이 문제를 다뤄야 한다는 부담을 안게 되기도 한다.

이 분야에 더 많은 교수진 자원이 필요하다는 것은 종교 간 교육의 교수를 양성하는 대학원 교육의 문제를 또한 살펴보게 한다. 현재는 신학 분야와 종교 간 문제를 다룰 능력을 모두 갖춘 교수진을 양성하는 박사 과정이 거의 없으므로, 이 일을 이끌 수 있는 교수진의 공급이 충분하지 않다. 이러한 박사 과정의 부족 때문에, 현재 종교 간 교육을 담당하고 있는 교수진들에게는 종교 간 문제를 다루는 수업들과 접근법을 개발하기 위한 추가적인 지원이 필요한 상황이다.

버클리 연합신학대학원(Graduate Theological Union at Berkeley)의 박사 과정은 현재 4개의 종교 간 학과로 구성되어 있고 종교 간 학과 세미나를 필수로 이수해야 한다. 학과들은 다음과 같다: 성서와 그 해석, 역사 연구, 신학과 윤리, 종교와 실천. 이는 기독교 중심적인 구조에서 벗어난 최근의 개편으로, 교수진은 새로운 프로그램의 요건을 충족하기 위해 여전히 노력 중이다. 이것은 종교 간 문제를 다룰 능력을 갖춘 신학 교수진을 양성하기 위한 하나의 걸음이라는 점에서 중요한 실험이다.

아직 당면한 과제와 해야 할 일이 많지만, 이 책에 실린 글들은 종교 간 교육의 가능성과 활력을 충분히 보여준다. 새로운 전문 기관들과 미국종교학회(AAR)에서의 프로그램, 발전하는 지식을 공유할 수 있는 저널을 통해 이러한 종교 간 교육을 향한 시도는 더욱 발전할 것이다.

1부

일신교적 배타주의 극복

1장

유일신교에 필수적인 종교 간 학습

루벤 파이어스톤(Reuven Firestone)

요약문

신학교는 신학교에 자금을 지원하는 종교 공동체의 목표를 달성하기 위해 설계되었기 때문에 종교 간 학습이 일반적으로 제도적 필요를 충족하는 것으로 받아들여지지 않을 수 있다. 이러한 관점은 신은 타협할 수 없는 단 하나의 진리를 대표하며, '우리'의 종교 표현은 '그' 진리를 대표한다는 가정에 기초하여 유일신교 전통 안팎의 종교 간 논쟁과 경쟁의 역사에서 비롯된 것이다. 이 장에서는 이러한 가정에 의문을 제기하고 진정한 이해는 종교적 제도의 한계를 초월해야 한다고 주장하며, 무한을 이해하려는 다른 시도와 관련하여 특정 영적 전통의 고유성을 이해하는 유익한 방법을 제시할 것이다.

1. 대학 및 신학교 교육

나는 수십 년 동안 신학교와 대학에서 동시에 강의를 해왔으며, 그 안에서 종교를 가르치는 서로 다른 접근 방식을 인식해야 했다. 고등 교육에서 신학교와 대학의 환경을 구분하는 것은 중요하며, 모든 대학이 지식을 추구하는 데 똑같이 개방적인 것은 아니다. 모든 신학교가 이해를 추구하는 데 종교적 신조에 의해 똑같이 제약을 받는 것은 아니기 때문에 베버(Weberian)의 관점에서 이 둘을 '이념형'(ideal-types: idealtypus)으로 연관시키는 것도 똑같이 중요하다. 이 장에서는 대학 환경에 대해 논의하지 않는다. 적어도 이론적으로는 개별 종교 또는 일반적인 종교의 개념이나 관습을 특권화하거나 폄하하지 않는 종교에 대한 고도로 분석적인 검토에 개방되어 있기 때문이다. 물론 실생활에서는 이 규범에서 벗어나는 경우가 분명히 존재하지만, 그럼에도 이 규범은 학계에서 종교를 연구하는 표준 교육 철학으로 자리 잡고 있다.

그러나 신학교 환경은 다르며 이해할 만한 이유가 있다. 신학교는 특정 종교 공동체의 종교 신자들, 그리고 최근에는 비슷한 생각을 가진 종교 공동체의 신자들 사이에서 사상과 인성을 개발하기 위한 교육 기관이다. 신학교 교육은 궁극적으로 신학교에 자금을 지원하는 종교 공동체의 목표를 달성하기 위해 고안되었다.

이러한 노력에서 기관의 목표는 절대적으로 중요한 문제이다. 신학교는 학비를 지원하는 종교 공동체의 제도적 목표와 가치에 의해 제약을 받는다. 물론 다른 모든 기관과 마찬가지로 종교도 어떤 식으로든 건강하게 영속하기 위해 최선을 다하는 '살아 있는 유기체'로 기능하기 때문에 이는 자연스러운 현상이다.[1] 신학교는 종교 공동체의 힘과 연속성,

내구성을 보장하는 핵심 도구이다.

신학교 환경에서 종교 간 학습의 이면에 놓여 있는 질문은 "종교 간 학습이 신학교로 대표되는 종교 공동체의 의무화된 제도적 목표를 충족하는가?"이다. 이 질문에 답하는 방법에는 여러 가지가 있다. 이 프로젝트에 참여하는 사람들의 사전 성향을 대표하지 않는 전통적인 답변은 종교 간 학습이 종교 공동체의 영적 의무를 충족시키지 못한다는 것이다. 이러한 견해는 불합리한 것이 아니라 오랜 전통이며, 명백한 종교적·지적 이유로 신중하게 고려되어야 한다. 적어도 우리와 같은 프로젝트에 참여하는 사람들이 그 주장에 대해 합리적인 대응을 하기 위해서는 반드시 이 문제를 다루어야 한다.

부정적 입장은 성서적 유일신 전통이 부상한 이래 신학교 또는 이에 상응하는 기관에 자금을 지원해온 공동체의 규범적 역사관을 나타낸다. 결국, 약 3,000년 전 성서적 유일신교가 등장한 이래로 성서적 유일신교가 공유하는 기본적인 역사 서술에 따르면, 하나님은 명확하고 권위 있는 의사소통을 통해 신성한 명령을 계시하셨고 그것은 우리가 경전이라 알고 있는 곳에 신중하게 기록되었다.[2] 경전을 아는 사람들은 그 안에

---

1   나는 종교적 사고와 행동의 인지 및 적응에 대한 진화론적 이론을 언급하지 않는다. 참조, Pascal Boyer and Brian Bergstrom, "Evolutionary Perspectives on religion," *Annual Review of Anthropology* 37 (2008): 111-130; Scott Atran and Ara Norenzayan, "Why Minds Create Gods: Devotion, Deception, Death and Arational Decision Making," *Behavioral and Brain Sciences* 27, no. 2 (2004): 754-70. 오히려 나는 종교적·제도적 생존을 위한 단순한 메커니즘을 언급하고 있다. 참조, Rodney Stark and William Sims Bainbridge, *The Future of Religion: Secularization, Revival and Cult Formation* (Berkeley and Los Angeles: University of California Press, 1985).

2   신 30:11-14; 시 19:7-9; 119:105, 130; 고후 4:6; 딤후 3:14-17; 꾸란 12:2; 44:58, 등.

계시된 진리를 소유하고 있다.3 불일치(이단Heresy)나 오해(비정통Hetero-
doxy)를 통해 그 진리를 부인하는 사람들에게 배우는 것은 그 어떤 것도
유익할 수 없다.4 사실 다른 종교 사상이나 신조를 지지하는 사람들과
교류하거나 심지어 교제하는 것은 위험하며 이 세상이나 내세에 형벌을
받을 수 있다.

2. 유일신론과 그 한계

성서적 유일신교가 공유하는 전통적인 종교 세계관을 특징짓는 계시된
진리와 그 밖의 모든 것 사이의 이분법적 구분은 종교 간 학습과 대화에
심각한 장벽이 되고 있다. 이분법적 관점은 적어도 어느 정도는 종교 기
원의 역사, 또는 적어도 고대 근동에서 유일신교가 출현한 역사에서 비
롯된 것이다. 유일신교가 등장하기 전에는 오늘날 우리가 종교, 문화, 민
족, 친족, 정치라고 부르는 것으로 구성된 하나의 사회적-정신적 체계
가 무한히 다양하게 존재했다.5 신은 자연계를 다스리고 신은 공동체에
도 소속되어 있었다. 일부 신들은 부족 공동체와 언약 관계로 존재했다.6

---

3   시 86:11; 119:160; 단 10:21; 요 17:17; 14:6; 엡 1:13-14; 약 1:18; 꾸란 2:144-
     47; 2:176; 5:48.

4   John B. Henderson, *The Construction of Orthodoxy and Heresy* (Albany, NY:
     State University of New York Press, 1998).

5   다음 관찰은 현대의 학문적 역사가의 관점을 반영한 것이다. 유대교나 기독교, 이슬람
     교의 종교적 서술과는 다르며, 각 종교는 유일신교의 기원에 대한 고유한 관점을 지니
     고 있다.

6   가장 분명한 예는 히브리어 성경에서 찾을 수 있는데, 고고학과 고생물학은 고대 근동
     지역을 상당히 기본적으로 표현한 것으로 확인되었다. 예를 들어 모압 족속의 케모스

다른 신들은 마을이나 도시 환경에서 숭배자 공동체를 보호하고 그들에 의해 유지되는 도시 신이었다.[7] 이들은 인간 숭배자들과 공생 관계에 있었으며, 제물을 통해 그들을 먹여 살리고 그 대가로 그들에게 혜택을 받았다. 사람들은 다산, 날씨, 죽음과 질병, 수역, 별과 하늘 등 자연의 다른 측면과 관련된 다른 힘들도 숭배했다.[8] 이러한 신들의 이름은 문화와 언어에 따라 달랐지만 역할은 동일했다.[9] 이들은 함께 무한히 변화하는 일종의 보편적인 종교를 대표했다. 다양한 신들은 다양한 힘과 속성과 연관되어 있었다. 신들은 다양한 지시를 내렸고 숭배자들에게 다양한 행동을 기대했다. 이러한 고대 근동 종교와 그 신들은 살아남지 못했지만, 그들의 종교적 사상과 관습의 많은 측면이 그 계승자인 유일신교들 사이에서 부분적으로 살아남았다.[10]

매우 긴 전환 과정의 결과인 유일신론이 등장하면서[11] 전 세계를 책

(민 21:29), 암몬 족속의 밀콤(왕상 11:6), 블레셋 족속의 다곤(삼상 5장), 심지어 세겜의 신이었던 '언약의 신' 엘-베릿(아래 각주 7 참조) 등이 부족 신에 포함되었다. 성경에 알려진 부족 신들과 다른 신들의 목록은 열왕기하 2장을 참조하라. 17:29-31, 23:4-11.

7 예를 들어, 두로의 애쉬토레(왕하 23:13)나 세겜의 엘 베릿 또는 바알 베릿(욘 9:4, 46)을 들 수 있다.

8 Frank Moore Cross, *Canaanite Myth and Hebrew Epic* (Cambridge, MA: Harvard University Press, 1975); Mark S. Smith, *The Early History of God: Yahweh and the Other Deities in Ancient Israel* (Dearborn, MI: Eerdmans, 2002); Glenn Holland, *Gods in the Desert: Religions of the Ancient Near East* (New York: Rowman and Littlefield, 2010).

9 Jan Assmann, *Of God and Gods: Egypt, Israel, and the Rise of Monotheism* (Madison, WI: University of Wisconsin, 2008), 53-58.

10 Ziony Zevit, *The Religions of Ancient Israel: A Synthesis of Parallactic Approaches* (London: Continuum, 2001); Mark S. Smith, *The Origins of Biblical Monotheism* (Oxford: Oxford University Press, 2001); Cross, *Canaanite Myth and Hebrew Epic*.

임지는 단일 창조주 신이라는 개념은 매우 다른 세계관을 낳았다. 각 신은 세상과 자연의 일부만을 지배했기 때문에 많은 신들이 서로 다른, 심지어 상충되는 메시지를 전달할 수 있었다. 전 세계를 책임지는 단일 신은 훨씬 더 강력할 뿐만 아니라 다신론적 세계에서는 상상할 수 없는 통일성과 일관성을 나타낸다. 신의 단일성은 신의 전지성과 전능성의 가정과 함께 신에게서 비롯되는 모든 의사소통에서 일종의 통일성과 절대적인 정확성을 암시한다.

신적 통일성에는 통일된 메시지가 따른다.[12] 이 지극히 논리적인 결론은 하나님의 기대와 요구에 대한 인간의 통일된 응답을 요구한다.[13] 그러나 모든 문화와 공동체를 가로지르는 인간의 공통된 특성이 하나 있다면, 그것은 사람들이 어떤 명령, 심지어 신적 명령에 대해서도 통일된 방식으로 응답하지 않는다는 점이다.

---

11   Nili Fox, "Concepts of God in Israel and the Question of Monotheism," in Gary M. Berkman and Theodore J. Lewis eds., *Text, Artifact, and Image: Revealing Ancient Israelite Religion* (Atlanta, GA: SBL Brown Judaic Studies, 2006), 326-45.

12   Reuven Firestone, "A Problem with Monotheism: Judaism, Christianity, and Islam in Dialogue and Dissent," in Bradford Hinze, ed., *Heirs of Abraham: The Future of Muslim, Jewish, and Christian Relations* (New York: Orbis, 2005), 20-54; Martin Jaffee, "One God, One Revelation, One People: On the Symbolic Structure of Elective Monotheism," *Journal of the American Academy of Religion* 69, no. 4 (2001): 753-75.

13   Jan Assmann, *Of God and Gods*, especially chapter 6 (106-26).

3. 내부 갈등과 새로운 종교의 형성

유일신교는 항상 의견 불일치로 인한 종파주의에 시달려왔다. 인간은 다르다. 인간은 자율적인 방식으로 그리고 놀라울 정도로 다양한 방식으로 세상을 보고 해석하는 개별적인 지각이 있어서 의견이 다른 경우가 빈번한 존재이다. 이로 인해 어떤 집단 내에서도 종종 하부 단위가 형성된다. 공동체 내부의 의견 차이가 커지면 파벌화되고 파벌 간의 균열이 커지면 경쟁하는 진영으로 세분화되며, 때로는 완전히 분리되어 별도의 공동체를 형성해야 하는 경우도 있다. 이 과정에서 새로운 종교가 출현할 수도 있다.

성서적 유일신교에서 새로운 종교는 새로운 경전을 필요로 한다.[14] 그렇지 않으면 신흥(또는 분파) 공동체는 종파적 지위를 유지하며 기존 경전에 기반한 권력 구조의 권위 아래에서 부차적인 지위를 유지한다. 종교 공동체 내의 하위 그룹 대부분은 종파 운동 또는 분파로서 더 큰 공동체 내에 남아 있다.[15] 종파 운동의 권위는 지배적인 종교 파벌이 담론을 통제하는 세계에서 해석적 논증의 힘에 달려 있다. 논쟁의 환경에서 항상 발생하는 이러한 종파 형성의 현상학은 기성 종교와 종파 운동

---

14 특정 분류학에서는 가톨릭 기독교, 복음주의 기독교, 러시아 정교회 기독교가 완전히 다른 종교로 간주될 수 있기 때문에 이 진술은 어느 정도 검증되어야 한다. 이 분석의 목적상 나는 이들을 모두 기독교를 대표하는 종교로 간주한다. 현재 종교학의 관용어는 '기독교'이다. 위에 나열된 공동체는 모두 기독교이며, 유대교와 이슬람교가 각기 다른 경전에 의존하는 것과는 대조적이다.

15 Roger Finke and Christopher Scheitle, "Understanding Schisms: Theoretical Explanation for their Origins," in James R. Lewis and Sarah M. Lewis, eds., *Sacred Schisms: How Religions Divide* (Cambridge: Cambridge University Press, 2009), 11-33.

모두의 논쟁적 수사를 불러일으킨다. 각자는 자신의 주장을 홍보하기 위해 상대방에 대해 논쟁을 벌이고, 이러한 논쟁은 그들을 지지하는 종교나 운동의 세계관이나 성격에 통합된다. 반대하는 특정 집단뿐만 아니라 모든 외국 또는 다른 종교적 표현에 대해 적대적인 관점이 장려된다. 종파적 그룹은 다양한 이유로 결국 더 큰 공동체에 재흡수되거나, 더 큰 공동체에 의해 파문되거나, 심지어 파괴될 때까지 그 차이가 커질 수 있다.

어떤 경우에는 종파적 그룹이 새로운 신적 권위의 원천을 발견하는데, 일반적으로 이전 경전을 능가하거나 대체하는 새로운 신적 공동체로 이해된다. 이러한 상황에서 종파 단체의 권위는 이전 경전의 권위를 대체한다고 주장하는 새로운 의사소통을 통해 신에게서 직접 주어진다.

신적 명령에 대한 새로운 계시의 주장은 기성 종교에 도전하고 그 권위를 위협한다. 각기 '다른' 신적 계시를 전지전능한 신의 절대적 의지를 대변하는 것으로 이해하는 다양한 신적 계시에서 궁극적 권위를 주장하기 때문에 해결될 수 없는 일종의 공동체 간 실존적 경쟁이 생겨난다. 이로 인해 궁극적으로 해결할 수 없는 영원한 갈등이 시작된다. 각 공동체는 자신들의 경전이 다른 공동체에 부여된 어떤 권위도 초월한다고 주장한다. 이것은 제로섬 경쟁의 한 형태로 가장 잘 설명할 수 있다. 신의 명령에는 타협이 없다. 유일신교 공동체 간의 자연스러운 관계의 역사를 고려할 때, 그들 사이에서 정직하고 호기심 많은 종교 간 학습이 일반적으로 금지되었다는 사실에 우리는 놀라워해야 하지 않을까? 오히려 전통적으로 타 종교에 대해 배우는 목적은 진리와 지혜에 대한 경쟁적인 주장을 공격하고 폄하하려는 것이었다. 크리스터 스텐달(Krister Stendahl) 주교가 종교 이해의 세 가지 규칙으로 유명하게 지적했듯이,

비교종교학에 참여할 때 자기 종교의 '최고'와 다른 종교의 '최악'을 비교하는 것은 흔한 일이다.[16]

종교적 갈등 상황(유일신론적 종교 공동체 간의 일반적인 상황)에서 종교적 타당성은 논쟁의 권위와 성공 여부에 달려 있다. 논쟁의 환경에서 항상 발생하는 종파의 형성은 기성 종교와 종파 운동 모두에서 논쟁적인 표현의 수준을 높인다. 이는 종교 간 학습에 지대한 영향을 미쳐왔다. 한편으로 경전 유일신교에서 논증 문학이 발전하면서 종교적 적대자의 견해를 알고자 하는 관심이 촉진되었지만, 그 의도는 주장을 반박하고 상대 종교의 타당성을 부정하는 데 있다. 이 과정에서 논쟁적 저작은 종종 상대 종교의 실제 관점과 신념을 이해하지 못하고 많은 경우 이를 잘못 표현하고 왜곡한다.

4. 근대성, 과학 그리고 축소되는 세계

근대 이전 세계에서는 편협함이 미덕이었다. 자신의 신념을 흔들림 없이 고수함으로써 신뢰성과 성실성을 보여준 사람들은 오늘날 우리가 편협하다고 여기는 사람들이었다. 그런 사람들은 자신과 반대되는 견해를 취하고 정의상 하나님의 뜻과 진리에 적대적인 사람들의 비진리, 거짓, 비하를 적극적으로 반박할 수 있는 지혜와 분별력, 경륜을 갖추고 있었다. 얀 아스만(Jan Assmann)에 따르면 이러한 논리의 근원은 유일신론의

---

16 Barbara Brown Taylor, "My Holy Envy of Other Faith Traditions," *Christian Century*, March 7, 2019, 2019년 10월 11일 접속, https://www.christiancentury.org/article/critical-essay/my-holy-envy-other-faith-traditions.

핵심에 있는 내재된 전체주의적 관점이다. 아스만은 유일신론의 핵심 요소는 "유일신과 여러 신을 구분하는 것이 아니라 종교에서 진리와 거짓, 참 신과 거짓 신, 참 교리와 거짓 교리, 지식과 무지, 믿음과 불신 사이의 구분"[17]이라고 주장했다.

우리가 진리를 안다면 왜 진리를 더럽히거나 거짓으로 진리를 주장하는 사람들의 비진리에 유혹을 받아 진리에서 멀어지게 해야 할까? 이러한 관점은 진리에 대한 다른 관점을 주장하는 것은 정의상 거짓이며 따라서 악이기 때문에 다른 사람의 종교적 사상과 관습에 대해 배울 수 있는 가능성을 배제한다.

위에서 설명한 자신감은 세계가 근대로 접어들면서 대부분 사라졌다. 근대에 들어서면서 사고의 점진적인 변화는 궁극적으로 진리의 구성이나 인식의 상대화를 초래했다—진리 자체의 상대화는 아니지만. 현대의 과학 추구는 자연 법칙을 끊임없이 재정의하고 개선해야 했다. 과학은 절대적인 진리의 존재를 부정하지는 않았지만, 과학적 과정을 통해 진리에 대한 우리의 이해는 제한적이며 더 나은 방법과 관점을 통해 항상 개선될 수 있다는 것을 배웠다. 이러한 관점은 변하지 않는 절대적인 물리 법칙을 다양한 관점에서 접하는 관찰자들이 정확하고 동일하게 경험할 수 없다는 사실을 깨닫게 되면서 일종의 철학적 정점에 도달했다.[18] 따라서 하나의 '진리'가 실제로 존재할 수는 있지만, 적어도 과학의 세계에서는 진리에 대한 우리의 경험이 본질적으로 제한적이라는 사실을 받아들이게 되었다.

---

17 Jan Assmann, *The Price of Monotheism* (Redwood City, CA: Stanford University Press, 2010), 2.

18 Max Born, *Einstein's Theory of Relativity* (New York: Dover, 1965).

현대 과학은 사회 철학에서 신학에 이르기까지 모든 사회 및 인문 분야에 깊은 영향을 미쳤다. 우리가 아는 것을 어떻게 알 수 있으며, 우리가 알고 있다는 사실조차 어떻게 알 수 있을까? 고대의 전일신론적(pre-monotheist), 비종교적(a-religious) 학문인 인식론이라는 학문이 현대 세계에서 부활하고 개정되었다. 물리학 및 사회과학의 영향을 받아 실재라는 개념과 그것이 관찰자에게 나타내는 진리에 대한 우리의 의식을 재개념화했다. "따라서 구체적인 현실은 전적으로 주관적이고 개별적인 것이며, 소위 객관적인 현실은 우리 모두가 공유하는 추상적인 개념에 불과하기 때문에 사라진다."[19]

과학이 우리의 시각을 변화시켰을 뿐만 아니라 여행의 혁명도 마찬가지였다. 처음에는 세계가 축소되면서 정복자의 세계관을 피정복자에게 강제로 강요할 수 있었지만, 곧 안목 있는 사람들은 자신도 모르게 '원시적'이거나 미개한 것으로 여겨지던 것이 사실은 계몽적이고 비범한 것일 수 있다는 걸 깨닫게 되었다. 서구의 지혜와 일치하는 것처럼 보이는 외국의 지혜를 '발견'함으로써 차이 속에서도(또는 차이에도 불구하고) 공통점을 관찰할 수 있는 가능성이 열렸다. 그러나 특정 공유된 특징이나 속성의 발견이 곧바로 지혜 전반에 대한 인식으로 이어지지는 않았다. 공통점 발견에 대한 한 가지 반응은 자신의 지혜와 문화, 전통이 다른 것보다 우월하다는 것을 증명하려는 충동을 불러일으켰다. 또 다른 반응은 판단하고 지배할 필요를 느끼지 않고 단순히 배우려는 것이었다.

---

19 이 인용문은 키타로 니시다(Kitaro Nishida)의 *An Inquiry into the Good*, trans. Masao Abe and Christopher Ives (New Haven, CT: Yale University Press, 1990), 74에 나오는 경험과 현실에 대한 탐구에서 가져온 것이다. 이 연구는 원래 일본어로 출판되었다. *Zen no kenkyū* (Tokyo: Iwanami Shoten, 1921), 74.

후자의 충동은 진실된 대화 방식으로 타 종교와 교류할 수 있는 가능성을 열어주었다.

이 과정은 세 단계로 발전했다. 초기 비교 충동은 상대방의 거짓과 무가치함을 대조함으로써 자신의 진리와 가치에 대한 감각을 연마하기 위해 수행된 자기 과시적 충동이었다. 그런 다음 공통점을 발견하고 종교가 공통적이거나 유사한 특성과 열망을 어떻게 공유하는지에 대해 성찰하려는 충동이 생겼다. 마침내 어떤 이들은 더 깊은 지혜는 가치 판단이나 유사성에 근거한 긍정에서 오는 것이 아니라, 오히려 차이의 미묘한 세세한 점에 대한 성찰에서 오는 자극과 가치중립적인 관조에서 비롯되는 조명에서 나온다는 것을 깨닫게 되었다. 지난 수십 년 동안 이러한 종류의 포용적 비교 접근법을 취하는 중요한 선집들이 다수 출판되었다.[20]

5. 진리와 종교적 명령

종교는 복잡한 유기체이다. 생명체와 마찬가지로 충동과 욕구로 구성되며 일관성이 거의 없다. 성서적 유일신교(scriptural monotheisms)에서 조직신학의 전통적인 목표 중 하나는 종교에서 일관성이 없어 보이는 것을

---

20 John Hick and Edmund Miltzer, eds., *Three Faiths One God: A Jewish, Christian, Muslim Encounter* (Albany, NY: State University of New York Press, 1989); James Heft, Reuven Firestone, and Omid Safi, eds., *Learned Ignorance: Intellectual Humility among Jews, Christians and Muslims* (New York: Oxford, 2011); Catherine Cornille, *The Wiley-Blackwell Companion to Inter-Religious Dialogue* (West Sussex, UK: Wiley-Blackwell, 2013).

해결하는 것이었는데, 그 이유는 일관성이 없다는 것은 모든 종교의 일차적 권위인 전지전능한 신과 상충하기 때문이다.[21]

종교는 신을 대표하는 만큼 신을 따르는 사람들을 대표하기도 하기 때문에 복잡하다. 신은 계시하고, 인간은 반응한다—이것이 종교를 만들어내는 공식이다. 인간은 독립적이고 자율적인 존재로서 주변 세계를 처리할 수밖에 없기 때문에, 인간이 경험하는 종교에는 신성한 명령에 대해 사고와 실천을 통해 반응하는 복잡한 경로가 포함되어 있다.

종교에는 거의 모든 것에 대한 다양한 사고가 담겨 있다. 종교는 내면 지향적이기도 하고 외면 지향적이기도 하다. 종교는 위계질서에 대한 강력한 욕구를 반영하지만, 종종 극도로 반위계적이다. 이들은 위협과 갈등에 대해 극단적인 폭력에서 급진적인 비폭력에 이르기까지 다양한 대응으로 반응한다. 때로는 보편주의로, 때로는 특수주의로 기울기도 한다. 이러한 생각과 실천의 흐름 또는 궤적이 바로 종교의 본질이다.

성서적 유일신교 사이의 신학적 차이는 상대적 척도의 언어를 통해 가장 잘 이해할 수 있다. 기독교의 삼위일체 신학과 유대교와 이슬람교의 반삼위일체 신학을 통한 하나님의 본질과 같은 고전적이고 정의적인 차이점도 절대적인 것은 아니다. 예를 들어, 유대교와 이슬람 신비주의에는 삼위일체 개념과 유사점을 발견하며 신격의 구분을 관찰하는 학파가 있는 반면, 일부 기독교 공동체는 본질적인 삼위일체 구분을 완전히 거부한다.[22]

---

21   이것은 매우 방대한 분야이다. 이 문제에 대한 소개는 다음을 참조하라. Wayne Grudem, *Systematic Theology: An Introduction to Biblical Doctrine* (Leicester, UK: Inter-Varsity, 1994).

22   Harold Gutteridge, *The Esoteric Codex: Nontrinitarianism* (NP: Lulu.com, 2012);

우리의 유일신교 조상들이 그랬던 것처럼, 한 분 창조주 하나님 안에 창조된 우주에 본질적인 통일성이 존재하며, 이 통일성은 오늘날까지 계속 움직이고 있다고 결론을 내리는 것이 옳았다. 또한 이 본질적 통일성에서 실제 단일 '진리'가 존재할 가능성이 높다고 결론을 내리는 것도 옳았다. 그러나 우리가 그 진리를 '소유'할 수 있고 누구나 진정으로 알 수 있다고 생각하는 것은 실수이다. 역사를 통해 우주와 소우주에 대한 새롭고 끊임없이 확장되는 정보를 배우면서 우리가 '하나님의 진리'를 이해하고 있다고 확신하는 것은 경솔함의 극치이다.

그렇다면 어떻게 해야 할까? 우리는 구도자들이 항상 해왔던 일을 한다. 우리는 특정 종교 전통 안팎에서 배운다.[23] 배움은 우리를 변화시키기 때문에 항상 약간의 위험성이 있다. 그러나 대부분의 경우 배움에서 비롯된 변화는 우리가 누구인지에 대한 감각과 매우 복잡한 세상에 기반을 두고 있다는 감각을 심화한다. 나는 토론과 경전 읽기, 기도 참관 등을 통해 다른 신앙 전통을 가진 신자들과 교류하면서 궁극자와의 개인적인 관계를 더욱 깊게 할 뿐만 아니라 나의 종교 전통의 특수성과의 관계

Yehuda Liebes, "Christian Influences on the Zohar," in Liebes, *Studies in the Zohar* (Albany, NY: State University of New York Press, 1993), 139-56. Jonatan Benarroch most recently treats Trinitarian ideas as they appear in the Zohar: "*Sava and Yanuka*": God, the Son and the Messiah in Zoharic Narratives—Poetic and Mythopoetic Aspects (Hebrew, Jerusalem: Magnes Press, forthcoming); Ian Netton, *Islam, Christianity and the Mystic Journey* (Edinburgh: Edinburgh University Press, 2011), 100, 114-17.

23 신학을 토론하는 것부터 다양한 경전을 공부하고 의식을 관찰하는 것, 심지어 다양한 종교를 가진 사람들과 함께 푸드 팬트리(food pantry: 무료로 음식을 받아갈 수 있는 시스템—역자주)에서 일하는 것과 같이 공통의 관심사를 위한 종교와 관련 없는 프로젝트에 참여하는 것까지 종교 간 학습에 참여할 수 있는 방법은 무수히 많다. 이 글의 주제는 아니지만, 종교 간 참여의 예술과 과학은 중요한 전문 지식이다.

도 강화할 수 있었다. 또 다른 관점은 이해의 또 다른 가능성을 제공한다.

신학교는 우리가 궁극의 의미를 이해하려는 노력에서 비롯된 특정 종교 공동체의 독특하고 놀라운 지혜를 배우는 곳이며, 우리가 신성한 명령으로 이해하는 것에 대해 우리 공동체가 어떻게 반응해왔는지에 대해 배우는 곳이다. 우리의 개별 전통에는 이에 대한 위대한 지혜와 특별한 통찰력이 담겨 있지만, 모든 진리를 담고 있지는 않다. 모든 진리를 담는다는 것은 그냥 불가능한 일이기 때문이다. 또한 개별 신학교의 접근 방식이나 방법론이 유일하거나 가장 완벽한 학습 방법도 아니다. 우리가 할 수 있는 최선은 종교적 선조와 스승들의 노력에서 진리의 한 조각을 끄집어내는 것뿐이다. 그들—그리고 우리—은 우리 전통의 특수성에 의해 제한을 받는다. 우리가 진지하게 배우고자 한다면 다른 신앙 전통을 따르는 사람들이 이해하는 진리에 우리 자신을 개방해야 한다.

나는 이것이 새로운 종교적 명령이라고 주장하고 싶다. 우리의 가장 넓고 깊은 특별한 경험조차도 한계가 있다. 우리는 신학생들이 다른 신앙 전통의 해석 과정과 결론을 경험하도록 장려해야 한다. 이를 위한 가장 효과적이고 흥미로운 방법 중 하나는 다른 신앙 전통을 가진 신학생들과 교류하는 것이다. 다른 경전적 유일신교 신자들과 교류하는 것이 자연스럽고 직관적으로 보일 수 있지만, '유일신교 신자'(monotheists)에만 국한할 필요는 없고 국한해서도 안 된다. 궁극자(The Ultimate)는 모든 피조물의 갈망을 통해 말씀하신다.

6. 신학교 교육

우리는 다른 종교 전통을 가진 동료 여행자들(co-travelers)과 함께 배우면서 우리 자신의 종교적 이해를 넓히고 심화한다. 새로운 의무는 우리 자신의 전통뿐만 아니라 우리가 제기하는 많은 질문을 다른 각도에서 제기한 다른 전통에서도 지혜를 배우는 것이다. 다른 신앙 전통을 따르는 자들은 이러한 다양한 관점에서 우리 자신의 관점의 한계로 인해 우리가 얻을 수 없는 답을 도출하며, 때로는 우리가 생각하지 못했던 완전히 새로운 질문을 제기하기도 한다. 모든 관점의 가치가 동등하다고 주장하는 것은 아니지만, 서로 다른 인식은 무엇이 외부이고 무엇이 내부인지에 대한 우리의 지식을 심화한다. 우리는 현대 과학을 통해 확립된 진리조차도 다른 관점에서 접근하는 관찰자에 따라 다르게 경험된다는 것을 알고 있다. 인간의 다양한 영적 경험과 사고에 대해 더 많이 배우면 더 깊고 완전한 이해의 가능성이 높아진다.

우리 자신의 종교 역사와 신학, 문학의 방대함을 고려할 때, 종교 간 학습은 자신의 종교 전통에서 흡수할 수 있는 지혜의 양과 질을 감소시킬 것처럼 보일 수 있다. 나는 종교 간 학습에 많은 교육 공간이 필요하다고 생각하지 않는다. 교실 밖에서 다른 종교 전통을 가진 신학생들 및 종교 지도자들과의 체험적 참여와 신학 교육 이후에도 종교 및 종교 간 학습이 계속되어야 한다는 이 두 가지 사항만 보완한다면 잘 계획된 한두 개의 교과 과정으로 충분할 수 있다.

내가 속한 유대인 공동체에서 모든 교파의 랍비 학생들에게 전하는 중요한 교훈 중 하나는 안수는 배움의 여정에서 초기 단계의 정점에 불과하다는 것이다. 유대교 문헌과 전통에 대한 학습은 랍비 문화의 일부가 되며, 일상적인 학습은 모든 랍비 직무의 일부가 될 것으로 당연히 여겨진다. 유대인의 신학교 교육 과정에는 주입식 학습이 기본으로 포함되어 있다. 또한 신학교 졸업생이 다른 종교 공동체의 종교인들과 교류하고, 그러한 교류가 그들이 봉사하는 지역사회로 흘러 들어갈 수 있고 흘러 들어가야 한다는 기대가 포함되어야 한다.

하나님은 계시하시고 인간은 반응한다. 위에서 언급했듯이, 궁극자에 대한 인간의 필연적인 자율적 반응은 창조의 기적 중 하나이다. 우리는 생각하고 느끼며, 우리 주변의 세계를 감지하는 고유한 인지 능력을 지니고 있다. 인간이 하나님의 형상대로 창조되었다는 성경의 언급을 가장 잘 설명하는 것이 있다면[24] 바로 이것이다. 우리는 어떻게든 인지, 지각, 자기 인식이라는 도구—선물—를 받았다. 신이 주신 이 특별한 재능을 활용하는 가장 좋은 방법은 서로에게서 배우는 것이다.

---

24 창 1:27, 2:26, 9:6. 이 주장은 꾸란에서 찾을 수 없으며 일부 무슬림들 사이에서 논란이 되고 있다. 그러나 정식 오아디트(Hadīth)에서는 신이 아담을 자신의 모습으로 창조했다는 무함마드(Muhammad)의 권위에 대한 전통이 포함되어 있다(ḥalaqa Allā hu Adam ʿalā ṣūratihi). 출처는 예언자를 인용한 아부 후라이라(Abū Hurayra)의 권위에 근거한 Ṣaḥīḥ Bukhārī이다(Bukhārī, Ṣaḥīḥ, 79, "Al-Istiʾdhān," 1, Beirut: Dār al-Kutub al-ʿIlmiyya, 1420/1999, 4:142). 다음을 또한 참조하라: Aḥmad B. Ḥanbal, Musnad, "Musnad Abī Hurayra," 8191, Beirut: Dār al-Kutub al-ʿIlmiyya, 1413/1993, 2:421.

2장

통합 비전
: 종교 간 지혜를 추구하는 비교 신학

존 타타마닐(John Thatamanil)

요약문

이 장에서는 '비교 신학'(comparative theology)이라는 용어의 두 단어가 창조적 긴장의 영역을 형성하여 신학의 본질을 재구상하도록 요구한다고 주장한다(보통 '비교신학'을 붙여 쓰지만 이 장은 '비교'와 '신학'의 관계에 대한 논의이기에 의도적으로 떼어 쓴다―역자주). '비교'라는 형용사는 '신학' 옆에 조용히 자리 잡고, 신학을 기존 방식 그대로 두는 것이 아니다. '비교'는 '신학'이 변화(transformation)를 경험하도록 하는데, 이는 다른 전통과의 만남이 비교 신학으로 하여금 자신의 본래 장르가 학문적 텍스트 생산이 아니라 에드워드 팔리(Edward Farley)가 보여준 것처럼 사피엔티아(sapientia), 즉 관조적 지혜(contemplative wisdom)라는 것을 상기시키기 때문이다. 다른 전통에서 신학적 성찰은 여전히 그러한 지혜를 추구하는 일이 기 때문에, 학문적 텍스트 생산으로서의 기독교 신학과 다른 전통 에서 실천되는 신학 사이의 만남은 제한된 가치를 지닐 가능성이 크다. 다른 전통과 연계하는 신학적 글쓰기는 본래의 장르, 즉 지 혜 추구로 돌아가야 한다. 최소한 그 방식 중 하나에서 비교 신학 은 '종교 간 지혜'를 추구하는 일이 될 것이다. 이 장에서는 나는 종교 간 지혜에 대한 예비적 임시 정의(preliminary working defi- nition)를 제시하려고 한다. 이어지는 주요 교육학적 질문은 "종교 간 지혜는 어떻게 가르칠 수 있을까?"가 될 것이다.

1. 학문 분야에 대한 정의: 종교적 다양성의 신학과 비교 신학에 관하여

1990년도 초반 이후에 기독교 신학 분야의 종교적 다원성에 대한 고찰에 서, 종교 다원주의 신학(theology of religious pluralism)과 비교 신학(com- parative theology)이라는 두 영역이 중심에 있었다.[1] 전자의 학문 영역은 종교적 다양성의 의미 등을 묻는 것이다. 종교적 다양성은 실수(error)가

---

[1] 초기 비교 신학 프로젝트로 명확하게 자신을 규정한 작품들에는 Robert C. Neville, *Behind the Masks of God: An Essay toward Comparative Theology* (New York: State University of New York Press, 1991); Francis X. Clooney, *Theology after Vedanta: An Experiment in Comparative Theology* (New York: State University of New York Press, 1993); 그리고 키스 와드(Keith Ward)의 3부작 중 첫 번째 책, *Religion and Revelation: A Theology of Revelation in the World's Religions* (New York: Clarendon Press, 1994)가 포함된다.

아니면 신의 섭리의 일부인가? 기독교 신앙에서 종교적 다양성의 의미는 무엇인가? 한편 비교 신학은 기독교 신학자들이 다른 종교 전통의 본문과 타 종교인들과 함께, 혹은 그들에게 궁극적 실체(ultimate reality)에 대해 더 배우기 위한 구체적이고 세밀한 조우(engagement)에 집중한다.

1990년대 후반에 몇몇 학자는 종교 다원주의 신학이 매우 심각하게 문제점을 드러냈다는 이유로 비교 신학이 종교 다원주의 신학을 대체해야 한다고 주장했고 이는 짧은 정체와 위기를 야기했다. 제임스 프레드릭스(James Fredericks)는 특히 다원주의 신학 분야 안의 모든 선택지에 문제가 있다고 주장했다.[2] 그러나 새로운 종교 다원주의 신학들이 그 이후로 생겨났고 이 두 신학 분야에서 복음주의와 미국 주류 개신교 교단, 가톨릭 등 다양한 배경을 가진 학자들이 풍부한 글을 쏟아내고 있다.

종교 다원주의 신학—나는 종교 다원성 신학(theologies of religious diversity, TRD)이라고 부르기를 선호한다[3]—작업은 한때 존 힉(John Hick)이나 폴 니터(Paul Knitter) 같은 이 분야의 선구자이자 개발자인 이들과 같이 신학적 자유주의와 동일시되곤 했다.[4] 이에 대한 신학적 중도나 보

---

2   이 교착 상태에 대한 감을 얻으려면 James Fredericks, *Faith among Faiths: Christianity and the Other Religions* (New Mahwah, NJ: Paulist Press, 1999)를 참조.

3   이 문제에 대한 자세한 내용은 나의 출간 예정 저서인 *Circling the Elephant: A Comparative Theology of Religious Diversity* (New York: Fordham University Press, 2020)를 참조. 현재로서는 하나의 옵션을 가리키는 이름을 학문 분야의 이름으로 사용하는 것이 항상 어색해 보였다. '다원주의'를 학문 분야 전체와 그 안의 한 유형을 지칭하는 이름으로 사용하는 것은 적어도 우아하지 않고 최악의 경우 혼란을 초래할 수도 있다.

4   존 힉(John Hick)에 대해서는 그의 대표작 *An Interpretation of Religion: Human Responses to the Transcendent*, 2nd ed. (New Haven, CT: Yale University Press, 2005)를 참조하고, 폴 니터(Paul Knitter)에 대해서는 그의 저서 *Introducing Theologies of Religion* (Maryknoll, NY: Orbis Books, 2002)을 참조하라.

수 진영에 있는 이들이 보이는 반응은 가능한 선택지를 다양하게 하였으고 이는 신학 교육에 긍정적인 영향을 끼쳤다. 우리는 이제 종교적 다양성의 의미를 논의하려는 시도 자체가 종교 다원주의적 견해를 가지는 것이라고 선입견을 갖는 시대에 살고 있지 않다. 어떤 신학 단체나 종교 공동체가 어떤 신학적 스펙트럼을 갖고 있는가에 상관없이 종교적 다양성의 의미를 진지하게 고민하는 목소리들이 존재하며, 그 목소리들은 신학교나 평신도 성인 교육에서 울리고 있다.[5] 요약하자면, 종교 다원성의 신학을 가르쳐야 할 책임이 있는 어떤 신학자도 가르치고자 하는 분야의 매우 다양한 입장이 진중하고도 자세하게 진술되어 있는 것을 발견할 수 있다.[6] 학생들은 자신들의 견해가 배타주의적(exclusivist)이든 포용주의적(inclusivist)이든, 다원주의적(pluralist)이든 혹은 특정주의(particularist)든 상관없이 그들의 주장이 비록 자주 신랄한 비판에 놓인다고 해도 믿을 만한 선택이라는 걸 알 수 있다.

그렇다면 종교 다원성 신학과 비교 신학의 관계는 무엇인가? 다른 종교 전통에게 배우려고 하는 일관되고 인내심 있는 작업은 이러한 다른 종교들에 어떠한 진리(some truth)가 존재한다는 것을 상정하는 것이다. 이러한 견해를 취한다는 것은 신학자들이 매우 분명한 다원주의적인 입

---

5   나는 '스펙트럼'이라는 단어를 종교 다양성 신학의 분야를 특징짓는 데 사용한다. 왜냐하면 기존의 유형학 내 표준 위치들이 문헌에서 암시하는 것만큼 명확하지 않기 때문이다. 신중히 고려해보면, 거의 모든 신학자나 신학적 주장은 유형학 전반에 걸친 요소들을 통합하고 있다. 유형학이 사고하고 가르치는 데 유용하지만 우리는 그 안에 갇혀서는 안 된다.

6   종교 다양성에 대한 다양한 관점이 확산된 이유는 기독교인들이 다양한 고백적이고 신학적 지향에서 종교 다양성을 친밀한 경험으로 받아들이게 되었기 때문이다. 삶의 경험은 모든 신학자가 더 이상 지구 반대편에 있는 사람이 아니라 때로는 침대 반대편에 있는 사람들과 공동체에 대해 신중하게 사고하고 글을 쓰도록 요구한다.

장을 취하거나, 최소한 포용적인 입장을 취한다는 것을 의미한다. 물론 이론적으로는 배타적인 견해에서 매우 철저한 비교 신학을 하는 것이 가능하다. 이러한 비교 신학은 다른 종교 전통을 배우는 목적이 그들이 중요한 의미에서 실수한 점들에 대해 이야기하는 기독교 변증론 (apologetics)이 될 것이다.7 그러나 이러한 작업은 최소한 책임성 있는 학문 방법으로 이뤄지고 있으며 쉽게 사라질 것으로 보이지 않는다. 대신 충격적인 것은 스스로의 종교에서 최소한 공개적으로, 이미 발견되지 않은 어떤 종교적 진리가 다른 종교들에게 발견될 수 있고 발견될 만한 이유가 있다고 주장한 복음주의자들이 있다는 것이다. 이러한 신학자들의 복음주의자의 입장에서 비교종교 신학을 할 수 있는 장을 마련해 주었다. 이러한 장은 아직 초기 단계에 있다고 할지라도 말이다. 에이머스 영(Amos Yong)과 같은 오순절 신학자들의 작업이 특히 주목할 만하다.8

현재의 종교 다양성 신학의 흐름에 대하여 또 하나 주목할 점은 이것이 매우 다양한 기독교 분파 안에서 표현되고 있다는 것뿐만 아니라 다양한 다른 종교들 안에서도 탐험되고 있다는 것이다. 불교도와 힌두교도, 무슬림 그리고 유대교인의 종교 다양성 신학은 이미 많이 나와 있다. 이 학문 분야에 이러한 종교적 다양성이 존재한다는 것은 '교착 상태'에 대해 이야기하는 것을 그만두어야 하는 또 하나의 이유가 된다.9 교유

---

7   종교 간 만남에서 변증론이 중요한 역할을 할 수 있다는 점에 대해서는 Paul Griffiths, *An Apology for Apologetics: A Study in the Logic of Interreligious Dialogue* (Eugene, OR: Wipf & Stock, 2007; previously published by Orbis, 1991) 참조.

8   이 학자의 엄청난 작품 중에서 그의 얇은 책 한 권이 특히 강력하다고 생각한다. *Hospitality and the Other: Pentecost, Christian Practices, and the Neighbor* (Maryknoll, NY: Orbis Books, 2015) 참조.

방법론에 관하여 이러한 문헌이 현재 존재한다는 것은 종교 다원성 신학(TRD)이 더는 기독교의 다른 종교에 대한 고찰에 국한되지 않아도 된다는 것을 의미한다. 이는 매우 제한적인 의미의 종교 간 훈련이기 때문이다. 이제 우리의 종교적 다양성에 대한 수업들은 강력하게 간종교적(interreligious)이어야 하고 이러한 전환은 매우 오래전에 이뤄졌어야 하는 것이다. 관점의 전환이 필요하다. 기독교인들은 다른 종교 전통의 사람들이 종교적 다원성에 대해 일반적으로 어떻게 생각하고 특히 기독교에 대해서 어떻게 생각하는지 들을 수 있다.

종교 다원성 신학은 학문과 교육 방법론에서 유형론(typologies)으로 구성되어왔지만, 다양한 종교 전통들 간의 본문을 비교하는 비교 신학적 접근은 전체를 아우르는 판단을 하는 것을 거부한다. 그러므로 비교 신학에서는 유형론이 있을 수 없다. 어떤 본문을 신학적 판단으로 읽는다는 것은 그것이 스스로의 전통에 기인한 것이든 다른 종교에서 기인한 것이든 스스로가 매우 복잡하고 섬세하며, 미묘한 작업 가운데 만들어진 규정들(rubrics)에 저항하는 의사 결정에 뛰어든다는 것을 의미한다. 나의 작업은 인간이 처한 곤경(human predicament)의 범주를 '의학적 모델'을 통해 탐험하는 것이다. 종교 전통뿐만 아니라 각 전통에 속한 개개의 신학자들도 인간의 곤경을 설명하는 데에 그 증상과 병의 근원, 예후, 치료법 등에 대해서 모두 다르다는 것을 보여준다. 이러한 주제에 관하여 모두를 아우르는 거대한 선언은 제공될 수 없다.[10] 비교 신학의 '결과

---

9   이 점을 확립하기 위해서는 더 많은 연구가 필요하지만, 이 종교 다양성 신학에 절대적 의미에서 '새로운' 것이 없다는 의심이 들 이유가 충분하다. 결국 거의 모든 전통이 종교적으로 다양한 지정학적 맥락에서—종종 주변적 위치에서—오랫동안 다양성의 의미를 고민해왔기 때문이다. 새로운 것은 이러한 목소리들이 학문 분야로 특정 담론에 등장했다는 점이다.

물'은 여러 종교 전통 내외에서의 신학이 일반적으로 다양하듯 다양할 것이다. 그러나 현대 비교 신학이라는 분야가 비교적 초기 단계에 있기 때문에, 비교 신학을 수행하는 데 사용할 수 있는 접근 방식이나 '방법'이 무한히 많지는 않다. 따라서 비교 신학을 가르치는 작업은 단순히 가능한 신학적 결과의 다양성 때문에 제약을 받을 필요가 없다. 다른 모든 학문 분야에서와 마찬가지로 방법론의 개수는 상대적으로 적지만 결과물은 매우 다양할 수 있다.[11]

　나는 자주 어떤 신학자의 작업을 읽을 때, 동일 종교인이든 아니든 상관없이 어떤 특정 구절이나 페이지를 읽느냐에 따라 열정적으로 지지하거나 강렬히 반대하곤 한다. 우리는 불가피하게 특정한 것(the par-ticulars)들을 통해 신학적 판단을 내린다. 이것이 종교 다양성 신학의 작업에 어떤 의미를 갖는가? 이것은 이제는 유형론을 포기할 시기가 왔다는 것을 의미하는가? 종교 다양성 신학의 작업에 대한 고전적 유형론

10　나의 저서, *Immanent Divine: God, Creation, and the Human Predicament. An East-West Conversation* (Minneapolis, MN: Fortress Press, 2006) 참조.

11　프란시스 클루니(Francis X. Clooney)의 위치 비교—건너가고 돌아오는 작업—와 로버트 네빌(Robert Neville)의 좀 더 추측적이고 형이상학적으로 기반된 비교 방법론은 비교 신학 내에서 가장 두드러진 두 가지 방법론적 선택지로 남아 있다. 미셸 보스 로버츠(Michelle Voss Roberts)와 조슈아 새무얼(Joshua Samuel)의 최근 연구는 민족적 요소(ethnographic component)를 비교 신학에 도입하여 새로운 변화를 일으켰다. 보스 로버츠의 경우, 특히 그녀의 저서 *Tastes of the Divine: Hindu and Christian Theologies of Emotion* (New York: Fordham University Press, 2014) 참조. 새무얼의 경우, *Untouchable Bodies, Resistance, and Liberation: A Comparative Theology of Divine Possessions* (Boston: Brill, 2020) 참조. 마찬가지로 마리안 모야르트(Marianne Moyaert)가 시작한 비교 신학에서의 의례적 전환도 또 다른 선택지를 제시한다. Marianne Moyaert, "Towards a Ritual Turn in Comparative Theology: Opportunities, Challenges, and Problems," *Harvard Theological Review* 111, no. 1 (January 2018): 1-23 참조. 이 모든 접근법은 비교 신학의 한 학기 강의에서 쉽게 가르칠 수 있다.

의 가치에 대한 개인의 신념에 상관없이, 모든 '종교'에 관한 주장을 하는 것은 오도할 수 있다는 것을 유념해야 한다. 그러므로 모든 종교가 구원하는지, 한 종교만 가장 효과적으로 구원하는지, 오직 한 종교만 구원하는지와 같은 기준으로 전체 종교 전통을 판단하려는 유형론은 분명히 저속하고(inelegant) 잘못되었다. 이러한 관찰은 종교 간 신학 작업이 종교 다양성 신학과 비교 신학 간에 더욱 풍부한 통합을 위해 노력해야 함을 시사하고, 이러한 작업들이 더 이상 고립되어 수행되지 않고 '상호 수태'(mutual fecundation)[12] 속에서 이루어져야 함을 나타낸다.

우리가 타자에 대해 말하는 것(종교 다양성 신학)과 그들에게 배우는 것 (비교 신학) 사이에 깊은 상호 침투의 필요성을 느끼기 시작하면서 후자의 학문은 최근 몇 가지 변화를 겪었다. 적어도 현대 비교 신학의 창시자 중 한 명인 프란시스 클루니(Francis X. Clooney)의 방식에 따르면, 비교 신학은 다음과 같은 지나치게 선명한 논리로 특징되고 풍자적으로 표현되기도 한다. 어떤 하나의 특정 전통 안에 있는 사람이 명확하게 경계 지어진 다른 전통으로 탐험을 떠난 뒤에 변화되어 돌아오면서 최소한 종교 정체성에 한해서는 떠나기 이전과 전혀 변화되지 않는다는 것이다.

많은 젊은 신학자들은 비교 신학을 '넘어가기'(crossing over)와 '돌아오기'(coming back)의 과정으로 상상하는 방식에 의문을 제기했다. 최근의 『밀레니엄 세대의 비교 신학』(Comparative Theology in the Millennial Classroom)에 실린 다수의 글들은 어떤 종교적 전통에 속하는 것에 대한 선형적 설명이 이 시대 학생들에게는 적용되지 않고 그들 중 많은 사람이 전통적이지 않은 '무소속' 상태로, 특정한 전통을 바탕으로 형성되지 않았

---

12   이 창의적인 표현은 라이몬 파니카(Raimon Panikkar)의 글에서 차용한 것이다.

기 때문에 전통적인 시작점이 없다는 점을 지적한다. 또 다른 일부는, 예를 들어 혼인을 통해 하나 이상의 전통에 처음부터 영향을 받았으므로 단일한 기원 전통만을 갖고 있다고 말할 수 없다는 점을 지적한다.13 우리가 비교 신학을 하는 이들을 이해하는 방식의 변화, 또한 비교 신학의 방법이 종교적 속함(belonging and affiliation)의 다변화로 인해 필연적으로 변화한다는 것은 비교 신학 연구와 가르침에서 매우 중요하고 환영받아 마땅할 변화이다.

이러한 변화들이 중요하긴 하지만, 이 분야의 더 기본적인 변화가 요구된다. 개인적인 경험을 예를 들어 설명하자면, 몇 년 전에 나는 종교 다양성 및 비교 신학에 대한 미국종교학회 루스(Luce) 여름 세미나 프로젝트 디렉터로 참여했다. 해당 세미나는 종교 다양성 및 비교 신학 분야의 전문가들로 이루어진 종교 간 교육 팀을 구성하여 해당 분야에 상대적으로 낯선 신학교 교수들에게 전문 분야를 소개하는 데 목적이 있었다 (AAR/루스 펠로우: 이 교육 팀에는 제닌 힐 플레처Jeannine Hill Fletcher, 마크 하임S. Mark Heim, 존 맥란스키John Makransky, 피터 옥스Peter Ochs, 아난타난드 람바핸 Anantanand Rambachan, 나지바 사이드Najeeba Syeed 및 현대 비교 신학의 창시자 중 한 명인 프란시스 클루니Francis X. Clooney 같은 인물이 포함되어 있었다). 이 과정에서 일부 동료학자들은 반복적으로 우리에게 명확해지길 요구했다: "정확히 '비교 신학'이란 무엇인가요?" 우리는 비교 신학을 비교적이면서도 실제로 건설적이며 규범적인 것이라고 이야기했다: "비교 신학은 단순히 비교하는 일 이상을 합니다. 다른 종교 전통과의 상호 작용을 통

---

13   Mara Brecht and Reid B. Locklin eds., *Comparative Theology in the Millennial Classroom: Hybrid Identities, Negotiated Boundaries* (New York: Routledge Press, 2016).

해 궁극적 실체에 대해 더 알려고 노려합니다." 클루니(Clooney)와 로버트 네빌(Robert Neville) 등의 학자들의 스타일 및 비교 방법에 대해 이야기했다. 이 세미나 기간을 통해 클루니는 비교 신학의 본질과 과업에 대해 다룬, 현재 매우 널리 읽히고 높이 평가되는 입문서를 쓰게 되었다.[14]

그럼에도 나는 동료 학자들에게 여전히 만족하지 못하는 감정이 남아 있다는 걸 알게 됐다. 이제는 세미나 이후의 통찰을 통해 그들이 무엇을 전하려고 했는지 알 것 같다. 사실상 그들은 이렇게 말하고 있었다. "당신은 '비교 신학'의 '비교'라는 용어에 대해 많은 얘기를 했지만, '신학'이라는 용어에 대해 충분히 이야기하지 않았습니다." 되돌아보면 나는 우리가 이 질문에 대해 그들이 만족할 수 있도록 어떤 노력을 했는지 확신할 수 없다. 우리는 어느 정도로든 '신학'이라는 용어를 당연시했기 때문에 답할 수 없었던 것이다. 어쨌든 우리는 모두가 신학이 무엇인지 알고 있다고 가정했다. 우리는 '신학'을 지속적인 명사로 취급하고, '비교'를 변할 수 있는 형용사로 취급했다. 우리는 이 변칙적인 형용사가 설명과 해석이 필요한 반면 명사는 안정적으로 남아 있다고 가정했다. 분명히 말하자면 이러한 직관이 명시적인 사고로 이어지진 못했다: 이러한 확신은 대부분 근저(subterranean)에 남아 있어 결국 표면으로 드러나지 못하고 우리를 숙고하게 했다. 여기에는 명백한 위험이 있다. 지배적인 기독교 신학의 방식이 아무런 의문을 받지 않고 그대로 정상적인 것으로 받아들여졌다는 것이다. 과거의 기독교 신학과 다른 종교 전통들이 운영되는 방식을 기독교와 동일시하는 문제점은 표면으로 드러나지 않

---

14 Francis X. Clooney, *Comparative Theology: Deep Learning across Religious Borders* (Malden, MA: Wiley-Blackwell, 2010).

왔다.

지금 되돌아보면, 비교 신학 작업에 처음 참여하는 동료 학자들이 '초심자의 마음'이라는 능력을 통해 교육하는 팀인 우리가, 혹은 적어도 나는 인지하지 못했던 어떤 것을 암묵적으로 발견했다는 생각이 든다. '비교'라는 용어는 '신학'이라는 용어 옆에 고요하게 놓여 후자가 영향을 받거나 변경되지 않도록 하는 것이 아니다. 이 형용사(비교)는 우리가 당시에 이해하지 못했던 방식으로 명사(신학)를 압박하며, 아마도 우리는 한동안 이를 이해하지 못할지도 모른다. 기독교 신학의 익숙한 형용사 동료에는 '교리적', '체계적', '실용적', '목회적' 및 '건설적'이 포함되어 있지만 '비교적'이라는 용어는 비교적 최근에 등장한 것이다. '비교 신학'이 완전히 새로운 것은 아니다. 프란시스 클루니, 휴 니콜슨(Hugh Nicholson), 토모코 마스자와(Tomoko Masuzawa)는 19세기 문헌에 이미 비교 신학이 존재한다는 점을 상기시켰다.[15] 그러나 그 당시나 현재 이 용어를 사용한 사람들이 이 독특한 개념적 결합으로 생성된 변형적인 압력을 완전히 이해했는지 여부는 명확하지 않다.

내가 다른 곳에서 주장한 바와 같이 '비교 신학'이라는 구문은 어떤 이들에게는 모순적(oxymoronic)으로 느껴질 것이다. 신학자들은 일반적으로 신학이 어떤 특정 종교 전통에서 이뤄지며, 그 전통을 위해서, 또 그 안의 매개 변수와 제약 조건 안에서 이뤄지는 궁극적 문제(ultimate matters)에 대해 반추(reflect)하는 것이라고 당연하게 생각한다. 신학은

---

15   Hugh Nicholson, *Comparative Theology and the Problem of Religious Rivalry* (New York: Oxford University Press, 2011)와 Tomoko Masuzawa, *The Invention of World Religions: Or, How European Universalism was Preserved in the Language of Pluralism* (Chicago: University of Chicago Press, 2012) 참조.

일반적으로 철학과 구분된다. 예를 들면 철학이 '전통의 후견지도'를 거부하고 '감히 스스로 사고하는' 것을 강조하는 점에서 신학과 구분된다. 반면 클루니가 지적한 대로 신학은 '이해를 추구하는 신앙'(faith seeking understanding)이다. 여기서 클루니는 믿음을 보편적인 인간 경향으로 보지 않고 특정 신앙고백이나 신조, 기독교 공동체의 실천에 의해 형성된 것으로 이해한다. 따라서 물론 클루니는 다른 전통에 속한 신학자들에게서 나오는 유사한 프로젝트를 쉽게 상상하고 환영할 수 있지만, 클루니에게 비교 신학은 기독교 믿음이 이해를 추구하는 것이다. 이러한 정의에 따라 어떤 이들이 신학적 사유가 비교적이라면 실제로는 신학이 아니고 그것이 정통 신학이라면 비교적이지 않을 뿐만 아니라 비교적일 수 없다고 생각하는 이유를 이해할 수 있다.

두 용어의 병렬 배치에 의해 가해지는 압력에 대한 대응 방법 중 하나는 '신학'이라는 용어가 이제 새로운 일반적인 의미를 획득했다는 것을 관찰하는 것이다. (신학이라는) 이 용어는 이제 어떤 전통 내에서 이루어지는 규범적인 사유를 나타낼 수 있고 실제로 나타낸다. 이 용어의 명백한 탄력성은 특히 몇몇 불교 학자에게서 두드러진다. 그들은 자신들의 목적을 위해 '신학'이라는 용어를 채택한다. 나는 특히 로저 잭슨(Roger Jackson)과 존 마크란스키(John Makransky)가 편집한 주목할 만한 에세이 모음인 『불교 신학: 현대 불교학자들의 비판적 성찰』(*Buddhist Theology: Critical Reflections by Contemporary Buddhist Scholars*)의 예를 들고 싶다.[16] '신학'이라는 용어가 전통적으로 신(theos)이 전혀 없다고 여겨지는 전

---

16   Roger Jackson and John Makransky eds., *Buddhist Theology: Critical Reflec-tions by Contemporary Buddhist Scholars* (New York: Routledge, 1999).

통에서 완전히 수용되고 있는 이 사례는 '비교'라는 용어가 밀접한 접근에 들어가기 전에도 광범위한 의미 범위에 사용될 수 있다는 것을 시사한다.

그러나 여기서도 주의가 필요하다. 일부 불교도들이 이 용어를 수용한다는 사실은 이 용어 자체가 일반적이고 보편적, 중립적이 되었다는 것을 나타내지 않는다. 단어는 고집스럽게 그 의미론적·문화적 역사의 짐을 옮기며 이는 가다머의 주장을 따르지 않더라도 받아들일 수 있는 진실이다. 그러나 신학이 종교 간 및 비교적 맥락에서 사용될 수 있기 전에 그 전통적인 의미를 벗어나야만 한다는 것도 아니다.

2. 신학을 지혜에 대한 탐구로서 재구상하기

최근 신학의 유연성과 확장된 의미 범위에도 불구하고, 다양한 다른 전통에서 발생하는 규범적 성찰과 현대 서구 기독교권에서 이뤄지는 규범적 성찰 사이에는 여전히 뚜렷한 괴리(disjuncture)가 존재한다. 에드워드 팔리(Edward Farley)의 언어를 빌리자면, 이러한 괴리는 장르의 다름에서 벌어지는 기본적인 갈등으로 파악할 수 있다. 팔리가 묻는 것과 신학자들이 답하기를 바라는 질문은 바로 (기독교) 신학의 주요 장르는 무엇인가 하는 것이다.

이 질문에 답하기 위해 팔리는 푸코(Foucault)의 '지식의 고고학'(archaeology of knowledge)이라는 표현을 빌려서, 우리가 신학이 존재하게 되고 그 의미를 형성해온 역사적 구성을 추적해볼 것을 제안한다. 간단히 말해, 그는 신학이 무엇인지에 대한 근본적으로 다른 이해를 가진 세 가지 중요한 역사적 시기가 있음을 주장한다: "경건한 학습(신성)의 시기, 전문 학습의 시기, 전문 교육의 시기"가 그것이다. 팔리가 이 세 역사적 시기 각각과 그 안에서 신학의 본질에 대해 말하는 것도 모두 중요하지만, 나는 특히 그가 제1시기와 제2시기 사이의 전환, 즉 신성에서 전문 학문으로 전환하는 것을 설명하는 부분이 인상 깊었다. 팔리는 가장 초기의 신학 교육은 신성한 훈련으로, "객관적인 과학이 아니라 구원의 맥락에서 하나님과 하나님의 것들을 인격적으로 아는 것이며 따라서, 신학을 공부하는 것은 경건의 훈련이며 신앙의 영역"으로 보았다.[17] 팔리는 다양한 연상적 표현을 사용하여 신학의 초창기 의미와 그에게 매우 중요한 의미를 설명했다. 초기의 신학은 "신적인 것에 대한 개인적이고 인지적인 성향(disposition)"이었다.[18] 좀 더 정교하게 그는 "첫째, 신학은 하나님과 하나님과 관련된 사물에 대한 실제적이고 개별적인 인식을 가리키는 용어이며, 대부분의 경우 신앙과 연관되어 있고 영원한 행복을 최종 목표로 삼는 인식(cognition)이다"라고 주장한다.[19] 그러나 이것은 현재 신학이라는 장르가 일반적으로 이해되는 것과는 분명히 다르다. "둘째, 신학은 하나의 학문, 즉 자의식적인 학문적 이해의 장을 가리키는 용어이다. 전자의 의미에서 신학은 인간 영혼의 습관(아비투스habitus: 사회학적 용어로 사회적 조건과 환경의 영향을 받아 사람들이 무의식적으로 따르는 규칙, 관습 등을 뜻한다—역자주)이다. 후자의 의미에서 신학은 학문이며, 일반적

---

17 Edward Farley, *Theologia: The Fragmentation and Unity of Theological Educa-tion* (Eugene, OR: Wipf & Stock, 2001; originally published by Fortress Press, 1994), 7.

18 Farley, 30.

19 Farley, 31.

으로 일종의 교육적 환경에서 발생한다."[20]

팔리에게 신학의 이 두 가지 의미와 장르 사이의 전환은 방대한 역사적 흐름에 따라 이루어졌다. 신학의 가장 오래된 첫 번째 의미는 초대 교회부터 12세기 중세 대학이 설립될 때까지도 지속되었다. 이러한 대학이 설립된 후 신학은 이중적인 의미를 지니기 시작했다. 신학의 첫 번째이자 일차적인 의미는 유지되며 결코 사라지지 않았다. 그러나 앎(scientia)으로 이해되는 신학 지식은 두 번째 의미, 즉 "이해할 수 있는 어떤 것과 실제 지적 능력의 결합에서 비롯된 열정이나 완성"뿐만 아니라 "그러한 지식을 생산하는 탐구 또는 성찰의 사업"이라는 의미도 갖게 된다. 그리고 이러한 사업이 다양한 종류의 것을 지향할 수 있기 때문에 다양한 종류의 학문이 생겨난다.[21] 팔리는 신학이 이 시점에서 복잡한 이중적 의미를 획득하게 되는데, 이 이중적 의미는 이후 신학에 대한 우리의 생각을 복잡하게 만들었다고 여긴다. 팔리는 첫 번째 의미를 '신학/지식'이라고 부르고, 두 번째 의미를 '신학/학문'이라고 부른다.[22] 팔리는 신학의 의미에 대한 우리의 역사와 신학에 대한 우리의 현대적 대화가 이 두 의미의 구분을 잊고 혼동할 때 무의미해진다고 주장한다.

그러나 이 문제가 12세기부터 계몽주의 시대까지 신학에 대한 사고를 위축시키지는 않았는데, 그 이유는 이 기간 동안 지식(scientia)의 두 가지 의미가 모두 지속되었기 때문이다. 독일 대학 모델이 도입된 이후 신학의 초기의 일차적 의미와 장르가 사라지기 시작하면서 이 두 가지 의미는 무너지기 시작했다. 팔리는 중세 초기에 대해 아리스토텔레스

---

20   Farley.
21   Farley, 33; 원문 강조.
22   Farley.

인류학에서 빌려온 '학교 신학자들'이 "지식(scientia)을 습관, 영혼의 지속적인 방향과 능숙함, 하나님과 하나님이 계시하는 것에 대한 앎으로 묘사했다"[23]라고 말한다. 학문으로서 지식(scientia)의 의미도 이러한 예전의 의미를 대체하지 못한다. 사실 팔리는 이 시기에 대해 다음과 같이 분명하게 말한다: "그리고 신학에 대한 지배적인 주장이 있다면 그것은 이론이 아닌 지혜의 성격을 지닌 **실천적인** 습관이라는 것이다."[24]

계몽주의와 독일 대학 모델이 부상한 이후 일어난 일은 지식의 두 가지 의미가 단절되고 신학의 주요 장르이자 의미로서 전문 학문이 부상한 것이다. 팔리는 다음과 같이 주장한다:

현대를 지배해온 신학이라는 양식은 고급 학위와 학술지, 전문 조직, 언어적 기술, 전문적 엄격함으로 가득 찬 학문 분야이자 '과학'이다. 신학이 이런 학문이라면 신학에 입문하지 않은 사람은 신학을 접할 수 없다. 신학은 학문 기관 안에 갇혀 있다. 전문 교사들은 신학을 추구하지만, 일반 교인, 심지어 성직자 지도자들조차 신학을 추구하지 않는 경우가 많다. 신학은 그들을 위해, 그들에 대하여, 그들을 대신하여 행해지는 것이지, 그들에 의해 행해지는 것이 아니다. 또한 학문적 활동으로서 신학은 학생이 신학교에서 교회나 다른 지도자 직위로 옮겨가면 살아남지 못할 것이 분명하다. 이것은 신학을 학문 분야로 가르친다는 것에 진부함이 내재되어 있다는 걸 의미한다. 그것은 더운 날씨에 입은 두꺼운 외투처럼 금방 벗겨진다. 신학은 졸업과 동시에 버려지도록 설계된 교육학이다.[25]

---

23 Farley, 35.

24 Farley; 원문 강조.

25 Edward Farley, "Four Pedagogical Mistakes: A Mea Culpa," *Teaching Theology*

요컨대 신학은 이제 다른 대학 학문들 중 하나이며, 이러한 학문들 사이에서 또는 학문적 추구로서 신학과 목회자 양성 활동 사이에서 통일성을 이루는 것은 별 의미가 없다. 신학은 이제 거의 전적으로 '학문 연구'의 한 분야로 운영되고 그 규범적 문자 표현은 학문적 텍스트이다. 이러한 신학에 대한 이해는 비교 신학이 계승하는 기본 규범으로 남아 있다. 그렇게 이해된 신학은 관조적(contemplative) 성격을 상실했을지 모르지만 기독교적 기원을 잃은 것이 아니고 계몽주의의 특정 역사적 전환으로 형성된 걸 잃은 것도 아니다.

3. 종교 간 지혜를 위한 탐구로서 비교 신학

이 글들에서 팔리의 관심은 교육학적 관심이다: 기독교 신학이 그 초기의 일차적 의미를 기억할 수 있도록 신학을 가르치는 것은 어떻게 변화될 수 있는가? 어떻게 하면 이러한 회복을 통해 신학 교육을 활성화하여 성직자와 다른 피교육자들이 진정으로 '신학자로서 목회자'—여기서 신학자의 정체성은 고전적이지만 현대에도 의미가 있는 실천적 지혜를 체화(embodied)하는 데 그 특징이 있다—가 되도록 할 수 있을까?

나의 관심사는 종교 간 문제이다. 나는 비교 신학이 다른 전통에서 일어나는 성찰적 활동의 방식과 공명(resonance)하려면 팔리가 요구하는 변화(transformation)가 필수적이며 필수불가결하다고 주장하고 싶다. 왜 그러한가? 다른 전통에서 신학을 읽은 사람들은, 학자들이 아닌

---

and Religion 9, no. 4 (2005): 200-203.

일반인들이 읽는다고 해도, 신학 또는 다른 전통의 신학이라고 할 수 있는 어떤 글들은 학문 양식에 속하지 않는다는 것을 금방 알아차리게 된다. 이러한 종교 전통의 신학, 특히 불교와 힌두교를 염두에 둔다면 그 논증 방식이 아무리 엄격하게 분석적이라 할지라도 항상 개인과 공동체의 변화를 지향한다. 팔리가 말하는 슬기로운 지혜(sapientia)의 언어가 적중하고 있다. 불교도들과 힌두교도들이 추구하는 것은 신학을 "지혜의 성격을 지닌 이론적이지 않고 실천적인 습관"이라고 개념화하는 것이다. 따라서 비교 신학이라는 양식이 그 양식이 함께 일하고 배우고자 하는 전통과 일치하려면, 비교 신학도 팔리가 말하는 변화를 겪어야 한다. 비교 신학 역시 스스로를 "신적인 것에 대한 개인적인 인지적 성향"인 슬기로운 지혜로 이해해야 한다. 팔리의 부름을 듣고 기독교 신학자들이 지혜로서의 고대의 신학적 감각을 기억하고 되살린다면 비교 신학도 같은 전환을 할 수 있는 길이 열릴 것이다.

그러나 비교 신학자들은 기다릴 필요가 없다. 비교 신학자들이 다른 전통에서 발견한 자료들과 조화하기를 원한다면 반드시 이 전환을 이루어야 한다. 그렇지 않으면 그들은 한편으로는 신학이 주로 신성에 대한 명제들로 구성된 학문적 텍스트 생산과, 다른 한편으로는 신학자들이 신성에 대해 말할 뿐만 아니라 신성에 '대한', 심지어 더 일반적으로는 궁극적 실재에 대해 말하는 신학의 양식 사이에서 비교할 수 없는 장르의 충돌에 직면하게 될 것이다. 다른 종교 공동체와 전통에서는 궁극적 실재에 대한 담론조차도 정보(information)가 아니라 변화(transformation)를 위해 제안된다.

예를 들어 브라흐마수트라(Brahmasutra)와 그 원전에 대한 7세기의 스승 샨카라(Sankara)의 해설을 생각해보라. 아드바이타 베단타(Advaita

Vedanta) 전통의 기본 원전은 "그러므로 브라흐만에 대한 탐구"로 시작한다.[26] 산스크리트어로는 '아타 아타 브라흐마지냐사'(atha atha brah-majijnasa)이다. 브라흐마지냐사라는 용어는 보통 '브라흐만에 대한 탐구'로 번역되지만, 스승 샹카라와 그 이후의 주석 전통은 이 용어의 근본 문법적·주석적 의미가 브라흐만을 '알고자 하는 욕망(지지냐사jijinasa)'임을 분명히 밝히고 있다. 이것은 어떤 종류의 앎일까? 브라흐만을 알고자 하는 탐구 또는 욕망은 명제적 지식에 대한 탐구일까? 아니다. 샹카라가 『브라흐마수트라바시야』(Brahmasutrabhasya)에서 치밀하게 논증하고 엄격하게 해설했다고 할지라도 그는 이 모든 노력의 동기가 무엇인지 분명히 밝힌다: "고결한 행위는 그 결과로 세속적 번영을 가져오고, 이는 (일부 의식 등의) 수행에 따라 달라진다. 그러나 브라흐만에 대한 지식은 해방(emancipation: 모든 번뇌와 집착에서 벗어남—역자주)을 그 결과로 가져오며 다른 어떤 행위에도 의존하지 않는다."[27]

여기서 추구하는 지식은 좁은 의미의 이론적 지식이 아니다. 이 지식의 최종 목표 또는 텔로스(telos)는 다름 아닌 '해방' 또는 '자유'(moksa: 윤회에서 완전히 벗어남—역자주)이다. 사실 이러한 탐구를 수행하기 위해서 학생은 몇 가지 전제조건을 갖추어야 한다.

영원한 것과 영원하지 않은 것에 대한 분별, 현세와 내세에서 (행위의) 열매를 누리는 것에 대한 무심함, 마음의 통제, 감각과 기관의 통제 등과

---

26 Sankara, *Vedanta-Sutras with the Commentary by Sankaracarcya*, Part I, trans. George Thibaut, Vol. 34 of Sacred Books of the East, ed. Max Muller (New Delhi: Motilal Banarsidass, 1988), 9.

27 Sankara, *Brahmasutrabhasya*, trans. Swami Gambhirananda (Calcutta: Ad-vaita Ashrama, 1993), 8.

같은 수행의 완성 그리고 해탈에 대한 갈망. 이러한 것들이 존재한다면 브라흐만은 선한 행위에 대한 질문 전이나 후에도 분별되거나 알 수 있지만 그렇지 않은 경우에는 불가능하다.[28]

여기서도 샨카라는 학생이 브라흐만에 대한 탐구를 시작하기 전에 일정한 자질과 능력을 갖추어야 한다고 가르친다. 경전 읽기 과정의 입학 요건은 엄격하다. 샨카라는 그의 논평과 직접 연결되는 맥락에서 푸르바 미맘사(Purva Mimamsa) 학파와 이러한 전제 조건에 의례 수행과 윤리적 행위, 넓게는 업보에 대한 지식이 포함되어야 하는지에 대해 논쟁을 벌인다. 그의 대답은 엄밀히 말하면 '아니다'이다. 의례 수행과 의례 이론에 대한 지식은 브라흐만에 대한 탐구를 하는 데 요구되지 않는다. 중요한 것은 학생이 샨카라가 말하는 미덕과 능력, 성향을 지니고 있는지 여부이다.

그러나 샨카라의 다른 많은 글을 볼 때 우리는 의식적 행동을 포함한 고결한 행동을 수행하면서 그 행위의 열매에 집착하지 않는 것이 샨카라가 열거한 역량을 획득할 수 있는 수단 중 하나라는 것을 알게 된다. 샨카라는 고결한 행위를 할 때, 그 행동이 나에게 어떻게 되돌아올지 생각하지 않고 오로지 그 고결한 행위를 위해서만 행동할 때 그러한 행동은 마음의 정화(cittasuddhi)로 이어진다고 주장한다. 이러한 마음의 정화는 샨카라가 제시한 전제 조건 목록에 명시된 덕목과 성품의 특징이다. 다른 것을 바라지 않는 올바른 행동 그 자체는 수행자가 브라흐만에 대한 탐구에 필요한 덕과 성품을 획득할 수 있는 부수적인 수단이다. 그러나

---

28   Sankara, 9.

이러한 자질이 있다면, 어떻게 획득했는지에 관계없이 학생들은 브라흐만에 대한 탐구를 시작할 준비가 되어 있다고 할 수 있다. 따라서 이러한 덕목만으로도 충분하다.

이러한 논쟁의 세부 사항은 샨카라의 교육학 프로젝트에 대한 미묘한 평가를 모으는 데 중요하다. 그러나 미맘사 학파(Mimamskas)와 베단타 철학(Vedantins) 사이의 논쟁의 미묘함을 차치하더라도 한 가지 분명한 것은 샨카라는 변화를 위해 가르치는 신학 교사이고 경전과 브라흐마 수트라를 읽는 것이 바로 그 목적을 달성하기 위한 것이라는 점이다. 경전과 수트라(sutra) 그리고 그에 대한 그의 주석서를 읽는 것은 처음부터 단순히 브라흐만에 대한 명제적 지식을 전달하기 위한 것이 아니다. 결국 브라흐만의 불가해한 성격을 고려할 때 어떤 명제도 적절하지 않다. 브라흐만은 모든 언어를 뛰어넘는다. 네티(Neti: 아니다), 네티, 이것도 아니고 저것도 아니다.

이어지는 샨카라가 가르칠 내용에는 서양의 신학 독자들에게 놀랍도록 친숙한 요소들, 즉 브라흐만의 존재에 대한 논증, 브라흐만의 본질에 대한 설명 등이 일반적으로 포함된다. 여기서 주목할 만한 것은 이러한 과제들이 학생들에게 궁극적 실재에 대한 개념적 지식을 생성하는 것이 아니라, 제대로 준비된 학생들로 하여금 윤회의 굴레에서 벗어날 수 있는 깊은 변화를 일으키기 위한 것이라는 점이다. 사실 샨카라가 제공하는 최종 가르침은 브라흐만이라는 무한한 실체가 어딘가에 존재한다는 것이 아니다. 그의 모든 가르침의 최종 목표는 독자들이 브라흐만이 이미 존재하는 그대로의 자신임을 인식하도록 설득하는 것이다. '타트 트밤 아시'(Tat tvam asi), 당신이 바로 그분(you are that)이라는 것이다. 당신은 무한한 신비이다. 당신 안에서 빛나고 당신의 모든 세상적인 앎을 가능하게 하는 의식의 빛, 바로 그 자아(atman)가 브라흐만(Brahman)이다.

이보다 더 깊은 가능한 변화는 없다. 이전에는 자신을 유한한 자아, 즉 위험에 위협받고 욕망의 대상에 의해 완성되고 성취되기를 바라는 존재로 생각했던 사람들은 그것이 전혀 자신이 아니었다는 걸 깨닫게 된다. 대신 카르마 요가(karma yoga)—행동의 결실에 집착하지 않는 훈련된 행동—즉 구루의 지도와 경전 해설을 통해 그들은 자신이 무한한 실재 자체(infinite reality itself)라는 사실을 깨닫게 된다. 이러한 변화는 참으로 지혜라고 할 수밖에 없다.

샨카라는 비교 신학자들이 자신의 전통이 아닌 다른 전통을 연구할 때 접할 수 있는 자료의 한 예일 뿐이다. 만약에 한 기독교 신학자가 샨카라와 그가 매개하는 전통에 감동하고 깊은 인상을 받았다면 어떤 일이 벌어질까? 만약 샨카라가 제시하는 주장과 목표가 이 신학자의 마음과 정신에 그 힘과 바람직함을 등록한다면 그 신학자는 무엇을 해야 할 것인가? 여기서 특수성에 주의를 기울이는 것이 중요하다. 만약 샨카라가 주장하는 비이원성(아드바이타advaita)의 주장과 목표가 신학자의 이전 신념을 대체한다면, 이 문제는 적어도 이론적으로는 비교적 간단하게 해결될 수 있다. 개종이 해결책이다.[29] 더 흥미롭고 복잡한 문제는 다른 전통의 주장과 목표가 자신의 이전 신념을 대체(supplant)하기보다는 보완(supplement)하는 것으로 느껴질 때 발생한다. 그렇다면 어떻게 해야

---

29 '개종'이 고전 힌두교에는 적용되지 않는 범주로 자주 이해되지만, 지난 세기에 비힌두교인을 그들의 대열에 환영하는 다양한 힌두교 운동이 등장한 것도 사실이다. 크리슈나의식국제협회(The International Society for Krishna Consciousness, ISKCON)과 아리야 사마지(Arya Samaj)는 그러한 포괄적 공동체의 가장 널리 알려진 두 가지 예이다.

하는가? 바로 이 지점에서 종교 간 지혜로서 비교 신학이라는 개념이 특히 매력적이고 설득력 있게 다가온다.

　그렇다면 종교 간 지혜란 무엇일까? 종교 간 지혜는 두 가지 이상의 종교적 렌즈를 통해 세상을 바라보고 그렇게 본 것을 통합된 비전으로 결합하는 것이다. 특정 형태의 기독교적 지혜와 아드바이타(Advaita: 비이원성)의 신념을 모두 지니고 있다면 바로 그런 일을 하도록 부름을 받은 것이다. 세상을 보는 이 두 가지 다른 방식이 양립할 수 있을까? 그렇다면 어떻게? 두 전통의 지혜를 통해 개인과 공동체는 무엇을 배울 수 있을까? 이러한 질문에 답하는 것이 비교 신학의 과제이다.

　렌즈의 은유에서부터 시작해보자. 나처럼 안경을 착용하는 사람이라면 렌즈의 은유를 떠올릴 수 있다. 렌즈 교정 처방으로 시력 개선이 가능하기 때문에 나는 앞을 보거나 적어도 선명하게 볼 수 있다. 흥미롭게도 어린 시절에는 자신의 시력이 최적 상태와는 거리가 멀다는 사실을 인식하지 못하는 경우가 많다. 어떻게 그럴 수 있을까? 다른 사람들은 눈부심이나 눈물, 두통과 같은 증상을 발견하고 안경이 필요할 수 있다고 제안한다. 시력이 2.0/2.0에서 얼마나 떨어졌는지는 안과 의자에 앉아서야 알 수 있다. "이것과 이것 중 어느 것이 더 낫지?" 시력이 교정된 후에야 비로소 애초에 자신의 시력이 얼마나 나빴던 것인지 진정으로 깨닫게 된다.

　이 은유는 대부분의 종교 전통이 형이상학적이긴 하지만 스스로를 교정 렌즈의 역할을 한다고 생각한다는 점에서 빛을 발한다. 이 종교 전통들은 인간이 정서적 · 인지적 고장(disorder)으로 복잡한 곤경(predicament)에 처해 있으며, 이로 인해 세상과 자신을 진실되게 볼 수 없다고 주장한다. 올바른 시각을 가지려면 치료가 필요하다. 치료를 받지 않은 사람들은 자신의 병이 얼마나 심각한지 이해할 수 없다. 각 종교 전통은, 아니 그 안에 있는 여러 종교 지파는 우리를 병들게 하는 것이 무엇이고 어떻게 치료할 수 있는지에 대한 풍부한 설명을 제공한다. 이러한 곤경을 해결하기 위해 종교 전통이 제공하는 지혜는 점진적 또는 단계적인 방식으로 전달되어야 한다. 어떻게 소통하는가에 대한 전략은 사람들이 치료 과정을 통해 점차 나아지는 과정을 보며 특정 단계에서 무엇을 이해할 수 있는지 고려해야 한다. 영적 성숙이 이루어짐에 따라 새롭고 미묘한 진리에 대한 설명이 전달될 수 있다.

'곤경'의 범주는 해당 전통에서 진단하는 상태의 심각성과 관련하여 중립적으로 구성될 수 있다. 곤경의 정확한 성격과 심각성은 전통 안에서뿐만 아니라 다른 전통과의 소통을 통해서 논의되는 문제이다. 곤경의 성격에 대한 담론은 일부 기독교 전통에서 말하는 원죄나 힌두교와 불교 전통에서 말하는 무명(無明, beginningless ignorance)과 같은 것을 전제하지도 않는다. 일부 전통은 이런 종류의 원초적 잘못을 인정하지 않으려 한다. 이 범주는 사물의 실체에 대한 깊고 정확한 지식을 얻기 위해서는 그러한 앎을 방해하거나 방해하는 어떤 질병, 성향 또는 상태를 해결해야 한다는 것을 수반할 뿐이다.

이러한 곤경을 해결하는 것은 결코 단순히 정보 전달의 문제가 아니다. 처방전을 읽거나 약의 화학 성분을 아는 것과 약을 복용하는 것은 다르다. 교정 렌즈의 은유를 사용하든, 인간의 곤경을 치료가 필요한 질병으로 보는 은유를 사용하든, 변화(transformation)는 올바른 앎을 위한 필수 전제 조건이다. 사성제(Four Noble Truths)를 암송할 수 있을지라도 그것은 불교도처럼 세상을 보는 것과는 다른 것이고 깨달은 사람처럼 세상을 보는 것과는 말할 것도 없이 다른 것이다. 왜 그럴까? 적어도 일부 특정 불교계에서 설명하는 사성제는 불교적 관점에서 모든 것을 보는 방법, 즉 포괄적인 해석 체계를 설명한다. 그러나 그러한 체계가 지혜로 간주되려면 해석 체계가 몸 안에 설치되어야 한다. 불교도처럼 보고자 하는 사람들은 반드시 위의(威儀, comportment: 엄숙한 몸차림 혹은 예법에 맞는 행동거지—역자주)를 형성해야 한다. 불자들이 보는 것처럼 본다는 것은 부처님과 보살들(Bodhisattvas)이 보는 것처럼 보는 것에 점점 더 가까이 다가가는 것이다.

그렇다면 위의란 무엇인가? 공식적인 정의를 내리기 전에 먼저 장자(莊子)의 이야기, 즉 위나라 혜왕 앞에서 소를 도축하는 숙련되고 섬세한 도살자 요리사 팅(Cook Ting)에 관한 이야기를 살펴보겠다. 이 이야기에서 팅은 매우 쉽고 우아하며 유려하게 소를 도축하는데, 그의 작업은 마치 세심하게 안무된 춤처럼 보인다. "손이 닿을 때마다, 어깨가 들썩일 때마다, 발이 움직일 때마다, 무릎을 꿇을 때마다, 집(zip)! 줍(zoop)! 하는 소리와 함께 칼을 미끄러뜨렸는데, 마치 뽕나무 숲에서 춤을 추거나 칭소(Ching-shou) 음악에 장단을 맞추는 것처럼 모든 것이 완벽한 리듬을 이루었다"라고 묘사한다. 이 광경을 본 위 혜왕은 "아, 정말 대단하구나! 저렇게 높은 경지에 도달하는 기술을 상상해보라!"[30]라고 찬탄했다.

그리고 여기서 장자 특유의 반전화법으로 요리사는 자신이 하고 있는 일이 기술과는 거의 관련이 없다고 말함으로써 그의 주군을 바로잡고 가르친다. 여기서 우리는 이 서술을 자세히 살펴볼 필요가 있다:

---

30   Chuang Tzu, *Chuang Tzu: Basic Writings*, trans. Burton Watson (New York: Columbia University Press, 1996), Kindle ed., "The Secret of Caring for Life," Section 3.

요리사 팅은 칼을 내려놓고 "제가 중요하게 생각하는 것은 기술을 넘어선 도(Way)입니다. 처음 소를 자르기 시작했을 때는 소 한 마리만 보였습니다. 3년이 지나자 더 이상 소 전체가 보이지 않았습니다. 그리고 지금은 눈으로 보지 않고 영으로 소를 봅니다. 지각과 이해가 멈추고 영혼이 원하는 곳으로 움직입니다. 자연스러운 생김새를 따라가고, 큰 구멍을 치고, 큰 구멍을 통해 칼을 안내하고, 사물을 있는 그대로 따라갑니다. 그래서 저는 주요 관절은 물론이고 아주 작은 인대나 힘줄도 건드리지 않습니다.

훌륭한 요리사는 1년에 한 번 칼을 교체하는데, 이는 자르기(cuts)를 하기 때문입니다. 평범한 요리사는 한 달에 한 번 칼을 바꾸는데, 해체(hacks)하기 때문입니다. 저는 이 칼을 19년 동안 사용하면서 수천 마리의 소를 잘랐지만, 칼날은 마치 방금 연마한 것만큼이나 좋습니다. 관절 사이에 공간이 있고 칼날의 두께가 얇습니다. 그런 공간에 두께가 없는 것을 넣으면 칼날이 마음껏 놀 수 있을 만큼 충분한 공간이 생깁니다. 그래서 19년이 지난 지금도 제 칼날은 처음 숫돌에서 나왔을 때처럼 여전히 좋은 상태를 유지하고 있습니다.[31]

장자는 본래의 맥락에서 도가 특유의 진리를 가르치고 있다. 도를 따른다는 것은 현실의 이음새를 아는 것, 다른 비유를 빌리자면 사물의 결을 따라가는 것, 즉 빈 공간이 어디에 있는지 아는 것이다. 사물의 이치에 순응하고 그에 따라 행동해야 하는 것인데, 그러하면 이러한 행동은 마치 음악처럼 보이거나 세심하게 안무된 춤처럼 보일 정도로 우아하다.

---

31   Chuang Tzu, "The Secret of Caring for Life," Section 3.

이러한 작업은 노력하지 않은 것처럼 보이지만, 물론 이야기에서 알 수 있듯이 이러한 용이함(effortlessness)은 쉽게 또는 빠르게 습득되지 않는다. 요리사 팅은 칼날을 조금도 무디게 하지 않고 지금처럼 작업하는 데 수년이 걸렸다.

이 손재주가 어떻게 얻어지는지에 대해 설명하는 것은 이 글의 범위를 벗어난다. 하지만 분명한 것은 팅의 능력은 영혼의 도(way of spirit)에 의해 신체에 장착된다는 점이다. 그것은 사려 깊은 이성이나 편협하게 해석되는 요령이나 기술을 통해 성취되는 것이 아니다. 그것은 자연의 깊은 패턴을 보는, 눈을 감을 때 오히려 보게 되는, 직관의 영역에 있는 것으로 보인다. 이렇게 보는 것 혹은 보지 않는 것이 그가 노력하지 않고도 일을 할 수 있도록 하는 그의 체화된 성품과 능력에 나타나 있다. 이러한 성품과 능력은 그의 세상에서 그의 위의(comportment)의 한 부분이 되었다. 팅은 이제 이상하게도 폭력적이지 않은 방식으로 황소를 다룰 수 있을 정도로 도에 순응하고 있다. 그는 더는 사물을 난도질하지 않는다. 그래서 그의 칼날은 무디지도 않고, 덧붙여 말하자면 그 자신도 무디지 않다. 요리사 팅은 도를 스스로의 육체(flesh)로 알게 되었다.

이야기는 또 한 번의 놀라운 반전으로 마무리된다: "나는 요리사 팅의 말을 듣고 생명을 돌보는 법을 배웠다!"라고 위 혜왕이 외친다. 군주가 요리사에게 배우는 것뿐만이 아니라 정육점 주인이 생명에 대한 배려를 가르친다는 놀라운 반전이 펼쳐진다. 이 이야기의 마지막 교훈은 정치를 하는 일, 즉 생명을 돌보는 노동을 하려면 도를 이해해야 한다는 것이다. 인간 삶의 리듬과 패턴은 자연계에서 발견되는 패턴과 다르지 않다. 그렇기 때문에 군주는 요리사에게 배울 수 있다.

따라서 위의는 사람이 있는 그대로의 모습에 충실해지는 상태이다.

이는 몸가짐을 바르게 하는 것이고 안정된 성품과 능력에 반영되며, 특정 종교 전통의 포괄적인 해석 체계에서 중요시하는 것이다. 인간의 곤경을 특징짓는 반대되는 성품과 무능력을 개선하기 위해 특정 종교 전통에서 권장하는 치료 요법을 수행함으로써 위의가 달성된다. 경전 읽기와 암송, 묵상, 명상 수행, 노래, 춤, 성찬식, 환각제 섭취 등을 포함할 수 있는 치료 요법을 수행하는 것은 개인과 공동체 안에 해당 공동체가 소중하게 여기는 훌륭한 위의가 형성되게 한다.

이 이야기는 종교 간 지혜와 어떤 관련이 있을까? 이 이야기가 종교 간 지혜에 대한 구체적인 교훈을 제공하기 전에, 적어도 장자가 보는 것처럼 도가적 지혜를 구성하는 요소가 무엇인지 살펴보아야 한다. 도가적 방식으로 지혜로워진다는 것은 도의 형태와 조화를 이룰 수 있는 성품과 능력을 스스로 훈련하는 것이다. 요리사 팅은 문자 학문으로서가 아닌 도를 알고 있다. 그는 정신과 직관 그리고 길고 힘든 육체적 학습 과정을 통해 도를 알게 되었다. 이러한 육체적 학습이 가능하게 하는 것은 도에 대한 지식(knowledge about the Tao)이 아니라 도의 지식(knowledge of the Tao)이다.

다른 글에서 나는 이 차이를 일차적 지식과 이차적 지식이라는 또 다른 어휘로 설명한 적이 있다.[32] 그 글에서 나는 수영 선수가 물에 대해 알고 있는 지식과 수영을 하지 않지만 유체역학 전문가인 사람이 가지고 있는 물에 대한 지식의 차이에 대해 이야기한 적이 있다. 전문가의 지식을 무시하려는 의도는 전혀 없지만, 유체역학 전문가가 물에 대한 지식

---

32   John J. Thatamanil, "Transreligious Theology as the Quest for Interreligious Wisdom," *Open Theology*, vol. 2, (2016): 357-59.

이 일반 수영 선수보다 훨씬 더 많음에도 수영장의 깊은 곳에 떨어지면 익사할 위험이 있다는 건 사실이다. 그의 물에 관한(about) 백과사전적 지식은 물에 대한(of) 지식을 만들어내지 못한다. 물에 대한 수영 선수의 지식은 도에 대한 요리사 팅의 지식과 비슷하다. 두 경우 모두 개념적 또는 인지적 앎을 분명히 포함하지만 어떤 면에서는 그것을 뛰어넘는 구체화된 지혜에 대해 이야기하고 있다. 요리사 팅은 오랜 수련을 통해 도의 도리에 대해 체화된 친밀함을 얻었다.

이 분석이 종교 간 지혜에 대해 시사하는 바는 무엇인가? 나는 종교 간 지혜를 구하려면 그러한 지혜를 추구하는 사람이 세상의 다른 존재 방식이 소중히 여기는 성향과 능력을 습득하도록 자신을 훈련하고, 기독교인의 경우 기독교인이 이미 알고 있는 것을 바탕으로 자신의 신체적 위의에 통합해야 한다고 생각한다. 종교적 지혜가 체화된 앎이라면, 종교 간 지혜도 마찬가지로 몸에 습득되어야 한다. 따라서 종교적 지혜가 힌두교도와 불교도, 무슬림 또는 기독교인처럼 세계를 이해하는 방향을 체화한 것(embodied orientation)이라면, 종교 간 지혜는 세계를 보는 두 가지 방식의 창조적 융합을 필요로 하는 복잡하고 포괄적인 지혜를 획득하는 작업이다.

다시 렌즈의 은유로 돌아가서, 우리가 안경을 쓰든 안 쓰든 우리는 각각의 눈에서 뇌에 전달되는 세상에 대한 고유한 정보를 종합할 때 뇌에서 그러한 통합이 일어난다는 것을 알고 있다. 우리 각각이 보는 세상은 다른 사람이 보는 것과 동일하지 않다. 사실 피사계 심도를 가능하게 하는 것은 이러한 각자의 고유성이다. 한쪽 눈으로만 세상을 본다면 세상은 평면적으로 보일 것이다. 두 눈으로 볼 때 깊이를 지각하는 것이 가능하다.

하나의 종교적 전통에서만 얻을 수 있는 지혜가 부족하다고 말하지 않더라도, 종교 간 양안 시각은 단안 시각이 제공하지 못하는 궁극적인 실재와 세계에 대한 관점을 제공할 수 있다고 제안할 수 있다. 기독교인처럼 보면서 불교도처럼 본다는 것은 일반적으로 한 전통에만 초점을 맞추지 않는 경험의 특징에 주의를 기울이는 것이다. 또한 깊은 공명이 일어나고 상호보완이 나타날 수도 있다. 성체성사(Eucharistic life) 생활을 통해 사회성을 실천하고 연기(緣起, pratityasamutpada: 인연에 따라 생겨나고 사라진다는 불교 개념—역자주)로 특징되는 세계를 보는 법을 배우면 어떤 효과가 있을까? 샹카라의 아드바이타(Advaita)를 통해 자아의 비이원성과 궁극성을 이해하게 된 그리스도인에게는 어떤 차원의 신성한 삶이 선물로 주어질 수 있을까? 그러한 가능성은 내가 다른 곳에서 다룬 고대 인도의 눈먼 (혹은 눈을 가린) 사람과 코끼리의 비유를 통해 암시되었다.[33] 이러한 풍요의 약속에 대한 신뢰가 종교 간 지혜를 탐구하는 동기가 된다.

다른 종교 간의 지혜를 갈망하고, 심지어 그러한 지혜가 가능하다고 여기려면 많은 세심한 확언이 전제되어야 한다. 먼저 종교 간의 지혜가 가능하려면 적어도 일부 전통에서는 세계를 보고 경험하는 방식이 공존 가능하고 때로는 보완적이라고 여기는 방식이 존재해야 한다. 어떤 두 전통을 고려할 때나 심지어 동일한 전통의 매우 다른 종파를 비교할 때 비교 연구자는 일찍이 결론을 내리는 것을 삼가야 하지만 기본적인 차이

---

33 나의 출간 예정 도서인 *Circling the Elephant: A Comparative Theology of Religious Diversity* (New York: Fordham University Press, 2020)를 참조하라. 거기서 나는 장애 신학에서 배운 교훈을 바탕으로 맹인을 언급하는 것이 왜 적절하지 않은지 명확히 설명한다.

점은 종종 명백해 보인다. 그러나 차이점은 스스로를 나타내거나 발표하는 것이 아니고 세심한 비교 학습을 통해 발견된다. 그리고 이러한 강한 불일치가 최종적으로 인식되더라도 이러한 차이는 오히려 생산적일 수 있다. 당신과 내가 어떤 문제에 대해 동일한 의견을 갖고 있지 않다는 것을 발견하는 것—단순히 우리가 동의하지 않을 것이라고 (막연히) 생각하는 게 아니라—그 자체가 대화에서 이득이다. 특히 우리가 매우 다른 종교적 언어로 대화를 시작했다면 말이다. 용어와 개념을 명확하게 하고 지속적인 대화를 통해 우리가 정말로 의견이 다르다는 것을 알아내게 되었다는 뜻이기 때문이다.

이제 우리의 의견이 다른 것이 어떤 의미인지에 대한 후속 대화가 시작될 수 있다. 우리 중 한명이 오류에 빠져 있는 것일까? 둘 다일까? 아니면 아마도 우리의 관점은 불완전(partial)하거나 혹은 다른 관점에서는 유효하지만 공존 불가능한 관점은 아닌 것일까? 우리의 차이는 결정적인 것인가 아니면 상대적으로 중요하지 않은 것인가? 이러한 질문에 대답하는 것은 심오하게 우리의 경험을 읽고 세계를 이해하는 걸 풍부하게 하며 확장시킬 수 있다. 다시 말해 의견 불일치를 발견하는 것은 대화의 종결점이나 종교 간 지혜의 가능성의 봉쇄를 의미하는 것이 아닐 수도 있다.

실제로 종교 간 지혜를 찾을 때 단순한 합의는 기대하기 힘들 것이다. 이미 당신과 내가 합의에 도달했다면 당신에게서 새로운 것을 배울 가능성은 매우 적을 것이다. 물론 놀랄 만한 다른 종교와 언어 어휘 간에도 합의를 발견할 수 있다는 것은 사소한 일이 아니다. 종교적 관용어의 차이가 사고와 경험의 비교 불가능성(incommensuarbility)을 의미하지 않는다는 것을 깨닫는 데에서도 우리는 많은 걸 배울 수 있다. 그러나 종교 간 지혜의 더욱 깊은 가능성은 동일성이나 합의가 아닌 공감(resonances), 가능한 상호 보완성 그리고 생산적일 수 있는 긴장을 감지하거나 느낄 때 나타난다.

요약하면, 종교 간 지혜는 하나 이상의 종교적 렌즈를 통해 세계에 대해 본 것을 통합함으로써 궁극적 현실과 세계에 대한 1차 지식을 생성하는 위의(comportment)의 문제이다. 세상에서 살아가는 방식에 대하여 두 가지 (혹은 그 이상의) 종교적 방식의 성품과 능력을 기르고, 그러한 성품과 능력을 몸으로 체득하는 것이 종교 간 지혜가 추구하는 목표이다.

이러한 지혜가 깊고 최상인 경우, 그것은 단순히 개념적 학습, 즉 현재 자신이 속한 전통에 대해 알고 있던 정보와 통합된 다른 전통에 관한 정보를 배우는 것이 아니다. 그러한 초기 작업은 중요하고 주목할 만하며, 종교 간 지혜를 찾는 여정에서 역할을 한다. 이러한 정보는 우리에게 다른 전통의 주장에 대해 가르친다. 그러나 종교 간 지혜는 그 주장이 전통이 추구하는 목표와 어떻게 밀접하게 결합되어 있는지에 주목한다. 단순히 주장(claims)뿐만 아니라 목표(aims)에 관심을 두는 것은 종교 간 지혜의 독특한 특징이다. 어떤 이가 두 개 혹은 그 이상의 전통의 목표에 헌신하게 되면 정보(information) 학습은 필연적으로 '변화'(transformation)를 위한 더 큰 탐험의 일부가 되어야 한다.

4. 종교 간 지혜를 위한 교육 방법으로 나아감

그렇다면 비교 신학의 이러한 비전이 교육에 미치는 영향은 무엇인가? 나는 비교 신학이 종교 간 지혜를 추구한다고 주장했다. 게다가 나는 이 과정에 필수적인 것은 두 개 이상의 종교 전통을 연구하는 것 또는 치료 방법(therapeutic regimens)을 수행함으로써 생성되는 1차 지식이라고 말했다. 나아가 이러한 치료 방법을 수행할 때 우리는 해당 전통 출신의 사람들과 함께 책임 있는 학습을 진행하여 오용(misappropriation)의 문제를 피해야 한다. 단순히 불교도나 힌두교도처럼 세계에 대해 아는 것만으로는 아직 종교 간 지혜가 아니다. 종교 간 지혜에는 더 나아가야 하는 단계가 필요하다: 통합으로 나아가기—두 가지 이상의 알기 방식을 통해 궁극적 현실과 세계에 대해 알게 된 것을 체화하여 살아가는 방식에 대해 생각하는 것이다. 여기서 우리는 플라톤의 '에우튀프론'(Euthyphro)만큼 오래된 질문을 조금 변경하긴 했으나 던져야 한다: 종교 간 지혜는 가르쳐질 수 있을까?

이 질문을 숙고하는 것은 복잡하고 맥락에 의존적이다. 완전한 답변은 이 장의 범위를 크게 벗어난 연구가 필요할 것이다. 대학 기반 교육이, 심지어 신학교도 마찬가지고, 현재 우세한 인식론적 기준에 그것이 긍정적인 의미이건 혹은 부정적인 의미이건 얼마나 제약되어 있는지 살펴보아야 한다. 그리고 인적 자원과 같은 평범한 문제들에 대해서도 질문해야 할 것이다. 결국 종교적으로 동질성을 갖춘 신학교에서 종교 간 지혜를 가르칠 수 있는지 의문이 들 수 있다. 이러한 각 질문에 대해 여기서 완전히 다루지는 않지만, 나는 단지 종교 간 지혜의 방향으로의 점진적인 단계가 시도될 수 있다고 주장하고 싶다. 나는 내가 몸담고 있는 기관적 정황을 이용하여 어떻게 이를 실현할 수 있는지에 대해 이야기하겠다.

유니온 신학대학원에서는 각자 독특한 선(Zen)불교 계통에서 교육을 받고 가르칠 자격이 있는 두 명의 강사가 있다. 이들은 각자의 선불교

학파에서 수십 년 동안 명상 경험을 쌓아왔다. 이들은 주요 자료를 참고하여 엄격하고 학문적으로 선불교 전통을 가르치는 데 더해, 불교 명상을 실제로 실천하는 수업도 진행한다. 나의 표현을 사용하자면, 이들은 학생들에게 불교 해석 체계와 그 체계에 따른 세계를 몸속에 새길 수 있는 치료 규정을 가르친다. 학기 동안 학생들에게는 교실 외에서도 많은 명상 시간을 할애하도록 요구된다. 물론 이러한 명상 시간을 통해서 학생들은 특히 수도사들이 헌신한 시간의 일부조차 얻을 수 없을 것이다. 그럼에도 이처럼 몸으로 배우는 것은 종교 간 지혜를 찾아가는 데 의미 있는 실용적이고 경험적인 기초를 제공한다.

왜 그러하며 어떻게 그러한가? 왜냐하면 이러한 학습은 기독교 신학기관의 환경에서 이뤄지기 때문이다. 여기서 불교 학생들은 기독교 전통에 대하여 생각해야만 하고 기독교 학생들은 자신들의 불교 실천이 기독교 신앙에 미치는 의미를 생각해야만 한다. 여기서 강조되고 지원되어야 하는 것이 있다면 그것은 기독교 영성 훈련의 가르침이다. 역사적으로 개신교 신학교에서 기독교인들이 자기 구원을 위한 의로운 행위로 여겨지는 형태를 회피해왔던 것과 비슷한 심도로 이러한 영적 훈련이 강조되어야 한다. 사실 학생들이 이러한 영적 훈련의 중요성을 깨닫는 것 자체가, 비록 매우 초기 단계이긴 하나 치료 규정의 엄격한 실천이 중요한 또 하나의 공동체(불교)가 학교에 존재한다는 것의 열매이다.

그러나 유니언 신학대학원에 기독교적인 치료 방법이 없다고 말하는 것은 그릇된 인상을 줄 것이다. 전혀 그렇지 않다. 정기적인 예배, 엄격한 신학적 연구, 해방 신학 전통에서의 항의(protest) 문화, 설교 및 예배 예술의 실천, 목회적 돌봄과 들음에 대한 교육―이 모든 것은 기독교적인 치료 방법의 주요 요소이며 특히 목사를 키우기 위해 필수적인 것들이다. 상대적으로 덜 제공되는 것은 수렴적 기도의 견고한 작업이 진행되는 기독교 영성에 관한 수업이다. 이는 채워야 할 공백이 남아 있는 부분이다.

그럼에도 적어도 일부 유니언 신학교 학생들은 기독교와 선불교 전통의 해석 체계 및 치료 방법에 의해 실질적으로 형성되고 있다. 이러한 학습을 수행하고 그 일에 대해 생각하는 것이 불교-기독교 대화 수업의 핵심이다. 동등한 수준의 수업은 힌두-기독교 대화 및 이슬람-기독교 대화에도 존재한다. 특히 주목할 만한 것은 '해방 신학과 참여 불교'라는 유니언의 수업인데, 클라우디오 카발리아이스(Claudio Carvalhaes)와 그렉 스나이더(Greg Snyder)가 공동 강의하고 있다. 두 강사는 각자 가르치는 전통에서 전문가이다. 스나이더는 선불교 선사이고 카발리아이스는 라틴아메리카 해방 신학의 선도적인 전문가이다. 이 공동 강의에서는 양쪽 강사들과 학생들이 각 전통이 가르치는 것을 함께 배우고, 이 과정에서 상호 비판과 상호 변화를 경험한다. 각 전통은 분노와 폭력, 인간 이외의 생명체에 대해 어떻게 말하는가? 이러한 대화에서 학생들은 이론적 및 실용적인 문제에 참여하며 해석 체계뿐만 아니라 이러한 전통의 치료 방법에도 주의를 기울인다. 따라서 이 수업은 종교 간 지혜가 태어날 수 있는 더 큰 기관적 분위기 내에서 제공된다.

신학 수업을 듣는 학생들이 폴 니터(Paul Knitter)나 알로이시우스 피에리스(Aloysius Pieris)가 이룬 논평과 실제적인 숙달을 동시에 달성할 가능성은 거의 없다는 것은 두말할 나위가 없다. 그러나 그들은 체화된 앎을 향해 점진적으로 나아갈 수 있다. 단 한 번의 과정이나 2~3년의 석사 학위 과정으로 할 수 있는 것은 대부분의 전통이 숙련자에게 요구하는 집중적인 체화 학습과 같을 수 없다. 어느 한 전통에서 규정하는 수련 과정은 복잡하고 보통 평생에 걸친 학습이 필요하며, 두 전통의 수련은 말할 것도 없다. 하지만 최대치를 달성하는 것이 불가능하다고 해서 점진적인 발전을 포기하는 것은 정당화될 수 없다.

교육학적으로 중요한 것은 장르의 문제에 대한 명확성이며, 이를 통해 신학은 학문적 텍스트 생산 그 이상이라는 것을 전달할 수 있다. 몸과 마음은 다른 전통의 치료 방법에 참여함으로써 세계를 해석하는 다른 방식에 대한 암묵적 지식을 어느 정도 습득할 수 있으며, 그러한 지식을 바탕으로 학생들은 다른 전통의 특징에 대한 명제적 지식 이상의 것을 보여주는 방식으로 글을 쓰고, 설교하고, 가르칠 수 있다. 명제적 지식을 무시해서는 안 된다. 명제적 지식은 정당한 중요성과 가치를 지니고 있고 학문적 맥락에서 대부분의 교육은 계속해서 그러한 정보를 전달하는 것이 될 것이다. 그러한 정보의 전달은 일차적 지식보다는 이차적 지식에 해당할 수 있지만, 종교 공동체 내에서 명제적 지식이 더 깊은 목표를 위한 것이라고 가르치는 한 그러한 지식 역시 더 깊은 변화의 배양에 기여할 수 있다. 명제적 지식에 대한 통찰은 다양한 종교 전통의 치료 방법들과의 실질적인 친밀감을 통해 가르치고, 수행하고, 구체화할 수 있다.

물론 이 과정의 교육적 세부 사항은 어떤 전통을 가르치는지, 해당 전통의 교수진 수준, 학생의 구성, 주관 기관의 교단적 전통(있는 경우) 등 여러 가지 상황에 따라 달라질 수 있다. 종교 간 지혜를 가장 잘 배양할 수 있는 제도적 조건을 구축하기 위한 만능 공식은 없다.

종교 간 지혜를 탐구하는 데는 위험이 따르는가? 특히 교육 기관은 어떤 위험에 맞서야 하는가? 최소한 신학교와 같은 교육 기관은 오용(misappropriation)을 피하기 위해 주의를 기울여야 한다. 오용이란 해당 공동체의 승인 없이 다른 전통의 지혜와 관습을 사용하거나 도용하는 것을 의미한다. 이러한 위험은 오용하는 공동체와 관행과 지혜를 오용 당하는 공동체 사이에 역사적으로 깊고 지속적인 힘의 비대칭이 존재할 때 특히 위험하다. 다음과 같은 종류의 질문을 제기해야 한다: 교육 기관이 학습하고자 하는 공동체와 전통에 대해 책임질 수 있는 위치에 있는가? 강사가 가르치는 전통에 대한 전문성을 갖추고 있는가? 더욱 구체적으로, 특정 전통의 종교적 규율을 가르치는 일이 복잡하다는 점을 고려할 때, 가르치는 사람들이 해당 전통의 규정된 영적 여정에 대해 어느 정도 전문성을 갖추고 있는가? 결국 종교 간 지혜를 추구하는 사람들은 단순히 전통에 대한 정보를 전달하는 데만 몰두하는 것이 아니라, 그 전통의 치료 방법을 받아들여 변화를 추구한다.

가르치는 사람들은 금기 사항(contradiction)이라는 잠재적인 문제를 염두에 두고 있는가? 금기 사항이라는 말을 통해 나는 많은 영적 전통들은 학생들의 특정한 필요와 적성에 따라 신중하게 처방되어야 하는 영적 훈련의 순서를 명확하게 등급화하고 순서화해 왔다는 것을 말하고자 한다. 한 전통 내에서도 모든 영적 훈련이나 치료법을 서로 결합할 수 있는 것은 아니다. 여러 전통을 아우르는 분야를 다룰 때는 이러한 문제가 더욱 복잡해진다. 다양한 전통의 치료 요법의 성분을 결합할 수 있을까? 어떤 순서로? 교실에서든 다른 곳에서든 어떤 상황에서든 이러한 질문을 탐색하는 것은 교사와 학생 모두에게 엄청나게 복잡한 일이다. 이러한 질문은 단시간에 해답이 나오지 않으며, 오랜 시행착오를 거치면서 실질적인 교육적 지혜가 요구될 가능성이 높다.

이러한 복잡성과 위험성에도 불구하고 종교 간 지혜를 추구하는 데에는 엄청난 가능성이 있다. 현재 인류 공동체, 나아가 인류 자체가 직면하고 있는 난해한 문제들은 어느 한 종교 공동체의 자원에 호소해서는 해결될 가능성이 낮다. 세계 경제 질서의 붕괴, 민족주의적 권위주의의 부상, 심각한 생태학적 위험 등의 문제를 해결하려면 종교 간 깊은 지혜가 필요하다. 이러한 골치 아픈 문명사적 도전에 직면할 때, 자신이 공부하는 여러 전통의 지혜를 구현하는 학생들로 구성된 공동체를 육성할 수 있다는 가능성을 직감한다. 여러 전통의 해석 체계와 치료 체계를 주의 깊게 연구하고 실천함으로써 풍부하고 포괄적인 양안적 시각을 구현하고 발휘하는 공감 능력이 있는 학생들은 복잡한 다종교 사회에서 우리가 필요로 하는 종교 지도자들이다. 비교 신학은 바로 그런 학생들을 양성하고 기르는 데 기여하기 위한 학문이다.

3장

대학생들과 신학대학원생들을 위한 종교 간 교육에 대한 복음주의적/오순절주의적 접근

토니 리치(Tony Richie)

요약문

이 장은 복음주의 및 오순절 대학교와 신학대학원 학생들에게 종교 간(즉, 다종교) 이해, 대화와 협력에 대한 교육을 위한 혁신적인 노력에 관한 글이다. 이러한 노력은 대체적으로 오순절 신학대학원(Pentecostal Theological Seminary)에서 수행되었고, 리 대학(Lee University)에서 관련된 활동들이 있었다. 두 기관은 모두 테네시주 클리블랜드에 있으며, 둘 다 클리블랜드에 국제 사무소를 두고 있는 하나님의 교회(Church of God)의 교육 목회를 위한 기관이다 (여기서 말하는 하나님의 교회는 한국의 소위 안산홍중인회로 알려진 하나님의 교회 세계복음선교협회와는 다른 교단이며, 미국의 대표적인 오순절주의 교단이다—역자주).[1] 추가적으로, 오순절연구학회(Society of Pentecostal

Studies)의 연례 학술회의와 출판물도 회원 기관들과 그 기관의 개인들 사이에 종교 간 이해와 대화, 협력을 증진하기 위한 광범위한 포럼을 제공해왔다.[2]

이 장은 삼중구조로 되어 있다. 첫째, 나는 고등교육 맥락에서 나타나는 종교 간 주제에 대한 분명한 오순절적 교수방법론 너머에 있는 철학에 대해 개략적으로 설명한다. 둘째, 나는 오순절 사상가들과 실천가들이 갖고 있는 기독교 종교신학에 대한 현재 상태를 조사한다. 세 번째 부분에서는 강의실 수업과 준비된 만남을 통해 이루어지는 특정한 교육적 실천(praxis: 이론의 적용과 반성적 성찰이 결합된 실천을 의미함—역자주)을 설명한다. 각 부분에서 일어나는 공생적 우려와 의문점들에 대해 논의할 것이다.

1. 교육학적 방향: 종교 간 문제에 관한 변혁적 기독교 교육 철학

오순절 교회들은 신학 교육에 대해 다소 '밀고 당기는' 혹은 애증의 태도를 가져왔다.[3] 그러나 오순절주의는 본질적으로 반지성주의는 아니다.[4]

---

1 하나님의 교회는 스스로를 기독교, 개신교, 복음주의, 오순절 등등으로 표현한다. "Beliefs," Church of God, 2019년 10월 10일 접속, http://www.churchofgod.org/beliefs/church-of-god-is.

2 오순절연구학회의 웹사이트를 보라. 2019년 10월 10일 접속, www.spsusa.org. 에큐메니컬 연구 그룹의 리더(2008~2014)이자 미국기독교교회협의회의 종교 간 문제위원회에 참여하는 오순절연구학회의 대표로(2003~현재) 나는 종교 간 신학 교육에 대한 논의를 이끌어왔다.

3 다른 요인들 중에서, 종말론적 절박감이 교육보다는 전도에 더 많은 힘을 준다. 다음

오순절 교인들은 "성령의 사람들"일 뿐만 아니라 "책(즉, 성경)의 사람들"
이기도 하다.5 오순절 교인들이 전적으로 교육에 의지하는 것은 아니지
만, 일반적으로 교육의 중요성에 대해 인식하고 있다.6 따라서 이들은
수많은 성경학교와 대학교, 신학교 등을 설립했지만 (실제이든 상상이든)
메마른 합리주의가 침투하는 것에 대해 계속해서 경계하고 있다. 많은
오순절 교인들은 교육에 대한 양가성, 혹은 열린 의심을 늘 갖고 있지만,
신앙을 파괴하거나 성령에 대한 의존도를 감소시키는 교육이 아니라면
교육 그 자체에는 반대하지 않는다.7 오히려 진정으로 마음의 삶을 영위
하면서 오순절 신앙과 가치관에 부합하는 종교 교육에는 훌륭한 잠재력
이 있다고 믿는다.8

글을 비교해보라. D. William Faupel, *The Everlasting Gospel: The Significance of Eschatology in the Development of Pentecostal Thought*, Journal of Pentecostal Theology Supplemental Series 10 (Sheffield, UK: Sheffield Academic Press, 1996. Reprint, Dorset, UK: Deo Publishing, 2009), 307-309.

4 주목할 만한 것은 (예컨대, 매카시즘 이후) 복음주의와 부흥주의의 영향을 부분적으
로 받은 미국의 일반적인 반지성주의 경향이다. 다음 책을 보라. Richard Hofstadter, *Anti-Intellectualism in American Life* (Toronto: Random House, 1962, 1963), 15, 21-22, 47.

5 French L. Arrington, *Christian Doctrine: A Pentecostal Perspective*, 3 vols. (Cleveland, TN: Pathway Press, 1993), 1:25.

6 약간의 의심이 들 수 있다. 예를 들면 서유럽의 지적·철학적 자원은 식민주의적 의제의
일부로 인종적 편견을 유지하려고 모집되었다. 다음을 보라. R. S. Sugirtharajah, a Sri Lankan theologian educated in India, argues in *The Bible and the Third World: Precolonial, Colonial and Postcolonial Encounters* (Cambridge: Cambridge University Press, 2001).

7 Lewis F. Wilson, "Bible Institutes, Colleges, Universities," in Stanley M. Burgess and Eduard M. Van Der Maas, eds., *The New International Dictionary of Pentecostal Charismatic Movements* (Grand Rapids, MI: Zondervan, 2002), 372-73. 다음 책과 비교해보라. Cecil M. Robeck, "Seminaries and Graduate Schools," *The New International Dictionary*, 1045-1050.

분명히 신학 교육은 그 자체로 독특한 목적과 형태가 있으며, 오순절 신학 교육 역시 고유의 특징을 지니고 있다. 이 장에서는 몇 가지 기본적이지만 중요한 철학적 원리를 간략히 알아보고, 종교 간 교육(interfaith instruction) 및 행동(activism)이 일어나는 환경으로서 신학 교육을 살펴볼 것이다. 오순절 학자인 재키 데이비드 존스(Jackie David Johns)와 쉐릴 브리지스 존스(Cheryl Bridges Johns)의 글들이 기독교 교육에 대한 오순절파의 방향을 이해하는 데 도움을 줄 것이다.

나는 개인적으로 신학 교육을 받기까지 험난한 여정을 거쳤다. 특별히 9.11 테러 직후 고통과 분노의 시간을 보내고 있었는데, 이때 나는 아프리카계 미국인 무슬림 이맘과의 인터넷 채팅을 통해 신학을 공부하고 싶다는 생각을 하게 됐다. 나는 신학 공부를 이웃 종교인들과 그들이 세계 종교 안에 자리 잡고 있는 위치에 대해 일관되고 논리 정연한 기독교적 이해를 얻는 도구로 여겼다. 그 이맘은 9.11 테러를 마치 그의 성스러운 신앙이 '납치'된 것 같이 여겼고, 그것에 극심한 고통과 분노를 느끼고 있었다. 그리고 그것을 보며 나는 개인적으로 갖고 있던 편견과 선입견들과 씨름하기 시작했다. 흥미롭게도, 이웃 종교인을 이해하려던 내 바람이 오히려 나를 더 깊은 기독교 신앙 안으로 밀어 넣은 것이다. 결국 나는 종교 간 신학 교육이란 우리가 종교적 타인에 대한 스스로의 인식을 발견하게 된다는 면에서 주목할 만한 도움이 있다는 것을 깨닫게 되었다. 그 후 나에게 신학 교육이란 그러한 여정에서 계속해서 얻게 되는

---

8   리처드 모우(Richard Mouw)는 학문적 진정성과 독실한 신앙을 융합하는 주제에 대한 보물 같은 존재다. 다음을 보라. Richard Mouw, *Called to the Life of the Mind: Some Advice for Evangelical Scholars* (Grand Rapids, MI: Eerdmans, 2014). 많은 오순절교도들이 '오순절 친화적인' 복음주의 기관에서의 교육 기회를 활용한다. Robeck, "Seminaries and Graduate Schools," 1050.

결실들을 내 전통 안에서 나누는 매개(medium)가 되었다.

프리드리히 슐라이어마허 이후 신학 교육의 목적은 종종 특정한 공동체의 양육과 지도력에 대한 다양한 필요들을 위한 노력으로 기술되어 왔다.9 그리고 계몽주의 이후 신학 교육자들은 순수한 학문적 훈련과 실질적인 직업 훈련으로서 신학 교육 사이에 불안한 긴장을 조성했다.

이 긴장은 종종 다음 두 가지 중 하나로 드러난다. 하나는 목회나 다른 실천적 사역을 축소·배제하고 학문을 강조하는 것은 목회와 무관하다고 인식하거나 실제 무관한 결과를 가져온다고 하는 것이다. 다른 하나는 잘 갖춰진 학문 없이 목회를 하거나 다른 실천 사역의 수행에만 집중하는 것은 신학적 모순과 취약성이 발생할 수 있다고 하는 것이다. 두 경우 모두 교회와 학문 사이에 이별이 일어난다.

하지만 이론과 실제 사이의 지속적인 긴장에도 불구하고 직업에 대한 관련 연구를 보면 사역을 위한 신학 교육의 가치는 논쟁의 여지가 없다. 잘 수행된 신학 교육은 목회자와 교사가 신앙생활을 더욱 잘할 수 있도록 돕고, 직업적 소명에 대한 탁월한 생각과 성찰적 실천(praxis)을 통해 다른 이들을 섬길 수 있게 한다. 재키 존스과 셰릴 존스의 연구는 오순절 전통의 사역과 영성, 신학의 목표를 실현하는 오순절 교육철학의 출현을 알리며, 변화를 가져오는 신학 교육을 잘 표현하고 있다.

『성령의 교육학』(The Pedagogy of the Holy Spirit)이라는 책에서 재키 존스는 교부교회에 있었던 성령의 교육적 역할에 대해 심도 있는 연구를 수행하며, 현대의 오순절 전통의 기독교 교육 패러다임에 대해 구체적

---

9   Friedrich Schleiermacher, *Brief Outline of the Study of Theology* (Edinburgh: T & T Clark, 1850).

인 제안을 한다.[10] 존스는 "중생과 성화의 구속적 행위들"을 통해 발생하는 모든 기독교 교육 안에 있는 성령의 감독 및 참여적 역할을 중요하게 보았다.[11] (그녀에 따르면) 기독교 교육은 단순히 정보나 직업(즉, 목회)을 위한 것이 아니라 "구원의 과정을 반영하는 행동적·인지적·자발적·영적 목적"을 통해 신과의 궁극적인 결합을 목표로 한다.[12] 인간은 하나님의 형상대로 창조되는데, 교육과 학습은 그들의 능력과 필요에 맞게 조절되어야 한다. 성령이 인도하는 가르침과 성령이 가능하게 하는 배움의 내용은 예수 그리스도에 대한 지식, 특히 정서적인 만남을 통한 신과의 교감 수단으로서 성서 그리고 교회의 교리와 실천을 포함한다.[13] 성령은 내부적으로 기독교의 가르침과 학문이 "하나님의 말씀은 그리스도와 성경에 나타난다"라고 하는 기준에 부합함을 증명해줄 것이다.[14]

성령의 교육은 "하나님 나라의 삶에 적합한 교수 방법을 요구"한다고 존스는 주장하였다. 그 방법들은 "성령의 임재를 나타내는 표시들"을 지니고 있고 "하나님과 연합하는 도구"로 여겨진다. 또한 주로 "성령과 함께 살아가는 삶에 참여하는 것"으로 수행된다.[15] 중요한 요소는 성령의 선물과 은사주의적 활동들에 대해 열려 있는 영성 형성의 환경이다. 존스는 이것을 다음과 같이 간단하게 요약한다:

---

10   Jackie David Johns, *The Pedagogy of the Holy Spirit According to Early Christian Tradition* (Cleveland, TN: cpm Press, 2012), 147-53.

11   Johns, *The Pedagogy of the Holy Spirit*, 150. 재키 존스와 쉐릴 브리지스 존스(아래 참조) 모두 은혜를 재생하고 신성화하는 웨슬리언-오순절주의 신학을 배경으로 영적 형성과 변형을 이해한다.

12   Johns, 150.

13   Johns, 151-52.

14   Johns, 152.

15   Johns, 152.

성령의 교육학은 교회의 역사적 교리와 실천, 경험을 진지하게 받아들이는 기독교 교육에 대한 접근을 요구한다. 또한 교회가 성령의 전(the temple of the Holy Spirit)이 되어야 한다는 것, 성령이 강력한 표시들로 드러나는 것, 교회가 이 땅과 대조적인 하나님의 사회가 되는 것 그리고 하나님의 자녀가 되기 위해 훈련과 변화의 순간들을 가지고 있어야 한다는 신선한 인식 등을 요구한다. 성령의 교육학은 개인들 안의 성령의 역사를 통해 하나님의 구원이 실현되는 교육학이다.[16]

오순절 전통의 제도적 환경에서 종교 간 신학 교육의 과정에 대한 재키 존스의 연구가 시사하는 바는 다음과 같다: (1) 성령을 교사로 이해하는 것은 교육의 과정에 대한 가치를 인정하고 실천을 돕는다. (2) 교회의 과거와 현재 계속되는 유산들과 연결함으로써 적절한 범위를 설정한다. 즉, 교회가 예수 시대와 그 너머의 시기에 다른 공동체들과 어떻게 지냈는지 그 종교 간 역사를 살펴볼 수 있다. (3) 혁신적인 사상과 가르침에 대한 개방성은 현재의 다양한 요구에 대해 건설적인 가르침을 가능하게 한다. (4) 교육적 환경에서 성령의 강한 역사들이 일어날 수 있다는 사실을 수용하면 엄청난 역동성이 더해진다. (5) 존스가 그렇듯, 교회를 대안적 사회로 여기면 적절한 상황에 대한 민감성을 가지고 혁신적인 사회를 만들 수 있는 기회가 생긴다. (6) 도덕적이고 영적인 변화를 포함하는 영역으로 신학 교육에 접근하면, 종교 간 교육과 훈련에 중요한 윤리적 차원이 추가된다. (7) 신학 교육을 신의 구속사적 목적에 참여하는 것이고 그 안에 성령의 힘이 존재한다고 바라본다면, 오순절파는 신

---

16   Johns, 153.

앙 간 교육과 관련한 직업을 긍정할 수 있을 것이다. (8) 구속을 실현하는 교육학은 (참여자가) 다종교 세계에서 타자와 공존하며 살아가고, 부름 받고 축복받은 공동체의 일원으로 알고 존재하고 행동하도록 하는 종교 간 신학 교육으로의 접근을 강화하고 유지한다.

쉐릴 브리지스 존스는 『오순절 교육: 억압된 자들 사이에서의 교육 방법론』(*Pentecostal Formation: A Pedagogy Among the Oppressed*)이라는 책에서 오순절주의는 전형적인 실천 인식론적 합리주의를 넘어서는 강력한 교리문답적 교육(catechetical formation)을 갖고 있다고 주장한다.[17] 그녀의 관심은 소외된 사람들에게 미치는 오순절주의의 영향에 집중되어 있다. 오늘날 종교적으로 복잡한 세계에서 소외(marginalization)는 종종 단순히 경제적, 성별, 인종적, 사회적 계층화뿐만 아니라 종교적, 특히 종교 간 그리고 사회적 인식과 정체성에도 적용된다고 하였는데, 바로 이 점에서 그녀의 연구는 나의 주제와 밀접히 연관된다.

쉐릴 존스는 오순절주의를 의식화(conscientization), 지식화, 즉 의식적으로 실제 현실을 자각하는 움직임으로 설명한다. 이러한 인식은 자신의 정체성과 환경, 주변 환경을 포함하며, "정의, 평화, 대화, 진정한 사랑을 주는 것"을 목표로 하는 변혁적 사회운동으로 이어질 수 있다.[18] 오순절 신자들에게 성령 세례는 "새로운 실재의 발견이고 뒤바뀐 의식의 실현이며", "비판적 의식"을 자각하는 방식이다.[19] 따라서 오순절 의

---

17 Cheryl Bridges Johns, *Pentecostal Formation: A Pedagogy among the Oppressed*, Journal of Pentecostal Theology Supplement Series 2 (Sheffield, UK: Sheffield Academic Press, 1993, 1998).

18 C. Johns, 62, 81.

19 C. Johns, 95.

식화는 사회를 변화시키는 행동으로 이끌어가는 성령의 힘을 가져온다.[20] 의식화를 불러오는 오순절 환경은 본질적으로 "변혁적인 방법으로 자신을 알 수 있도록 하는" 인간 상호작용의 영적-정서적, 구전적 차원이 포함된다.[21] 오순절 의식화가 일어나는 환경은 예배와 배움, 공동체에 대한 봉사이며, 보편적 "교리문답 패러다임"에 참여하는 것을 포함한다.[22]

쉐릴 존스는 오순절 교리문답을 실재, 지식 그리고 기독교 신앙의 의미와 발전에 대한 오순절주의의 이해와 일치된 방식으로 정의한다. 그녀는 오순절 교리문답이란 "오순절 공동체가 하나님의 계시를 알게 되고 그 계시에 대한 응답으로 신실한 순종을 하도록 하는 수단"이라고 주장한다.[23] 결과적으로 교리문답의 목표는 살아 있는 기독교 신앙을 신앙 공동체와 세상에 널리 알리는 것이며, 그러한 교리문답의 내용은 성경 규범에 의해 평가된 실제 경험과 변증법적인 관계를 갖는다. 학생들은 하나님의 주도하에 일어나는 교육에서 교사와 더불어 전적으로 활동적인 참여자들이며, 교사들은 예배의 환경에 있는 교수-학습 공동체에 하나님의 행동과 임재를 촉진하는 사람들이다. 그리고 신앙 공동체 자체는 물세례와 성찬, 증언, 치유, 성령 세례, 노래와 춤이라는 예전적 실천을 통해 학습 환경으로서 역할을 한다.[24] 이 교리문답적 패러다임의 결과는 분명하다. "교회는 예언자적 정체성을 유지하고, 자신과 그것이 존

---

20   C. Johns, 96.
21   C. Johns, 109.
22   C. Johns, 110.
23   C. Johns, 121.
24   C. Johns, 125-29.

재하는 정치사회적 환경 사이에 지속적인 변증법을 유지한다. 독특한 신앙 공동체로서, 환경은 상호성·대화·사랑·개방성·비판적 성찰의 특징을 보여주는 것으로 특징지어질 수 있다."25

확실히 쉐릴 존스의 교리문답식 패러다임은 교회와 학교 모두에게 다양한 응용점이 있다. 하지만 나의 관심은 좀 더 구체적이다. 나는 오순절 기관에서 종교 간 신학 교육을 하는 것에 대해 그녀의 연구가 어떤 의미를 주는가에 관심이 있다. 쉐릴 존스의 연구에는 재키 존스의 연구에서 언급되었던 교육적 형성을 위한 성령론적·공동체적 환경 그리고 정서적이고 변혁적인 역동이 모두 나타난다. 존스는 소외되어 억압받은 사람들에 대한 오순절주의의 영향과 책임에 대해 더욱 집중한다. 소외와 억압은 단순히 경제와 젠더, 인종, 혹은 사회 계층의 문제 때문에만 일어나는 것이 아니고 다양한 종교적 정체성으로 인해 야기되기도 한다.26 따라서 신학 교육자들은 종교 공동체 간의 화해를 촉진할 책임감이 있다는 것을 깨달아야 한다.

쉐릴 존스의 연구가 주는 또 다른 역동성들은 다음과 같다.

첫째, 기독교 교육의 예언자적 성격을 강조하며 신학 교육자들이 종교 간 문제가 지닌 폭발적이고 도발적인 성격을 효과적으로 포용할 수 있도록 돕는다는 점이다. 둘째, 종교 교육 기관과 그들의 사회정치적 환경 사이의 지속적인 대화는 '종교적 다양성'과 같이 복잡한 사회적 이슈

---

25 C. Johns, 130.

26 라인홀드 니버(Reinhold Niebuhr)는 "종교적 다양성은 잠재적으로 갈등의 가장 기본적인 근원으로 남아 있다"라고 관찰한다. *The Children of Light and The Children of Darkness: A Vindication of Democracy and A Critique of Its Traditional Defense* (New York: Charles Scribner's Sons, 1944, 1960), 125.

를 다루는 것을 돕는다는 점이다. 셋째, 신앙 공동체는 이웃 종교인들을 악마화하지 않고 타자를 통해 자기 자신의 견고한 정체성을 유지하는 것을 하지 않으며, 당당하고 자신 있게 자신들의 전통 교리와 실천에 자신들을 동일시할 수 있고 충성을 표현할 수 있다는 점이다. 넷째, 신앙 공동체는 상호성과 대화, 사랑, 개방성 그리고 비판적 성찰과 같은 특징들을 통해 종교 간 교육과 교류를 위한 필수적인 태도와 실천 지향적 자원들을 제공한다는 점이다. 마지막으로 성령론적이고 변혁적인 에너지는 교실 너머에 있는 신학 교육자들과 그들의 학생들이 사회적 조건에 대한 감수성을 가지고, 신학적인 행동으로서 종교 간 활동을 하도록 촉진한다는 점이다.

나는 종교 간 교육과 참여에 적합한 오순절주의적 교육철학을 명확히 설명함으로써 오순절 신학 교육의 고유한 정신(ethos)이 종교 간 문제를 다루기에 적합한 곳이라 제안한다. 하지만 비교적 새롭고 여전히 발전해가고 있는 오순절의 종교신학에 대한 이해 안에도 중요한 것들이 많이 담겨 있다.

2. 신학적 토대: 복음주의/오순절주의 관점에서 본 기독교 종교신학의 현황

복음주의와 오순절주의는 그 자체로 단일한 전통들이 아니다. 두 전통 모두 그 안에는 굉장한 다양성이 존재한다. 복음주의와 오순절주의는 동의어가 아니지만 많은 사람이 거의 동일하게 여기며, 실제로 상당히 많은 부분에서 이 둘이 교차하고 일치한다.[27] 복음주의자들과 오순절주의자들은 대체로 보수적인 기독교인들이며, 이들은 엄격하고 비판적인 근본주의 운동에 대한 대안이자 동시에 자유주의적이고 현대적인 운동에 대한 대안을 제공하고 있다. 이런 면에서는 복음주의자들은 온건주의자들이지만 그럼에도 그들은 종종 정치적 우파로 인식되는 보수 기독교인들이다.28

그러나 이른바 '신복음주의자'(New Evangelicals)들로 불리는 이들은 이전의 '개혁주의 명령'으로 돌아왔고, 저항이 없지는 않았지만 문화적 이슬람 혐오에 대한 우려 등 전통적인 복음주의자들보다 더 광범위한 사회적 쟁점에 훨씬 많이 관여하고 있다.29 뚜렷한 합의가 있는 것은 아니지만 일부 복음주의자들은 커져가는 세속주의와 지구적 고통과 싸우기 위해 다른 종교들과 협력적 동반자가 되는 것의 가치를 발견하고 있

27　복음주의는 일반적으로 느슨하게 정의된 운동으로, 회심주의(conversionism), 성경주의(biblicalism), 십자가중심주의(crucicentrism), 행동주의(activism)라고 하는 네 가지에 독특한 헌신을 나타낸다. 다음 책을 보라. David Bebbington, *Evangelicalism in Modern Britain: A History from the 1730s to the 1980s* (New York: Routledge, 2002). 오순절교인들은 대체로 성령론(pneumatology), 은사론(charismology), 종말론(eschatology)을 강조하지만 그들 각자의 독특한 강조점이 있다. 다음 책을 보라. Vinson Synan, "Evangelicalism," in Burgess and Van Der Maas, eds., *The New International Dictionary of Pentecostal Charismatic Movements*, 613-16. 반대로 오순절주의는 복음주의의 "다소 급진적 위치"로 묘사되어 있으며, 근본주의와 상충된다. Frances Fitzgerald, *The Evangelicals: The Struggle to Reshape America* (New York: Simon & Schuster, 2017), 71, 164.

28　Vinson Synan, "Fundamentalism," in Burgess and Van Der Maas, eds., *The New International Dictionary of Pentecostal Charismatic Movements*, 655-58. Cf. Fitzgerald, *The Evangelicals*, 5-6, 278, 559.

29　Fitzgerald, *The Evangelicals*, 616; cf. 561, 564, 599. '복음주의 종교 간 대화' 학술지의 최근호는 이슬람혐오에 대해 다루었으며, 그곳에는 나의 논문도 포함되어 있다. "A Brief Response to Islamophobia by a Pentecostal Observer," *Evangelical Interfaith Dialogue* (Fall 2016): 40-41.

다.[30] 종교 자유가 침해되는 것에 대한 우려는 때때로 종교적 차이를 초월한다. 일례로 전미복음주의자협의회(National Association Evangelicals, NAE)와 윤리와종교자유위원회(Ethics and Religious Liberty Commission, ERLC)는 모스크 짓는 것이 거부된 무슬림 그룹을 대변하여 법원에 진정서를 제출했다.[31] 이러한 움직임들은 종교 간 교육과 대화, 협력 등의 긍정적 중요성을 인식하고 있는 이들에게 매우 고무적인 것들이다.

복음주의/오순절주의자들은 다른 종교와의 관계에 대해 파란만장한 역사를 가지고 있다. 더욱이 이들의 이웃 종교인에 대한 태도는 다양한 하위 그룹의 역학에서 흘러나오는 여러 사실의 범위와 선험적 관점에 따라 상당히 다르게 나타난다. 어떠한 종말론적 인식(schema)과 초기에 많이 이루어진 이민은 미국이 유대인(그리고 이스라엘 국가)을 개방적으로 받아들이게 했지만, 근본주의적인 특징을 지닌 극단주의적 요소들은 종종 이러한 다양성을 향한 작은 움직임에도 저항했다.[32] 공정하게 말하자면, 복음주의자들과 오순절주의자들은 힌두교와 불교, 이슬람교, 특히 그들의 근본주의자들에게서 나타나는 여성의 불평등한 지위, 부당한 대우 그리고 인권과 종교의 자유 침해에 대해 당연히 반대한다.[33] 하지만 미국 복음주의자들은 하레 크리슈나 교단이나 사이언톨로지교와 같은

---

30   Fitzgerald, *The Evangelicals,* 423, 425, 550, 562.

31   Fitzgerald, 634.

32   Fitzgerald, 58, 80, 112, 144-45, 341. 적어도 부분적으로 대부분 보수적인 복음주의자들이 유대인에 대해 갖는 양가적 태도는 개혁주의 유대교가 진보적 정치와 연계된 것에서 기인한다. 462, 502.

33   공정하게 말하자면, 가정과 교회, 사회에서 여성의 역할에 대해 다양한 복음주의 단체와 오순절 단체 사이에 내부 논쟁이 벌어지고 있다. 그러나 여성을 위한 적절한 역할에 대한 논쟁이 여성에 대한 비인간적이거나 부당한 대우를 수용하는 것을 의미하지는 않는다. 아래의 그레이디(Grady)를 참고하라.

'비주류' 집단에 대해서는 확실히 두려움이 있으며, 힌두교나 불교와 같은 세계 종교에 대해서는 종교적 경쟁자로 생각하는 사람들이 많다.[34] 비록 어떤 이들은 무슬림에게 조금씩 마음을 여는 신호를 보이지만, 전반적으로 현대에 많은 복음주의자에게 이슬람교는 오랫동안 염려의 대상이었고 그것은 지금도 여전히 지속되고 있다.

기독교인–무슬림의 역사는 일반적으로 상호 불신과 두려움, 폭력으로 가득 차 있는 것이 사실이다.[35] 9.11 사태 이후 여러 신학적인 사상과 지정학적 맥락, 특히 기독교 시온주의자들의 이슬람에 대한 적대감이 변덕스럽게 뒤섞여 미국 복음주의자들이 미국인 무슬림을 포함한 모든 무슬림을 악마화하는 데 기여했다. 어떤 사람들은 국제적 테러와 연루되어 있는 급진적 이슬람 단체와 평화의 종교로서 주류 이슬람을 구분하지만, 많은 이는 그렇지 못하다. 또한 이를 구분하는 이들 중 많은 이는 온건한 무슬림들의 현실을 명확하게 표현하는 데 충분한 시간을 들이지 못한다. 그로 인한 비극적인 결말은 무슬림들에게 쏟아지는 부정적인 시각이다.[36] 미국 복음주의자들의 이슬람에 대한 부정적인 시각은 종종

---

34 Lee J. Grady, *Twenty-Five Tough Questions about Women and the Church: Answers from God's Word that will Set Women Free* (Lake Mary, FL: Charisma House, 2003), 43-44, 106; Fitzgerald, *The Evangelicals,* 222, 461.

35 Justo L. Gonzalez, *A History of Christian Thought in One Volume* (Nashville, TN: Abingdon, 2014), 157, 180, 328. 긍정적인 문화적, 철학적 교류가 또한 있어왔다. 194-96.

36 Fitzgerald, *The Evangelicals,* 475-80. 보수적인 복음주의자들과 정통파 유대교인들, 무슬림들이 동성 결혼을 반대하는 정치적 파트너라는 점이 흥미롭다. 불일치하는 면도 있다. 일부 복음주의자들이 반복적으로 버락 오바마 대통령을 비난한 것 중 하나는 그가 무슬림으로 자랐다는 것이다(578, 593). 2016년 미국 대통령 선거 운동 기간 동안 도널드 트럼프는 이슬람에 대한 복음주의자들의 두려움을 이용하여 무슬림들의 미국 입국에 대한 모라토리엄을 제안하고 후에는 실제 시도하였다. 그러나 대중영합

미국인 무슬림들뿐만 아니라 세계의 무슬림들에 대해 강한 적대감을 낳고 있다.37

어떤 복음주의 지도자들과 목사들, 교육자들은 이슬람 안에도 평화와 폭력에 대한 종교의 역할에 대해 내부 불일치가 있다는 것을 알리기위해 노력하기도 한다.38 무슬림에 대한 복음주의 정서의 스펙트럼은 다음과 같은데, 먼저 인기 복음주의자인 빌리 그레함의 아들 프랭클린 그레함(Franklin Graham)은 가장 강력한 표현으로 이슬람에 대해 경고하고, 그 종교 자체가 전체적으로 '악한' 상태임을 암시하는 반면, 전직 NAE 지도자이자 현재 신복음주의 운동가인 리처드 시지크(Richard Cizik)는 일부 사람들이 단지 이전에 구소련과 '악의 제국'에 대해 가졌던 공포와

주의적인 수준에서 승인되었음에도 러셀 무어와 같은 선도적인 복음주의 사상가들은 이것이 종교적 자유에 대한 노골적인 침해라고 인식했다(228).

37 미국과 다른 지역에서도 이슬람 혐오는 의심할 바 없는 인종차별주의가 결합되어 있다. 다음 책을 보라. Catherine Orsborn, "Standing Shoulder to Shoulder Against Anti-Muslim Bigotry," *Evangelical Interfaith Observer* (Fall 2016): 26-27; Richard McCallum, "Islamophobia: A View from the UK," *Evangelical Interfaith Observer* (Fall 2016): 32-33. 그러나 인종차별주의와 성차별주의, 종교적 편견이 비록 상당하게 겹칠지라도 그들을 동일시하는 것은 잘못이다. Tony Richie, "A Pentecostal Take on Islamophobia," *Evangelical Interfaith Dialogue* (Fall 2016): 40-41. 이와 같은 관련 역학관계는 종교적 편견 자체의 독특한 성격을 붕괴시키지 않고 고려되어야 한다. 그래야 종교적 요소가 적절히 다뤄질 수 있다.

38 예를 들면, 짐 데니슨(Jim Denison)은 영국 맨체스터에 테러 공격이 벌어졌던 직후인 2017년 5월 23일, "이슬람: 평화의 종교인가? 폭력의 종교인가?"를 썼다. Denison Forum on Truth in Culture를 보라. 2019년 10월 10일 접속, http://assets. deni-sonforum.org/pdf/Islam%20a%20religion%20of%20violence%20or%20peace_.pdf. 데니슨은 꾸란과 이슬람 사상의 복잡성을 인정하지만, '메디나' 무슬림과 폭력적인 소수의 급진세력, 주류이자 평화로운 신앙 실천에 헌신적인 온건한 무슬림인 '메카' 무슬림을 구분한다. 그의 초기 책을 보라. Jim Denison, *Radical Islam: What You Need to Know*, Unlocking the Truth Series (Atlanta, GA: Elevation Press, 2011).

선동적인 언사를 이슬람에 쏟아내고 있다고 걱정한다.39 이러한 전투적인 분위기 속에서 복음주의와 오순절주의의 종교신학이 발달하고, 어느 정도 번성하기 시작했다는 것은 상당히 놀라운 일이다.

현대 복음주의/오순절주의 종교신학은 노먼 앤더슨(Norman Anderson)과 스티븐 닐(Stephen Neill)의 영향을 많이 받았다.40 앤더슨은 그리스도 중심적 구원론과 복음주의적 선교를 주장하며, 상대주의적 복음주의와 종교 혼합주의를 받아들이지 않았다. 하지만 그는 이웃 종교 안에도 어떤 면에서는 성령이 일하고 있다고 생각했으며, 모든 비기독교인이 자동적이고 피할 수 없이 저주받는 걸 가정하는 것은 받아들이지 않았다.41 앤더슨의 종교신학은 상호존중 안에서 일어나는 종교 간의 대화와 협력을 신중하게 받아들이는 것을 교회 사명의 하나로 인식했다.42

닐은 타협하지 않는 복음주의자이지만 복잡하고 역설적인 경향이 있다. 그는 에큐메니즘과 전도, 고기독론(high Christology) 그리고 종교적 타자를 진심으로 존중하는 것을 매우 중요하게 여긴다.43 닐은 한편으로는 기독교의 타협이나 자기 과신은 피하지만, 다른 한편으로는 종교들

---

39   Fitzgerald, *The Evangelicals*, 475.

40   *In Encountering Religious Pluralism: The Challenge to Christian Faith & Mission* (Downers Grove, IL: InterVarsity Press, 2001), 헤럴드 넷랜드(Harold Netland)는 복음주의 종교신학의 연구를 제공한다. 존 웨슬리나 C. S. 루이스, 혹은 칼 바르트 같은 다양한 인물들의 영향도 느껴진다. 다음 부분과 비교해보라. Tony Richie, *Toward a Pentecostal Theology of Religions: Encountering Cornelius Today* (Cleveland, TN: cpt Press, 2013), 55-56.

41   Norman Anderson, *Christianity and World Religions: The Challenge of Pluralism rev.* ed. Downers Grove (IL: InterVarsity Press, 1970, 1984), 16-20, 30-34, 45-55.

42   Anderson, *Christianity and World Religions*, 139-40, 184-91.

43   Netland, *Encountering Religious Pluralism*, 47.

사이에서 그리스도를 발견하는 것을 좋아한다.[44] 또한 닐은 단순한 이론가가 되는 것보다, 유대인과 무슬림, 힌두교도, 불교도, 그 외 다른 이들과의 직접적인 상호작용을 통한 대화를 모델화한다.[45] 앤더슨과 닐은 둘 다 "고기독론과 종교적 타자에게 희망적인 개방성을 가지고 있는 독특한 기독교 구원론 사이의 긴장"을 유지한다. 닐은 특별히 대화적 참여를 통해 얻어지는 상호 이익과 감사를 강조한다.[46] 이처럼 앤더슨과 닐의 사례는 확고한 복음주의적 헌신이 종교 간 관계에 대한 신학과 양립할 수 없는 것은 아니라는 사실을 보여준다.

침례교 은사주의 신학자 클라크 피녹(Clark Pinnock)은 현대 오순절파의 종교신학에 중추적인 영향을 끼쳤다.[47] 물론 피녹의 도발적인 연구에 논란이 없었던 것은 아니다.[48] 그는 고기독론과 구원론, 선교론(즉, 전도론) 등에 대한 전형적인 복음주의적 헌신을 유지하면서, 독특하게도 종교신학을 다루는 근거로 성령론으로 눈을 돌린다.[49] 피녹에게 예수 그리스도는 하나님의 구속적 사랑의 구체적인 역사이자 효과적 발현이고,

---

44 Stephen Neill, *Christianity and Other Faiths: Christian Dialogue with Other Religions* (New York: Oxford University Press, 1961, 1970), 4-5, 18-19, 207.

45 Neill, 20, 40, 70, 99, 125 등.

46 Richie, *Toward a Pentecostal Theology of Religions*, 54.

47 오순절교도들에게 잘 알려진 클락 피녹(Clark H. Pinnock)은 종교신학을 다음 책 6장에서 자세히 다루었다. *Flame of Love: A Theology of the Holy Spirit* (Downers Grove, IL: InterVarsity Press, 1994). 또한 다음 책을 보라. *A Wideness in God's Mercy: The Finality of Jesus Christ in a World of Religions* (Grand Rapids, MI: Zondervan, 1992).

48 Netland, *Encountering Religious Pluralism*, 309. 넷랜드는 피녹의 작업을 칭찬하지만 대부분의 복음주의자들의 적당한 수준을 '훨씬 뛰어넘는' 작업이라는 암시도 한다(310).

49 Pinnock, *Flame of Love*, 188, 194-95, 197.

성령은 교회 경계를 넘어 구원의 이익을 확장하는 데 있어서 시간과 공간을 초월한다. 즉, 종교계를 포함한 더 넓은 세상에서 적어도 잠재적으로 하나님의 구원적 목적을 수행하는 그리스도의 영이 작동하고 있다는 것이다. 중요한 것은, 피녹은 비기독교 종교를 구원의 수단으로 묘사하지는 않지만 성령도 기독교 교회에 국한된다고 표현하지는 않는다는 점이다. 피녹은 하나님의 전 세계에 대한 도달과 모든 이의 구원을 위한 동정적 관심을 옹호하는 동시에, 예수 그리스도에 대한 하나님의 은혜로운 계시를 확정적이고 최종적이라고 확언한다.[50]

기독교의 종교신학에 대한 오순절주의의 초기 선례는 찰스 파럼(Charles Parham)과 가장 잘 알려지기로는 J. H. 킹(J. H. King)을 포함한다. 근대 오순절 부흥의 초기 단계의 저명한 창립 지도자 파럼은 비기독교 종교들에 대해 산발적이지만 도발적인 일화들과 설교들을 제공했다.[51] 본질적으로 그는 기독론적 독특성과 이웃 종교인들의 잠재적 구원에 대한 신중한 개방성을 지니고 있는 구원론적 필요성을 결합한 '종말론적 포용주의'(eschatological inclusivism)를 주장했고, 이는 궁극적으로 종말(eschaton)에 가서야 완성되는 것이다.[52] 파럼은 공식적인 종교 간 대화에 참여하지 않았다. 다만 그는 개인적으로 다른 신앙을 가진 친구들과의 교류했으며, 특히 유대교 랍비와 친했다.[53]

---

50   Pinnock, *Flame of Love*, 179; *Wideness in God's Mercy*, 13.

51   다음 책을 보라. Charles F. Parham, *The Sermons of Charles F. Parham* (New York: Garland, 1985). 이 책은 파럼의 *A Voice Crying in the Wilderness* (1902)와 *The Everlasting Gospel* (1919)에 실린 초기의 저작들을 모아놓은 책이다.

52   Tony Richie, "Eschatological Inclusivism: Early Pentecostal Theology of Religions in Charles Fox Parham," *Journal of the European Pentecostal Theological Association* 27, no. 2 (2007): 138-52.

53   Parham, *A Voice Crying in the Wilderness, in The Sermons of Charles F. Parham*,

킹은 국제오순절성결교회(International Pentecostal Holiness Church)에서 오랫동안 매우 존경 받는 교단 행정가였다.[54] 그는 체계적인 신학자도 아니었고, 행정가이자 설교자로서의 임무에 따라 주제들을 다루는 경향이 있었다. 그럼에도 킹은 공식적인 신학 훈련을 받았고, 그의 글들은 시대에 맞지 않지만 종교신학이라고 부를 수 있는 것에 대한 세심한 성찰과 일관된 강조를 보여준다. 게다가 그는 해외여행을 통해 이웃 종교와 이웃 종교인들을 직접적이고 반복적으로 접촉하였다.

킹은 안정적인 기독론을 지향했다.[55] 그는 성육한 역사적이고 현세적인 그리스도와 보편적이고 영원한 그리스도를 모두 강조했다. 따라서 그는 구원은 역사적 그리스도 사건 안에 뿌리내리지만, 그리스도와 구원을 시간이나 장소에 제한하지 않는다. 킹의 종교신학은 일반적인 속죄의 교리, 일반 계시의 실재와 효과 그리고 종교적 경험에서 성령의 진보적인 업적에 의존한다.[56] 그는 기독교의 독특함과 우월성을 유지하면서, 제도적 기독교를 '그리스도의 종교'에서 구분했다.[57] 그것은 성육 이전에 존재하던, 모든 인류를 위한 신의 비밀스러운 일을 의미하며, 그럼에도 그리스도와 그의 영의 보편적 역할에 의존한다.[58] 이런 맥락에서

103-04.

54   IPHC 교단 웹사이트 참조. 2019년 10월 10일 접속, http://iphc.org/.

55   Tony Richie, "Azusa-era Optimism: Bishop J. H. King's Pentecostal Theology of Religions as a Possible Paradigm for Today," in Veli-Matti Kärkkäinen, ed., *The Spirit in the World: Emerging Pentecostal Theologies in Global Contexts*, preface by Jürgen Moltmann (Grand Rapids, MI: Eerdmans, 2009), 227-44.

56   J. H. King, *From Passover to Pentecost* (1911) (Franklin Springs, GA: Advocate Press, 1976, fourth ed.), 101; *Christ   God's Love Gift: Selected Writings of J. H. King*, vol. 1 (Franklin Springs, GA: Advocate Press, 1969), 136.

57   J. H. King, "Today," *The Pentecostal Holiness Advocate* 9, no. 31 (December 1925): 1, 8.

킹은 요나서가 유대-기독교의 종교적 전통을 넘어 하나님의 구속적 목적의 지속적인 개방에 대한 성경적 선례를 제공한다고 주장한다.59 킹의 종교 개념은 다종교 논의를 위해 제도적 종교의 독단적이고 융통성 없는 경계를 잠재적으로 초월한다.

빌리-매티 칼케이넌(Veli-Matti Kärkkäinen)과 에이머스 영(Amos Yong), 토니 리치(Tony Richie)는 현대 오순절 종교신학과 관련한 종교 간 대화와 협력의 주요 인물들이다.60 칼케이넌은 다작의 오순절 신학자이며, 종교신학을 주제로 두 권의 책을 출판하였다.61 그는 삼위일체 교리가 기독교 신학의 가장 주요한 특색이라고 규정하면서도 그것을 기독교 종교신학에 적용한다. 칼케이넌의 종교신학은 오순절 관점에서의 에큐메니컬적 접근이다. 그는 종교 다원주의에 대해 상당히 비판적이다. 특별히 삼위일체와 고기독론을 축소하거나 절대적 진리에 대한 질문을 빗겨 가려는 어떠한 시도도 거부한다.62

---

58 나는 여기서 킹의 '그리스도의 종교'와 틸리히의 '구체적 영성의 종교'를 비교한다. Paul Tillich's Theology of Religions in Twenty-First Century Global Renewal Context," in Nimi Wariboko and Amos Yong, eds., *Paul Tillich and Pentecostal Theology: Spiritual Presence and Spiritual Power* (Bloomington, IN: Indiana University Press, 2015), 150.

59 J. H. King, "Jonah's Gourd," *The Pentecostal Holiness Advocate* 20/29 (November 1936): 1-2.

60 프랭크 마키아(Frank D. Macchia)는 종교신학 그 자체에 집중하지는 않지만, 상당히 중요하게 다루고 있다. Frank D. Macchia, *Baptized in the Spirit: A Global Pentecostal Theology* (Grand Rapids, MI: Zondervan, 2006), 178-90. and Steven M. Studebaker, *From Pentecost to the Triune God: A Pentecostal Trinitarian Theology* (Grand Rapids, MI: Eerdmans, 2012), 208-39.

61 Veli-Matti Kärkkäinen, *An Introduction to the Theology of Religions: Biblical, Historical, and Contemporary Perspectives* (Downers Grove, IL: InterVarsity Press, 2003)와 *The Trinity and Religious Pluralism: The Doctrine of the Trinity in Christian Theology of Religions* (Burlington, VT: Ashgate, 2004).

칼케이넌에게 공동체적 교감과 일치 그리고 차이는 모두 신적 존재 안에 함께 존재한다. 삼위일체인 신은 자기 계시를 통해 공동체적 교감을 타자에게까지 확대한다. 이는 관용을 존중하고 진정한 차이에 대한 축복과 도전을 인정하는 (종교 간 활동을 포함한) 인간관계의 패러다임을 제공하는 것이다.[63] 오순절 및 에큐메니컬 신학자로서 칼케이넌의 기독교 종교신학은 긍정적이고 매력적인 접근이다.

한때 불교도였다가 기독교로 개종한, 말레이시아 이민 가정에서 자란 에이머스 영도 역시 종교신학에 관한 여러 주요 연구가 있다.[64] 그는 오순절 경험이 독특한 '성령론적 상상'(pneumatological imagination), 즉 성령에 대한 경험과 지향을 통해 알게 된 신학적 방법을 만들어낼 것이라고 제안한다. 이는 결국 성령의 존재와 영향이 세계와 세계 종교 안에 있을 가능성을 제안하는 것이다.[65] 이러한 맥락에서 영은 이웃 종교에 대한 성령론적 해석과 "신의 임재와 활동에 대한 일반 이해"를 지지하는

---

62 Kärkkäinen, *An Introduction to the Theology of Religions*, 354; cf. 113-15. 칼케이넌은 성경의 역사적 신학적 전통에 정면으로 서 있지만, 동시에 다른 종교에 대한 기독교적 해석에 대한 예리한 인식을 보여주며 그에 따라 존중하는 대화로 들어간다. 다음 부분과 비교해보라. *Christ and Reconciliation: A Constructive Christian Theology for the Pluralistic World* (Grand Rapids, MI: Eerdmans, 2013), 210, 236, 381.

63 Kärkkäinen, *The Trinity and Religious Pluralism*, 180-82.

64 예를 들어, Amos Yong, *Discerning the Spirit(s): A Pentecostal-Charismatic Contribution to Christian Theology of Religions* (Sheffield, UK: Sheffield Academic Press, 2000); *Beyond the Impasse: Toward a Pneumatological Theology of Religions* (Grand Rapids, MI: Baker, 2003); *Hospitality and the Other: Pentecost, Christian Practices, and the Neighbor* (Maryknoll, NY: Orbis, 2008) 그리고 *Pneumatology and the Christian-Buddhist Dialogue: Does the Spirit Blow through the Middle Way?* (Leiden and Boston: Brill, 2012).

65 Yong, *Discerning the Spirit(s)*, 29-31, Chapter 4.

"기초 성령론"(foundational pneumatology)이라는 것을 개발한다.[66] 영은 세계를 관통하는, 교회마저도 넘어서는 성령의 임재와 활동이 진리론 (alethiology)과 구원론(soteriology)에 의미를 주고 있다고 생각한다. 이 웃 종교 혹은 그 종교인들에게 있는 어떤 진리나 은혜도 모두 명시적인 인식론적 의식과는 별개로, 그리스도의 영에 귀속될 수 있다고 하는 것 이다.

에이머스 영은 다양한 영이 존재하는 세계에서 분별력의 필요를 강 조한다. 오순절-은사주의 전통에서 기독교인의 분별력이란 은사와 인 간의 분별력 모두를 포함한다. 다른 영들과 성령을 구분하는 기준은 그 것이 성령의 열매와 도덕적 행동, 다가오고 있는 하나님 나라에 대한 신 호를 가지고 있는가이다.[67] 이러한 이론적 틀에서, "성령의 분출로 인한 성령론적 상상"은 이웃 종교에 대해 상대적으로 공정하고 동정적이며, 하지만 비판적인 교류를 가능하게 한다.[68] 에이머스 영의 분별을 위한 교리는 매우 오순절적이고, 오순절이 지닌 독특한 기독교적 성격을 보 호하는 데 도움을 준다. 그는 기독론과 성령론을 연결하며 성령을 "보편 적이며 특정한, 하나님의 영이자 예수 그리스도의 영"이라고 표현하였 다.[69] 즉, 영(Yong)은 분명히 성령이 세계와 세계 종교 안에 존재한다고 강조하지만, 그 과정에서 예수 그리스도의 독특성이나 필요성을 희생시 키지 않는다.

---

66   Yong, 98, 122-32.

67   Yong, 243-55.

68   Amos Yong, *The Spirit Poured Out on All Flesh: Pentecostalism and the Possibility of Global Theology* (Grand Rapids, MI: Baker, 2005), 254.

69   Yong, *Beyond the Impasse*, 21.

칼케이넌처럼 영의 종교신학은 자연스레 우리가 기독교 선교적 맥락에서 종교 간의 대화를 바라보도록 이끈다. 대화는 하나님 나라에 내재한 공의와 평화, 진리를 위함이다. 의미 있는 대화란 "비판적 자아 발견의 여정"이자 "타자에 대한 신실한 기독교적 분별"이다.[70] 그럼에도 그는 오순절 종교신학이 "성령의 존재와 활동의 종말론적 지평을 인정하더라도, 기독교 복음의 선포를 활성화해야 한다"라고 주장한다.[71] 전반적으로 영의 종교신학은 다소 역설적이다. 왜냐하면 그의 신학은 성령론과 기독론을 함께 강조하며, 종교 간 대화와 전도를 함께 강조하기 때문이다.

나의 연구는 칼케이넌과 영의 맥락을 이어가면서, 더 나아가 웨슬리안-오순절적 관점과 대화로서 증언이라는 것에 방점을 둔다.[72] 나는 삼위일체와 성령론을 강력히 강조하는 것에 동의하고, 오순절 종교신학의 초기 단계(비공식적이든 미개발적이든)의 생각들을 계승하는 것이 중요하다고 여기며, 증언을 종교 간 대화의 모델로 사용하는 창의성이 중요하다고 본다. 그렇게 되면 오순절 교인들이 하나님 앞에서 타자와 대화하는

---

70 Yong, *Discerning the Spirit(s)*, 143. 내 경험상 오순절 종교신학과 종교 간 대화는 쌍방의 움직임을 보여준다. 한편으로는 포용적 종교신학이 대화에 영감을 주고 영향을 주며 서로를 풍요롭게 한다. 반면에 배타적 전제들은 대화를 기껏해야 무관한 것으로 만들어버리거나 최악의 경우 정체성과 선교의 타협으로 무시하는 경향이 있다. 선교학적으로 그리고 교육학적으로, 초점은 변증론과 복음주의에 맞춰지고, 견고한 종교신학은 축소되거나 제거된다.

71 Yong, *Discerning the Spirit(s)*, 313.

72 참조, Tony Richie, *Speaking by the Spirit: A Pentecostal Model for Interreligious Dialogue*, Asbury Seminary Series in World Christian Revitalization Movements in Pentecostal/ Charismatic Studies 6 (Lexington, KY: Emeth Press, 2011)와 *Toward a Pentecostal Theology of Religions: Encountering Cornelius Today* (Cleveland, TN: cpt Press, 2013).

현대의 패러다임을 사용할 수 있을지 모른다. 이런 접근 방식은 매우 오순절적이어서 종파적이고 전통적이기도 하지만, 기독교의 종교신학 및 이웃 종교와의 대화에 이르기까지 광범위한 통찰력과 실천을 통합한다는 점에서 또한 에큐메니컬적이고 현대적이다.

　나는 종교신학에 기반하여 종교 간 대화를 위한 신학을 제안하고자 한다. 나는 성령론적/선행적 은총에 대한 웨슬리안-오순절 전통에는 오늘날 종교신학을 위한 자원이 풍부하다고 생각하며, 기독교 선교는 대화와 전도를 통합하는 급진적인 쇄신이 있어야 할 것을 제안한다.[73] 나는 종교적 진리의 본질을 이해하기 위해서는 확고한 오순절적 해석학이 필요하다고 주장하면서, 종교의 역사를 이해하기 위해서는 성공회-가톨릭의 자료들을 사용한다.[74] 더불어 오순절주의는 공적 영역을 존중하고, 종교 간 존중을 위한 공적/정치신학을 긍정하기 때문에 나는 주류 개신교의 성령신학과 대화하는 것이 상호간에 유익할 것이라 생각한다.[75] 오순절주의는 진정한 종교 간 활동을 가능하게 하는 적법한 에큐

73　Tony Richie, "Mr. Wesley and Mohammed: A Contemporary Inquiry Concerning Islam," *Asbury Theological Journal* 58, no. 2 (Fall 2003): 79-99; "Revamping Pentecostal Evangelism: Appropriating Walter J. Hollenweger's Radical Proposal," *International Review of Mission*, 96 (July/October 2007): 343-54.

74　Tony Richie, "Hints from Heaven: Can C. S. Lewis Help Evangelicals Hear God in Other Religions?" *Evangelical Review of Theology* 32, no. 1 (January 2008): 38-55; "Approaching Religious Truth in a Pluralistic World: A Pentecostal-Charismatic Contribution," *Journal of Ecumenical Studies* 43, no. 3 (Summer 2008): 351-69.

75　Tony Richie, "A Politics of Pluralism in American Democracy: Reinhold Niebuhr's Christian Realism as a National Resource in a Post-9/11 World," *Journal of Ecumenical Studies* 45, no. 3 (Summer 2010): 471-92.

메니컬 정신을 지니고 있다는 것이 나의 기본적인 전제이다.[76] 나의 계속되는 목표는 자신의 정체성을 훼손하지 않고 다른 사람들에게 개방된 오순절 종교신학을 만드는 것이다.[77]

복음주의와 초기 및 현대의 오순절주의는 오순절 관점의 기독교 종교신학의 형태와 내용을 형성한다. 이 형태와 내용은 견고하게 삼위일체적이고 충실하게 기독론적이며, 강력하게 성령론적이고 의도적으로 교회적·선교적·대화적이다. 이것은 복음주의/오순절 교육자들에게 신학 교육을 위한 충분한 자료들을 제공한다.

3. 적용: 교실과 그 너머에서 발생하는 종교 간 교육과 만남

세바스찬 김(Sebastian Kim)과 컬스틴 김(Kirsteen Kim)은 기독교를 세계 종교 가운데 존재하는 하나의 종교로 연구해야 한다고 말한다. 만약 그들이 옳다면, 그들의 말대로 기독교를 가르치고 배우는 방식이 변해야 할 것이다.[78] 그들은 이렇게 말한다:

---

76 나는 이 가정의 근거와 함축된 의미를 다음 책에서 설명한다. "Correlating Intra-Christian Relations and Interreligious Realities" in Peter Hocken, Tony Richie, and Christopher A. Stephenson, eds., *Christian Unity and Pentecostal Faith* (Leiden, Netherlands: Brill, forthcoming), Chapter 15.

77 Tony Richie, "Neither Naive nor Narrow: A Balanced Approach to Pentecostal Theology of Religions," Harold D. Hunter, ed., *Cyberjournal for Pentecostal-Charismatic Research* 15 (2006), 2019년 10월 10일 접속, http://www.pctii.org/cyberj/cyberj15/richie.html.

78 Sebastian Kim and Kirsteen Kim, *Christianity as a World Religion: An Introduction* (London/New York: Bloomsbury Academic, 2008, second ed., 2016), 282.

우리가 주고 싶은 도전은 단순히 기독교가 그 기원이 역사적으로 아시아에 있기 때문에 서양 종교가 아니라는 문제가 아니다. 또한 숫자적으로 글로벌 사우스(Global South)에서 기독교가 강세를 보이고 있다고 해서 비서구 기독교(non-Western Christianities)의 신학자들과 기독교 관련 학자들이 더 많은 관심을 보여야 한다는 것도 아니다. 우리가 말하고자 하는 것은 교회 역사와 신학, 종교 간 및 사회적 관계를 포함한 기독교 연구의 모든 면이 기독교를 하나의 세계 종교로 바라보는 관점으로 재구성되고 수정되어야 한다는 것이다.[79]

이들은 이웃 종교와 함께 놓고 기독교를 연구하는 것이 기독교 자체의 독특성과 이웃 종교와의 공통점을 더욱 명확히 보여줄 것이며, 그러한 작업은 기독교인들이 자신들의 신앙을 외부의 시선으로 보게 하며, 종교 간 연구를 무시하거나 억압했던 불행하고 평범한 역사적 경향을 극복하게 할 것이라고 주장한다.[80] 물론 그들은 종교적 다원성을 배경으로 기독교를 연구하는 것은 아주 복잡한 일이며, 세심한 균형감각과 상황 판단 능력을 요구한다는 것을 인정한다.[81] 나는 이들의 이야기에서 점점 더 종교적으로 다원화되고 국제적이 되어가는 요즘 기독교를 효과적으로 연구하고 가르치는 것은 종교 간 연구를 요구한다는 사실을 강조하고 싶다.

오순절주의 신학 교육은 특히 다음 두 가지를 고려해야 할 것이다. 첫째, 오순절주의의 빠르고 광범위한 성장과 복음주의의 열심은 이웃

79   Kim and Kim, 286.
80   Kim and Kim, 282-83.
81   Kim and Kim, 283-84.

종교와 빈번한, 때로는 불안한 만남을 가져오기 때문에 종교 간 신학 교육이 무척 요구된다는 것이다.[82] 그리고 둘째, 구원과 영성에 대한 오순절주의의 인식은 우리 삶 모두를 아우르는 전체론적인 것이기 때문에, 다양한 종교 사이를 살아가는 우리의 삶을 인정하고 해석해야 할 때는 이 독특한 세계관에 대한 통찰을 바탕으로 해야 한다는 사실이다.[83] 즉, 오순절 종교신학의 발전과 가르침에는 실천적·신학적 조건을 둘 다 고려해야 한다. 반복해서 말하자면, 종교 간 연구(interreligious studies)는 오순절주의의 가장 적절한 종교신학적 방향과 어조를 알려줄 것이다.

오순절 교회가 에큐메니컬이나 다종교적 감각 혹은 참여에서 일반적으로 잘 알려져 있지 않은 것은 사실이다. 그러나 '성령의 일치'(the ecumenism of the Spirit)에 대한 폐쇄적인 태도에 대해서는 상당한 예외가 있어왔다.[84] 오순절 신학은 전통적으로 보수적이지만, '성령의 자유'를 강조함으로서 엄격한 근본주의자들과는 거리를 두었고, 잠재적으로 타자에 대한 더 큰 개방을 위해 넓은 공간을 창조했다.[85] 나에게 교회일치

82 Kim, Kim and Kim, 19; cf. 282, 284.

83 Allen Anderson, "Pentecostal and Charismatic Theology," in David F. Ford with Rachel Muers, eds., *The Modern Theologians: An Introduction to Christian Theology since 1918* (Malden, MA: Blackwell Publishing, 2005), 603.

84 Carmelo Alvarez, "The Ecumenism of the Spirit: Emerging Contemporary Contexts of Mission in Latin America," in Miguel Alvarez, ed., *Reshaping of Mission in Latin America*, Regnum Edinburgh Centenary 30 (Eugene, or: Wipf and Stock, 2016), 47-64.

85 Anderson, "Pentecostal and Charismatic Theology," 605. 복음주의자들처럼, 오순절은 오직 그리스도(*solus Christus*)의 종교개혁 원리에 전념하고, 따라서 상대주의적 다원주의를 거부하지만, 오순절은 성령론적 설명에 의해 영향 받은 광범위한 해석학에는 더 익숙하다. David F. Ford, "Evangelical Theology," in Ford with Muers, eds., *The Modern Theologians*, 614-15. 또한 Anderson, "Pentecostal and Charismatic Theology," 595-97을 참조.

운동과 다종교 사역은 동반자이자 공생자였다. 비기독교인들과 대화하면서 나는 비기독교인들이 종종 기독교를 실제와는 매우 다르게 단선적으로(monolithic) 이해하는 모습을 경험하였다. 이에 따라 나는 기독교의 다양성을 더욱 중요하게 생각하게 되었고, 다른 종교 안의 내적다양성에 대해서도 더 많이 인식할 수 있게 되었다.

결과적으로 나는 내 자신의 전통이 주는 통찰을 이야기하고자 할 때, 다른 종교뿐만 아니라 다른 기독교 전통에 대한 감사와 존경심을 품고 이야기하게 된다. 나는 놀라운 투과력을 지닌 오순절주의의 신앙 전통으로 인해 이렇게 점점 더 열린 태도를 지닐 수 있었다. 그것은 부분적이지만 성령론과 종말론의 강력한 통합에 의해 가능했다.[86] 여기서 나는 온 우주가 하나님의 의로운 통치를 따르는 종말의 때(eschaton)를 환영하고 성찰하는 성령의 현재적이고 미래적인 사역을 분명하게 참고한다.[87] 이 새로운 종말론은 성령의 임재와 능력을 통해 현 시대에 드러나는 종말론적 실재를 존재론적이고 교훈적으로 사용할 수 있게 한다.

오순절주의의 종교 간 교육과 대화도 당연히 모든 기독교인이 갖는 기본적인 도전들을 피할 수 없다. 예를 들면 아시아에서 기독교인들은 종종 불교도나 힌두교도로부터 자신의 신앙과 실천을 구별하기 위해 애쓰고 있다.[88] 또한 아프리카나 중동에서는 기독교인들이 이슬람 주도적 문화에서 평등을 얻기 위해 씨름하는 소수자 집단이 되기도 한다.[89] 또

---

86   참조, Gonzalez, *A History of Christian Thought*, 348; Steven Jack Land, *Pentecostal Spirituality: A Passion for the Kingdom* (Sheffield, UK: Sheffield Academic Press, 1993, 2010).

87   Land, *Pentecostal Spirituality*.

88   Simon Chan, *Spiritual Theology: A Systematic Study of the Christian Life* (Downers Grove, IL: ivp Academic, 1998), 20, 83, 168, 172, 174.

한 신에 대한 서로 다른 이해는 가장 헌신적인 대화 상대들의 최선의 노력을 다해도 더욱 복잡해질 뿐이다.[90] 이를 테면, 유대교와 기독교는 신에 대한 교리에 동의하지 않고, 무슬림들은 유대인들의 편에 서서 기독교인들이 신의 계시를 타락시켰다고 주장하며, 기독교인들은 그들의 정체성을 유대인과 무슬림 모두가 거부하는 성육신에 두고 있다. 이 모든 것은 결국 '신학적 난제'(an intractable theological argument)로 귀결된다.[91]

더욱이 오순절주의는 종교적 타자를 악마화하는 대립적인 역사를 가지고 있다.[92] 경제적 경쟁, 이념적·정치적 다툼, 외국인 혐오는 갈등을 더욱 부추겼다. 더 복잡한 문제는, 복음주의자들이 종교적 타자를 '전도의 대상'으로 보는 것 자체가 이웃 종교인들에게는 거만한 인상을 준다는 점이다.[93] 그럼에도 오순절주의의 선교학은 자비롭고 건설적인 종교 간의 만남을 장려한다(사도행전 19:9-10).[94]

따라서 에큐메니컬-종교 간 협력 관계는 오늘날 신학 교육 및 사역 실천에 매우 중요하며, 나는 복음주의/오순절 전통을 위한 종교 간 교육

---

89   Chan, 28-29, 70.

90   Chan, 44.

91   E. T. Charry, "Judaism," in Dryness and Karkkainen, eds., *Global Dictionary of Theology*, 434, 441.

92   Cephas Omenyo, "Renewal, Christian Mission, and Encounter with the Other," in Amos Yong and Clifton Clarke, eds., *Global Renewal, Religious Pluralism, and the Great Commission: Towards a Renewal Theology of Mission and Interreligious Encounter* (Lexington, KY: Emeth Press, 2011), 152-53.

93   Charry, "Judaism," 441.

94   Amos Yong and Tony Richie, "Missiology and the Interreligious Encounter," in Allan Anderson, Michael Bergunder, Andre Droogers, and Cornelius Van Der Laan, eds., *Studying Global Pentecostalism: Theories & Methods* (Berkeley, CA: University of California Press, 2010), 245-67.

의 생존 가능성을 확신한다. 나는 복음주의/오순절 전통이 상호이익과 포용적 상호주의를 위해 건설적이고 긍정적인 통찰과 경험을 제공할 수 있기를 간절히 바란다. 이러한 여러 이유로 인해 나는 종교 간 신학 교육의 도입과 발전에 전념하고 있다. 나는 이것을 리 대학(Lee University)에서 특별 포럼과 객원 강사로 이 주제를 가르쳐왔고, 지금은 오순절 신학대학원(PTS)에 집중하고 있다.

PTS의 학장인 데이비드 상일 한(David Sang-Ehil Han)은 종교적 다양성을 교육 과정에 포함시키는 작업을 실시하였다. 2012년 한은 "다종교 사회 속 기독교 환대"(Christian Hospitality in a Multi-Faith society)라고 하는 북미신학교협회(ATS)의 포럼에 참여했다.[95] 그는 이어서 이 주제를 "기독교 환대와 이웃됨: 다종교 상황에서 웨슬리안-오순절 목회 패러다임"이라는 제목의 컨퍼런스를 열며 PTS로 가져왔다. 이것은 학제 간, 학교 전체 규모의 행사였으며 광범위한 관심을 받았다. 한은 현재 존재하는 수업 형식에 종교 간 주제들을 포함시키는 것을 시작으로, 종교 간 신학 교육 과목과 교과 과정을 소개하려는 나의 노력을 또한 지원해주었다. 오순절 종교신학에 관한 문헌들을 다루는 1학점짜리로 소박하게 시작한 수업은 이내 점점 더 발전했다.

2013년 나는 하나님의 교회 채플린 위원회의 코디네이터인 리처드 페이스(Richard Pace)와 함께 '다종교 상황에서 목회 신학'이라는 3학점짜리 수업을 함께 개발하여 겨울 계절학기 중에 가르친 적이 있었다.[96]

---

95   Sang-Ehil Han, Paul Lewis Metzger, and Terry C. Muck, "Christian Hospitality and Pastoral Practices from an Evangelical Perspective," *Theological Education* 47, no. 1 (2012): 11-31.

96   계절학기는 1월, 6월, 혹은 7월 중에 일주일 동안 진행하는 집중 수업이다.

수업은 웨슬리안-오순절의 신학적 기반을 가지고 다종교 상황에서 목회를 위한 실제적 준비에 집중했다. 하지만 이 수업을 PTS의 목회학 박사 과정(D. Min.)에 포함시키려던 노력은 실패했다. 이유는 목회학 박사 과정에서 다루기에는 신학적인 내용이 너무 강하다고 판단되었기 때문이다.[97] 그때부터 페이스나 나는 일대일 형태의 수업을 통해 여러 번 이 수업을 가르쳤다.[98]

2015년 나는 '기독교 종교신학: 오순절의 관점에서'라는 수업을 PTS의 석사 과정을 대상으로 만들게 되었고, 그때부터 지금까지 이 수업을 신학 선택 과목으로 정기적으로 가르쳐왔다. 이 수업은 오순절 교육기관에서는 보기 드문 독특한 수업이었다. 이 수업은 비교 종교나 전도 훈련을 하는 것이 아니었다. 이 수업은 이웃 종교에 대한 기독교 신학 그 자체를 살펴보는 수업이었다. 이 수업에는 에큐메니컬과 종교 간, 복음주의와 오순절적 요소가 모두 있었다. 성서와 역사신학 외에 이 수업은 복음주의와 오순절의 주장을 담은 에큐메니컬하면서도 다종교적인 자료들을 사용하였다.

이 수업은 점차 학생들에게 대체적으로 긍정적인 반응을 얻게 되었다. 리 대학에 있는 종교를 전공하는 학부학생들은 오히려 더욱 적극적이었다. (40세 전의) 젊은 학생들은 종교 간 문제를 다루는 신학 교육의

---

97 디민(D.Min.) 혹은 목회학 박사 학위는 대체적으로 직업에 관련된 부분에 집중하는 학위이다. 그것은 신학 그 자체에 대한 광범위한 연구를 요하지 않는다. 이 과정은 '응용신학'에 초점을 두도록 설계되었다.

98 PTS의 개인지도 수업(directed study)은 지정된 교수와 함께 공부하는 수업이다. 종교 간 신학 교육은 특정한 수업 내용과 특정한 학생들을 위한 예상 학습 결과에 대해 민감한, 실용적이면서 신학적인 강조를 허용하는 차별적 접근법을 이용할 때 가장 효과적일 수 있다.

필요에 대해 훨씬 더 잘 받아들였다. 그들은 더욱더 포용적이고 개방적인 태도를 보였다. (50세 이후의) 나이가 있는 몇몇 학생도 또한 긍정적이었다. 그들 중 몇몇은 그들이 지금까지 교육을 받아오며 이러한 주제를 더 일찍 만나지 못했다는 사실을 아쉬워하곤 했다. 이 수업은 PTS의 필수 수업이 아니기 때문에 원하지 않는 학생은 듣지 않을 수 있다. 하지만 만약 이 수업을 필수 과목으로 만든다면, 종교신학의 중요성에 대해 학생들에게 더 강한 메시지를 보내고, 그에 따른 감사와 참여가 증가할 것이라고 추측한다.

혁신적이지만 일정 논란의 여지가 있는 종교 간 교육임에도 불구하고, 나는 PTS와 리 대학의 교수진과 행정 및 교단 지도부에게 긍정적인 확인과 격려를 받았다. 나는 대부분의 사람들이 이 작업의 필요성을 이해하고 있다고 생각한다. 나는 때때로, 선의의 이웃 종교인들과 건강한 관계를 구축하는 이 시급한 과제를 오늘날 세계 교회들이 자신들의 필수 사명으로 적절히 이해하고 있는지 의문이 든다. 하지만 전통적으로 전도하는 것을 (옳게) 우선시했던 운동에서, 이제는 사회윤리와 에큐메니컬, 종교 간 교육과 대화의 문제가 과거보다 훨씬 더 많이 우리의 제도적·교육적 레이더에 나타나게 된 것을 고무적으로 생각한다.

PTS는 이웃 종교를 믿는 사람들과의 개인적인 만남을 신학 교육 안에 포함하려는 노력을 계속하고 있다. 예를 들면, 나는 테네시 주 녹스빌에 있는 타이시어 신학대학원(Tayseer Seminary)에서 온 이슬람 학자인 제이납 안사리(Zaynab Ansari)와 PTS 및 타이시어 강의실 안에서 직접 대화하며 함께 일한다.[99] 짧은 강의 후에 우리는 열린 대화를 갖는다.

---

99 테이시어 세미나리의 웹사이트를 보라. 2019년 10월 10일 접속. http://www.tay-

이러한 만남은 매우 신중하게 해야 한다. 우리 쪽에서는 대화는 받아들일 수 있고, 다른 종교를 장려하는 것은 동의할 수 없기 때문이다. 그 두 가지 사이에는 매우 뚜렷한 선이 존재한다. PTS 학생들은 이러한 상호교류의 기회를 만장일치로 (실제 강의실 내 투표에 의해) 선호한다고 밝혔다.

비공식적이지만, 학교 밖에서 일어나는 만남은 '모두의 테이블'(A Seat at the Table, ASATT)로 알려진 녹스빌 활동이 있다.[100] 이것은 서로 다른 종교의 사람들이 저녁식사와 대화를 위해 매달 비공식적으로 만나는 자리이다. 나는 학생들에게 수업의 일환으로 ASATT에 출석할 것을 요구하지 않는다. 다만 관심 있는 참여자들이 올 수 있도록 광고하고 초청하는 정도만 한다. 그럼에도 몇몇의 학생(그리고 몇몇 교수)은 그곳에 참석하기 위해 클리블랜드에서 기꺼이 한 시간 반이나 운전을 해서 참석하였다. 그들은 모두 이웃 종교인들과 인간 대 인간으로 만날 수 있는 기회를 갖게 된 것에 대해 감사를 표시했다. (다른 종교에서 온 동료들과 다른 기독교 전통에서 온 사람들은 복음주의/오순절 활동에 참여하면 다소 놀라긴 해도 항상 만족해한다.) 그래서 나는 수업에 이웃 종교인들과의 만남을 포함하는 것이 학생들에게 더 유익하고 변화를 가져오는 교육적인 경험을 만들어준다고 전적으로 확신한다.[101]

마지막으로, 종교 간 교육은 교회에서도 가능하다. 이전에 내가 다녔

---

seerseminary.org/ustadha-zaynab-ansari/.

100 Lesli Bales-Sherrod, "Strangers of Differing Faiths Take a Seat at the Table and Leave as Friends," Knoxville News Sentinel, July 22, 1916, 2019년 10월 12일 접속, http://archive.knoxnews.com/entertainment/life/strangers-of-differing-faiths-take-a-seat-at-the-tableand-leave-as-friends-3827 dec0-9e6d-1074-e053-387954982.html.

101 게다가, 타인을 비인간화하려는 (혹은 악마화하려는) 경향은 다른 사람을 또 다른 하나의 인간으로 마주하는 경험에 의해 상쇄된다.

던 테네시 주 녹스빌의 뉴하베스트 하나님의 교회(New Harvest Church of God) 회중들은 나의 유대교 친구인 데이비드 엘콧(David Elcott) 뉴욕 대학교 공공서비스와 리더십 교수를 통해 '종교와 시민의식 프로젝트'라는 장기 연구(2013~2015)에 참여한 적이 있다.[102] 이 프로그램에서 우리는 종교의 자유, 시민사회의 담론, 민주주의, 특히 종교 간 교차점들에 대해 공부했다. 이 프로젝트는 교육적 비디오 및 기타 자료를 포함한 교구를 만들고 현장 테스트를 하기 위해 서면 조사와 회중 토론 포럼의 조합을 활용했다.

흥미롭게도 데이터의 결과는 기존의 전제가 틀렸다는 것을 드러내고, 고정관념을 타파하는 경향을 보여주었다. 다양한 종교 집단은 시민 참여를 가능하게 하는 긍정적 체계를 구축하는 데 기여했다. 회중들에게 일어난 종교 간 교육과 교류의 과정은 시민 정책과 실천에 뚜렷한 영향을 끼쳤다. 이 경험을 통해 나는 종교 간 신학 교육이 가장 효과적이기 위해서는 이것이 학교 강의실을 넘어서 예배당에 앉아 있는 성도들까지 그 대상으로 포함해야 한다고 확신하게 되었다. 이러한 포용은 교회와 학계 사이의 간극을 줄일 뿐만 아니라, 평신도들이 깊은 수준으로 제자도를 훈련하도록 돕고, 종국에는 그들이 종교적으로 다원화되어 있는 세계에서 신앙인으로 살 수 있도록 준비시킬 것이다.

---

102 다음을 보라. "Religion and Civics Program, nyu Wagner, 2019년 10월 12일 접속, https://wagner.nyu.edu/leadership/religionandcivics.

4. 나가며

동일한 역학에 의해 추진되는 교육 철학과 결합한 오순절의 정서적·변혁적 영성과 신학은 종교 간 교육의 원동력이자 동시에 그러한 교육적 실현의 결과다. 종교신학을 가르치거나 연구하는 것은 잠재적으로 자기 이해를 높이고, 더 깊은 제자도를 이끌어내며, 다른 종교와 서로 이해하고 연결하는 일을 증가시키고, 다양한 이웃들과 평화적으로 공존하는 것을 더욱 가능하게 한다. 그리고 마지막으로, 무엇보다도 만물의 창조자이자 신인 하나님을 향한 찬양을 불러일으킨다.

하지만 그럼에도 종교 간 교육과 화합을 위한 움직임 등과 오순절의 연결은 매우 미미하다. 상대주의적인 종교 다원주의에 대한 끊임없는 우려는 오순절 신학교나 대학이 종교 간 교육을 할 때 평신도들의 반대를 피하기 위해, 교단 정체성에 대한 강한 의식을 일관되게 유지할 것을 요구한다. 하지만 이웃 종교에 대한 동일한 존중이 유지되는 한 자신의 신앙 전통에 헌신한다는 것은 종교 간 관계를 수립하는 데 문제가 되지 않는다. 타인의 정체성에 대한 존중과 함께 교단적 정체성을 중시하는 것은 진정성과 투명성, 신뢰에 바탕을 둔 종교 간 관계를 가능하게 한다.

복음주의자들, 특히 오순절파는 너무 오랫동안 종교 간 교육과 대화 테이블에서 보이지도 않았고 들리지도 않았다. 이러한 사실에 대한 책임은 부분적으로 우리 자신에게 있다. 우리는 아직까지 이 테이블에 참여하려고 자리를 구했던 적이 없기 때문이다. 하지만 이제 변하고 있다.

2부

종교적 타자와 함께 배우기

4장

재건주의 유대교 대학에서 종교 간 교육
: 유대교적 주변인 관점에서 살펴보기

낸시 푹스 크레이머(Nancy Fuchs Kreimer)

요약문

이 장에서는 재건주의 유대교 대학교(Reconstructionist Rabbinical College, RRC: 대학원 과정의 유대교신학대학원임—역자주)가 그 사명 (mission)의 일환으로 실시한 종교 간 교육 분야에서의 대담한 실험에 대한 보고서를 제공한다. 이 장에서는 지난 10년 반 동안 미국과 유대인 환경의 변화에 대응하기 위해 RRC가 헨리 루스 재단의 지원을 받으면서 계속 진화해온 성직자 양성에 대한 접근 방식을 기록한다. 이 장에서는 다음과 같은 두 가지 대표적인 프로그램에 대한 세부사항을 설명한다: 1) 유대교인과 무슬림 사이의 연대감 형성을 위한 프로그램, 2) 여러 종교 사이의 다종교적 문해력과 공동 영성 형성을 위한 새로운 교육 진입점을 만들기 위한 프로그램.

1. 들어가며

1941년 랍비 모르디카이 M. 카플란(Mordecai M. Kaplan)은 그가 '새로운 하가타(Haggadah)'라고 명명한 것을 발표함으로써 정통 유대인 세계를 충격에 빠뜨렸다. 유대교 재건주의 운동의 창시자인 그는 유대인 유월절 세데르(Seder)의 전통 예배문을 크게 편집하여 출애굽 이야기를 더욱 인간적이고 더욱더 보편적인 것으로 만들었다. 지금은 하가타의 버전 수가 수천 개가 넘지만 제2차 세계대전 중에 이것은 매우 급진적인 행동이었다. 몇 년이 지난 뒤에 재건주의 유대교 대학(RRC)이 이러한 급진적, 미래지향적인 전통을 지속하고 있고, 성소수자(LGBTQ) 학생들을 일찍부터 받아들인 것과 이스라엘과 팔레스타인에 대한 견해의 다양성을 수용한 것 그리고 획기적인 다종교적 계획이 그 증거라고 할 수 있다. 2015년, 유대인 언론은 유대인이 아닌 파트너와 함께 랍비 학생들을 받아들인 RRC의 결정을 자주 비판적으로 다뤘다. 우리는 "다종교가 우리의 DNA에 새겨져 있다"라고 자부한다. 우리의 지도자들은 평신도와 전문가 모두 이 분야에서 우리의 작업에 대해 자랑스럽게 생각한다. 하지만 우리의 이야기는 간단한 것이 아니다. 우리의 입장에서, 신학교에서의 종교 간 교육 작업은 긴급하고 깊은 의미가 있으며, 남용되는 표현이지만 완벽히 적절하게 말하자면, 복잡하다.

　재건주의자로서 우리는 우리 자신들이 유대인 세계의 가장자리에서 살아가며 종교적 풍경의 변화로 인해 제기되는 가장 어려운 질문들—재건주의자들이나 유대인에게만 국한되는 질문들이 아닌 어려운 질문들—에 응답해야만 하는 위치해 서 있다고 생각한다. 이 질문들은 종교 공동체의 번영에 관심이 있는 많은 사람에게 이미 영향을 미치거나 앞으로 곧 큰 영향을 미칠 문제들이다. 지난 10년 동안 루스 재단의 비전 덕분에 우리는 RRC에서 성직자 양성을 위한 이러한 변화가 의미하는 바를 고려하여 용감한 시도들을 할 수 있었다. 이 글에서는 유대인과 미국 현장의 발전을 배경으로 RRC의 기관적 역사를 검토할 것이다.

　이 글의 초점은 종교적 다름과 관련된 두 가지 질문에 대한 대응으로 만들어진 두 개의 대표적인 프로젝트의 출현과 진화에 관한 것이 될 것이다. 첫 번째 프로젝트는 다름의 부정적인 잠재력, 즉 종교적 차이가 공포와 증오를 유발하는 방식으로 악용되는 것에 대항하는 방식과 관련되어 있다. 오늘날 이 우려는 특히 증가하고 있는 무슬림 미국인들에 대한 혐오에서 가장 현저하게 나타난다. 우리의 무슬림-유대인 교류 프로그램은 이 두 공동체 간의 문제가 더욱 어려워짐에도 불구하고, 어떻게 학생들이 그들의 공동체가 무슬림 미국인들을 섬세하게 이해하고 연대감을 갖도록 자원할 수 있는지 묻는다.

　두 번째 프로젝트인 '인격 양성: 공동체를 넘어선 대화'(C-4)는 다름에 관한 다른 종류의 질문들에 대한 대응으로 이루어진다. 우리 공동체의 경계가 더욱 유동적으로 변화함에 따라, 사람들은 특정 종교와의 연대를 통해 자기 자신을 정의하기보다 종종 더 복잡하고 다양한 정체성의 원천을 통해 스스로를 정의한다. 이러한 상황에서 종교 간 만남의 본질은 어떻게 변할 것인가? 특정 종교 전통에 속한 사람들은 어떻게 계속해서 그 전통에 뿌리를 내리고 양분을 얻게 될 것인가? 이러한 전통들은 어떻게 계속해서 번영할 것인가? 종교 간 문해력에 대한 새로운 진입점은 개인들의 영성 형성에도 기여할 수 있는가? 우리는 서로 다른 종교 전통에서 온 사람들이 스스로를 더 넓게 오픈하는 동시에 자신의 전통에 더 깊이 뿌리내릴 수 있는 체계를 개발하려고 노력하고 있다.

이러한 두 프로젝트를 위해서 우리는 학생들을 위한 강좌와 다양한 지도자들과 신진 지도자들을 위한 수련회를 만들었다. RRC는 점점 더 증가하는 도전에 맞서기 위해 우리의 기관적 유산을 활용하였다. 이러한 노력들을 돌아보며, 우리는 아직도 답보다는 질문이 더 많다는 것을 솔직히 인정한다. 우리는 다른 사람들에게 지속적으로 배울 기회를 환영한다.

2. 배경

20세기 초반에는 존 듀이(John Dewey)와 윌리엄 제임스(William James)의 영향을 받아 모르디카이 카플란(Mordecai Kaplan)이 유대교의 재건주의 접근법을 만들었다. 이는 미국 땅에서 창립된 첫 번째 유대교 분파였다. 카플란은 유대교를 유대인들의 다양한 목소리이자 진화하는 종교적 문명으로 이해했다. 유대인들은 하나님에게 선택된 민족이라기보다는 다른 사람들과 함께 그들의 신성한 이야기들과 의식 및 전통을 통해 의미를 찾는 사람들이다. 유대교는 시대에 따라 변하지 않는 진리의 집합이 아니라, 윤리적이고 성스러운 삶을 살아가기 위한 실수를 배제하지 않는 유대인들의 인간적인 노력이다. 제2차 세계대전 이후, 유대인들은 다른 종교와 협력하는 것을 미국의 시민 종교에서 우리의 자리를 확보하기 위한 방법으로 여겼다.[1] 1960년대에는 일부 유대인들과 기독교인들

---

1   예를 들어, Will Herberg, *Protestant, Catholic, Jew: An Essay in American Religious Sociology* (Chicago: University of Chicago Press, 1983).

이 시민권 운동과 반전쟁 운동에서 공통의 목표를 찾았다. 이는 헤셀(A. J. Heschel)이 셀마(Selma)에서 마틴 루터 킹(Martin Luther King Jr.)과 함께 행진하는 상징적인 사진에서 나타난다.

1968년에 설립된 RRC는 문명적 접근을 통해 유대교를 가르쳤다. 유대인들은 항상 우리가 함께 살았던 사람들과 상호작용하며 배웠다. 따라서 우리의 교육은 항상 다른 사람들과의 상호작용의 역사, 현대 사회 과학 그리고 미국 민주주의의 가치들에서 배움을 포함하고 있다. 카플란의 '민족성'(peoplehood)이라는 구절은 그가 이를 만들어낸 1940년대의 유대인들에게 강력한 의미를 담고 있다. 1970년대에는 유대인과 비유대인 간의 혼인율이 20% 미만이었고, 많은 미국 유대인이 이민 온 지 2~3대 정도 흘렀을 뿐이었다. 나치 홀로코스트의 기억이 여전히 선명한 상황에서 미국 유대인들은 전 세계 유대인들을 지원하기 위해 사실상 단결했다.

RRC의 초기 졸업생 중 한 명으로 나는 홀로코스트에 비추어 그들의 신학과 예배, 종교 교육을 재구성하는 기독교인들의 활동에 영감을 받았다. 그들은 종교가 강력한 치유력을 가질 수 있지만 동시에 위험한 독성을 가질 수도 있다고 믿었다. 그들은 우리의 영적 전통을 유지하는 사람들에게는 우리의 공동체에서 증오를 선동하는 자와 대립하고 피해를 입은 이들과 동맹을 맺어야 할 독특한 책임이 있다고 생각했다.

나는 템플 대학에서 기독교와 기독교인들이 유대인과 유대교에 대해 '올바른 이해'를 할 수 있도록 돕는 일에 초점을 맞춘 기독교 학자들과 함께 종교학 박사 학위를 받았다. 이 임무는 재건주의 운동의 '민족성' 중심 및 실용적인 성향과 잘 조화되었다. 즉 신학은 정의에 관련된 현실 세계 문제에 대한 논의에서 의미가 있다는 것이다.

3. 1980년대와 1990년대

1982년에 RRC가 필라델피아의 도심에서 교외 캠퍼스로 이전했을 때, 이 기관은 더 넓은 세계에 대한 약속을 이어나가려고 노력했다. 그 후에 학장은 나에게 종교학부를 설립할 것을 제안했다. RRC는 안수를 받기 위한 선행 조건으로 다른 종교 전공과목을 필수로 하는 최초의 (그리고 수년 동안 유일한) 랍비 학교가 되었다. 학교의 요구 사항은 기독교, 이슬람교, 유대교인-기독교인의 대화, 동양 종교 그리고 종교와 과학 등 선택 과목들 중에서 두 과목을 이수해야 한다는 것이었다. 나는 일정 시간만 가르쳤고, 대부분의 수업은 비전임 교수들(adjuncts)이 가르쳤다.

할 타우직(Hal Taussig)이 15년 이상 가르친 '기독교 소개' 강좌는 모든 학생에게 필수였다. 타우직은 일부 학생들이 처음에는 자신들의 유대인적 경계를 풀고 교육 자료에 마음을 열 때까지 반 학기가 걸렸다고 보고했다. 이러한 학생들은 명확한 유대인 자아의 경계를 지니고 있었다. 그러나 '타자'와의 대화는 처음에 이상하고 혼란스러울 수 있었지만, 가치 있는 기술이 되었다. 이 강좌는 유대인 학생들을 비유대인, 주로 기독교적인 세계에서 일할 수 있도록 준비시켜주었다.

1990년대가 끝나고 오슬로 협정의 약속이 사라지자, 수십 년 동안 유대인 정체성의 쌍둥이 기둥으로 작용해온 홀로코스트와 이스라엘 국가가 다음 세대에게 점점 덜 중요해지기 시작했다. 나는 나의 연구와 교육에서 기독교적 반유대주의가 이 시기에 주목해야 할 가장 심각한 문제인지에 대해 의문을 품었다. 우리는 미국의 무슬림들에 대한 관심이 거의 없었다. 이 기간 동안 우리는 템플 대학 종교학부의 학자들을 정기적으로 초청하여 이슬람교의 역사와 신념에 대한 학문적인 강좌를 제공했다.

우리는 잘하고 있다고 생각했다.

4. 2001~2012년

2001년 9월 11일 이후 얼마 지나지 않아 우리의 이슬람 교육 프로그램이 큰 개편이 필요하다는 것을 깨닫게 되었다. 종교 간 세계가 무슬림을 '발견'했고, 나는 이맘들(imams) 및 무슬림 대중 지식인들과 함께 패널에 참여하도록 초대받았다. 나는 내 자신의 대학원 교육이 실로 너무나 불충분했다는 것을 바로 깨닫게 되었다. 나는 내가 마주치는 무슬림에 대해 거의 아무것도 몰랐다. 그들은 누구인가? 이 나라에서 그들의 역사는 무엇인가? 그들의 고민과 희망은 무엇인가? 나는 랍비들을 교육할 때에, 그들이 미국의 무슬림들과 연대하며 책임 있게 협력할 수 있도록 훈련할 방법을 찾는 데에 전념하기로 했다.

종교적 가치에 대한 나의 헌신은 유대인들이 미국의 무슬림들과 관련하며 '올바르게 이해하게' 돕는 데 집중했다. 나는 이 일을 통해 학생들을 이슬람 혐오에 대항하는 지지자들(allies)로 훈련하려고 했고, 이를 나의 기독교 멘토들에 대한 경의의 표시로 여겼다. 이것은 또한 나의 재건주의적이고 진보적인 유대인의 관심인 포괄적인 미국의 종교 지형에 기여하기 위한 노력과 조화를 이루고 있었다. 그때는 이 작업이 유대인 세계 전반에서 계속해서 얼마나 도전적인지 과제가 될지 잘 알지 못했다.

9.11 이후 곧바로, 우리는 '이슬람 개요' 강좌의 현대적인 버전을 가르치기 위해 펜실베이니아 대학의 파키스탄계 미국인 박사 과정 학생을 초청했다. 우리는 예배를 참관하기 위해 모스크를 방문해야 한다는 요

구 사항을 추가했다(이 병행 과제는 수십 년 동안 기독교 강좌의 표준이었다). 학생들은 그들의 무슬림 교사를 알게 되어 기뻐했다. 학생들은 강의하는 이가 자신과 같이 신앙과 실천의 경험을 나눌 수 있는 대학원생이라는 점을 좋아했다. 그러나 여전히 우리의 기본 이슬람 교육 강좌는 많은 점에서 부족했다. 학생들은 모스크와 연결점을 찾기 어려워했는데, 특히 여성 학생들에게 이슬람 예배에 참여하는 것은 혼란스럽고 불편한 경험이었다. 일부 학생들에게 이러한 경험은 이슬람을 더 멀게 느끼게 만들었다.

학생들을 미국 무슬림들의 세계로 안내하기 위해서는 더 나은 방법을 찾아야 했고, 최고의 안내자는 무슬림 동료 학생들이 될 것이라고 생각했다. 우리는 펜실베이니아 대학 중동센터(Middle East Center)와 협력을 시작했다. 센터는 무슬림 대학원생을 모집하고 그들에게 지역 공동체에 기반한 교육 기회에 참여하도록 지원금을 제공하기로 동의했다. 강좌가 발전함에 따라 유대인 학생들과 무슬림 학생들이 일대일로 만나 서로에게 세 번의 추가 세션을 하도록 했다. 그들은 꾸란과 토라 연구를 같이 하고 모스크에서 예배를 드렸으며, 유대인의 장소에서 이슬람과 무슬림에 관한 가르침 세션을 고안하고 실행했다.

대부분의 학생은 호기심이 많았고 열정적이었으며, 열린 마음을 지녔다. 몇몇 학생이 대학 친구들 중에 무슬림이 있는 정도이지, 거의 대부분은 모스크 안에 들어간 적이 없었다. 무슬림 동료와 함께 하면 이 경험은 혼자 갔을 때보다 훨씬 긍정적이었다. 학생들과 그들의 무슬림 동료들은 히브리 학교와 유대인 양로원, 회당의 안식일 '점심과 학습'(lunch-and-learns)을 위한 성공적인 프로그램을 만들었다. 청중들은 무슬림(펜실베이니아 대학 대학원생!)과 만나 이슬람에 대해 "항상 알고 싶었던 모든 것"을 물어볼 수 있는 기회에 감사했다. 무슬림 학생들은 도움을 줄 의향이 있었다. "이웃의 신앙을 알아가세요"는 전망 있고 적절한 메시지였다.

동부의 어떤 신학교에서도 그 시기에 이슬람 교육을 제공하지 않았기 때문에, RRC는 무슬림과 유대인 신진 지도자들과 함께 수련회를 조직하기 시작했다. 대부분의 프로그램은 '아브라함적'이거나 다종교적 대화를 주로 하지만, 우리는 그것이 긍정적이든 부정적이든 유대인과 무슬림 간의 역사와 감정의 강도를 생각할 때 특별한 대화가 필요하다고 믿었다. 우리는 학생들에게 "이런 경험 없이 어떻게 무슬림/유대인 지도자가 되려고 생각했을까요?"라는 말을 여러 차례 들었다.

무슬림과 유대인 신진 지도자들 64명이 우리의 4일간의 회의와 후속 프로그램 중 하나에 참여했다. 참가자 8명이 '동문 강연자'로 돌아와 나중의 회의를 계획하고 진행하는 데 크게 기여했고, 이 과정과 그들 자신의 지도자로서 기술을 크게 향상시켰다. 이 집단(cohort)은 유대인(교파 스펙트럼을 가로지르는 랍비 학생들)과 무슬림(다양한 배경의 대학원생들, 채플린들chaplains, 언론인들 그리고 활동가들) 사이에 균등하게 나뉘어 있다. 수련회 동문들은 우리 프로그램에서 기술과 지식뿐 아니라 가장 중요한 그들이 맺는 관계를 발전시키고 있다. 그들은 전화와 소셜 미디어를 통해 계속해서 네트워크를 형성하고 있고 몇몇의 경우에는 지속적인 전문적 협력을 구축했다.

이 10년 동안 우리는 유대인 인구 통계의 변화와 정체성에 대한 새로운 이해를 조사하기 시작했다. 사울 매기드(Shaul Magid)와 다른 학자들이 미국 종교 생활에서 후기 민족적(post-ethnic)인 추세에 주목하기 시작하자,[2] 스티븐 M. 코헨(Steven M. Cohen)과 잭 워세이머(Jack Wertheimer)는 강경 대응을 내놓았다: "〔매기드〕가 다문화주의, 자체 구성 혹은 자발적 민족성으로의 전환에 박수를 보내는 반면, 우리는 후기-민족성을 경계하여 미국 유대인들에게 항복하기보다는〔유대인으로서의 정체성을—역자 추가〕'주장하라'(contend)고 촉구한다."3 코헨과 워세이머가 제안하는 대로 '주장하는' 대신, 우리는 가슴 졸임에서 호기심과 적극적인 참여로 나아갔다. 많은 진보적인 종파들에는 이제 회당에 비유대인들이 참석하고 있다. 재건주의 운동은 이들 동료 여행자들을 우리 공동체의 구성원으로 인식하는 데 선두적인 역할을 해왔다.

우리 학생들이 유대인으로서 명확히 정의된 자신의 경계를 유지했을 때 '타자'와의 대화는 물론 어려웠지만, 그것은 다양성이 풍부한 세계에서 일할 수 있도록 그들을 준비시켰다. 많은 학생이 이제 그들이 사는 지역의 공동체와 가족, 가정에서 매일 그러한 다양성 안에서 살고 있다.

'타자'가 그다지 '타자'가 아님을 깨닫는 것은 특히 혼합된 종교적 정체성을 지닌 유대인 청소년과 함께 작업할 때 중요하다. 2013년의 퓨리서치 센터 조사는 우리가 이미 아는 바와 같이 서로 다른 종교를 가진 이들의 혼인율이 50% 이상(비정통 유대인의 경우 70% 이상) 상승했다는 것을 확인했다.4 우리가 처음 우리의 교육 과정에 다종교 학습을 포함하는

---

2   David A. Hollinger, *Postethnic America: Beyond Multiculturalism* (New York: Basic Books, 1995); Shaul Magid, *American Post-Judaism: Identity and Renewal in a Postethnic Society* (Bloomington, IN: Indiana University Press, 2013) 참조.

3   Steven M. Cohen and Jack Wertheimer, "What is So Great about Post-Ethnic Judaism?" *Sh'ma: A Journal of Jewish Ideas*, 2011년 3월 1일, 2019년 10월 17일 접속, http://shma.com/2011/03/what-is-so-great-about-post-ethnic-judaism/.

4   Pew Research Center의 보고서 "A Portrait of Jewish Americans" 참조, 2019년 10월 17일 접속, http://www.pewforum.org/2013/10/01/jewish-american-beliefs-attitudes-culture-survey/.

것이 주는 도전들에 대해 생각했을 때, 우리는 여전히 부족한 자원을 얻기 위해 경쟁해야만 한다고 생각했고, 이를 연구비 제안서에 그대로 고백했다. "우리의 큰 비전에 이끌려온 많은 학생이 있지만, 안타깝게도 유대인 생활의 언어와 리듬에 대한 깊은 몰입이 여전히 부족합니다. 우리는 교과 과정에서 우리의 확고한 다종교 교육과 함께 이러한 격차를 해소하기 위한 시간을 찾기 위해 끊임없이 노력하고 있습니다."

RRC 학생 공동체가 더 다양해짐에 따라, 우리 학생들의 유대인 전통에 대한 근본적이 이해(grounding)가 점점 더 풍부해질 필요가 있었다. 많은 교수진은 우리 학생들을 유대교에 더 몰입시켜, 그들이 (비록 현대화되었다고 해도) 종교 전통의 살아 있는 모범인 '토라의 그릇'이 될 수 있도록 랍비 교육을 원했다. 그러면 그들이 속한 공동체가 더욱 유대인의 삶을 강하게 받아들이도록 이끌 수 있을 것이다. 사실, 다종교 교육과 사회정의 교육을 옹오한 우리는 이러한 의견에 반대하지 않았다!

학생들은 우리가 제시한 다양한 목표 사이에 갈등이 있을 수 있다는 것을 스스로 인식했다. 우리는 '다원주의를 위한 지도력 기술'(Leadership Skills for Pluralism)이라는 수업에서 다종교 사회 정의 협력에 큰 강조점을 두기 원하는 학생들의 요구에 부응했다. 한 학생은 다음과 같이 썼다: "지금 저는 제가 미래에 섬길 회당 사람들에게 이러한 활동에 참여하도록 얼마나 독려해야 하는지 그리고 유대인 특유의 방식으로 기도하고 공부하고 살아가는 방법을 그들에게 얼마나 가르쳐야 하는지 궁금합니다."

5. 2013년~현재

최근 몇 년간 RRC에서는 무슬림-유대인 간의 교류에 대한 접근 방식을 재고하고 동시에 종교 간 학습의 새로운 진입점으로 '인격 양성'(Culti-vating Character) 프로젝트를 개발해왔다.

2012년과 2014년 여름에 벌어진 가자 침공은 이 나라에서 유대인과 무슬림 간의 긴장을 증폭시켰다. 2016년 대통령 선거를 앞두고 ISIS (Islamic State of Iraq and Sham: 이라크 레반트 이슬람 국가─역자주)의 급부상, 유럽에서의 여러 테러 공격 그리고 공화당 정치 후보들이 풀어놓은 갈등을 일으키는 언사로 인해 미국 내 무슬림들의 상황이 훨씬 더 취약해졌다. 동시에 학교에서 '보이콧, 투자 회수, 제재'(Boycott, Divestment, San-ctions, BDS) 운동의 급속한 성장은 RRC의 학생들 중에서 새로운 동향을 보여주었다. 우리는 비시온주의자와 반시온주의자를 포함한 이전보다 더 다양한 의견들을 보기 시작했다. 이스라엘/팔레스타인 문제는 유대인 공동체 내에서나 무슬림과 유대인 간에서도 점점 더 분열을 초래하고 있다.

2015년에 나는 미국의 무슬림 과정이 우리가 살고 있는 새롭고 점점 더 도전적인 시대에 더 이상 적합하지 않다고 확신하게 되었다. 학생들은 무슬림 프로그램을 주최할 유대인 장소를 찾는 데 더욱더 어려움을 겪고 있었다. 한 학생은 힐렐(Hillel)에서 일하는데 그의 상사가 무슬림 초청 연사를 후원할 의사가 없어서 자신의 과제를 이행할 수 없었다. 이는 정확히 네 해 전에 우리 학생 중 한 명이 그의 무슬림 동료와 성공적인 프로그램을 이끌었던 동일한 학교에서 발생한 일이었다. 다른 장소들은 무슬림 학생이 미국이슬람협회(Council for American Islamic Relations,

CAIR)와 관련이 있다고 그를 초청하기를 거부했으며, 많은 유대인 기관이 CAIR를 '금지'로 선언했다.

기독교인과 기독교에 대한 허용이 증가하는 듯이 보이는 것과는 극명한 대조를 이루며, 우리는 무슬림들에 대한 경계심과 때로는 두려움(비교적 적게 나타나는 경우일지라도)이 증가하는 것에 주목했다. 이 나라에서의 현재 이슬람 혐오 분위기는 진보적인 공동체에까지 영향을 미치고 있고, 우리는 어떻게 이슬람 혐오와 이스라엘/팔레스타인 문제가 유대인과 무슬림에 대한 사회적 인식에 연결되어 있는지 주목하게 되었다.

RRC는 또한 무슬림 대학원생을 모집하는 데 더 어려움을 겪고 있다. 이것은 일부분 '대사 피로증'(ambassador fatigue)에 기인할 수 있다. 많은 신생 무슬림 지도자는 자신의 공동체를 대표하여 이야기하기를 기대받고 있으며, 이러한 높아진 수요와 새로운 사회적 의무는 그들의 학문과 전문 작업에 방해가 될 수 있다. 또한 이 현상은 유대인 공동체 교육에서 자원 봉사를 하려는 의지가 줄어든 것을 설명해준다. 한 무슬림 동료는 다음과 같이 말함으로써 내가 이 문제를 더 깊게 이해하도록 도와주었다: "많은 비무슬림 공간이 안전하지 않다고 느낍니다. 우리는 전 세계적인 무슬림 테러에 대해 사과하라는 요청을 받고 있습니다. 이는 우리의 인간으로서의 존엄성을 위협합니다."

무슬림 동료들과 상의하면서 우리 사회의 문제에 더욱 정의롭게 대응하기 위해서는 우리의 프로그램을 더욱 정제해야 할 필요성을 깨닫는다. 초기 설계는 무슬림과의 관계를 구축하고 그 관계를 유대인 장소에서 모델링하는 것으로 충분하다고 가정했고 여러 면에서 그것은 그 시기에 적절했다. 9.11 이후 몇 년 동안 우리는 이슬람 및 무슬림에 대한 자신의 무지에 기꺼이 맞서려는 미국 유대인들의 열린 마음의 호기심을 최대한 활용했다.

오늘날 정치인과 평론가들이 우리 사회 및 유대인 공동체에서 이슬람 혐오 수준을 높이는 가운데, RRC의 랍비 학생들은 더욱 철저하고 정교한 준비가 필요하다. 문제는 이제 더 이상 이슬람 및 무슬림에 대한 지식 부족이나 개인적 경험의 부족뿐만이 아니다. 학생들은 그들이 듣게 될 문제들뿐만 아니라, 말하자면 그들 자신의 생각 속에 있는 문제들에 반응할 수 있는 개념적 체계를 개발해야 한다. 그들은 'ISIS의 이슬람 기원'이라는 비판에 대해 '이슬람은 평화의 종교'라고 단순하게 대답하는 것을 넘어서서 대응해야 할 필요가 있다. 그들은 전 세계 이슬람과 미국의 무슬림이 직면한 문제의 복잡성에 더 심층적으로 접근해야 한다. 현재 일어나고 있는 것을 정말로 이해하려면 꾸란보다 지난 200년 동안의 역사가 가장 도움이 될 것이다. 우리는 학생들에게 공동체 간 충돌의 핵심 지점을 어떻게 인식하는지 가르쳐야 하고, 무슬림 강연에 참석하는 것 이상의 만남에 대비하는 법을 가르쳐야 한다.

우리의 무슬림-유대인 지도자 수련회에서 이스라엘/팔레스타인 문제는 점점 더 복잡해졌다. 우리는 '방 안의 코끼리'를 다루는 데에 다양한 방식으로 대처했다. 금지된 주제를 선언하거나, 매우 구조화된 대화를 조직하거나, 주제 주변을 도는 등의 방식이다. 이 주제를 성공적으로 다루지 못한 것은 우리가 다른 주제들을 진전시키는 데 방해가 되었다. 유대인과 무슬림은 여러 면에서 자연스러운 동맹자이지만, 우리는 또한 우리의 공동체 안에서 이슬람 혐오나 반유대주의에 대항하는 데에 이스라엘/팔레스타인 문제가 핵심에 있다는 것을 발견했다.

이 문제가 종종 유대인과 무슬림 사이를 분열시키는 것은 사실이지만, 우리 두 공동체 모두가 단일한 견해를 가지고 있지 않다는 것도 사실이다. 공식적인 공동체 의제들은 치열하게 논의되고 있고 많은 신흥 지도자들이 이 논쟁에 참여하고 있다. RRC에서 우리는 시온주의에 대한 다양한 견해를 관리하기 위해 노력해왔고 여기에는 모든 유대교 학교 중 가장 큰 좌파 그룹이 포함되어 있었다. 우리는 무슬림 공동체 내에서도 깊은 균열이 존재한다는 것을 알고 있었다.

우리는 각자의 공동체 안에서 또한 공동체들 사이에서 양극화되어 있기 때문에 지금이 두 발로 뛰어들기에 적절한 때라고 믿었다. 2016년 8월에 개최된 다섯 번째 수련회에서는 이전 수련회에서 온 16명의 동문을 선택하고 우리가 구축한 신뢰를 기반으로 이 중요한 대화를 다음 수준으로 이끌기 위한 과정을 주의 깊게 설계했다. 지난 네 차례의 수련회와 달리 이 행사는 특정 주제, 즉 이스라엘/팔레스타인 갈등이 어떻게 우리의 유대인 공동체와 무슬림 공동체를 갈라놓는지에 중점을 둔 행사였다. 우리는 이 문제가 우리 지역 사회와 더 큰 미국(기독교 및 세속) 세계와의 관계에 어떤 영향을 미치고 이슬람 혐오와 반유대주의에 어떤 영향을 미치는지 탐구하고 싶었다. 우리는 서로의 관계를 활용하여 양극화를 줄이고 상호 이해를 더 증진시킬 방법과 우리 자신의 공동체에서 지도자들을 더 잘 교육할 수 있는 방법을 배우고 싶었다. 그 수련회에서 했던 경험은 우리가 지난해에 얻은 통찰력을 확인하고 더욱 깊게 하는 데 도움을 주었다. 즉 종교 간 만남은 우리를 분열시키는 문제에 집중하기보다 우리를 지탱하는 영적이고 윤리적인 실천에 더 집중할 때 가장 잘 이뤄진다는 것이다.

2014년에 있었던 네 번째 수련회에서 우리는 앞으로 나아가기 위한 중요한 가치를 배웠다. 이 이벤트는 몇몇 지난 수련회에서 참가한 무슬림 참가자들의 요청에 따라 '여성 전용'이었다. 협상해야 할 것이 하나

더 적어졌다는 측면에서 우리는 동성 그룹에서 자주 발생하는 빠른 융합이 일어나기를 기대했다. 현실은 우리의 기대와는 매우 달랐다. 아마도 더 친밀하고 취약한(vulnerable) 여성 공간이기 때문에 과거보다 우리의 차이점이—특히 이스라엘과 팔레스타인 문제 그리고 계급과 인종 문제도—더 강하게 드러났다. 우리는 보편적인 방식의 연결, 즉 원전 연구와 구조화된 대화 등을 시도했지만 표면 아래에서 긴장이 끊임없이 휘몰아치며 때로는 표면 위로도 솟아오르곤 했다. 어느 날 아침, 한 명의 무슬림 참가자가 자신의 영적인 실천인 '디크르'(dhikr: 수피식의 성가)를 공유하겠다고 제안하고 다른 이들에게 괜찮다면 참여하라고 초대했다.

한 참가자는 "유대인으로 수피 무슬림의 수행을 '허락받고' 환영받은 것은 놀라운 일이었다"라고 언급했다. 그녀는 많은 종교 간 작업이 대화로 이루어지지만, 신앙이라는 것은 누군가 이야기하는 것보다 훨씬 더 많은 것을 포함하고 있다는 것을 깨달았다. "수행을 공유하는 이 작은 경험은 우리가 이제 탐험하기 시작한 다른 하나의 종교 간 연결 모델이 될 수 있다는 가능성을 보게 했다. 영적 수행을 공유함으로써 어떤 연결점을 만들 수 있고 다른 종류의 신뢰를 확립할 수 있다. 이것을 통해 우리는 좀 더 어려운 종교 간 대화와 불일치를 다룰 수 있는 공간으로 돌아갈 수 있었다."

이러한 논의들은 RRC의 두 번째 프로젝트인 '인격 양성: 공동체를 넘어선 대화'(Cultivating Character: Conversations Across Communities, C-4)에 대한 토론으로 이어진다. 2013년에 우리 학부는 랍비 교육 과정을 철저히 재구상했다. 3년간의 탐구와 경쟁하는 요구 사이의 협상 끝에, 다종교 필수 과목은 이번에는 이슬람에 관한 것을 포함한 두 개의 과목으로 유지되었다. 이 필수 과목은 여전히 신학교 중에서 가장 견고한 요구 사항 중 하나이다. 동시에 우리 학생들이 완전히 유대인 환경에 스며들도록 하는 이스라엘에서의 의무적인 연구 기간도 변화하고 있다. 많은 학생이 이전보다 적은 시간을 보내고 있고 일부는 그들의 이스라엘 연구 기간에 주된 관심을 팔레스타인과의 연대 활동에 두고 있다.

위에서 논의한 문제에 대한 대응으로 RRC의 다종교 강좌의 목표도 다시 조정해왔다. 우리는 여전히 학생들이 다종교 지도자로서의 지식과 기술을 갖추고 특히 유대인 공동체에서 이슬람 혐오와 싸우는 다종교 지도자들이 되도록 하는 것을 목표로 한다. 동시에 우리는 학생들이 다른 신앙을 가진 사람들과의 만남을 자신의 유대교 신앙과 실천을 심화하는 동시에 자신의 영적·윤리적 형성을 위한 자원으로 활용하기를 바란다.

루스 재단(Luce Foundation)의 종교 간 학습과 만남을 위한 새로운 교수법과 모델을 탐색하도록 권장을 받은 우리는 '인격 양성: 공동체를 넘어선 대화'(C-4)를 제안했다. 이 프로그램은 네 해 전에 일련의 수련회로 시작되었고 현재는 RRC 교육 과정의 한 강의로 구성되어 있다. 이것은 빠르게 종교 간 대면을 위한 모델이 되어 세계적인 열정과 관심을 불러일으키고 있다. 우리의 '전문위원회'(brain trust)는 혁신적인 모델을 대학에서 일하는 전문인들을 훈련하는 데 적용하기 위해 노력했다.

C-4는 우리의 영적인 여정에서 탄생했다. 내가 무사르(Mussar: 유대교 전통의 인격 함양 방식)를 본격적으로 실천하기 시작했을 때 나의 유대교 교육은 정말 번창했다. 매주 랍비와 만나는 프로그램을 통해 이를 10년 이상 실천하면서 또한 나는 다른 종교 전통에서 이뤄지는 영적이고 윤리적 훈련에 대해 궁금해 하게 되었다. 최고의 종교 간 만남은 마음의 크기가 매우 넓고 깊은 이들과 만나는 것이다. 내 스승이었으며 유대교 재건 운동의 창시자인 랍비 잘만 샤흐터-샬로미(Zalman Schachter-Shalomi)

는 정통 유대인의 온전한 모범이었으며 동시에 가톨릭과 수피, 다른 종교 전통들에서 배운 분이었다.

C-4는 인격에 중점을 둔 종교 지도자들을 위한 프로그램이다. 유대인과 휴머니스트, 기독교인, 불교도 그리고 무슬림 간의 대화는 차이점을 넘어 다양한 신학적 전제와 어휘, 실천 방식을 갖추고 있다. 인격 양성에 대한 공통된 관심을 가지고 우리는 서로에게 열린 마음과 약점을 드러내는 것을 두려워하지 않는 방식으로 만나 공통성을 찾는다. 이러한 경험은 우리가 더 어려운 대화에 참여할 때 우리에게 양분을 제공한다. 이 과정에서 우리가 주장하고 싶은 것은 각 종교 전통이 고유성을 유지한다는 것이다. "목표는 서로를 풍성하게 하는 것—서로를 비옥하게 하고 영감을 주는 것—이며 공통 언어나 관행을 융합하는 '통합'(synthesis)을 달성하려는 것이 아니다." 이것은 종교 간 문해력(literacy)을 위한 새로운 진입점이다. 약 3년간의 노력 끝에 우리는 처음에 생각한 것보다 좀 더 복잡하고 희망찬 '어떤 중요한 일'을 이루는 데 다가가고 있다고 느낀다.

C-4 수련회 참가자들은 자신의 인격적 도전과 그들의 전통에서 찾은 실천 방법에 대해 이야기한다. 우리는 서로 가르치고 다양한 방법으로 다양한 실천을 경험한다. 가르치면서 참가자들은 스스로의 실천 가치에 대해 더 많이 배우게 되고 학습을 통해 다른 신앙을 경험하며, 자신의 영혼의 성장을 깊게 생각하게 된다. 사람들은 예상치 못한 방식으로 성장하고 연결점을 찾는다.

수련회가 시작되기 전에 참가자들은 자신의 인격적 도전에 대해 글을 쓰고 서로 공유한다. 이러한 연약함의 위치에서 시작하면 다종교 '대화'의 전문가들조차도 이 과정이 놀라운 정직함과 심도를 끌어내는 것을 금세 깨닫게 된다. 시간이 지남에 따라 각 참가자는 영적 실천(예: 무슬림 기도회에서 절하기, 불교식 걷기 명상, 유대교 성서 공부)에 대해 가르치며, 실천이 자신에게 어떻게 의미 있는지에 대해 자신의 이야기를 공유하고, 다른 사람들이 편안하게 느낀다면 실천에 참여하도록 초대한다. 숙고(reflection)가 이어진다. 유대인이 구체화된 무슬림 기도의 성격을 경험하는 것을 무엇을 의미하며, 불교도가 로마 가톨릭의 영적 실천에서 공동체가 어떤 역할을 하는지 경험하는 것은 무엇을 의미하는가? 종교적 열망을 공유하는 것과 서로에게 날카로울 수 있는 가장자리를 부드럽게 하는 것은 신학이나 정치를 넘어서 하나의 믿음으로 가는 길을 열어준다.

요즘 종교계에서는 이른바 '무교'(nones)라 불리는 인구의 증가에 대해 인식하기 시작했다.[5] 그들 '종교적이지 않지만 영적인' 사람들이 종교 간 논의의 자리에 참석하기를 요구하기 시작했다. 옛 스타일의 종교 간 대화 환경은 '휴머니스트', '세속주의자', '초영성주의자' 등으로 자신을 정의하는 사람들을 수용하는 데 어려움을 겪고 있다. 이러한 선택지가 존재하는 대학에는 세속 인문주의 자문가들이 많은 한편, '종교 자문위원회'는 이러한 선택지를 포함하는 데 어려움을 겪고 있다고 한다.

재건주의자로서 우리는 이 현상에 대해 이해하고 대응할 수 있는 좋은 위치에 있다. 왜냐하면 우리의 신학적 근원은 카플란(Kaplan)의 스승 중 한명인, 펠릭스 아들러(Felix Adler)의 세속 인문주의를 비롯한 여러 출처에 뿌리를 두고 있기 때문이다. 많은 재건주의자가 종교적 신념을 통해 자신을 정의하지 않는다. '인격 양성' 프로그램 개발시에 우리는 '공

---

5   Robert D. Putnam and David E. Campbell, *American Grace: How Religion Divides and Unites Us* (New York: Simon & Schuster, 2010).

동체'라는 용어를 사용하고 다양한 목소리들을 수용하도록 계획했다. 인격 양성의 틀 자체가 [영적이지만 종교적이지 않은—역자 추가] 이들을 초대하고, 더 많은 사람이 전통적인 종교 집단의 외부에서 자리를 찾아감에 따라 이들의 참여가 어떻게 대화를 풍부하게 할지 기대하고 있다.

우리가 RRC에서 학생들을 위해 C-4 과정을 제공했을 때, 우리는 학생들이 유대인으로서의 정체성을 명확히 다질 수 있도록 계획했다. 10일 동안 학생들은 지금 실천하고 있지 않는 유대교 관습을 하나 선택해 실천하게 된다. 식사 후 축복기도 드리기, 문지방을 지날 때 메주조(me-zuzot: 신명기의 몇 구절을 양피지에 적어 넣고 문설주 오른쪽에 부착하는 작은 상자—역자주)에 입맞춤하기, 혹은 미크베(mikveh: 정결 의식에 사용하는 물웅덩이나 목욕 시설—역자주)에 가기 등이 포함된다. 학생들은 특정한 성품을 함양하기 위해 이러한 관습을 실천하게 된다. 그런 다음에야 비로소 기독교와 이슬람의 관습을 배우게 된다.

상상해보라! 한 학기 동안 랍비 학생들은 렉시오 디비나(lectio divina), 이그나티우스의 '의식 성찰'(Examen), 기독교의 중보기도, 디크르(dhikr: 이슬람 기도법 중 하나—역자주), 하루 다섯 번의 의무 기도 그리고 수피의 영혼 저녁 결산에 참여한다. 학생들은 또한 유대인의 영적 실천을 다른 종교를 가진 모임에 어떻게 가르칠 것인지 수업 계획을 작성해야 한다. 이 계획서는 실천법의 기원과 의미를 설명해야 하고 스스로가 어떻게 실천하고 있는지 그리고 그 그룹이 실천법을 체험하는 데 어떻게 접근할 것인지를 포함해야 한다. 각 학생은 프로토콜을 준비하여 다른 종교 전통에 속한 사람과 인터뷰를 진행해 그들의 영적 실천과 인격 양성의 관계를 조사한다. 마지막 과제로 학생들은 자신들이 일하게 될 혹은 향후 일할 수 있는 특정 환경에서 C-4를 공유할 수 있는 종교 간 프로그램을 고안한다.

팔머(Palmer) 신학교의 프란체스카 누졸레스(Francesca Nuzzolese)와 함께하는 렉시오 디비나 세션에서 학생들은 짧은 신약성서 본문을 세 번씩 다르게 들었는데 매번 단어가 약간 다른 프롬프트로 입력되도록 하였으며, 모두 이성적이라기보다는 감정적 본문이었다. 그들은 익숙하지 않고 신학적으로 도발적이며, 일부에게는 부정적인 트리거가 되는 본문을 들었다. 그들은 본문과 논쟁하거나 역사적으로 또는 언어적으로 해체하지 말도록 지도를 받았다. 학생들은 실천을 실천으로 접근했으며, 이러한 성서 본문을 대하는 전통적인 기독교 방식을 통해 그들 스스로가 성스러운 본문을 공부하는 방식에 대해 생각해보고 스스로를 돌아보는 기회를 갖는 경험을 했다. 이런 경험을 한 뒤에 풍부한 대화가 이어졌다.

우리의 무슬림들과 기독교 교수들과의 마지막 세션에서 학생들은 이러한 종교적 가이드를 자료로 하여 스스로의 쟁점들을 생각하게 되었다. 많은 학생이 신학을 탐험하기를 원했다: 우리가 하는 일은 하나님에 대한 신앙에서 나오는가? 신앙이 실천을 더 강하게 하는가? 어떤 실천이 설득력 있게 보이지만 문제가 있어 보이는 신학에 뿌리를 두고 있을 때 갈등하게 되는가? 다른 종교 전통들에서 배운 것들을 어떻게 활용하는가? 다른 종교에서 배운 걸 활용하는 게 도를 넘는 것(transgressive)처럼 느껴지는가? '거룩한 것을 동경하는 것'(holy envy: 타 종교의 실천이나 전통을 긍정적인 의미에서 부러워하는 것—역자주)을 삶에 어떻게 잘 적용할 수 있는가?

우리는 이 방법론에 대해서 많은 질문을 갖고 있다. 우리의 수련회나 학생회의 지도자들이 참여하는 이들의 영적인 실천에 영향을 끼치고 있는 것을 보는가? 그들이 느끼는 것은 그들 스스로의 종교 전통에 뿌리를 두고 있는가 아니면 '타자'를 향한 이해와 공감에 뿌리를 두고 있는가?

우리는 구체적인 증거들을 갖고 있지만 더 알기를 원한다. 이러한 교육법이 보다 유동적인(fluid) 종교적 정체성을 지닌 이들이나 하나의 특정 종교 전통에 뿌리내리고 있지 않은 이들에게 어떤 영향을 미칠 것인가? 이것은 다양성을 넘어서는 대화의 시작점으로 괜찮은가? 대학교에 있는 다양한 범위의 종교 전문인들에게 이러한 교육법은 어떤 영향을 미칠 것인가?

우리는 '인격 양성' 작업이 이제 막 시작되었다고 여긴다. 우리는 유대인 공동체의 가장자리에 있지만, 우리의 쟁점들은 빠르게 다른 이들에게도 영향을 미치고 있다. 자유주의 개신교인에서 한국 불교도에 이르기까지 다양한 전통을 지닌 동료들과의 대화를 통해 이러한 우려가 유대인에게만 해당하는 것이 아니라는 걸 깨달았다. 무슬림-유대인 간의 교류에 대해서도 무슬림-유대인 관계의 가장자리에서 일하려는 RCC의 헌신은 계속된다. 이러한 작업은 우리와 함께 가장자리로 가기를 주저하지 않는 무슬림들과의 대화를 통해서만 가능하다는 것을 믿는다. 우리는 무슬림 동료들에게 더 많이 배울 수 있는 기회를 기대한다.

6. 나가며

잘 알려진 만화에서 어떤 사람이 물고기에게 "물은 어때?"(How's the water?)라고 묻는다. 물고기는 "물이 뭐야?"(What's water?)라고 대답한다. 종교 간 대화와 이해는 많은 사람이 헤엄치는 물이 되었다. 실제로 한때 우리 집단들을 명시적으로 구분했던 경계는 흐려지고 있다. 재건주의 운동에서 다종교는 급속하게 우리의 본거지가 되고 있다. 아이러니하게

도 유대인이라는 것을 '민족성'(peoplehood)으로 규정하는 것으로 알려진 재건주의자들은 이제 바로 이러한 생각에 의문을 제기하게 하는 패러다임 변화의 최전선에 서 있다.

오늘날 내 가족은 다종교 참여라는 위대한 실험의 일부라고 할 수 있다. 나의 두 형제자매와 두 딸은 비유대인과 결혼했다. 우리의 추수감사절 식탁에는 한국계 미국인, 신실한 로마 가톨릭 신자, '회복' 중인 가톨릭 신자 그리고 세속적인 아랍 무슬림이 함께 앉아 있다. 가족 만찬에서 정치적이고 종교적인 토론을 하려면 때로 내가 일생 동안 대화 작업을 향상시키려고 노력한 모든 기술이 필요할 때가 있다.

종교인으로서 나에게 중요한 것은 겸손과 연민으로 그런 도전에 어떻게 대처하고 어떻게 기여할 수 있는가 하는 것이다. 교육자이자 할머니로서 나에게 관건은 미래이다. 어떻게 하면 내 학생들이 유대 전통을 계속해서 그 실천에 참여하는 사람들에게 축복을 주는 방향으로 가르치도록 할 것인가? 그리고 유대교가 다른 신앙 공동체와 함께 우리 사회와 국가 그리고 우리의 행성을 치유하는 데 어떻게 기여하게 할 것인가?

5장

파도 속의 성찰
: 미국 여성운동에서 종교 간 연구가 배울 수 있는 것

레이첼 S. 미크바(Rachel S. Mikva)

요약문

이 장에서는 미국에서의 종교 간 연구와 참여의 발전을 여성운동의 '물결'과 비교하여 추적하고, 이러한 통찰을 바탕으로 시카고 신학대학원 및 그 너머의 종교 간 교육에 대해 성찰한다.

1. 들어가며[1]

대학들과 신학대학원들이 종교 간 연구(interreligious studies)를 위한 혁신적 프로그램을 구축하는 동안, 이론적 및 교육적 모델을 어디서 찾아야 할까? 우리는 19세기의 현대 종교사(Religionsgeschichte) 연구를 추적하고 이로부터 비교종교학 분야를 조사할 수 있으나, 이러한 학문적 초점들이 우리 작업에 가장 적합한 기반을 제공하지 않을 수도 있다. 폴 헤지스(Paul Hedges)는 이러한 접근법들이 일반적으로 종교 전통 사이의 유사성이나 접점에 대한 겉으로 보이는 "객관적인 역사적 또는 현상학적 설명"을 추구하는 반면, 종교관계학은 "종교 전통과 인간 사이의 동적인 만남"에 더 초점을 두고 있다고 지적한다.[2] 우리가 종교관계학의 특징들, 즉 차이의 경계를 넘어 이해를 추구하기로 한다는 헌신, 교차적이고 학문적인 복잡성, 맥락상의 시급성 및 도출되는 특정한 도전 과제들을 인식한다면,[3] 여성학(이제는 젠더학)과 같이 이러한 특성들을 공유하는 분야의 발전을 조사하는 것이 더 유익할 수도 있다.

이 연관관계의 잠재력을 탐색하기 위해, 1부에서는 여성운동의 '파도'(waves)의 개요를 논하고 종교 간 프로젝트의 종교학술적(Religionsgeschichte) 원류와 그 유일한 흐름의 방향을 살펴보며, 이에 새로운 관점을 줄 수 있는 병렬점을 찾는다. 이러한 넓은 그림은 현재 여성학 및 종교관계학의 복잡성을 반영하지 않고 경험적 틀로 제시된다.[4] 역사적

---

1   이 장은 Rachel S. Mikva, "Reflections in the Waves: What Interreligious Studies Can Learn from the Evolutions of Women's Movements in the United States"에서 각색한 것으로, *Journal of Ecumenical Studies* 53:4 (Fall 2018): 461-82와 2015년 미국종교학회 연례회의에서 발표된 "Religious Pluralism and Feminist/Womanist/Mujerista Theologies" 패널 발표에서 가져왔다.

2   Paul Hedges, "Interreligious Studies," Anne Runehov and Lluis Oviedo, eds,, *Encyclopedia of Sciences and Religions* (Dordrecht: Springer Netherlands, 2013), 1077.

3   이 표현은 다이애나 에크(Diana Eck)의 종교 다원주의 정의에서 가져왔다. The Pluralism Project, Harvard University, 2019년 1월 10일 접속, http://www.pluralism.org/what-is-pluralism/.

4   젠더 연구 내 많은 작품이 '웨이브' 틀을 사용하면서도 문제를 제기한다. 참조, Cathryn

인 관점을 채용하지만, 십 년 단위의 파도를 책정하지는 않는다. 하나의 파도가 끝나는 시점에 정확하게 다음 파도가 오는 것은 아니다. 우리가 파도를 바닷가에 도착하기 전에 질량과 운동량을 가진 바다 안에 존재하는 힘(forces)로 생각하고, 이는 모래사장에 선을 만든 다음에도 계속 움직이며, 한 번에 하나의 파도가 오는 것이 아니라는 것을 기억한다면, 순차적이지만 분리될 수는 없는 다음과 같은 파도를 강조해볼 수 있다: (1) 평등, (2) 차이, (3) 다양성, (4) 상호주체성(intersubjectivity).

이 렌즈는 종교 간 연구 및 참여의 학습 곡선을 선명하게 보여주고 그 성장 경계를 밝혀준다. 2부에서는 이론적 틀이 시카고 신학대학원의 교육 방법론에 어떻게 영향을 미치는지 논의하고 이를 기반으로 신흥 분야에 대한 더욱 광범위한 함의를 찾아낸다.

두 가지 주의사항이 있다. 첫째, 여성주의 파도에 대한 이 검토는 서양, 특히 미국 중심의 분석이다. 이는 젠더 정의에 대한 세계적 문제를 고려할 때 한정적인 시각이지만 이 글에서 논의하는 유사한 지리적/문화적 초점을 가지고 있는 종교관계학과 잘 어울린다. 둘째, 여성운동의 각 파도가 미치는 영향과 가장 필수적인 특징에 대하여 논쟁이 계속된다는 것이다. 이 글에서의 현재 연구는 가장 현저한 비교를 제공하는 요소들을 선택했다.

Bailey, "Making Waves and Drawing Lines: The Politics of Defining the Vicis-situdes of Feminism," *Hypatia* 12, no. 3 (June 1997): 17-28; Stacy Gillis, Gillian Howie, and Rebecca Munford, eds., *Third Wave Feminism: A Critical Explora-tion*, 2nd ed. (New York: Palgrave Macmillan, 2007).

2. 1부: 파도

1) 평등

현대 여성운동은 평등을 위한 싸움으로 시작되었다.[5] 19세기와 20세기 초기에 여성들은 투표권과 노동 보호를 위해 싸웠으며, 재산 소유권, 제한된 직업 진출, 배심원으로서의 자격, 남편과 이혼 그리고 아이들의 양육권을 요구했다. 또한 공공장소에서 말할 수 있는 권리, 교육과 지도자 업무 같은 남성 지배 영역에 진입할 권리를 요구했다.

그러나 이러한 평등을 위한 운동의 이론적 기반은 인간의 본성을 중성적인(androgynous) 것으로 여겨 여전히 남성을 기준으로 한 것이었다. 여성들은 남성들만큼 이성적일 수 있다고 주장하여 투표와 학교 출석을 요구했다. 노동 계급 여성들은 보편적인 (실제로는 남성적인) 프롤레타리아의 일부로서 자신들의 권리를 위해 싸웠다. 소저너 트루스(Sojourner Truth)의 유명한 연설 "나는 여자가 아닌가?"에서 그녀는 '여자'가 '백인 여자'를 의미하지 않는다고 주장하고 남성 보호가 필요한 연약한 꽃으로 여성들을 사회적으로 구성하는 것에 도전하면서, 그녀의 노동과 강인함을 남성과 비교하며 이야기를 전개했다.[6] 평등은 동일성(sameness)이

---

5   '첫 번째 물결'의 시작은 일반적으로 루크리셔 모트(Lucretia Mott), 엘리자베스 캔디 스탠튼(Elizabeth Cady Stanton) 등이 조직한 1848년 세니커폴스(Seneca Falls) 여성권리대회로 귀속되며, 그 동기는 폐지론 운동에서 비롯되었다. 대안적인 '첫 번째 물결'로는 메리 울스톤크래프트(Mary Wollstonecraft)의 1793년 저작, *A Vindication of the Rights of Women* (repr., New York: A. J. Matsell, 1833)이 있다.

6   1851년 애크런(Akron)에서 열린 오하이오 여성권리대회: Sojourner Truth, "Ain't I a Woman?" 2019년 1월 10일 접속, https://sourcebooks.fordham.edu/mod/sojtruth-woman.asp.

되었고, 이는 여성운동이 도전하려는 가부장적 특권을 유지하는 데 도움이 되었다.[7]

이는 같은 기간 동안 종교 간 참여의 발전과 많은 유사점이 있다. 기독교 특권은 사회의 여러 측면에 스며들었다: 일요일에 상업 활동을 제한하는 블루 로우(blue laws), 주 및 지방 공직을 위한 종교적 시험, 공립교육의 개신교적 톤, 미국이 기독교 국가임을 명시적으로 선언하기 위해 헌법을 개정할 것을 요구하는 반복적인 요구 등이 있었다.[8] 미 수정헌법(First Amendment)의 종교적 자유 보장에도 불구하고, 미국의 소수 종교 전통의 신봉자들은 종종 평등을 위한 투쟁을 벌였다.

시민권 운동 이전에는, 예를 들어보면 유대인들이 사교 클럽과 호텔에서 차단당했고 특정 지역에서 부동산을 구입하거나 사업에 대한 보험에 가입할 수 없었다. 그들은 그 시대의 출판물에서 정기적으로 비난받았고 사법 절차에서 증인으로 채택되는 데 의심을 받았다. 대학 입학에는 할당제도가 도입되었고, 1924년 이민법 개정 이후에는 출신 국가를 기준으로 한 제한이 가해졌다.[9] 이러한 차별에 대항하기 위해 상당한 집단적 힘이 투입되었다. 예를 들어, 1913년에 "유대인들의 명예 훼손을 방지하고 모든 이에게 정의와 공평한 대우를 확보하기 위해" 명예훼손

---

7   참조, Carole Pateman, *The Sexual Contract* (Cambridge, MA: Polity Press, 1988);
     그리고 Carol Gilligan, *In a Different Voice* (Cambridge, MA: Harvard University
     Press, 1982).

8   Naomi Cohen, *Jews in Christian America: The Pursuit of Religious Equality* (New
     York: Oxford University Press, 1992), 65-92. 참조, Warren Blumenfeld, Khyati
     Joshi, and Ellen Fairchild, eds., *Investigating Christian Privilege and Religious
     Oppression in the United States* (Rotterdam: Sense Publishers, 2008).

9   Leonard Dinnerstein, *Antisemitism in America* (New York: Oxford University
     Press, 1994).

방지연맹(Anti-Defamation League)이 설립되었다.[10] 1923년에는 연방교회협의회(Federal Council of Churches)가 범기독교적 의무의 연장으로서 유대인 및 가톨릭에 대한 편견을 줄이기 위한 위원회를 설립했다.

평등을 위한 싸움에서 중요한 전략은 미국의 주된 신앙인 주류 개신교들과의 유사성을 강조하는 것이었다. 예를 들어, 많은 개혁 유대교 사원은 기본 예배를 일요일로 옮기고 점점 개신교 방식의 예배를 본보기로 삼았다.[11] 1885년에 채택된 이 운동의 피츠버그 선언은 유대교의 '보편적인' 유일신론의 가르침을 강조하고 유대교의 특이점들은 최소화하였다. 이 과정에서 "현대 문명의 관점과 습관에 적합하지 않은" 모든 의식을 거부했다.[12]

현대 종교 간 운동의 탄생은 1893년 시카고에서 열린 콜롬비아 박람회와 동시에 개최된 세계종교의회로 거슬러 올라가기도 하는데, 이는 종교 다양성에 대한 태도를 형성하는 데 중요한 사건이었다.[13] 많은 미국인이 처음으로 동양 전통을 접한 이 회의에서는 "종교적 삶의 선행에서 많은 종교의 실질적인 일치"를 표현하려는 노력했다.[14] 그러나 공통

---

10   명예훼손방지연맹(ADL), 2019년 1월 10일 접속, http://www.adl.org/about-adl/.

11   이 과정은 독일에서 시작되었다. 참조, Michael Meyer, *Response to Modernity: A History of the Reform Movement in Judaism* (Detroit, IL: Wayne State University, 1995).

12   "Reform Judaism: The Pittsburgh Platform," Jewish Virtual Library, 2019년 1월 10일에 접속, http://www.jewishvirtuallibrary.org/jsource/Judaism/pittsburgh_program.html. 운동의 후속 플랫폼은 수많은 의식을 회복하고 유대인의 독특함을 점점 더 소중히 여겼다. 이것들은 차이를 위한 더 많은 공간을 만든 두 번째 물결로 이해될 수 있다.

13   Eric J. Ziolkowski, eds., *A Museum of Faiths: Histories and Legacies of the 1893 World's Parliament of Religions* (New York: Oxford University Press, 1993), 3.

14   Charles Carroll Bonney, *The World To-day: A Monthly Record of Human Pro-*

점에 대한 이 보편적인 비전은 자명하게 기독교 영역에 위치했다. 의회 의장인 존 헨리 배로스(John Henry Barrows)는 세계 종교의 공통된 원칙을 검토하고자 하는 열망에 진지했지만, 그의 보편적 개념은 본질적으로 기독교적 팽창이었다. 그는 회의에 대해 다음과 같이 말했다: "기독교 정신이 처음부터 끝까지 회의에 퍼져 있었다. 그리스도의 기도가 매일 사용되었다. 그의 이름은 항상 경건하게 불렸다. 그의 교리는 1백 명의 기독교인과 기독교인이 아닌 다른 입술로 설교되었다. 의회는 갈보리에서 끝났다."15

시카고 학파의 성장과 같이 의회의 여파로 뒤따른 학문적 경향은 "다른 종교에 대한 연구를 선교적 계류에서 벗어나 개별 학문적 전문 분야로 독립시키려고 시도했다."16 그러나 이 학파의 설립자라고 할 수 있는 요아킴 바흐(Joachim Wach)는 다른 종교를 측정할 수 있는 표준으로 기독교를 강화했다. 그는 "기독교가 궁극적 진리라는 세계 종교의 지형을 설명하고자" 했으며, "자신의 규범적 프로젝트가 이미 궁극적 종교 경험을 적절히 설명한다고 생각하는 기독교적 목표(telos)의 실현을 향해 나아가고 있다고 생각했다."17

---

gress*, Vol. 3 (Chicago: World Review Company, 1902), 1501.

15   John Henry Barrows, eds., *The World's Parliament of Religions* (Chicago: Parliament Publishing Co., 1893), 2:1578. 다른 불평등도 분명했다. 많은 아프리카계 미국인들은 박람회(와 의회)의 연사 목록에서 거의 전적으로 배제되고 미국 역사 형성에서 제외된 것을 비판했다: "Ida B. Wells: African Americans at the World's Columbian Exhibition," *Chicago Encyclopedia*, 2019년 1월 10일에 접속, http://www.encyclopedia.chicagohistory.org/pages/1495.html.

16   Conrad Cherry, *Hurrying Toward Zion* (Bloomington, IN: Indiana University Press, 1995), 77.

17   Charles S. Preston, "Wach, Radhakrishan, and Relativism," in Christian Wedemeyer and Wendy Doniger, eds,, *Hermeneutics, Politics and the History of Reli-*

당시의 학문이 기독교의 복음주의적 약속에 종속되지는 않았을지 모르지만 여전히 그 대의를 발전시켰다. 다른 종교는 기독교의 규범에 부합하는 범위 내에서 가치가 있는 것으로 여겨졌다. 이러한 관점에서 유일신교 전통은 비교적 잘 맞았지만 부족 종교(tribal religions)는 원시적인 것으로 간주되었고 동양의 전통은 이국적인 것으로 여겨졌다. 종교 신학은 기독교 신학을 의미했고, 학문 분야는 기독교 범주를 의미했다.[18]

사회 기반의 종교 간 노력은 이러한 역학 관계를 반영했다. 종교 간 기도는 백인 주류 개신교 예배를 모델로 삼았고, 대화는 "우리가 지닌 공통점을 보라!"는 식의 동일성을 강조했다. 1965년에 열린 제2차 바티칸 공의회는 다양한 종교인들과의 연대감(kinship)을 표명하는 패러다임을 깨는 선언문인 〈우리 시대〉(Nostra Aetate)를 발표하여 종교 간 참여를 기하급수적으로 확대했다. 이 선언 역시 전통 간 유사성에 기초했다:

"인류가 나날이 가까워지고 서로 다른 민족 간의 유대가 강해지고 있는 우리 시대에 교회는 비기독교 종교인들과의 관계를 더욱 면밀히 검토한다. 인간과 국가들 사이의 일치와 사랑을 증진하는 임무에서 교회는 이 선언에서 무엇보다도 인간에게 공통점이 무엇이며 무엇이 그들을 친교로 이끌고 있는지 고려한다."[19]

---

gions (New York: Oxford University Press, 2010), 94.

18 Tomoko Masuzawa, *The Invention of World Religions: Or, How European Universalism Was Preserved in the Language of Pluralism* (Chicago: University of Chicago Press, 2005)을 참조.

19 Pope Paul VI, *Nostra Aetate*, The Vatican, October 28, 1965, 2019년 1월 10일에 접속, www.vatican.va/archive/hist_councils/ii_vatican_council/documents/vat-ii_decl_19651028_nostra-aetate_en.html.

이것이 평등의 근거가 되었다. 이러한 노력은 결실을 맺었지만, 기독교의 특권을 유지하면서 그 규범성에 큰 도전을 받지 않았다.

진화하는 여성운동에서도 마찬가지로 평등을 위한 투쟁은 끝나지 않았다. 무신론자들은 미국에서 공직에 선출되는 데 어려움을 겪고 있다. 일부 종교인, 특히 무슬림들은 노골적인 차별의 표적이 되고 있다. 2010년부터 2017년까지 43개 주에서 반샤리아 법안(anti-Sharia legislation)을 도입했고 20개의 법안이 제정되었다. 트럼프 행정부는 외국인 무슬림들의 입국을 금지하려는 시도를 반복하고 있으며, 종교적 편견을 감추기 위해 '출신 국가'를 명시하여 헌법 소집을 통과시키려고 시도하고 있다. 아메리카 원주민들은 수정헌법 제1조의 자유 행사 주장을 부정하는 법정 소송의 오랜 역사를 견뎌왔고, 고대 매장지와 스탠딩 락(Standing Rock) 상수원 보호구역의 상수원을 위협하는 다코타 액세스 파이프라인 계획과 같이 신성한 땅이 침해당하는 것을 계속 목도하고 있다. 이는 고립된 개인의 행위가 아니라 광범위한 사회적 편견을 나타낸다.

명목상 평등이 당연한 것으로 받아들여지는 현재 종교 간 연구와 참여의 지속적인 구축에서 대표성과 목소리가 핵심 이슈로 부상하고 있고 이 때문에 항상 새로운 투쟁이 벌어지고 있다.[20] 세속적 인본주의와 기타 비종교적 삶의 방식은[21] 북미 종교 간 노력에서 충분히 당연한 것으

---

20 Rachel Mikva, "Six Issues that Complicate Interreligious Studies and Engagement," in Eboo Patel, Jennifer Peace, and Noah Silverman, eds., *Toward a Field of Interfaith Studies* (Boston: Beacon Press, 2018), 124-36 참조.

21 'Life stance'(또는 'life stance')는 궁극적인 관심사에 대한 비종교적 관점을 포함하기 위해 종교 및 종교 간 담론을 확장하기 위해 만들어졌다: Harry Stopes-Roe, "Humanism as a Life Stance," *New Humanist* 103, no. 2 (October 1988): 19-21 참조. 비록 이 용어는 북미보다 유럽에서 더 빨리 받아들여졌지만, 세속적 인본주의, 무신론 등을 포함하는 종교 간 연구의 최근 확장은 유사하게 포괄적인 언어를 요구

로 받아들여지지 않았기 때문에 이제야 다루어지기 시작했다. 이러한 편견은 캠퍼스 영성 생활 사무실의 자금 지원, 종교 간 대화 자리로 초대, 교과서 및 분석에 포함되는 데 영향을 미쳤다.[22] 편견은 이러한 삶의 방식(lifestances)을 적절하지 않은 표현인 '비종교적'(nonreligious)으로 표현하는 데 지속적으로 반영되고 있다. 새로운 종교 운동, 여러 전통과 동일시하는 개인, 영적이지만 종교적이지 않은 것으로 식별되는 사람들, 페이건(pegan: 과거에는 비기독교인을 의미하는 차별적 용어인 '이교도'의 의미로 사용되었으나 현대에는 자연중심적이며 범신론, 다신론적인 신앙을 지닌 이들이 스스로에게 사용하는 명칭—역자주) 또는 토착 문화는 종종 학술적 논의와 적용 맥락에서 여전히 보이지 않는다.[23]

2) 차이

페미니즘 이론의 그 다음 파도(wave)는 차이를 강조했다. 여성들은 남성성을 표준으로 삼는 것이 도움이 되지 않는다는 것을 인식하고 '여성'이라는 범주를 진지하게 받아들이기 시작했다. 이론가들은 또한 가부장제의 지속적인 힘으로 인해 여성의 역할이 역사적으로 저평가되고 여성의

한다.

22   하버드 대학교는 1974년에 인본주의적 목사를 두었는데 이는 최근까지도 매우 이례적인 일이었다.

23   Grove Harris, "Pagan Involvement in the Interfaith Movement: Exclusions, Dualities and Contributions," *Crosscurrents* 55, no. 1 (Spring 2005): 66-76; Karla Suomala, "Complex Religious Identity in the Context of Interfaith Dialogue," *Crosscurrents* 62, no. 3 (Fall 2012): 360-70; Michelle Voss Roberts, "Religious Belonging in the Multiple," *Journal of Feminist Studies in Religion* 26, no. 1 (Spring 2010): 43-62 참조.

자질이 바람직하지 않은 것으로 여겨지는 등 성적 차이가 사회적으로 어떻게 구성되고 상징적으로 문제가 되는지 살펴보았다.24 결국 이 파도는, 비록 두 분야 간 긴장이 존재하긴 했지만 종교 연구에도 영향을 미쳤다. 레티 코틴 포그레빈(Lettie Cottin Pogrebin)은 자신이 "유대교와 페미니즘이라는 두 가지 신성한 대의를 위해 이중으로 일하는 것처럼 느껴지곤 했는데, 어느 쪽도 상대방이 천국에 갈 자격이 있다고 믿지는 않았다"라고 말했다.25 그럼에도 (대부분의 여성) 신학자는 신에 대한 남성 이미지, 경전 주석과 종교 역사에서 여성이 지워지는 것, 가부장적 구조를 유지하는 데 사용되는 종교 권위의 영향에 점점 더 민감해졌다.26

그러나 그 과정에서 페미니스트의 노력은 '여성'을 단일한 존재, 즉 백인 중산층 기독교 여성으로 축약하는 경향이 있었다. 글로리아 헐(Gloria

---

24 시몬 드 보부아르(Simone de Beauvoir)의 『제2의 성』은 1949년 프랑스어로 처음 출판되었으며(Le duexième sexe〔Paris: Galliard〕, Constance Borde ane Sheila Malovany-Chevallier, trans.〔New York: Vintage Books, 2011〕), 종종 두 번째 물결의 초기 목소리로 식별된다. 이 시기는 일반적으로 1960년대에 시작하여 1980년대까지 미국에서 지속되었다. 당시의 고전 텍스트는 뤼스 이리가레이(Luce Irigaray)의 Speculum de l'autre femme라는 제목으로 1974년에 프랑스에서 처음 출판되었으며(Paris: Éditions de Minuit), Gillian C. Gill이 영어로 번역(Ithaca, NY: Cornell University Press, 1985)하였다.

25 Lettie Cottin Pogrebin, Deborah, Golda and Me: Being Female and Jewish in America (New York: Crown Publishing, 1991), xi.

26 Rosemary Ruether, Sexism and God-Talk: Toward a Feminist Theology (Boston: Beacon Press, 1983); Judith Plaskow, Standing Again at Sinai: Judaism from a Feminist Perspective (San Francisco: HarperSanFrancisco, 1990); Rita M. Gross, Buddhism After Patriarchy: A Feminist History, Analysis, and Reconstruction of Buddhism (Albany, NY: State University of New York Press, 1992); Amina Wadud, Qur'an and Woman: Rereading the Sacred Text from a Woman's Perspective (New York: Oxford University Press, 1999), 1989년에 완료된 박사 학위 논문을 기반으로 함.

Hull), 패트리샤 벨 스콧(Patricia Bell Scott), 바바라 스미스(Barbara Smith)
는 "여성은 모두 백인이고 흑인은 모두 남성이지만, 우리 중 일부는 용감
하다"라고 선언했는데, 이는 1982년 흑인 여성을 연구한 획기적인 저서
의 제목이기도 하다.[27] 아이다 웰스(Ida Wells)와 메리 처치 테렐(Mary
Church Terrell)이 20세기 초부터 성차별과 인종차별이 백인 남성 지배의
근원에 있다고 주장했음에도; 다양한 인종·계층·종교를 가진 여성들이
투명성의 고통(논의되지 않음으로써 보이지 않음—역자주)에 시달려왔음에도;
시민권 쟁취를 위한 투쟁은 흑인 여성에 대한 차별과 편견에 맞서 싸웠
음에도; 시민권을 위한 투쟁이 미국 내 흑인 신체의 다양한 경험을 강조
했음에도; 앨리스 워커(Alice Walker)가 쓴 "우머니스트(흑인 여성운동—역
자주)는 페미니스트에게 보라색이 라벤더인 것과 같다"라는 유명한 글이
옳았을지라도;[28] 우머니즘이 다양한 형태의 지배를 다루고 여성의 삶을
형성하는 다양한 관계를 위한 더 많은 공간을 만들기 때문에 더 풍부하
고 큰 프로젝트라고 제안하더라도; 나와 같은 백인 페미니스트들은 여
전히 백인 경험을 탈중심화하기 위해 고군분투하고 있다. 마찬가지로
기독교 페미니스트들도 자신의 종교적 관점을 탈피하기 위해 애쓰고 있
다.

　제2의 파도에 해당하는 페미니즘(지금까지 바다의 파도 이미지를 사용한 설
명으로 인해 wave를 파도로 번역하였으나 이후 보다 보편적인 번역어인 제2의 물결

27　Gloria Hull, Patricia Bell Scott, and Barbara Smith, *All the Women are White, All the Blacks are Men, But Some of Us Are Brave: Black Women's Studies* (New York: The Feminist Press at the City University of New York, 1982).

28　Alice Walker, *In Search of Our Mothers' Gardens* (San Diego, CA: Harcourt Brace Jovanovich, 1983), 서문.

페미니즘으로 번역함—역자주)은 여성이 단순히 변장한 남성이 아니라는 점을 인식했지만, 지속되는 불의를 핵심화하려는 경향은 여전했다. "여성에 대한 이러한 보편적 주장은 언제나 거짓이고, 특정한 경험, 즉 사회적·문화적으로 특권을 지닌 페미니스트 경험을 억지로 '정상적'인 경험으로 주장하는 작용을 한다."[29]

종교 간 학습의 발전에서도 비슷한 문제가 분명하게 드러난다. 종교 간 연구는 점점 더 차이를 인정하고 존엄하게 여기며, 가장 낮은 공통분모 방정식에서 연구와 만남을 해방시켰다. 각 전통의 고유성을 배우기 위해 대화가 재구성되었다.[30] 페미니즘 신학이 여성(또는 적어도 백인 여성)의 목소리와 경험을 긍정하려 했던 것처럼, 이러한 만남은 다양한 종교의 목소리와 경험을 긍정하려고 시도했다. 이러한 접근 방식은 아스마 발라스(Asma Barlas)가 "차이를 불평등의 증거로 보는 만연한 (그리고 종종 비뚤어진) 경향"이라고 부르는 것에 이의를 제기했다.[31]

1960년대에는 종교학 분야가 기존의 신학과 구별되는 비신앙적 접근 방식을 통해 형성되면서 변화를 목도할 수 있게 되었다. 종교적 차이에 대한 심도 있는 연구와 함께 명백히 비교학적이고 학제 간 연구를 요구하는 이 분야의 학위 과정과 학문적 지위가 급속히 확장되었다. 이러한 비종교적 연구의 대중화에 핵심 역할을 한 니니안 스마트(Ninian Smart)

29　Alison Stone, "On the Genealogy of Women: A Defense of Anti-Essentialism," in Gillis, Howie, and Munford, *Third Wave Feminism*, 16.

30　예를 들어, Leonard Swidler and Rabbi Marc Tanenbaum, *Jewish-Christian Dialogues* (Washington, DC: National Council of Catholic Men and National Council of Catholic Women, 1966) 참조.

31　Asma Barlas, *Believing Women in Islam: Unreading Patriarchal Interpretations of the Qur'an* (Austin, TX: University of Texas Press, 2002), 5.

는 영적 세계관에 대한 서구적 또는 기독교적 개념에서 벗어나려는 매우 영향력 있는 방법론을 도입했다. 예를 들어, 그는 무신론적 전통을 위한 공간을 마련하려고 종교의 교리적·신화적·윤리적·의례적·경험적·제도적 (그리고 나중에는 물질적) '차원'을 식별했다.[32] 마찬가지로 윌프레드 캔트웰 스미스(Wilfred Cantwell Smith)는 1962년 논란의 여지가 있었지만 지금은 고전이 된 책『종교의 의미와 종말』(*The Meaning and End of Religion*)[33]에서 종교라는 개념 자체가 근대 기독교 유럽의 발명품이라고 주장했다. 그는 다양한 '누적된 전통'과 '신앙'을 표현하는 복합적인 방식을 조사하기 위한 대안적 틀을 제안했다.

차이에 대한 연구를 통해 또 다른 과제가 드러났다. 에드워드 사이드(Edward Said)는『오리엔탈리즘』(*Orientalism*)에서 기독교의 특권과 그와 관련된 지정학적 권력의 차이가 다름에 대한 인식을 왜곡하여 '동양'을 이해하는 데 마치 서구가 우위에 있는 것처럼 만들었으며(patronizing), '학문이 서구 제국주의의 도구가 되었다고 주장했다.[34] 또한 종교 연구나 비교 종교학은 종종 유대교와 이슬람교, 불교 등이 단일한 것으로 정립될 수 있는 것처럼 운영되곤 했다. 그들은 종교 공동체 내의 다양성을 설명하지 않았거나 살아 있는 전통이 특정 종교의 통일된 '이즘'(ism)과 다를 수 있는 방식을 설명하지 않았다. 최근의 학계에서는 이러한 본질주의를 피하기 위해 노력하고 있지만,[35] 교육학은 여전히 이러한 유형에

그32 Ninian Smart, *The Religious Experience of Mankind* (Upper Saddle River, NJ: Prentice Hall, 1969).

33 Wilfred Cantwell Smith, *The Meaning and End of Religion* (Minneapolis, MN: Fortress Press, 1964).

34 Edward W. Said, *Orientalism* (New York: Pantheon Books, 1978).

35 스마트(Smart)는 1978년에 학자들이 '현장에서의 종교'에 더 주의를 기울여야 한다

빠지는 경우가 많다. 세계 종교에 대해 가르치는 데 사용되는 교과서를 간단히 살펴보면 각 종교의 역동성과 다양성을 포착하는 것이 얼마나 어려운지 알 수 있다.

종교 간 연구와 참여에서 여전히 유신론적이고 경전적이며 세계적인 종교 전통과 눈에 띄는 위계질서, 성직자, 조직 구조를 가진 종교 공동체에 초점을 맞추는 경향이 있다. 이 분야에서 선구적인 역할을 한 레오나드 스위들러(Leonard Swidler)의 연구는 이러한 틀의 초기 흔적을 보여준다. 1964년 기독교 내부의 노력으로 창간되어 종교관계학(interreligious studies: 종교 간 연구를 하나의 독립적인 학문으로 지칭할 때는 '종교관계학'으로 번역함)을 다루는 최초의 학술지로 발전한 《에큐메니컬 연구 저널》(*The Journal of Ecumenical Studies*)과 1978년 설립된 대화연구소(Dialogue Institute)는 수년간 유대교와 기독교, 이슬람교에 초점을 맞췄다. 그가 여전히 인용하는 종교 간 대화의 규칙은 '대화 십계명'(Dialogue Decalogue)으로 알려져 있으며, 성경을 신봉하는 독자들에게는 가장 친밀한 참고 자료이다. 그 원칙 중 하나는 "종교 공동체와 상당히 동일시되는 사람"[36]이 대화 자리에 나와야 한다는 것인데, 이는 불가지론자나 다중 영성가(interspiritual) 또는 영적이지만 종교가 없는 사람을 배제하며, 누가 전통을 소유하는지에 대한 의문을 제기할 가능성이 있다. 이러한

고 경고하면서도 여전히 더욱 본질적인 접근 방식을 규칙으로 삼았다. Smart, *Religion and the Western Mind* (Albany, NY: State University of New York Press, 1987), 50 참조.

36 Leonard Swidler, "The Dialogue Decalogue: Ground Rules for Interreligious Dialogue," *Journal of Ecumenical Studies* 20, no. 1 (Winter 1983): 1. 그는 나중에 '상호이념적'(Inter-Ideological)이라는 용어를 추가하여 무신론 및 종교적이라고 할 수 없는 방향을 수용했다.

복잡성에 대한 인식이 높아졌음에도 오래된 습관의 잔재는 여전히 남아 있다.

또한 기독교적 경험을 중심에 두는 경향도 여전히 남아 있다. 예를 들어, 많은 종교 간 학위 프로그램이 기독교 또는 역사적으로 기독교 신학 및 신학교에 개설되어 있다. 이러한 발전은 기독교의 역사적 우위와 '종교적 전통과 인간의 역동적 만남'에 대한 신학교의 특별한 관심에서 자연스럽게 흘러나왔다고 볼 수 있다. 하지만 그 결과 많은 프로그램이 다수의 기독교인 교수진과 학생 구성, 기독교 학습 목표에 가장 적합한 교과 과정 구조, 주최자 역할의 힘의 역학 관계로 인해 기독교인이 대다수를 차지하게 되었다. 세속적 인본주의자나 경전을 구독하지 않는 학생이 신성한 텍스트에 집중하는 것과 무슨 관련이 있을까? 마찬가지로 설교와 예배 인도는 종교 지도자의 보편적인 역할은 아니지만 대부분의 프로그램에서 여전히 요구되는 역할이다. '목회적 돌봄'(pastoral care)(그 자체로 기독교 문화를 반영하는 언어)은 힌두교적 맥락에서 어떻게 변화하며, 고전적으로 훈련받은 기독교 실천 신학자가 이를 형식적인 것 이상의 방식으로 통합할 수 있을까?

또 다른 예를 들어본다. 종교관계학에서 자주 사용되는 훈련은 종교신학(theology of religions)을 개발하여 학생들이 다른 종교인들과 교류하는 용어를 스스로 인식하도록 하는 것이다. 이러한 분석은 일반적으로 다원주의와 포용주의, 배타주의의 고전적인 삼위일체, 즉 구원에 대한 기독교적 질문에서 비롯된 기독교적 범주를 중심으로 이루어진다. 이러한 분석은 다양성에 대한 충분한 뉘앙스나 수용 능력이 부족하다는 비판을 받아왔으나, 여전히 보편적 열망을 지니고 있는 (또는 지니고 있었던) 전통에서는 이러한 틀이 가장 합리적인 것으로 받아들여진다. 어떤 삶의 방식(lifestances)은 다른 종교를 지향하는 사람들을 위한 신학적 설명을 만들 필요가 없다.[37] 비교를 위한 질문들을 기독교에서 규정하는 문제 외에도, 기독교 가치를 '규범적인 것'으로 여기는 문제는 여전하다. 예를 들어, 영원하고 보편적인 것을 특권화하려는 경향은 현세적이고 특수한 것을 강조하는 전통을 소외시킨다.[38] 미국의 문화적 맥락에 깊숙이 자리 잡은 기독교는 '세속적' 가치마저 지배하고 있으며, 종교 간 참여를 위한 중립적 공간은 존재하지 않는다.[39]

3) 다양성

이러한 역학관계가 이론이나 실천에서 완전히 사라진 것은 아니지만, 이제 우리는 하나의 분야로 자리 잡은 종교관계학과 함께, 해안선에 더

---

37 Paul Knitter, ed., *The Myth of Religious Superiority* (Ossining, NY: Orbis Books, 2005), 특히 Perry Schmidt-Leukel, "Exclusivism, Inclusivism and Pluralism: The Tripolar Typology—Clarified and Reaffirmed," 13-27; 그리고 Rita Gross, "Excuse Me, but What's the Question? Isn't Religious Diversity Normal?" 75-87 참조. 또한 Seung Chul Kim, "How Could We Get Over the Monotheistic Paradigm for the Interreligious Dialogue?" *Journal of Interreligious Studies* 13 (February 2014): 20-33 참조.

38 유대교는 종종 좀 더 자신들의 특수성에 대한 관심 때문에 폄하되어왔다. Anders Runesson, "Particularistic Judaism and Universalistic Christianity? Some Critical Remarks on Terminology and Theology," *Studia Theologica* 53 (1999): 58-60; Jonathan Sacks, *The Dignity of Difference: How to Avoid the Clash of Civilizations* (London: Bloomsbury, 2002); Rosemary Radford Ruether의 *Faith and Fratricide: The Theological Roots of Anti-Semitism* (Eugene, OR: Wipf and Stock, 1974), 233- 39에서 "특수주의와 보편주의의 분열"에 대한 신학적 뿌리를 참조.

39 Tracy Fessenden, *Culture and Redemption: Religion, the Secular and American Literature* (Princeton, NJ: Princeton University Press, 2006).

최근에 각인된 물결을 묘사하는 것으로 넘어간다. "개인적인 것이 정치적인 것이다"라는 제2의 물결 페미니즘의 외침은 개인의 경험과 더 큰 사회 구조 사이의 연관성을 인정하는 것이었다. 제3의 물결에서 이 주장이 다양한 개인의 이야기로 채워지면서 진정한 다수성(multiplicity)이 가시화되었다. 우리 모두는 인종, 계급, 민족, 문화, 성적 지향, 성별, 종교에 대한 설명과 함께 그 자체로 다양하고 유동적인 정체성인 자신만의 서사를 지니고 있다. 본질적인 구조를 제거하면 우리는 성별이나 종교적 정체성의 우위를 전제할 수 없고, 개인이 자신의 전통 전체를 대표하도록 요구하거나, 누군가의 성별이나 종교의 체화(embodiment)가 우리가 책에서 읽은 것과 정확히 같을 것이라고 기대할 수 없다.

억압이나 경험에 대한 지배적인 서사를 제시하지 않고, 해방이나 종교에 대한 단일하고 정적인 관점을 제시하지 않는 이론적 접근 방식인 다양성의 물결이 이 분야를 휩쓸기까지는 시간이 걸린다. 제3의 물결 페미니즘은 단순히 여성의 경험에 대한 좀 더 포괄적인 생각을 발전시키는 데 그치지 않고 다양한 방법론을 탐구한다. 첼라 산도발(Chela Sandoval)은 제3세계 페미니즘의 '차별적 의식'(differential consciousness)에 대해 "다음 '제3의 물결'의 생성에 필수적이며 해방을 위한 다른 탈식민주의 운동과의 연대를 위한 근거를 제공한다"[40]라고 말했다. 우머니스트와

---

40 Sandoval, "U.S. Third World Feminism: The Theory and Method of Oppositional Consciousness in the Postmodern World," *Genders* 10 (1991): 4. 제3의 물결의 가장 초기 언급은 1980년대일 수 있으며, M. Jacqui Alexander, Lisa Albrecht, 그리고 Mab Segrest가 *The Third Wave: Feminist Perspectives and Racism*라는 책을 계획했을 때 발생했으나, 출판사(New York: Kitchen Table/ Women of Color Press)가 어려움을 겪고 있었고, 이 프로젝트는 1994년 더 넓은 편집진과 수정된 제목으로 결실을 맺었다. 용어 없이 제3의 물결 문제를 지적하는 중요한 작품으로는 Bell Hooks, *Ain't I a Woman? Black Women and Feminism* (Brooklyn, NY: South

뮤헤리스타(mujerista: 스페인어로 여성을 뜻하는 단어로 뮤헤리스타 여성신학은 남미의 여성 해방 신학을 뜻한다—역자주) 사상은 다양한 형태의 지배를 다루고 혼종성(hybridity)을 이론화하며, 우리 삶에서 사소한 세부 사항의 중요성인 로 코티디아노(lo cotidiano: 스페인어로 일상성)에 대해 말하는 데 길을 열어주고 있다.[41] 퀴어 이론은 또한 주디스 버틀러(Judith Butler)의 저서 『젠더 트러블』(Gender Trouble)에서처럼 남성/여성 범주에 대한 가정(assumption)을 해체하고[42] 더욱 유동적이고 비이분법적인 사고를 촉진하는 데 도움이 된다.

우리 모두가 젠더의 사회적 구성과 그 불평등의 영향을 받는다는 사실을 인식하면서 여성학은 많은 학교에서 젠더학으로 재편되었고, 학제 간 기반이 심화되었다.[43] 1992년 《미스》(Ms.) 매거진에 실린 기사에서 레베카 워커(Rebecca Walker)는 세대 차이를 더 의식하고 비제도적 변화, 개인의 주체성, 자아의 상징적 표현에 초점을 맞춘 제3의 물결의 대안적 차원을 강조한다.[44] 종합적으로 이러한 발전은 더 크고 포괄적인 텐트를

End Press, 1981); Audre Lorde, *Sister, Outsider* (재판, 1984; New York: The Crossing Press, 2007); Gloria Anzaldua와 Cherrie Moraga, eds., *This Bridge Called My Back: Writings by Radical Women of Color* (New York: Kitchen Table Press, 1981)가 있다.

41   Ada María Isasi-Díaz, *Mujerista Theology: A Theology for the 21st Century* (Maryknoll, NY: Orbis Books, 1996); Kimberlé Crenshaw, "Mapping the Margins: Intersectionality, Identity Politics & Violence Against Women of Color," *Stanford Law Review* (July 1991): 1241-99; Homi Bhabha, *The Location of Culture* (London: Routledge, 1994).

42   Judith Butler, *Gender Trouble: Feminism and the Subversion of Identity* (New York and London: Routledge, 1990).

43   예를 들어, Department of Gender and Women's Studies, "History," University of California, Berkeley, 2019년 1월 10일 접속, http://womensstudies.berkeley.edu/about/history/ 참조.

만드는 데 이바지한다.

이러한 경향의 대부분은 종교관계학이 학문적으로 어느 정도 성숙해지기 시작하면서 종교 간 연구에 어느 정도 반영되고 있다. 각 종교적, 비종교적 특수성에서 비롯된 종교적 다름에 대한 다양한 사고방식은 '이즘' 너머의 삶의 방식으로서 종교와 그것이 실제 참여를 어떻게 형성하는지 설명하도록 이 분야를 압박하고 있다. 1965년 이민법 개정이 아시아 출신에게 더 넓은 문호를 개방한 후, 이후 수십 년 동안 대학교에 더 많은 종교적 다양성이 생겨났다. 그 결과 힌두교도와 불교도, 자이나교인, 시크교인과의 다양한 만남은 결국 동양의 전통에 대한 인식을 먼 나라의 이국적(exotic)이고 본질화된(essentialized) 종교로 보는 것에서 역동적이고 자생적인 다수성(homegrown multiplicity)을 지닌 전통으로 인식하도록 변화시켰다. 다국적 정체성과 문화 간 영향은 분석에 복잡성을 더한다. 다수 종교 문화와 소수 종교 문화는 필연적으로 서로 영향을 주고받으며 혼종성에 대한 사고를 확장시킨다.45 그리고 개별적인 이야기를 점점 더 강조함에 따라 사람들이 전체를 위해(for the whole of it) 말하기보다는 스스로가 가진 삶의 방식으로부터(from) 이야기한다는

---

44 Rebecca Walker, "Becoming the Third Wave," Ms. 11, no. 2 (January 1992): 39-41. 또한 Jo Reger, ed., *Different Wavelengths: Studies of the Contemporary Women's Movement* (New York: Routledge, 2005); 그리고 Leslie Heywood and Jennifer Drake, *Third Wave Agenda: Being Feminist, Doing Feminism* (Minneapolis, MN: University of Minnesota Press, 1997) 참조.

45 E. Allen Richardson, *Strangers in This Land: Religion, Pluralism and the American Dream* rev. ed. (Jefferson, NC: McFarland and Co., 1988, 2010); Diana Eck, *A New Religious America: How a "Christian Country" Became the World's Most Religiously Diverse Nation* (New York: Harper Collins, 2002); 그리고 Robert Wuthnow, *America and the Challenges of Religious Diversity* (Princeton, NJ: Princeton University Press, 2005) 참조.

것이 더 분명해진다.46

　탈식민주의 이론과 그 세계적 관점의 만남은 신적 규범성(theonor-mativity)에 도전한다. 미국에서 빠르게 성장하는 종교적 다양성과 함께 그들은 유대교와 기독교, 이슬람교의 '삼자 간 대화'(trialogue)를 넘어 종교 간 참여를 확대한다. 또한 종교적 깨달음을 위한 보편적 기준으로서 신학적 다원주의가 서구적 가치를 강요하는 또 다른 제국주의적 프로젝트가 될 수 있다는 비판을 제기한다. "다른 삶의 방식이 충분하고도 효능이 있다는 것 그리고 세계의 다양한 길이 가치 있다는 것을 '새로운 진리'(new truth)로 긍정해야 하는가?"47

　종교 간 연구와 지역 사회 참여 노력 분야는 현재 다양성 부족으로 어려움을 겪고 있다. 영적 공동체의 재편에서 '진보적' 전통과 개인은 종종 자신의 종교 집단에서 보수적 관점보다 서로 공통점을 더 많이 발견한다. 종교적으로 보수적이라고 밝힌 사람들 중 이 분야나 운동에서 활동한 사람은 거의 없다. 그러나 종교 간 협력의 시급성을 보여주는 세계적인 사건들과, 다름의 경계를 넘어 이해를 추구하는 종교적 다원주의에 대한 더욱 근본적인 헌신과 신학적 다원주의 사이의 좀 더 명확한 구

46　Jennifer Howe Peace and Or Rose, eds., *My Neighbor's Faith: Stories of Interreligious Encounter, Growth and Transformation* (Maryknoll, NY: Orbis Books, 2012); 그리고 Mary C. Boys and Sara S. Lee, *Christians & Jews in Dialogue: Learning in the Presence of the Other* (Woodstock, VT: Skylight Paths, 2006) 참조. 미국 종교 강좌용 교과서 중 일부는 종교 내부의 역동성과 다양성을 더 잘 인식하게 되었다. 예를 들어, Catherine Albanese, *America: Religions and Religion*, 5th ed. (Belmont, CA: Wadsworth, 2012).

47　Kwok Pui-lan and Stephen Burns, *Postcolonial Practice of Ministry: Leadership, Liturgy and Interfaith Engagement* (Lanham, MD: Lexington Books, 2016); 그리고 Paul Knitter, "Is the Pluralist Model a Western Imposition?" in *The Myth of Religious Superiority*, 28-43.

분으로 인해 이러한 상황은 변화하기 시작했다.48 여성학에서 젠더학으로의 전환과 마찬가지로, 우리 모두가 종교의 사회적 구성과 차이와의 만남에 영향을 받는다는 인식은 신학적으로 보수적인 목소리를 포함하여 종교 간 연구에 더 광범위한 참여자들을 끌어들이고 있다. 그러나 종교관계학의 범위가 넓어지면 젠더와 성소수자 인권 문제가 복잡해지고, 복음주의자들이 주류 개신교나 로마 가톨릭과 매우 다른 주장을 하기 때문에 종교 간 공간에서 기독교의 특권 문제도 더욱 어지러워진다.

학계가 학위 과정 신설과 미국종교학회 종교 간 연구 부서(American Academy of Religion Interreligious and Interfaith Studies unit) 설립, 전문 학술지 및 컨소시엄의 증가 등으로 제도적 인프라를 구축하면서 동시에 개인의 비제도적 관점, 즉 '영적이지만 종교적이지 않은' 사람, 주류 신앙과 동일시하지 않거나 여러 종교를 믿는 사람들을 위한 공간을 넓히고 있다.49 퀴어 이론 또한 종교 정체성의 범주를 분쇄하는 데 도움을 준다. 이러한 더욱 인습 타파적인 삶의 방식(lifestance)은 종교관계학의 일부 작업 기반을 재구성하기 시작했다. 예를 들어, 종교 간 영성(interspiri-tuality)은 전유(appropriation)에 대한 가정에 어떤 영향을 미칠까? 신학적 일관성과 공동체 결속을 위한 경계의 가치를 인정하면서도 전통에 잘 들

---

48   Nicholas M. Price, "All Nations Before God's Throne: Evangelicals in the Interfaith World," *Crosscurrents* 55, no. 3 (Fall 2005): 404-13; 그리고 Neil J. Young, *We Gather Together: The Religious Right and the Problem of Interfaith Politics* (New York: Oxford University Press, 2016) 참조.

49   Robert C. Fuller, *Spiritual but Not Religious: Understanding Unchurched America* (New York: Oxford University Press, 2001); Manuela Kalsky and André van der Braak, eds., *Open Theology* 3, no. 1 (January 2017); 그리고 Catherine Cornille, ed., *Many Mansions? Multiple Religious Belonging and Christian Identity* (Eugene, OR: Wipf and Stock, 2002) 참조.

어맞지 않는 개인을 소외시키는 게이트키핑에 어떻게 도전할 수 있을까?

'제3의 물결'에는 종교적 차이를 만남으로써 변화된 이야기를 책과 블로그를 통해 공유하는 비전문가들이 포함된다. 이들은 다리를 놓으려는 사람들로 구성된 독립적인 네트워크를 형성한다. 이들은 어려움에 처한 다른 종교 공동체를 돕기 위해 크라우드 펀딩 캠페인을 시작한다.[50] 일부 '평신도' 공간에는 잘못된 정보가 넘쳐나기도 하지만, 종교 간 배움의 세계는 점점 더 커지고 있다.

종교 간의 만남에서 사람들 간의 만남으로 넘어가면서 종교적 차이와 인종, 계급, 국적, 성별, 성적 취향이 교차하는 지점에 더 많은 관심을 기울이고 있으며, 각 사람과 상황에 따라 그 중요성은 달라진다. 그 결과는 다양한 목소리의 놀랍도록 풍성한 합창이다. 그러나 다양성에 대한 이론적 강조에도 한계가 있어서 때로는 정체성 정치에 매몰되어 연결의 가능성을 약화하기도 한다. 그 교차점은 탐색하기 어려울 수 있다. 예를 들어, 많은 유대인 인종차별 반대 운동가들은 이스라엘의 팔레스타인인 학살을 비난하고 이스라엘에 대한 보이콧, 투자 철회 및 제재 운동을 지지하는 '흑인의 생명도 소중하다'(Black Lives Matter) 플랫폼의 강령에 대해 분노하고 있다. 무슬림 여성들의 다양한 설명에도 불구하고 페미니

---

50 Ranya Idlibi, Susanne Oliver, and Priscilla Warner, *The Faith Club: A Muslim, a Christian, a Jew—Three Women Search for Understanding* (New York: Simon and Schuster, 2006); Sisterhood of Salaam Shalom, 2019년 1월 10일 접속, https://sosspeace.org/ 및 무슬림 캠페인으로 파손된 흑인 교회와 유대인 묘지를 재건하는 예: Launchgood, "Rebuild with Love: Rebuild Black Churches and Support Victims of Arson Across the South," 2019년 1월 10일 접속, https://www.launchgood.com/project/rebuild_with_love_rebuild_black_churches_support_victims_of_arson_across_the_ south#/;https://www.launchgood.com/project/muslims_unite_to_repair_jewish_cemetery#/ 참조.

스트와 우머니스트들은 때때로 반사적으로 히잡과 니캅을 억압적인 것으로 간주하기도 한다. 사람들이 자신과 생각이 다른 사람과 함께 앉기를 거부하면서 종교 간 공간이 좁아질 수 있다. 우리는 다양성 속에서 분열의 가능성을 초월할 수 있는, 차이를 마주할 수 있는 더 넓은 언어와 플랫폼이 필요하다.

4) 상호주체성

페미니즘의 제4의 물결이 시작되었다는 제안은 종종 국가적 및 초국가적 소셜 네트워크를 형성한 온라인 커뮤니케이션과 행동주의를 강조한다. 이 물결은 퀴어와 성(sex) 및 신체를 긍정하고 여성 혐오를 반대하며, 트랜스에 포용적이다. 이 물결은 상호교차성 이론(intersectional theory)이 전면에 내세운 약속의 생태(ecology)를 실천하려고 노력한다. 제3의 물결의 미시 정치를 이어받아 텔레비전과 광고, 미디어 등 여성 삶의 다양한 맥락에서 매일 나타나는 성차별에 도전하면서 즉각적인 소셜 미디어 캠페인을 생성하는 힘을 더한다.[51] 약물을 이용한 성폭행의 만연을

---

51 다음 각각의 온라인 게시물들에서 강조되는 다양한 내용을 참조: Ealasaid Munro, "Feminism: A Fourth Wave?" PSA Blog, 2019년 1월 10일 접속, http://www.psa.ac.uk/insight-plus/feminism-fourth-wave; Martha Rampton, "Four Waves of Feminism," Pacific University, October 25, 2015, 2019년 1월 10일 접속, http://www.pacificu.edu/about-us/news-events/four-waves-feminism; Jennifer Baumgardner, "Is there a Fourth Wave? Does it Matter?" Feminist.com, 2011, 2019년 1월 10일 접속, http://www.feminist.com/resources/art-speech/genwom/baumgardner2011.html; 그리고 Kristen Sollee, "6 Things to Know about Fourth Wave Feminism," Bustle, October 31, 2015, 2019년 1월 10일 접속, http://www.bustle.com/articles/119524-6-things-to-know-about-4th-wave-feminism.

고발하는 것부터 '팬츠수트 네이션'(Pantsuit Nation)(2016년 대선 캠페인 기간에 탄생한 페미니스트 페이스북 그룹으로 힐러리 클린턴을 지지했고, 주요 정당을 이끄는 최초의 여성과 여성을 마음대로 더듬을 수 있는 특권에 대해 발언한 후보의 당혹스러운 대결이 펼쳐졌다)까지, 제4의 물결 페미니즘은 인터넷을 통해 여성들의 이야기가 가진 힘을 활용하려고 노력한다.

이러한 특성 중 일부는 종교 간 학습과 참여의 세계에서 나타난다. 확실히 사이버 공간은 좋은 의미에서든 나쁜 의미에서든 이러한 활동의 장으로 점점 더 중요해지고 있다. 많은 사람이 인터넷/소셜 미디어를 통해 종교에 대한 정보(및 잘못된 정보)를 얻는 비율이 증가하고 있으며, 동질적인 공동체에 사는 사람들조차도 서로 다른 종교를 지향하는 사람들을 '만날' 수 있다.

종교 간 만남의 장은 계속해서 늘어나고 있다. 인터페이스 청년 코어(Interfaith Youth Core, IFYC)는 대학 교정의 놀라운 다양성을 활용하여 종교적 차이에 대한 참여를 적극적으로 추구하는 참가자들과 함께 학생 주도의 통합적 학습 프로젝트를 육성한다. 이러한 노력은 새로운 세대의 종교 간 지도자를 양성하고 있다.[52] 기업들은 종교적 수용과 다양한 종교를 이해할 수 있는 역량의 필요성을 더욱 인식하게 되다. 광고에는 이슬람 혐오 수사의 영향에 대응하기 위해 무슬림 배우와 대표자가 등장한다. 예술과 가족, 미디어 등 모든 것이 종교 간 연결의 중요한 장소로

---

52 Eboo Patel, *Interfaith Leadership: A Primer* (Boston: Beacon Press, 2016) 참조. IFYC는 2002년에 설립되었다. 1980년대와 1990년대에는 몇몇 학교 목사들과 교수들이 다종교협의회, 종교 간 토론 모임 및 교내에서 종교 간 학습과 참여를 재구상하기 위한 자원을 설립하는 데 앞장섰다. Victor Kazanjian과 Peter Laurence, *Education as Transformation: Religious Pluralism, Spirituality and a New Vision for Higher Education in America* (New York: Peter Lang, 2000) 참조.

점점 더 인식되고 있다.53 다원주의 프로젝트(Pluralism Project)의 사례 연구 계획(2008년부터)과 같은 교육적 도구는 종교를 핵심 조직 패러다임으로 사용하여 어떻게 사람들이 좋은 의도를 가지고 모일 때에도 다름이 우리 삶의 모든 측면을 복잡하게 만드는지 강조하여 가르친다.

우머니스트/페미니스트/뮤혜리스타 사상의 네 번째 물결에는 종교 관계학에 더욱 변혁적인 영향을 미칠 수 있는 또 다른 발전, 즉 정체성 정치(identity politics)의 함의와 씨름하려는 진지한 시도가 있다. "'여성'이라는 범주의 애매함은 정체성과 단결, 집단의 본질에 대한 의문을 제기했고, 여성이라는 정체성에 기반한 단결을 희망하는 운동이 너무나 취약하다는 것을 드러냈다."54 정체성에 대한 강조는 주변부에 있는 이들 일부를 끌어들일 수 있지만 몸의 정치의 분열을 야기할 위험도 있다.55

이 문제를 해결하는 한 가지 방법은 상호주체성과 연대성(뮤혜리스타 신학 공동체), 관계성을 강조하는 것이다. 이러한 개념은 주체성이 자율성에서만 나온다는 오래된 관념에 이의를 제기한다. 우리가 경계로 인식하는 것은 종종 침투성이 있고 상호 구성적인 것이며, 서로 경쟁하는 정체성은 점점 더 교차적인 것으로 인식되고 있다. 니라 유발-데이비스(Nira Yuval-Davis)는 뿌리를 내리고 변화하는 과정에 대해 다음과 같이 말한다:56 "우리가 특정 정체성에 뿌리를 내리는 동시에, 우리의 위치와

---

53 Kate McCarthy는 *Interfaith Encounters in America* (New Brunswick, NJ: Rutgers University Press, 2007)에서 다양한 종교 간 참여 맥락을 탐구하기 시작했다.

54 Gillis, Howie, and Munford, *Third Wave Feminism*, xxi.

55 Linda Martin Alcoff, Michael Hames-Garcia, Satya Mohanty, and Paula M. L. Moya, eds., *Identity Politics Reconsidered* (New York: Palgrave Macmillan, 2006) 참조.

자아의 부분성을 인식한다는 것은 우리가 서로를 필요로 한다는 것을 인식하게 만든다. 따라서 우리는 다양하고 잠정적인 동맹으로 이동하고 다름과의 진정한 대화를 통해 다른 방식으로 존재하는 것을 경험한다."

종교관계학도 마찬가지로 우리 자신의 영적 형성을 심화하는 촉매제로서 다름과의 만남을 끌어올린다. 우리는 서로를 이론화하는 것을 멈추는 대신 조형적 과정을 통해 혼재된 다양성 속에서 서로를 만난다. 상호주관성은 이미 떠돌고 있는 신학을 통합한다. 나는 유대인으로서, '나'와 '너'의 환원 불가능한 관계를 보여준 마르틴 부버와 성서의 히브리어 구조 '히네니(hineni)—여기 내가 있다'를 통해 '나'가 타자에 대한 반응과 책임 속에서 어떻게 구성되는지 설명한 엠마누엘 레비나스의 메아리가 들린다.57 다른 사람들은 불교의 틱낫한 스님의 상호 존재(interbeing)에 대한 설명을 들을 수 있다.58 이러한 아이디어들은 우리의 상호의존성을 조명하고 공감 능력을 확대함으로써 서로에 대한 책임을 심화한다.

페미니스트 이론가 도나 해러웨이(Donna Haraway)가 '위치화된 지식'이라고 부르는 변증법은 우리 경험의 한계와 특권적 관점을 모두 인식함으로써59 종교 간 관계를 위한 또 다른 길, 즉 신학적 입장으로서 인식론

---

56   Nira Yuval-Davis, *Gender & Nation* (Thousand Oaks, CA: Sage Publications, 1997).

57   Martin Buber, *I and Thou*, trans. Walter Kaufmann, (repr., 1923; New York: Touchstone, 1971); 그리고 Emmanuel Levinas, *Otherwise than Being or Beyond Essence*, trans. Alphonso Lingis (Berlin: Kluwer Academic Publishers, 1981), 114, 142-43, 152, 185, 199.

58   Thich Nhat Hanh, *Interbeing: Fourteen Guidelines for Engaged Buddhism* (Berkeley, CA: Parallax Press, 1987).

59   Donna Haraway, "Situated Knowledges: The Science Question in Feminism and the Privilege of Partial Perspective," *Feminist Studies* 14, no. 3 (Fall 1988): 575-99.

적 겸손의 회복을 열어준다.[60] 젠더 연구와 마찬가지로 종교관계학은 모호성을 포용하는 법을 배우고 있다. 환원할 수 없는 차이를 받아들이는 것은 상충하는 진리에 대한 논쟁이 아니라 대화적 필연성을 낳는다. 이 냉혹한 논리는 종교관계학이 시급한 필수 학문이 되도록 한다.

이러한 물결의 방향은 종교 간 프로그램을 주로 종교학의 한 분야로 취급하지 않는 다른 교육적 모델이 필요하다는 것을 의미한다. 여성학에서와 마찬가지로, 이미 특정 관점에서 관련 이슈에 관심을 기울이는 성향이 있는 사람들끼리만 대화를 나누는 것은 가치가 제한적이다. 다양성의 확장은 다양한 직업과 맥락에서 종교 간 문해력의 필요성을 나타낸다. 그러나 내가 공유할 수 있는 경험은 종교관계학이 종교 지도자들이 영적으로 다양한 세계를 생산적으로 탐색하는 데 필요한 지식, 태도 및 기술을 배양하는 곳인 신학교에서 어떻게 이뤄지고 있는가 하는 것이다.

3. 2부: 시카고 신학대학원의 종교관계학 – 움직이는 제도적 변화

1) 배경

30여 년 전, 히브리어 성서학자 앙드레 라코크(André LaCocque)는 기독

---

60   James L. Heft, Reuven Firestone, and Omid Safi, eds., *Learned Ignorance: Intellectual Humility among Jews, Christians, and Muslims* (New York: Oxford University Press, 2011) 참조.

교가 유대교에서 성장했으므로 기독교인들이 유대교를 이해하지 않고는 스스로의 신앙을 이해할 수 없다는 확신에서 시카고 신학대학원에 유대교와 기독교 연구센터를 설립했다.61 이 연구센터는 주로 박사 과정과 관련 학술 컨퍼런스로 구성되었지만, 분명히 그 기관 자체에 헌신하는 곳이었다. 시카고 신학대학원은 유대인으로서 예수를 강조하고 이스라엘의 민족과 신앙으로서 히브리어 성경을 가르치며, '사명과 헌신' 선언문에 종교 간 이해를 명시하고 기독교 경전과 언어, 신학의 논쟁적이고 초월적인 본질에 대해 고민한 최초의 기독교 신학교였다. 라코크는 이슬람 연구를 센터의 중점 연구 분야로 추가한 후 이슬람 여성에 대한 미국 최초의 컨퍼런스를 신흥 무슬림 학자 간부들과 함께 조직했다.

이 작업은 또한 "우리 세계의 종교적 분열로 인한 피해를 인식하여" "종교 전통 간의 더 나은 이해와 협력을 촉진하고, 예언자 전통의 목표를 실현하기 위한 기독교와 유대교, 이슬람교 간의 협력에 특히 주의를 기울이기 위한"62 의도로 진행되었다.

이러한 목표는 종교 간 교육에 대한 이 기관의 이해관계, 즉 자신의 종교적 정체성을 더 잘 이해하고 종교적 차이를 넘어 긍정적인 사회 변화에 영향을 미칠 수 있는 종교 지도자/교사를 준비시키는 것의 핵심을 형성했다. 이 프로젝트는 기독교 역사, 권력, 현대적 맥락의 복잡성을 파헤치기 위한 기초적인 이론적 도구만으로 차이를 위한 공간을 마련한,

---

61 시카고 신학대학원은 그리스도 연합교회(United Church for Christ)와 제휴하고 있으며, 다양한 종교 전통의 학생들과 직원들 그리고 교직원들이 있다.

62 "Mission and Commitments," 시카고 신학대학원, 마지막 접속 날짜: 2017년 11월 6일, www.ctschicago.edu/about/philsophy/. 이 단락은 더 다양한 삶의 방식을 포함하고 기독교 특권을 인식하기 위해 2017년에 업데이트되었다.

여러 면에서 제2의 물결 현상을 대표했다.

그 이후, CTS는 유대학 석좌 자리를 마련하고 다양한 전통에 대한 전문성을 갖춘 겸임 또는 방문 교수진을 채용했고, 유대교·기독교·이슬람연구센터(JCIS)를 확장하여 다양한 교과 과정 및 공공 프로그램(워크숍, 강의, 예술 발표, 명절 축하 행사, 예배, 심포지엄 및 사회 정의 프로젝트)을 포함하도록 했다. 센터는 다양한 시카고 공동체의 구성원들과 다양한 파트너십을 통해 공공 광장에 그 이름을 알리기 위해 점점 더 많은 노력을 기울이고 있다.

CTS는 이러한 노력을 적극 지원했지만, 프로젝트가 몇몇 개인의 주도권에 지나치게 의존하는 경우가 많았다. 신학교의 전략 계획 수립 과정에서 종교관계학에 대한 기관의 광범위한 지지를 이끌어냈다. 우리는 학사 일정, 채플, 프로그램 영역의 언어, 사명 선언문 등 다양한 내부 구조를 '감사'하기 시작하여 기독교 특권에 도전하고 그 특수성을 명명하기 시작했다. 예를 들어, 채플 지도자를 위한 지침을 개정하여 진행자가 자신의 종교적 특수성을 파악하고(모임 내 다양성을 더 잘 인식하도록 유도), 자신의 전통 밖에 서 있는 사람들의 잠재적 존재에 민감하게 반응하도록 장려했다. 지도자에게 가장 낮은 공통분모를 찾으라고 지시하지는 않았다. 영적 포용성은 자기 정체성을 지우는 걸 의미하지 않기 때문이다. 모집과 시작 과정에서 우리는 특정 표현의 명료성을 떨어뜨리지 않으면서도 공동체의 다양한 목소리를 표현하고 더욱 포용적인 언어를 찾으려고 노력한다. 그러나 이러한 목표의 달성은 여전히 불균등하며, 여전히 '채플'은 규범적으로 기독교 모임이다.

시카고 신학대학원은 자신의 종교가 아닌 다른 종교 전통의 고급 과정 이수를 필수화했고 제공 과목을 확대했으며, 기존 학위 프로그램에 종교 간 참여(Interreligious Engagement) 석사 학위와 집중 과정을 도입했다. 기독교 기관의 구조적 편향성을 피하기 위해 이 학위는 맞춤형으로 설계되었다.

2014년부터는 신학 교육, 종교 간 참여, 사회 정의, 지속 가능성의 교차점을 탐구하며 지속적인 대화와 공동 작업에 전념하는 다종교 코호트를 신입생으로 입학시켰다. 3년 동안 진행된 이 프로젝트는 교수진이 종교 간 노력에서 두 가지 실질적인 문제를 해결한 후 구체화되었다. 첫째, 기관 내 종교적 다양성이 충분하지 않은 경우 이 프로젝트는 지나치게 이론적일 수 있다. 둘째, CTS에서 공부하는 비기독교인 학생들도 종종 있었지만, 고립된 환경으로 인해 (기독교 언어, 문화, 교과 과정에 대한) 모든 적응 작업을 그들이 직접 해야 했다. 우리는 기관을 변화시키는 데 도움을 줄 수 있을 만큼의 무게감을 가진 학생 집단이 필요했다. 그 후 우리는 인종·국가·성별·성적·계급 정체성이 다르고 종교적으로 진보-보수 스펙트럼에 따라 어느 정도 범위를 대표하는 기독교인과 무슬림, 힌두교인, 세속적 인본주의자, 초종교인들로 구성된 재능 있는 여러 모임을 모집했다.

그러나 점진적인 변화는 일반적으로 그 한계를 드러낸다. 우리는 일반적으로 신학 학위에 내재된 기독교적 규범성의 흔적이 없는 종교적 다양성을 육성하기 위해 석사 수준의 프로그램을 준비했지만, 많은 비기독교인 학생들은 전문직에 종사하기 위해 목회학 석사(M.Div.) 학위 또는 전통적인 석사 학위를 필요로 한다. 현재로서는 다른 프로그램을 조정하는 데 그치고 있으며, 학생과 지도 교수의 주도권에 지나치게 의존하여 대체 요건에 대한 청원을 통해 길을 모색하고 있다. 또한 우리 공동체에 새로운 생활 방식이 도입될 때마다 이러한 전통 안에서 적절한 학습을 제공하고, 더 넓은 교과 과정과 문화에 책임감 있게 통합할 수 있는 우리의 역량에 도전하고 있다.

이러한 제도적 제약 속에서 그리고 여전히 많은 파도의 영향을 받고 있지만, 최근 몇 년 동안 우리의 종교 간 연구와 참여 교육은 세 번째와 네 번째 물결을 반영하는 방식으로 발전해왔다. 이 작업이 CTS와 그 너머에서 어떻게 전개될지 다시 상상하는 동안, JCIS와 ECOmmunity는 기관 전체에 더 완벽하게 통합된 새로운 기관, 종교 간 연구소(Inter-Religious Institute)에 흡수되었다. 아래에서는 이 지속적인 과정을 통해 우리의 성장을 형성한 세 가지 요소, 즉 함께 형성과 복잡성, 교차성에 대해 논의한다.

2) 함께 형성(Conformation)

종교적으로 다양한 환경에서 신학 교육을 받을 때의 장점은 여러 가지가 있다: 학생들은 자신의 종교적 특수성을 더욱 의식하고 그 안에서 자신의 여정을 서술하는 데 더욱 능숙해지며, 자신의 신앙 전통을 내부뿐만 아니라 외부에서 바라볼 수 있는 관점을 얻게 된다. 각 전통의 자기 비평과 발전 역량을 활용하여 학생들은 만남의 렌즈를 통해 자신의 생각과 정체성을 더욱 날카롭게 다듬게 된다. 그들의 주체성(agency)은 서로의 관계에 의해 확대된다. 그들은 다른 존재 방식을 알게 되고 자신의 한계를 경계뿐만 아니라 만남의 장소로서 경험하게 된다.[63] 그들은 복잡하고

---

63   Rachel Adler, *Engendering Judaism: An Inclusive Theology and Ethics* (Boston: Beacon Press, 1999), 114-38 참조.

상호주관적인 다종교 및 비종교 세계에서 자신의 신념이 어떻게 형성되는지 인식하게 된다.

에코뮤니티(ECOmmunity) 코호트는 상호주체성에 대한 의식에서 출발하여[64] 파울로 프레이리(Paulo Freire)의 교육 철학인 "우리는 이 세상을 함께 살아가는 맥락에서 친교를 나누며 서로를 교육한다"의 영향을 받아 함께 형성(coformation)의 운동으로 시작되었다.[65] 함께 형성은 개인적인 이야기를 나누고 신학 교육의 도전과 기회에 대해 함께 씨름하는 과정을 통해 전개된다. 이 과정은 학생들에게 서로에게 연약해질 것을 요구하며, 그 긴장을 통해 새로운 통찰을 얻고, 광야를 함께 통과하는 여정을 통해 자신의 종교적/철학적 헌신과 인간적 잠재력을 더욱 온전히 살아낼 수 있을 것이라고 믿을 것을 바란다. "현장에서 함께 살아가는 문화적 다양성의 생생한 경험은 유동적이고 편재하며, 대안적이고 항상 만들어지고 있는(always-in-the-making) 글로벌 사회적 상상력으로 기능해왔다."[66]

---

64   형성 이론은 Bette Katsekas의 "Holistic Interpersonal Mindfulness: Activities and Application of Coformation Theory," *Journal of Clinical Activities, Assignments and Handouts in Psychotherapy Practice* 2, no. 3 (2002): 1-12; Jules Falquet, "La règle du jeu. Repenser la coformation des rapports sociaux de sexe, de classe et de 'race,'" in Elsa Dorlin, ed., *Sexe, race et classe* (Paris: Presses Universitaires de France, 2009), 177-97과 같은 치료 및 사회학적 맥락에서 나온다. 제니퍼 피스(Jennifer Peace)는 종교 간 참여에서 이 용어를 사용한다, "Coformation Through Interreligious Learning," *Colloquy* 20, no. 1 (Fall 2011): 24-26, http://www.ats.edu/uploads/resources/publications-presentations/colloquy/colloquy-2011-fall.pdf.

65   Paulo Freire, *Education for Critical Consciousness* (New York: Seabury Press, 1973).

66   Cinthya Martinez, "The East," in Elisa Faco and Irene Lara, eds., *Fleshing the Spirit: Spirituality and Activism in Chicana, Latina and Indigenous Women's*

학생들은 함께 설 수 있는 땅을 일구고 종교에 대한 개인적 지향의 실질적인 차이를 존중하기 위해 노력한다. 종교는 인간 삶의 활기차고 생동감 넘치는 다양성을 표현하는 것으로 찬사를 받지만, 차이는 갈등으로 이어질 수도 있기 때문에 학생들은 어려운 대화를 위한 공간을 만드는 법을 배운다. 학생들은 함께 연습하고, 이러한 역량을 모델링하는 과정과 프로그램에 참여하며, 갈등 해결 훈련을 받는다. 최근 대학 교정의 '안전한 공간'에 대한 논란은 안타깝게도 이분법적인 선택을 암시한다. 종교관계학은 불편하지만 필수적인 만남을 위한 '지원된' 공간(supported space)이라는 중간 지점을 제시할 수 있다.

종교가 사람들의 삶에 영향을 미치는 방식과 종교 간의 상호 작용이 역사를 형성하는 방식에 대한 이해에서 권력과 특권, 억압에 대한 질문을 빼놓을 수 없다. 이러한 질문은 광장과 대학교 그리고 이러한 질문에 이름을 붙이려는 바로 그 프로그램에 넘쳐난다. 한 코호트는 우리의 주요 봄 컨퍼런스에서 '종교 간 맥락에서 권력, 특권, 억압'에 관한 워크숍을 진행했다. 우리는 학생들이 자원과 대표성의 비대칭성, 경쟁적인 우선순위, 인종·계급·성별·성적 취향·종교에 대한 다양한 주장과 씨름하면서 '밖'에서뿐만 아니라 우리 기관 내부에서도 이러한 문제를 탐구하도록 유도한다. 이러한 도전적인 지형은 그들의 생활 방식 형성의 근간을 강화한다.

에코뮤니티의 친밀한 학습 코호트는 여러 대학 캠퍼스에 설립된 종교 간 생활 공동체와 같이 다양한 방식으로 적용될 수 있다. "서로 다른 종교를 가진 사람들과 가까운 공간에서 생활함으로써 학생들은 서로 다

Lives (Tucson, AZ: University of Arizona Press, 2014), 27.

른 신념과 가치, 식습관, 수행 및 예배 방식에 대해 직접 배울 수 있다."[67] 이런 종류의 공간은 자연스럽게 어려운 대화를 할 수 있는 공간을 만들어주지만, 필요한 태도와 다양한 능력은 다른 유형의 체험 학습으로도 함양할 수 있다. 함께 형성의 핵심은 또래 간 상호작용, 상호주관적 감수성 개발, 서로에 대한 책임감 배양이다.

함께 형성(conformation)은 기관과의 관계에서도 전개된다. 신학 교육이 학생들의 영성 형성에 큰 영향을 미칠 것으로 기대되는 한편, 상당한 종교적 다양성이 존재한다는 것은 코스 구성, 교육 언어, 음식, 달력, 성스러운 공간, 예배 및 기타 모든 신학교 활동에서 더 깊은 의식을 수양하여 CTS를 (재)형성하는 데도 도움이 된다. 에코뮤니티 학생들은 동료 및 교수들과 정기적으로 교류하고, CTS에서 대화를 촉발하기 위해 고안된 '종교 간 첫 만남' 비디오와 같은 도구를 만들면서 기관에 대한 영향력을 확대하는 동시에 종교 간 지도자로서 자신의 정체성을 형성해나갔다. 물론 그 영향력이 항상 의도적인 것은 아니었다. 비기독교인들을 위해 '중급자 검토' 과정(M.Div. 프로그램에서 목회자 적합성을 판단하기 위해 사용하는 자가 평가 도구)을 개선하는 과정에서 우리는 영성 형성에 대한 훨씬 더 매력적인 탐구를 우연히 발견하게 되었다.

이제 기독교에 대한 배경 지식이 전혀 없는 학생들이 입학하기 때문에 교수진은 특정 과목을 가르치는 방식을 재조정해야 한다. 한 교수는 '기독교 사상사' 수업 첫날에 "바울은 누구인가요?"라고 질문을 던졌다.

---

67   Interfaith Youth Core, "Interfaith Communities in Residence Life," 2019년 10월 13일 접속, https://www.ifyc.org/sites/default/files/u4/ResLife.pdf. 맥캘리스터(Macalester) 대학과 콜게이트 대학(Colgate University), 롤린 칼리지(Rollins College), 남캘리포니아 대학(University of Southern California)은 주거 생활 프로그램의 일환으로 다종교 공동체를 제공한다.

그녀는 기독교의 주요 인물에 대한 기본적인 질문에 답하는 것이 일부 기독교인 학생들(감히 그런 질문을 하지 못하는 학생들)에게도 도움이 될 수 있다는 것을 알고 있었지만, 이 상황이 강조하고 있는 것은 점점 더 다양한 배경을 가진 대학원생들을 가르치면서 발생하는 새로운 교육적 과제였다. 그럼에도 형성 이론에 따르면 우리는 종종 다른 사람에게 자신을 설명하면서 자신에 대해 더 많이 배우거나 심지어 자신이 형성되기도 한다.

　제도적 변화는 점진적이다. 많은 교수진과 직원들, 학생들이 기독교와 유대교, 이슬람교의 다종교적 맥락을 탐색하는 방법을 알아냈지만(장기적인 노력을 반영하여), 다른 종교와 세속적 전통을 포함하거나 어떤 틀에 맞지 않는 개인을 인정하는 것으로 쉽게 확장되지는 않는다. 학생들은 일부 강좌가 종교 간 환경에서 가르치기에 적합하게 설계되어 이전에는 은폐되었던 다양성이 이제는 유익하게 표현되는 것을 발견하지만, 다른 강좌는 여전히 수강생 모두가 기독교인인 것처럼 운영된다. 후자의 경우, 비기독교인 학생들은 자신의 학습을 의미 있게 만들기 위해 지속적으로 번역에 참여해야 하며, 스스로 종교적으로 다양한 목소리를 찾아야 한다. 제도적 변화를 촉진하는 방법에 대한 학생과 신학교의 공동의 투쟁 또한 우리의 함께 형성의 일부이며, 영향력을 극대화하기 위해서는 종교 간 노력이 고립되어서는 안 된다.

3)　복잡성(Complexity)

종교관계학이 하나의 학문 분야로 자리 잡으면서 이론적으로 복잡해졌음에도, 수많은 프로그램과 개인이 마치 처음 두 파도가 해변으로 밀려

온 것처럼 종교적 차이에 대한 공감적 학습(sympathetic learning)이 유일한 목표인 것처럼 이 작업을 추구하고 있다. 종교적 다양성에서 비롯된 긴장이 계속되고 있는 상황에서 이 분야의 닻으로 남아 있는 공존이라는 규범적 가치를 복잡하게 만드는 것은 현명하지 않은 것처럼 보일 수 있다. 그러나 그러한 신념조차도 문제 제기를 해야 할 필요가 있다. 신학적 다원주의에 대한 헌신은 어떻게 서구적 또는 자유주의적 강요가 될 수 있을까? 종교 간 프로젝트의 근간이 되는 원칙들을 객관적 진리가 아닌 상황적 지식으로 인식하는 것을 어떻게 유지할 수 있을까?[68]

따라서 종교 간 참여의 핵심 과정에는 다종교 문해력과 이해, 대화 및 평화 구축 기술이 포함되는 한편, 더 정교한 탐구가 더 지속적인 진전을 가져올 것이라는 확신에 따라 내러티브를 복잡하게 만들려고 노력한다. 학생들은 집단 내 다양성, 대표의 정치, 차이의 이론화, 전유와 소유권 문제 등을 탐구한다. '종교신학/철학'에 대한 질문은 기독교와 서구(및 남성)의 경험을 탈중심화하기 위해 탈식민주의 이론과 페미니즘 이론의 영향을 받아들인다.

학생들은 '종교 간'(interreligious)이란 제도, 공동체, 성직자, 신, 경전 등 안정적이고 동등한 정의 가능한 실체를 다루고 있다는 가정에 의문을 제기한다. 학생들은 권력과 특권의 문제; 인종, 계급, 성별, 성적 취향, 종교를 둘러싼 정체성의 교차점[69]; 우리의 종교적 서사가 서로에게 미

---

68   Janet Jakobsen, "Ethics After Pluralism," in Courtney Bender and Pamela Klassen, eds., *After Pluralism: Reimagining Religious Engagement* (New York: Columbia University Press, 2010), 31-58 참조.

69   Debra Mubashshir Majeed, "Womanism Encounters Islam," in Stacey Floyd-Thomas, ed., *Deeper Shades of Purple: Womanism in Religion and Society* (New York: New York University Press, 2006), 38-57 참조; 그리고 Laurel Schneider,

치는 영향; 다양한 맥락과 참여 방식70; 공공 광장에서의 종교의 영향71
을 인식한다. 학생들이 자신의 삶이 아닌 다른 삶에 대해 공부할 때는
반드시 체험 학습을 포함하고 타인을 축약하는 것(essentializing)에 저항
해야 한다. 그런 다음 그 전통 안에 있는 동료에게 배운 내용을 전달하고
서로에게 책임감을 갖는다는 것이 무엇을 의미하는지 분별해야 한다.

우리는 의도적으로 탈본질화된 '살아 숨 쉬는 유대교', 주석의 역사에
서 해석학적 렌즈와 사회적 위치를 살펴보는 성경 강좌, '여성의 목소리:
류터(Ruether)와 로데(Lorde), 플라스카우(Plaskow), 와두드(Wadud)' 같
은 종교 간, 교차적 관점으로 젠더와 성, 인종 정의 문제를 탐구하는 세
미나 등을 열어 비판적 참여를 통한 복잡성을 유지하려고 노력하다. 이
러한 강좌들은 목회적 돌봄에서 건설적 신학에 이르기까지 다양한 종교
적 목소리를 담은 폭넓은 교과 과목의 상징이 되고 있다.

"What Race is Your Sex?" in Jennifer Harvey, Karin A. Case, and Robin Hawley
Gorsline, eds., *Disrupting White Supremacy from Within: White People on What
We Need to Do* (Cleveland, OH: Pilgrim Press, 2004), 142-62 참조.

70   대화/연구, 예배, 봉사학습, 사회 정의 활동과 같은 일반적인 참여 방식 외에도, 이 과
　　　목은 미디어와 예술, 사이버 공간, 가족생활 및 교내 활동 참여의 중요한 역할을 탐구
　　　한다.

71   Barbara A. McGraw, "Introduction to America's Sacred Ground," in Barbara
　　　A. McGraw and Jo Renee Formicola, eds., *Taking Religious Pluralism Seriously:
　　　Spiritual Politics on America's Sacred Ground* (Waco, TX: Baylor University
　　　Press, 2005), 1-26; David Hollinger, "Religious Ideas: Should They Be Criti-
　　　cally Engaged or Given a Pass?" *Representations* 101 (Winter 2008): 144-54;
　　　그리고 Eboo Patel, "Religious Pluralism in the Public Square," in Sally Steen-
　　　land, ed., *Debating the Divine: Religion in 21st Century American Democracy*
　　　(Washington DC: Center for American Democracy, 2008), 16-25; Center for
　　　American Progress, June 24, 2008, 2019년 1월 10일 접속; Diana Eck, "Pros-
　　　pects for Pluralism," *Journal of the American Academy of Religion* 75, no. 4
　　　(December 2007): 743-73 참조.

공동체 참여는 본질주의나 획일화된 전통을 넘어 유동적이고 다형적이며 상호 작용하는 인간의 믿음과 행동, 소속감의 영적 패턴과 연결될 수 있는 방법을 제시하기 때문에 이 분야에 필수적이다. 격주로 진행되는 코호트 모임, 전문 워크숍, 교과 과정 프로그램, 그룹 프로젝트, 신학교의 경계를 넘어 학생들이 구조화된 현장 교육 경험과 독립적인 실천에 참여할 수 있는 기회를 통해 에코뮤티는 종교 간 만남의 구체적인 도전에 대한 정교한 인식을 키우려고 노력했다. 비록 학생들이 지역사회 파트너십을 개발하고 프로그램을 설계/실행할 수 있도록 권한을 부여하는 데 항상 성공하지는 못했지만 JCIS는 학생들에게 살아 있는 실험실 역할을 수행했다.

다양한 요인들이 정교한 교육학을 추구하는 데 제약을 가하고 있으며, 이는 시대적 흐름에 역행하는 것이기도 하다. 예를 들어, 많은 기독교인 학생이 종교적 차이에 대한 경험이나 이해가 거의 없기 때문에, 다른 종교를 가진 학생들은 때때로 기독교인 학생들이 진지하지만 무성의한 관심을 표명할 때 이질감을 느낀다고 인식하곤 한다. 어떤 면에서 우리는 새로운 학생이 들어오면 처음부터 다시 시작해야 한다. 제한된 시간으로 인해 학습의 깊이가 줄어들고, 학계와 공공장소에서 종교 간 연구와 참여의 영향을 평가할 수 있는 확립된 지표가 부족하다는 점도 모범 사례의 개발을 방해한다. 신학교의 경우, 한정된 재원 또한 변화를 위한 역량을 감소시킨다: 에코뮤니티는 지원금을 통해 이슬람 연구 분야의 전임 객원 교수를 고용할 수 있었기에 비로소 구체화될 수 있었다. 우리는 다양한 삶의 방식을 인정하려고 노력하지만, 안타깝게도 종종 '아브라함' 종교에 대한 편견을 지속하는 일부 종교에 대해서만 전문 지식과 자원을 개발할 여력이 있다.

4) 교차성(Intersectionality)

CTS의 종교관계학 교육은 체계적인 인종 차별, 성차별, 이성애주의, 빈곤, 환경 파괴, 종교 차별 및 기타 억압에 대응하기 위한 우리의 헌신의 생태를 키우도록 고안되었다. 이에 따라 신학 교육, 종교 간 참여, 사회 정의, 지속 가능성의 교차점에서 활동하기 위해 에코뮤티가 탄생했다. 이 항목들의 마지막 포장을 풀면 상호 의존성이 드러나기 시작한다.

생태학적 요소는 환경 위기에 대한 대응과 창조세계 보호에 대한 관심이 높아짐에 따라 LEED 인증 '골드' 건물로의 전환을 고려할 때 매우 중요한 요소이다. 그러나 우리는 지속가능성을 환경 문제이자 동시에 인간 공동체를 위한 유기적인 목표로 이해한다. 우리는 다양성이 단일 문화보다 더 지속 가능하고 생명을 생산한다는 근본적인 신념을 수용하고 이를 유신론적으로 해석하는 것을 긍정한다: 하늘의 일치는 땅의 다양성을 통해 나타난다는 말도 있듯이.

신학 교육에서 기독교 경험에서부터 탈중심화하는 것은 지구에서 인간의 경험에서 탈중심화하는 것과 맞물려 있으며, 인간 공동체에 대한 우리의 교차적 접근 방식은 생태계 내 상호작용과 유사하다. 이러한 유형의 깊은 생태 의식을 키우려고 에코뮤티는 상호 의존적 관계에 초점을 맞췄다. 코호트 구성원들의 독특한 배경과 재능, 프로젝트의 다양한 측면, CTS의 다양한 센터와 프로그램, 우리와 목표가 겹치는 많은 기관 및 단체와의 시너지 관계, 이 모든 것이 사회체를 하나로 묶고 더 강력한 공동체를 형성하는 결합 조직을 형성한다.

사회 정의 교육학은 단지 진보적이고 정치적 참여를 중시하는 CTS의 맥락에서만 적합한 것이 아니라, 협력과 인정이라는 종교관계학의 규범적 주장에 근본이 된다. '다양성'의 물결 속에서 정체성의 다양성과 역동성이 점점 더 인식되고 있고 우리 모두는 변화하는 균형과 맥락 속에서 인종, 계급, 성별, 성적 지향, 국적 등의 개념을 지니고 있다. '상호주관성'의 흐름 속에서 차별에 도전하고 갈등을 해결하려는 노력은 정체성과 억압의 교차성을 고려해야만 성공할 수 있다는 것이 분명해졌다. 우리는 구체화된 연대나 집단적 주체성을 넘어 우리의 변할 수 없는 상호연결성을 인식한다. 또한 우리는 역사적으로 '여성'이 피부색에 따라 다르게 여겨졌던 것처럼 종교적 경험도 정체성의 다른 요소에 따라 달라지는 경우가 많다는 점에서 개인의 정체성이 사회적 맥락에서 결합하는 독특한 방식을 인식한다. 우리가 서로의 이야기에 대해 책임을 지게 되면서 다양한 학생 집단의 독특한 삶에 대해 이론은 반복적으로 시험되며, 여전히 쓰이고 있다.

CTS의 종교관계학은 하나의 종교의 우위를 주장하지 않고 종교를 이 교차로에 놓는다. 우리는 모든 신학 석사 학생이 '사회적 변화를 창조하며 언약 안에 살기'(Living into our Commitments and Creating Social Change)라는 과정을 수강할 것을 요구한다. 이 과정은 인종, 성별, 성적 취향, 계급 및 종교에 관한 비판적 담론을 탐구하여 공유 언어를 개발하고 종교적 다름을 인간 공동체에 대해 학생들이 생각하는 데 필수적인 부분으로 만들며, 종교 간 참여 방식을 시험하도록 한다. 반대로 종교 간 학습을 강조하는 수업은 강의 계획서와 교실 모두에서 교차로에 있는 다른 모든 다름의 방식들을 고려해야 한다.

교차성은 또한 적용된 맥락에서 중요하다. 예를 들어, JCIS는 표면적으로 인종에 관한 CTS가 후원하는 두 개의 국가 회의인 'Selma at 50: Still Marching'과 'Mapping a Movement'에 상당한 에너지를 쏟았다.

여러 신앙 전통의 목소리의 통합은 작업에 중요한 관점을 가져왔고, 각 사회적 문제가 다른 사람들과 접촉하는 방식에 주의를 기울였으며, 변화를 위한 회의 참가자들의 네트워킹 능력을 강화했다.

이러한 노력과 종교 간 프로젝트에 광범위한 지원을 받으면서도 자원 부족에 대한 긴장을 근절하는 것은 어렵다. 성별, 인종, 성적 취향, 계급, 종교에 대한 경쟁 우선순위는 시간, 사람, 돈, 관심을 위해 경쟁한다. 따라서 종교 간 연구소(InterReligious Institute, IRI)는 심오하게 교차적이고 학제적으로 설계되었으며, 행동주의와 아카데미, 신학 교육 및 기타 분야/직업 그리고 정체성의 다양한 측면을 한데 모았다. 그것은 또한 '아브라함' 전통을 넘어선다. 신학교의 작업에 더 밀접하게 통합된 이 프로젝트는 심의와 집단적 지도력을 위한 강력한 구조를 구축하고 있다.

IRI는 세 개의 플랫폼에서 운영하려고 한다. 인터씽크(InterThink)는 다른 종교들이 만나고 교차 지역 사회를 만들기 위한 메트릭스를 개발하고 모범 사례를 전파한다. 인터페이스(InterFace)는 종교 간 및 기타 다문화 기술이 필요한 다양한 분야의 개인을 위한 지도자 교육을 시행한다. 인터체인지(InterChange)는 사회 변화를 겨냥한 창의적인 교육학과 공공 프로그램을 위한 신학교의 살아 있는 실험실이다. 시카고 신학대학원은 그 과정에서 배운 많은 것을 이 새로운 틀에 쏟아 붓기를 희망한다.

이 경로들은 CTS의 경계를 넘어 종교관계학에 더 넓은 영향을 미칠 수 있을까? 토마스 트위드(Thomas Tweed)는 2008년 그의 책『경계를 넘어가기와 머물기』(Crossing and Dwelling)에서 '일정'(itineraries)이라는 용어의 의미론적 범위를 생각하며 이론에 대한 은유로 제시한다. 여행 일정은 제안된 경로이지만 그것은 또한 그 경로를 따라 구현된 여행이며 특정 위치에서 이야기된 여행에 대한 설명이기도 하다.[72] CST에서 진화하고 있는 교육법(pedagogy)에 대한 논의는 여행 일정과 같다. 이는 비록 하나의 맥락 안에서 펼쳐지는 하나의 관점을 묘사하지만, 그와 동시에 탐구할 아이디어, 챙겨야 할 필수품, 여행시 주의 사항, 비교를 위한 스냅샷 등을 제공하여 동료 여행자들이 종교관계학 교육법의 형성을 기록하는 데 동참할 수 있도록 돕는다.

파도라고 하는 은유의 세계로 다시 돌아가 보자. 만약 사람들과 기관들이 모두 바다의 다른 지점에 있다는 점을 감안할 때, 우리는 종교관계학이라고 하는 조류(currents)에 대해서 무엇을 말할 수 있을까? CTS의 작업은 광범위한 사회적 힘과 학문적 발전들로부터 비롯되었기 때문에, 이 작업의 많은 요소들은 다양한 상황들과 연결될 수 있을 것이다. 물론 우리는 각자 해변을 따라서 자신만의 출발점을 찾을 것이고, 각자의 방식대로 물 속으로 들어갈 것이다. 바다는 계속해서 새로운 파도를 만들어내고 있지만 그 어떤 파도도 아직 완벽히 자신의 임무를 다한 것은 없었다. 종교관계학과 종교 간 참여라고 하는 영역을 위한 완벽한 기준과 목표를 수립하는 것도 어려운 일일 것이다. 하지만 우리는 적어도 서로가 올바른 질문을 할 수 있도록 서로를 도울 수 있다. 대부분의 삶의 방식과 학계의 자기비판 능력은 지금까지 우리가 평등, 차이, 다양성, 상호주관성이라는 물결을 따라 움직이도록 조류의 방향을 이끌었다. 그리고 그러한 능력은 우리를 새로운 지평으로 계속해서 이끌어 갈 것이다.

---

72 Thomas A. Tweed, *Crossing and Dwelling: A Theory of Religion* (Cambridge, MA: Harvard University Press, 2008)은 종교적 삶의 방식을 정적이고 독립적으로 묘사하는 경향을 바로잡으려고 노력한다.

6장

종교적 자아, 종교적 타자
: 함께 형성(coformation) 종교 간 교육 모델

제니퍼 하우 피스(Jennifer Howe Peace)

요약문

우리 졸업생들이 맞이하게 될 복잡한 다종교적 상황을 생각했을 때, 다음 세대의 종교 지도자와 교육자들이 해야 하는 적합한 준비는 어떤 모습일까? 이 장의 중심 질문은 바로 이것이다. 이 질문에 답하기 위해 나는 앤도버뉴튼 신학대학원(Andover Newton Theological School)의 종교관계학(interreligious studies) 전공의 부교수로 있으며, 종교 간 및 지역사회 리더십 교육센터를 공동 설립하며 가졌던 십수 년간의 경험을 바탕으로 한다. 다종교적 역량을 함양하는 열쇠는 형성(formation)의 모델에서 함께 형성(coformation)의 모델로 이동하는 것이다. 함께 형성이란 다양한 종교 공동체에 대해 배우는 것이 아니라(learning about) 그들과 함께 배우는(learning with) 경험을 하는 CIRCLE의 모델을 묘사하기 위해 내가 만든 용어이다. 히브리 칼리지(Hebrew College)와 앤도버뉴튼에서 공유되었던 CIRCLE의 수업들은 유대인과 기독교 교수진 및 학생들이 공동으로 설계하고, 교육과 참여를 하였다. 여기에 상세하게 설명될 이 모델은 종교 간 이해의 정신을 향한 개인과 제도적 변화의 청사진을 제시한다.

1. 들어가며

내가 종교의 역사적·문화적 연구를 해오면서 갖게 된 지속적인 지적 통찰 중 하나는 "우리는 대조를 통해 안다"라는 사실이다. 이러한 지식의 구성 요소는 개념과 아이디어뿐만 아니라 우리의 정체성 감각에도 적용된다. 즉, '나'는 여러 가지 방법으로 정의될 수 있지만, 나를 정의하는 주된 방법 중 하나는 '나'가 '너'가 아니라는 것을 알아차리는 것이다. 이 간단한 대조는 신생아들이 세상을 이해하기 위해 하는 초기 분화의 필수적인 부분이지만, 극단적으로 받아들여질 때는 문제가 될 수 있다. 따라서 건강한 분화와 의미 형성의 과정을 '우리=선'이고 '그들=악'이라고 하는 두 불가침 범주에 대한 병적 헌신과 구별하는 것은 필수이다. 조나단 색스(Jonathan Sacks)가 '병리적 이원론'(pathological dualism)이라고 말한 것을 이해하고 깨부수는 것이 바로 종교 간 신학 교육에 대한 내 주장의 핵심이다.[1] 이 장의 초점은 이 주요 관심을 어떻게 종교 간 교육 모델로

---

1   Jonathan Sacks, *Not in God's Name: Confronting Religious Violence* (New York:

표현할 수 있는지에 대한 것이다.

2008년부터 2018년까지 나는 앤도버뉴튼 신학대학원과 히브리 칼리지가 공동으로 설립한 종교 간 및 지역사회 리더십 교육센터(Interreligious and Community Leadership Education Center, CIRCLE)의 공동 디렉터로서 다종교 세계를 위한 신학 교육을 재상상해볼 수 있는 놀라운 구상의 중심에 서게 되었다. 이 작업은 2002년 바로 인접한 곳에 이사 온 히브리 칼리지와 2003년 그 안에 설립된 랍비 학교의 지리적 운명에 따라 시작되었다. 그러나 창의적인 파트너십은 근접성만으로 가능한 것이 아니다. 두 학교는 수년간 신중한 관계 구축과 지속적인 재정적 헌신, 두 공동체의 지적·정신적 자원의 결합 등을 통해 종교 간 작업을 발전시켜 왔다.[2]

우리의 여정은 하나의 질문에서 시작했다: 우리 졸업생들이 맞이하게 될 복잡한 다종교 상황을 생각했을 때 다음 세대의 종교 지도자들과 교육자들이 해야 하는 적합한 준비는 어떤 모습일까? 놀랍게도 이 질문

Schocken, 2015), 51. "이원론은 다양한 형태로 나타나지만, 그것들 모두가 위험한 것은 아니다. 이원론에는 마음과 몸, 영과 육체를 뚜렷하게 구분하는 플라톤의 이원론이 있다. 또한 우주에 두 개의 다른 초자연적인 힘이 작용하고 있다고 보는 신학적 이원론이 있고, 우리 안에는 선과 악을 본능으로 보는 도덕적 이원론이 있는데, 우리는 그 사이에서 선택해야 한다. 하지만 내가 병리적 이원론이라고 부르는 것도 있다. 그것은 인간 자체를 근본적으로 그리고 존재론적으로 의심할 바 없는 선(good)과 구제할 길이 없는 악(bad)으로 나누는 것이다. 이 이원론에서 당신은 구원과 구속, 혹은 선택받은 자, 아니면 악을 추종하는 사탄의 자녀, 둘 중에 하나이다."

2   특별히 공동 창립자인 히브리 칼리지의 오 로즈(Or Rose) 교수와 앤도버뉴튼의 그레고리 모블리(Gregory Mobley) 교수는 이 작업의 성공과 발전에 중추적인 역할을 했다. 2014년에 임명된 교내 이슬람 학자 셀레나 이브라힘(Celene Ibrahim)과 CIRCLE의 행정관인 쇠렌 헤슬러(Soren Hessler)는 이 일이 새로운 방향으로 나아갈 수 있도록 했다. CIRCLE은 또한 두 학교의 주요 행정관과 교수진, 이사진 및 헌신적인 학생들의 노력과 지도력의 지원을 받았다.

을 처음 제기한 것은 학생들이었다. 랍비 학교의 학생인 베티 앤 밀러 (Betty Ann Miller)는 앤도버뉴튼의 언덕을 가로질러 단지 몇 백 야드 떨어진 곳에서 일어나는 기독교 목회자를 위한 교육 과정이 그녀의 랍비 교육과 어떤 관계가 있을 수 있는지 궁금해 하기 시작했다. 그래서 그녀는 대화 상대를 찾았고, 곧 그녀의 개인적인 탐구는 공동의 여정이 되었다. 유대인과 기독교인, 유니테리언 유니버설리스트(Unitarian Universalist, UU) 등으로 구성된 이 선구적인 학생 그룹은 자신들을 '언덕 위의 여행'(Jour-neys on the Hill), 혹은 줄여서 조스(JOTH)라고 불렀다. 종교 리더십 교육과 관련한 실천적·신학적 염려에 대한 그들의 대화는 센터의 초석이 된 CIRCLE 펠로우십 과정의 기초가 되었다. 이 연합 과정의 도움으로 현재 CIRCLE은 1년간 진행하는 종교 간 배움과 지도자 과정에 치열한 선발을 통해 12명까지 참가자를 선정한다. 펠로우십은 동기 전체들을 위한 전문성 개발 세션과 펠로우 몇 명이 주도하는 개인적 구상이 포함되어 있으며, 이것들은 종교의 경계를 넘어 긍정적인 관계를 증진하고자 고안되었다. 종교 간 교육이 어떻게 앤도버뉴튼 신학대학원과 히브리 칼리지에 필수적인 요소가 되었는지 다소 특이하게 보일 수 있을 것이다. 하지만 우리의 방식을 뒷받침하는 전제와 태도, 전략과 비전은 그들의 상황에서 제도적 변화를 원하는 다른 교육자들에게 도움이 될 수 있을 것이다.

2. 1부: 교육에서 함께 형성으로

2011년 가을 CIRCLE의 3년차가 시작할 무렵 나는 북미에서 가장 큰 신학교 인가 기관인 북미신학교협의회(ATS)에서 출판하는 잡지인《대담》(*Colloquy*)에 글을 써달라고 요청 받았다. 해당 호의 주제는 "다종교 교육 구상"이었다. 우리 교과 과정 설계의 세부사항을 설명하고 무엇이 그것을 독특하거나 새로운 것으로 만드는지 명확하게 설명하기 위해 글을 다듬는 동안, 나는 궁극적으로 우리의 관심은 단지 이미 여러 가지로 가득 차 있는 교과 과정에 새로운 수업이나 종교 간 참여 기회를 추가하는 것이 아니었다는 것을 깨달았다. 우리가 원했던 건 훨씬 급진적인 것으로, 종교 간 대화에 영향을 주고 궁극적으로 신학 교육의 패러다임을 바꾸는 것이었다.

신학대학원과 박사 과정 때의 경험을 돌아보면, 목회와 그 밖에 종교 지도자로서 역할을 위해 받았던 훈련들은 심오한 형성(formation)의 과정이었다. 신학 교육이란 역사와 신학, 윤리, 성경, 목회 상담 등의 필수 요소를 배우는 것을 넘어 사람을 형성시키는 것이다. 이에 CIRCLE이 개발해온 모델이 주는 새로운 의미는 바로 하나의 종교 세계 안에 고립된 상태에서는 우리가 우리의 종교 지도자와 교육자를 형성할 수 없다는 것이었다. 교과 과정에서 명백히 혹은 암시적으로 배제되었던 것들을 통해 드러난 내가 받은 신학 교육의 차안대(遮眼帶: 말의 눈 양 옆을 가리는 것—역자주)는 마치 내가 알아야 하거나 알 수 있는 모든 것이 동료 기독교인들(대개 백인, 남성, 개신교인)의 가르침과 전통에 모두 담겨 있다는 인상을 주었다. 종교적 동기를 지닌 폭력과 종교적 고정관념에 뿌리를 둔 양극화된 수사들이 일상 뉴스를 지배하는 세상에서, 나는 이러한 신학 교육 모델은 우리 졸업생들이 직면하는 현실과 요구에 부적합하다고 확신한다(그것은 결코 적합했던 적이 없다).

CIRCLE을 이끄는 이론은 '종교적 타자'와 함께(with) 배우는 것은 필수적으로 우리 자신의 '종교적 자아'에 대해 더 분명한 감각을 갖게 한다는 것이다. 이것은 종교적 타자에 대해(about) 배우는 것을 규범으로 여기던 주류 세계 종교의 패러다임과 반대된다. 이 모델은 종교 문해력(religious literacy)이 필수적이다. 하지만 그것으로는 충분하지 않다. 나는 《대담》에 쓴 나의 글 서두에 '함께 형성'(coformation)이라는 단어를 만들어 사용했다. 그것은 우리가 추구하고 있던 모델의 새로운 패러다임을 알리는 단어였다:

> '함께'(co)라는 접두사를 '형성' 앞에 붙이고 그것을 신학 교육에 적용하는 것은 학생들이 고립된 상태에서 혼자 형성되는 것이 아니라 역동적인 관계망에 연결되어 형성된다는 것을 주장하는 것이다. 형성을 의도적으로 다종교적 상황 속에서 일어나도록 만드는 것은 우리의 믿음이 더 크고 복잡한 다종교적 (그리고 비종교적) 인류 공동체 안에 존재한다는 현실을 반영하는 것이다. 우리는 우리 학생들이 이 공동체의 조직자이자 교육자, 설교자이자 시민으로서 (신학적, 윤리적, 목회적 등) 다방면의 문제와 마주하고 참여할 수 있도록 준비시키고자 한다.[3]

'함께 형성'(coformation)이라는 용어는 이 모델에 담긴 관계에 대한 기술과 시민적 문제에 대한 우선순위를 넘어, 이 작업의 또 다른 근본적인 측면, 즉 종교 간 교육이라는 전인적 인간을 형성하는 내적 작업의 일부라는 사실을 알린다. 신학 교육 내의 종교 간 교육에 내가 헌신하는 신학

---

3   Jennifer Peace, "Coformation Through Interreligious Learning," *Colloquy* 20, no. 1 (2011): 27, 2019년 10월 12일 접속, http://www.ats.edu/uploads/re-sources/publications-presentations/colloquy/colloquy-2011-fall.pdf.

적 이유가 바로 그것이다. 종교 간 문제에 참여하는 것은 우리가 기독교인이 되는 하나의 '길'이다. 우리가 어떻게 이웃 종교를 이해하고 대하느냐는 신실한 기독교적 삶과 관계가 없는 것이 아니라, 오히려 그 중심에 있다.

나는 버클리 연합신학대학원(Graduate Theological Union, GTU)에서 종교 역사·종교 문화 전공으로 박사 과정에 있을 때, 서로 다른 종교 간의 유사점과 차이점까지 살펴보면서 기독교 영성을 공부하였다. 자신의 신앙생활과 그것을 생동시키는 영적 실천에 대한 관심을 갖는 것은 기독교인이라는 자의식을 형성하게 하는 기본적인 과정이다. 함께 형성은 종교적 타자와 함께 배우는 과정이다. 종교적 '타자'를 종교적 '자아'와 비교하여 알고자 하는 대내외적 요구 모두에 관심을 기울이는 것이다. 따라서 미래의 종교 지도자를 양성하는 과정에서 종교 간 관계를 우선시하면서 동시에 자신의 영적 형성의 내적 차원에 주의를 기울이도록 하는 것은 이 방정식의 필수적인 부분이다.

CIRCLE 안에서 반복적으로 등장하는 정서는 우리가 하고자 하는 일은 유대인이 더 나은 유대인으로, 기독교인이 더 나은 기독교인으로, UU는 더 나은 UU로, 무슬림은 더 나은 무슬림으로 되도록 돕는 일이라는 것이다. 공통성(commonality)을 위해서 고유성(particularity)의 문제를 피해가는 것은 종교 간 교육의 모델이 아니다. 오히려 반대로 교육이 잘 이루어졌다면 학생들은 비록 타 종교 학생들의 실천과 헌신에 약간의 '거룩한 부러움'(holy envy)을 느낄 수 있겠지만, 그들 자신의 정체성에 대해 더 깊은 이해와 감사를 지니게 된다는 것이 우리의 주장이다.

우리 프로그램 초기에 있었던 두 사례가 이 부분을 잘 설명해준다. 첫 번째 사례는 CIRCLE 펠로우십 프로그램 초기 참여자들이 서로 알아가는 과정에서 발생했다. 우리는 서로의 이야기들을 나누고 있었고, 달변가였던 랍비 학교의 학생 댄(Dan)은 그가 유대교에 얼마나 깊이 관계하고 있고 얼마나 유대교에 감사하는지 말했다. 그의 말을 기독교인 학생이었던 팀(Tim)이 이었다. "당신이 유대교를 얼마나 사랑하는지 이야기를 듣고 있다 보니, 나는 내가 기독교에 대해서 말할 때 내 말에 담긴 역설을 빼야겠다는 생각이 들었어요." 팀은 자기 자신의 종교를 비판하는 것에 집중하기보다는 그의 종교 안에 있는 아름다운 것들, 그의 표현에 따르면 '신-미'(神美, theo-aesthetics)적인 것들에 대해 말하기로 바뀌었다.

함께 형성의 과정에서 일어나는 개인적 형성의 관계들에 관한 두 번째 사례는 강의실에서 일어난 일이다. 나는 히브리 칼리지에서 일하는 동료이자 CIRCLE의 공동 디렉터인 오 로즈(Or Rose)와 함께 유대교-기독교의 관계에 대한 수업을 일 년간 함께 가르친 적이 있었다. 그때 그렉(Greg)이라고 하는 한 학생은 이 주제에 대해 자신이 굉장히 잘 알고 있다는 확신을 가지고 수업에 들어왔다. 그는 그 자신이 종교 간 사역을 하는 목회자이며 유대인 아내와 결혼한 지 수년이 되었다는 사실을 나눴다. 하지만 일 년간의 대화와 성찰, 독서의 시간 후에 그렉은 전혀 예상치 못한 깨달음을 얻었다. 그는 처음에는 여러 종교 간의 유사성에 깊이 공감하며 이 수업에 들어왔는데, 마지막 기말 과제에서는 다음과 같이 적었다:

내가 아직 알지 못했던 것은 서로 간의 차이에 대해서 훨씬 더 많은 이해와 공감이 필요하다는 사실이었고, 단순히 서로에게 익숙한 것을 찾는 것 그리고 관용하는 것을 넘어서야 한다는 사실이었다. 우리는 모든 것에 공통점을 갖고 있는 것이 아니며, 이 사실에는 아무런 문제가 없다. 아니, 오히려 꼭 필요한 것이다. 우리의 차이 안에 우리 각자의 풍요로움, 깊이 그리고 세계가 놓여 있다.

그 결과 그렉은 자신의 종교적 정체성의 뚜렷한 윤곽과 진화를 보기 위하여 침례교 뿌리를 다시 찾아나가기로 결심하였다. 나는 종교 간 활동에 참여하는 것을 말할 때 포트럭(potluck: 각자 음식을 싸와 함께 나눠 먹는 것—역자주)의 비유를 사용하는 것을 좋아한다. 각자 자기 자신의 종교적 정체성을 이해하고 소유한다는 것은 종교 간 대화의 식탁에 각자의 음식을 가져오는 것과 비슷하다.

　나는 종교 간 활동에 동일성(sameness)을 강조하며 참여하는 그렉과 같은 학생들을 종종 만난다. 만약 '동일성'이 종교 간 관계에 들어오는 입장료라면, 종교적 헌신과 고유성은 그것에 현저히 반대되는 것으로 볼 수 있다. 물론 이 동일성을 강조하는 것 뒤에는 보통 이타적인 동기가 있지만, 또한 차이가 위협이 되기도 한다는 암묵적 전제를 드러내는 것이기도 하다. 나는 종교 간 교육에 접근할 때, 우리 모두가 공유하는 인간성과 존엄성을 강조하지만 그에 상응하는 중요한 부분은 공동체와 개인들을 서로 구분하는 환원할 수 없는 차이에 깊이 빠져들어보는 것이라고 생각한다. 종교 간 지도자는 바로 이러한 차이들이 지워지거나 평평해지는 것이 아니라 보호하고 기념되어야 한다는 걸 이해하는 사람이다.

3. 2부: 종교 간 교육 및 변혁적 배움

함께 형성의 개념 안에는 변화를 향한 기대가 내재되어 있다. 진정한 배움이란 변화의 과정이다. 앤도버뉴튼 신학대학원의 윤리학 교수였던 맥스 스택하우스(Max Stackhouse)는 진정한 기독교인이 되기 위해서는 계속적으로 회심(conversion)에 열려 있어야 한다고 말한 적이 있다. 나는 박사 과정 연구의 일부분으로 베네딕토 수도원에서 현장 조사를 하였을 때, 이러한 가르침이 또한 '콘베르사티오 모룸'(conversatio morum)이라고 하는 수도원의 맹세에 들어 있는 것을 보았다. 그들은 그것을 "변화에 대해 매일 열려 있기"라고 해석하였다.[4] 이러한 인식론적 겸손이 동반된 개방적 자세는 배움 그 자체에 필수적이고, 또한 우리가 CIRCLE에서 헌신하고 있는 함께 형성의 종교 간 교육 모델에 필수 요소이다.

나는 그간 교수로서 학생들이 새로운 통찰을 마주하며, 수업에 처음 들어왔을 때와 달라지거나 크게 영향 받은 자신의 모습에 경외로움을 느끼는 것을 수년간 봐오는 특권을 누렸다. 어떤 면에서 강의실은 학생들이 자유롭게 새로운 개념들을 배우고 생각의 끈을 쫓아갈 수 있는 안전한 공간이다. 학생들은 자신의 이론과 신학적 의미를 쫓아갈 수 있으면서 동시에 그러한 지적 실험의 결과에 크게 구애받지 않는다. 복잡한

---

4   "베네딕토 수도회 규칙 58장에 수록된 바에 따르면 신자가 해야 하는 세 가지 서원은 안정, 콘베르사티오 모룸과 순종이다. 안정과 콘베르사티오 모룸은 베네딕토회만의 독특한 것이다. 안정은 레지나 라우디스(Regina Laudis)라는 물리적 '장소'와 땅에 자신을 구속하는 것뿐만 아니라 공동체의 정신과 열망을 지닌 개인적 정체성을 의미한다. 라틴어 '콘베르사티오'에 뿌리를 둔 콘베르사티오 모룸은 '안정'을 보완하며 수녀에게 매일매일 기꺼이 '변화'할 것을 당부한다." Abbey of Regina Laudis, "Final Profession of Mother Alma," 2019년 10월 2일 접속, http://abbeyofreginalaudis. org/ceremonies-MotherAlma.html.

종교 간 문제의 딜레마들을 강의실이라고 하는 상대적으로 안전한 곳에서 씨름하는 것은 학생들이 후에 강의실 바깥에서 경험하게 될 유사한 상황들에 대해 준비할 수 있도록 정신근육 기억(mental muscle memory)을 만들어준다. 종교 지도자들에게 확신과 호기심 그리고 복잡한 문제들에 대해 여러 종교를 넘나들 수 있는 능력을 훈련시키기 위해서 우리는 신학대학원의 명시적(explicit), 잠재적(implicit), 영적(null, 零) 교과과정에 관심을 기울여야 한다.

"우리의 경험이 우리를 변화시킨다." 내가 오 로즈, 셀린 이브라힘과 함께 보스턴 지역의 종교 간 리더십에 대해 가르칠 때, 바스마(Basma)라고 하는 뒷줄에 앉아 있던 이집트에서 온 무슬림 학생은 매우 단순하면서도 심오한 자신의 생각을 이렇게 나눴다. 그녀는 모든 그녀의 중요한 인간관계가 다른 무슬림들과의 관계였던 무슬림이 다수인 나라에서 자란 그녀의 경험에 대해 이야기하는 중이었다. 학교를 다니려고 그녀의 남편과 함께 미국에 온 그녀는 다양한 종교 배경을 지닌 사람들을 만나며 무수히 많은 새로운 경험을 하게 되었다. 그리고 바스마는 CIRCLE의 펠로우가 되었고, 앤도버뉴튼에서 온 기독교(형제단) 학생과 함께 동료 모임을 1년간 이끌었다. 그들의 주제는 경전에 나타난 종교적 타자에 대한 묘사였다. 그 그룹의 전문성으로 인해 그들은 유대교와 기독교, 이슬람교의 문헌들을 히브리어와 아랍어, 영어로 살펴보았다. 바스마의 말은 우리가 학생들에게 주는 경험의 종류들이 얼마나 중요한지 깨닫게 했다.

종교 간 교육은 다양한 방법으로 이해된다. 어느 특정한 신학대학원들에서는 정확하게 비교 신학의 부분으로 다뤄진다.[5] 많은 일반 대학에서는 종교 문해력이 주된 패러다임이다.[6] CIRCLE의 접근은 '관계 형성을 통한 종교 간 배움'의 힘을 강조하며 목회를 위한 광범위한 형성 과정에 집중한다. 학생들이 관계를 맺으며 오랜 시간을 지내면(학생들은 앤도버뉴튼 신학대학원이나 히브리 칼리지의 학위 과정에서 보통 2년에서 6년 사이의 시간을 보낸다), 그들의 질문이나 답변들이 전환되고 깊어지는 것을 볼 수 있다. 나의 대화 상대자가 나를 하나의 사람으로 이해하고 환영한다는 사실을 알게 되면 변혁적 배움으로 이끄는 신뢰와 겸손함(vulnerability)의 가능성이 만들어진다.

이러한 종교 간 교육에 대한 나의 접근 방식은 내가 종교 역사가로 교육을 받은 것에서 영향을 받았다. 종교 역사학이란 어떻게 종교 전통들이 발전되고, 상호작용하고, 개인과 공동체에게 역사 속에서 어떤 영향을 미쳤는지 등에 관한 다양한 범주의 문제들에 대한 학제 간 비교 접근이다. 나는 과거의 이야기들을 이해하며 현재 종교들 사이에 발생하는 문제들을 분석할 수 있는 통찰력과 도구들이 담긴 사고의 패러다임과 패턴을 얻는다.

나의 관심은 또한 내가 대학시절 남아시아학을 전공할 때 형성되기 시작했던 윤리적 관심에 힘입은 바 있다. 나는 1947년 8월 인도의 분할과 국경에서 발생한 대규모 폭력에 관한 이야기들을 읽으면서, 어떻게 공동체가 만들어지고 파괴되는지 질문했다. 분리 이전에 서로를 이웃으

---

5   다음 책들을 보라. Francis x. Clooney *"The New Comparative Theology: Interreligious Insights from the Next Generation"* (New York: Continuum, 2010), 혹은 Catherine Cornille, *The Im-Possibility of Interreligious Dialogue* (New York: Crossroad, 2008).

6   다음 책들을 보라. Stephen Prothero, *Religious Literacy: What Every American Needs to Know And Doesn't* (New York: HarperOne, 2008), 혹은 Diane Moore, *Overcoming Religious Illiteracy: A Cultural Studies Approach to the Study of Religion in Secondary Education* (New York: Palgrave Macmillan, 2007).

로 여기며 살아가던 이들이 어떻게 종교 정체성이라는 렌즈를 토대로 서로를 제한적으로 여기게 되었을까? 어떻게 이웃이 하룻밤 만에 적이 되었을까? 어떻게 단절된 관계들이 회복될 수 있을까? 이 질문들은 역사책에만 국한되는 것이 아니다. 이 질문들은 두 개의 냉혹하고도 상대적으로 최근의 일들이었던 1994년 4월 르완다, 1995년 7월 스레브레니차(Srebrenica: 인종 청소의 대량 살상이 일어났던 보스니아의 한 도시─역자주)에서 일어났던 일들을 이해하려고 할 때에도 계속해서 다시 등장한다.

과거와 현대의 집단 폭력의 예들을 볼 때, 특히 종교적 언어로 분열의 선이 그려져 있는 경우, 나는 우리의 미래 종교 지도자들이 종교 간 이해를 함양하도록 하는 것은 윤리적 의무라고 생각한다. 종교 공동체의 구성원인 우리는 우리가 속해 있는 종교 전통의 이름으로 자행되는 폭력을 인식해야 하고, 동시에 그것을 매도해야 한다. 미래 종교 지도자들이 집단 폭력으로 발생한 분열을 치유하고, 종교 폭력 앞에 평화를 위해 일하도록 준비시켜줄 기술과 태도, 경험을 제공하지 않고 "무너진 곳을 보수하며" 교육을 한다는 것은 부적절하고 비도덕적인 일이다.[7] 나는 종교 간 지도자의 중심 임무 중 하나는 '타자'의 안녕과 종교적 정체성을 지키는 것, 특히 취약한 종교적 소수들의 안녕과 정체성을 지키는 것이라고 생각한다.[8]

우리를 나누는 선들은 매우 다양하며, 우리의 정체성은 항상 우리의

---

7 이 표현은 이사야 58장 12절에서 비롯되었다. "네게서 날 자들이 오래 황폐된 곳들을 다시 세울 것이며 너는 역대의 파괴된 기초를 쌓으리니 너를 일컬어 무너진 데를 보수하는 자라 할 것이며 길을 수축하여 거할 곳이 되게 하는 자라 하리라."

8 시민 사회에서 종교 간 대화의 역할을 탐구하려 한다면 다음 책을 참고하라. Oddbjørn Leirvik, *Interreligious Studies: A Relational Approach to Religious Activism and the Study of Religion* (New York: Bloomsbury, 2014).

종교적 소속보다 더 복잡하다. 이것이 바로 종교 간 교육자들이 기여할 수 있는 부분이다. 그들은 이 정체성의 교차성과 관련된 학문을 도출하고 기여하는 것뿐만 아니라 인종 차별, 성차별, 동성애 혐오, 반유대주의, 능력주의, 연령주의, 그 외 특정 정체성 범주를 기반으로 한 다른 형태의 혐오들과 같은 억압의 체계를 정의하고 해체하는 데 초점을 맞춘 학문 등에 기여할 수 있다. 나의 여성주의 연구의 배경은 남성 중심의 영역인 학계와 종교계에서 여성으로 일하는 나의 경험들이 더해져 여성주의적 의식 개발과 종교 간 교육의 근본적인 업무들 사이에 있는 유사점들을 발견하게 했다. 둘 다 의식 제고의 일들이다. 궁극적으로 누군가의 의식을 제고한다는 것은 강제할 수 없고, 오직 격려만 할 수 있다. 교육자로서 나의 업무는 학생들이 충분히 안전함을 느끼고 궁금해 할 수 있도록 그들의 차안대(遮眼帶)를 제거하고 바꿀 수 있는 환경을 만들어 주는 것이다.

4. 3부: 교육 과정 설계와 제도적 변화

지금까지 우리는 CIRCLE의 비전을 살펴보고, 우리가 종교 간 교육을 대하는 데 도움을 준 중요한 몇 가지 통찰을 구체화했다. 이제는 이러한 이상을 실현할 수 있는 정규 교육 과정과 연계 교육 활동들에 대해 서술하고자 한다. 2008년 내가 앤도버뉴튼 신학대학원에 처음 왔을 때 이미 학생들이 이끌어가는 동료 모임과 필요에 따라 수업 및 학교 행사들이 공동으로 진행되고 있었다. 우리는 CIRCLE을 설립하면서, 이 일이 더욱 광범위하게 학교를 변화시킬 수 있도록 전략적이고 장기적인 비전을 만들기 시작했다. 헨리 루스 재단(Henry Luce Foundation)에 제출한 초기 지원사업 신청서에 우리는 우리의 연구 목표를 광범위한 관점에서 설정했다. 종교 간 프로그램들을 개발하기 위해 새로운 자원을 추가하는 것을 넘어, 우리는 어떻게 CIRCLE이 앤도버뉴튼 신학대학원과 히브리 칼리지 두 교정 안에서 종교 간 이해의 정신을 함양하고 조직 변화의 촉매제가 될 수 있을지 고민했다.

두 학교의 학생들은 그들의 호기심과 기업가적인 에너지를 가지고 학교 변화를 위한 기틀을 만들었다. 그들은 두 학교를 모두 다니며 새로운 다종교 학생 그룹인 '언덕 위의 여행'(Journeys on the Hill, JOTH)을 만들었다. 학생들은 또한 신속하게 그들과 함께할 교수들을 찾았고, 교수들은 여러 공동수업을 열기 시작했다. 이러한 일들이 계속 발전되었고, 힘이 모이면서 결국 지원사업 신청으로 이어졌다. 감사하게도 헨리 루스 재단이 2008년 중요한 재정적 자원을 마련해주었고, 이를 통해 CIRCLE이 설립되었다. 그리고 CIRCLE은 두 학교 사이의 종교 간 작업이 실행될 수 있는 매우 중요한 기반 시설이 되었다.

학사 과정과 공동 장학금 그리고 공동 수업 이 세 가지가 CIRCLE의 가장 중요한 중심 과제였고, 이는 교과 과정 변화와 형성에 가장 큰 영향을 미쳤다. 그 결과로 만들어진 교과 및 조직의 변화를 논하기 전에 이 세 가지 프로그램의 주요 특징을 살펴보는 것은 의미가 있다.

1) 학교 간(Cross-campus) 프로그래밍

CIRCLE은 종종 두 학교를 다양한 종교 간 참여의 모델들을 탐구해볼 수 있는 '살아 있는 연구소'(living laboratory)라고 묘사한다. 교내 프로그래밍은 새로운 아이디어가 생기고, 그중 어떤 것들은 학교생활에 실제 적용되기도 하는 아주 중요한 곳이다. 포괄적으로 표현하자면 우리의 교내 프로그램들은 보통 다음 세 가지 중 하나, 혹은 그 이상의 목표를 갖는다: (1) 각각의 종교 전통에서 중요한 순간을 함께 인정하거나 축하하는 것 (2) 종교 문해력 혹은 종교 간 이해를 증가시키는 강의와 간담회, 혹은 컨퍼런스 (3) 종교의 경계를 넘나들며 관계를 강화하거나 구축하는 것에 초점을 맞춘 활동, 행사 또는 프로그램. 이 목표들은 우리가 새로운 프로그램을 지원하고자 고려할 때 일종의 기준점이 된다.

매년 후원, 공동 후원, 혹은 지원하는 선택 프로그램들 외에, CIRCLE 이 만들어내는 가장 큰 연간 프로그램은 봄맞이 공동체의 날(Joint Spring Community Day)이다. 이 행사는 원래 앤도버뉴튼에서 매년 봄과 가을에 진행하던 '공동체의 날'이 발전된 것이다. 앤도버뉴튼이 히브리 칼리지를 초청해 함께 행사를 한 이후, 이것이 발전되어 CIRCLE의 펠로우들이 CIRCLE의 공동 디렉터들의 안내를 따라 직접 계획하는 중요한 공동 전통이 되었다. 두 학교는 이날을 위해 모두 전적으로 헌신한다. 양교 모두 이날은 행정을 멈추고, 모든 학생과 직원, 교수에게 하루 종일 진행되는 관계 형성, 공동 식사, 함께 배움의 시간들에 참여할 것을 강력하게 요청한다. 어떤 이들에게는 이것이 이웃 학교의 학생들에게 자신을 소개하는 첫 번째 시간이 되기도 한다. 그러한 만남은 종종 새로운 연결과 새로운 약속으로 이어져 이후 몇 년 동안 새로운 구상, 프로그램, 혹은 펠로우십의 씨앗이 되기도 한다.

하나의 행사가 공동의 전통이 되는 또 하나의 예는 CIRCLE이 후원하여 매년 진행되는 숙곳(Sukkot, 초막절)이다. 숙곳은 낯선 사람을 환영한다는 기대가 내재되어 있는 유대인의 가을 절기이다. 이 행사는 앤도버뉴튼 학생들이 학기 초 히브리 칼리지를 방문하여 수카(Sukkah: 숙곳 동안 지내며 생활하는 초막—역자주)에 앉아 이날의 핵심인 환대를 경험해보며 유대인들의 특별한 실천을 살짝 엿볼 수 있는 진정한 기회이다. 이날은 또한 우리 CIRCLE의 새로운 펠로우를 소개하고 다른 학생들에게 동료 모임에 참여하도록 초청하는 좋은 시간이 되어왔다. 이 행사를 여러 해 함께 하면서 숙곳은 매년 기대되는 공동의 전통이 되었다.

교과 외 프로그램들이 궁극적으로 어떻게 교과 과정 설계에 영향을 미칠 수 있는지는 지금 소개할 이 마지막 사례가 잘 설명해준다. 이 사례는 역동적인 종교 간 교육 모델을 만들기 위해 혁신 문화와 기업가적 에너지가 얼마나 중요한지 보여준다. 한번은 커트(Kurt)라는 형사사법제도에 관심이 많은 학생이 있었다. 그는 파테이커스(Partakers)라고 하는 보스턴 기반의 단체와 관계를 맺기 시작했다. 이 단체는 수감자들 중 고졸 학력인증서 혹은 대학 학위를 갖고자 하는 이들에게 멘토가 되고자 하는 자원봉사자들을 팀으로 조직해주는 곳이었다.[9] 그는 졸업하기 전, 이 협력관계를 지속하기 위해, 공동 디렉터들과 함께 이 일을 CIRCLE의 펠로우십 프로그램 안에 포함시키려고 노력했다. 그 결과, 수년간 이 프로그램은 매년 두 명씩 (각 학교에서 한 학생씩) 참가하여 계속되었고, 이들은 '교도소 정의와 목회 피어그룹'을 이끌었다. 앤도버뉴튼의 심리학과 목회 신학 교수인 브리타 길-오스턴(Brita Gill-Austern) 교수는 이 그룹에 1년간 참여하였고, 후에 교도소 정의에 대한 수업을 열게 되었다. 이것이 바로 학생이 주도하여 시작한 프로젝트가 학교의 교과 과정 안으로

---

9   파테이커스의 'College Behind Bars' 멘토링 프로그램을 보기 위해서는 다음 웹사이트를 참고하라. 2019년 10월 12일 접속, http://partakers.org/site/college-be-hind-bars/.

들어온 사례이다. 모든 프로그램이나 행사가 공동의 전통이 되거나 교과 과정 안으로 들어온 것은 아니지만, 매년 학생들의 관심에 의해 영향을 받고 CIRCLE의 공동 디렉터들의 지도를 받아 실행되는 창조적인 프로그램들은 각 학교의 학풍에 영향을 주는 새로운 아이디어의 역동적인 상호작용을 가능하게 한다.

2) CIRCLE 펠로우십 프로그램

'대하여(about)가 아니라 함께(with) 배움'의 모델은 강의실 안팎에서 일어나는 CIRCLE의 업무를 관통하며, 특히 펠로우십 프로그램의 중요한 원칙이다. 펠로우십 프로그램은 변화하는 자료와 종교 간 교류 모델의 변화로 수년간 수정되고 정제되고 변경되었지만, 이 원칙만큼은 처음부터 지금까지 중심적이고 뚜렷한 특징으로 지속되고 있다. CIRCLE 프로그램의 한 가지 목표는 우리 신학교 학생들의 목표와 경험의 범위를 존중하기 위해 여러 진입점과 헌신의 수준을 제공하는 것이다. 참여가 가능한 정도에 따라, 학생들은 단일 행사에 참석하거나, 공동 수업을 듣거나, 1년 간 종교 간 동료 모임에 참여하거나, 혹은 가장 집약적으로 실시하는 CIRCLE의 펠로우 등으로 신청할 수 있다.

펠로우십 프로그램은 (서로 다른 종교 출신인) 둘 혹은 세 명의 학생이 하나의 팀을 결성하여 지원하게 되어 있다. 이 과정은 학생들이 이 모델의 핵심인 관계 형성부터 시작하도록 한다.[10] 이 과정은 또한 이 일의

---

10 여기서 자세히 설명하는 것은 이 장의 범위를 벗어나지만, 관계 형성에 의존하는 프로그램을 설계할 때 학생들 사이의 권력 역학과 인종 차별과 다른 형태의 차별이 어떻게 특정 학생들에게 불이익을 주거나 심지어 참여하지 못하게 할 수 있는지 고려하는 것

핵심 가치인 동등성(parity)을 초기 계획 단계부터 경험하도록 한다. 우리는 학생들에게 주제를 생각하라고 할 때, 각자의 종교 전통에서 그들에게 영감을 주고, 동기를 부여하거나, 당면한 문제를 해결하기 위해 어떤 식으로든 준비를 시켜주는 공동의 주제를 생각해볼 것을 요청한다. 그렇게 해서 학생들이 생각해낸 주제들은 환경 문제, 공유 텍스트 연구, 예술 표현(영성의 형태로서의 노래에서부터 시, 멀티미디어 예술에 이르기까지), 교도소 정의, 여성 리더십, 성소수자(LGBTQ) 등이 있었다. 우리는 이 모델을 통해 학생들이 미래 종교 지도자로서 그들의 역할과 의무를 이해하는 방법을 획기적으로 넓히는 강력한 함께 형성을 경험한다는 것을 발견했다.

펠로우들은 공동의 주제를 통해 활동하는 것 외에 또한 CIRCLE의 공동 디렉터들이 고안한 1년간의 지도력 개발 프로그램에 코호트(cohort: 함께 학교나 프로그램 등을 시작하여 지속적인 교류와 교제를 하는 집단—역자주)로 참여한다. 이 코호트 미팅의 한 가지 목표는 이들이 졸업한 후에도 현장에서 서로에게 동료가 되고 자원이 될 수 있도록 공동체 의식을 만들어주는 것이다. 이 모임에서는 개인들의 이야기와 신학적인 질문들을 나누는 것뿐만 아니라, 성공적인 종교 간 행사를 만들어내기 위한 기본적인 사항들에서부터 지원 사업 신청서 작성과 어려운 대화를 촉진할 때 필요한 전략과 방법들까지 모든 것을 다룬다.

우리는 이 모델을 유대교와 기독교, UU를 넘어 확장하기 위해, 보스턴 지역의 무슬림들과 적극적으로 관계를 만들어나갔다. 그 결과 나는 2002년 이슬람 학자인 셀린 이브라힘(Celene Ibrahim)의 지원과 도움을

이 중요하다. 우리 자신의 프로그램에서 나는 CIRCLE 펠로우에 지원하기 위해 필요한 초기 파트너십을 형성하는 데 편견이 어떻게 영향을 미칠 수 있는지에 대해 점점 더 알게 되었다.

받아 무슬림 여성들의 모임을 만들었다. 우리는 이 그룹을 '세 번째 목요일'이라고 불렀고, 더 넓은 무슬림 공동체의 필요와 자원들에 대해 매달 만나 1년간 대화하고 관계를 형성했다. 이러한 대화의 일환으로 우리는 우리의 CIRCLE 펠로우십 프로그램에 '무슬림 공동체 펠로우'를 초청하기로 결정했다. 관심과 참여는 매년 늘었고, 결국 셸린 이브라힘을 우리의 세 번째 공동 디렉터이자 양교 캠퍼스에 상주하는 이슬람 학자(Islamic Scholar-in-Residence)로 임명하는 역사적인 결정의 토대를 마련했다.

펠로우십 프로그램 첫해 우리는 학생들에게 큰 금액의 생활비를 제공하였고 매주 코호트 만남을 가졌다. 이후 우리는 생활비를 유지 가능한 정도로 줄이고 그 대신 그들을 지원하기 위해 기부금을 늘렸다. 또한 매주 만났던 코호트 만남은 월간 만남으로 줄였다. 이 펠로우들의 혁신과 지도력은 수년 간 우리 학교 정신에 실로 엄청난 영향을 주었다. 현재 우리는 이 펠로우십 프로그램을 거쳐 간 100여 명이 넘는 펠로우 졸업생들에게 이 프로그램이 어떤 영향을 미쳤는지를 살펴보기 위해 설문조사를 보내고 인터뷰를 실시하는 등 질적 연구를 진행하고 있는 과정에 있다. 펠로우들에게 우리가 초기에 받은 답변에 따르면 그들은 이 프로그램이 자신들이 종교 지도자로 활동하는 데에 큰 영향을 주었고 깊이 연관성이 있었다고 이야기한다. 한 무슬림 펠로우는 어떻게 이 프로그램이 자신이 갖고 있던 종교 간 활동에 대한 패러다임을 변화시켰는지 나누었다.

저의 종교 간 활동은 일방향적(one-directional)이었습니다. 사람들이 모스크로 와서 이슬람에 대한 정보를 구하면, 저희는 그것을 제공해주는 것이었습니다. CIRCLE에서 만든 종교 간 파트너십의 모델은 달랐습니다. 종종 한 가지 주제에 여러 종교의 관점이 참여했고, 그 과정 중에 각자 자신의 전통에 대해 또한 동등하게 배워나갔습니다. 저는 제가 사용하던 모델보다 더욱 협동적이고 풍요로웠던 이 접근 방법을 알게 된 것을 정말 감사하게 생각합니다.[11]

3) 공동 수업

'인덕 위의 여행'(JOTH)이 처음 만들어질 때부터, 학생들은 함께 배움의 기회가 단순히 교과 외 과정으로만이 아니라 학점을 받을 수 있는 수업이 되기를 원했다. 그들은 이 일을 기꺼이 함께해줄 파트너들을 양 교정에서 수소문했고, 마침내 히브리 칼리지의 오 로즈 교수와 앤도버뉴튼의 그레고리 모블리(Gregory Mobley)를 찾았다. 이들은 매우 중요한 초기 지도력을 제공하며 수년간 여러 공동 수업을 가르쳤다.

점점 더 많은 교수가 공동 수업에 함께하면서, 우리는 수업을 더욱 체계적으로 제공하기 시작하며 종교 간 리더십에 대해 탄탄한 기본을 쌓고 나가고 싶어 하는 학생들에게 일관된 범위와 순서를 만들어나갔다. 몇 년간 우리가 성공적이라고 생각한 수업들을 보면 그 수업들은 다음 세 가지 영역 중 하나에 속한다는 것을 발견했다: 공유 본문 연구, 실천적 혹은 목회적 문제, 사회정의 주제. 이것들은 공동 수업이 서로 배움을 확실하게 강화하고, 상호 동기부여 의식이 강한 것으로 보이는 분야였다. 마지막 필수요소는 이 영역들이 각 학교의 많은 학생에게 어필하고 각각의 학위 프로그램에 기여했다는 것이다. 이 세 영역 외에도, 우리는

---

11   Jennifer Peace, "Grant Report: July 1, 2013-June 30, 2014." 헨리 루스 재단에 제출된, 출판되지 않은 보고서임. (May 15, 2014), 4.

특히 종교 간 리더십의 다양한 차원을 이해하는 데 초점을 맞춘 일련의 과정을 제공하기 시작했다. 공동 수업을 위한 핵심 영역을 식별함으로써 우리는 학생들 및 교수진의 관심사에 부합하는 다양한 특정 과정을 제공하는 동시에 우리가 제공하는 수업들에 일관성과 예측 가능성을 제공할 수 있게 되었다.

5. 4부: 앤도버뉴튼에서 종교 간 활동을 제도화하기

제도화는 필수적으로 시간이 많이 들고, 이사회와 총장 및 학장, 교수, 교직원, 학생 등 많은 사람이 개입된다. 우리는 의식적으로 우리의 모든 작업에 동등성을 신경 썼지만, 학교의 제도적 변화는 히브리 칼리지와 앤도버뉴튼 신학대학원에서 유사하면서도 구별된 흐름으로 진행되었다. 이곳에서는 나 자신의 위치로 인해 앤도버뉴튼에서의 흐름에 집중하여 서술하고자 한다.

앤도버뉴튼에서 CIRCLE이 만들어낸 제도적 변화 중 가장 큰 성공은 바로 종교관계학 전공의 정년 트랙 교수직을 만든 것이다. 앤도버뉴튼 역사상 처음 만들어진 이 자리는 미국 전체에도 극히 드물다. 이 자리는 2012년 앤도버뉴튼의 이사회와 교수진 양쪽 모두에서 전원일치로 승인되었다. 내부 지원자로 모든 심사 과정을 거친 뒤, 나는 이 자리의 첫 주인공이 되었다. 2015년에 나는 정년직 심사에 통과하였고 부교수가 되었다. 이미 정년을 부여받은 교수의 지지하에 종교 간 활동을 고정시키는 것은 이 학교의 학문적 세계에서 중심성을 확립하는 중요한 단계였다.

사라 드러몬드(Sarah Drummond) 학장의 리더십을 통해 종교 간 교육은 임의로 개설되는 수업에서 정규 교과의 중심으로 변화하였다. 종교 간 문제와 관련한 수업들은 원래 선택 과목들이었다. 하지만 예정되어 있던 교과 검토 과정에서 우리는 모든 목회학 석사(M.Div.) 학생이 적어도 종교 간 문제와 관련한 수업을 하나 이상 들어야 할 것을 추가했다. 그 다음 단계는 5개 과목으로 구성된 종교 간 지도력 자격증 과정의 탄생이었다. CIRCLE의 공동 디렉터들은 양쪽 학교의 교과 과정과 필요를 염두에 두고 함께 종교 간 자격증 과정을 설계하였다. 앤도버뉴튼에서는 이 과정을 만드는 것이 수월했다. 왜냐하면 앤도버뉴튼에는 이미 이전에 만들어진 여러 개의 자격증 과정이 있었기 때문이다. 히브리 칼리지에서는 자격증을 만든다는 것이 완전히 새로운 학문적 범주를 만든다는 것을 의미했고, 그 말은 곧 이전에는 공동 자격증 과정이 결코 완전히 구현된 적이 없다는 것을 뜻했다. 우리는 이 일을 통해 교육 과정이 너무나 다른 두 학교가 교육 과정을 함께 바꾼다고 하는 것이 얼마나 힘든 일인지 깨달았다. CIRCLE이 두 교정과 더 넓은 세계를 위해 필요한 종교 간 전공 석사 학위를 만들려고 할 때 이때 배운 교훈들이 큰 도움을 주었다.

앤도버뉴튼 신학대학원과 히브리 칼리지가 2015년 각각의 학교에서 새로운 석사 학위 과정을 시작한 것은 제도화를 위한 중요한 이정표가 되었다. 앤도버뉴튼의 종교 간 국제 지도자 석사 과정(Master of Global Interreligious Leadership, MGIL)은 북미신학교협의회에서 승인을 받았고, 2015년 가을 첫해에 매우 다양한 그룹의 학생들을 받은 앞서가는 학위 과정이었다. 앤도버뉴튼의 학위는 무슬림들과 기독교인들 그리고 UU 학생들의 코호트가 있었으며, 히브리 칼리지에는 유대교 학생들의 두 번째 코호트가 있었다. 루스 재단은 MGIL 석사 학위를 다음과 같이 설

명한다:

이 과정의 목표는 현재와 미래 공동체 지도자들이 서로 다른 종교와 문화
에서 온 사람들 사이의 전례 없는 상호작용을 효과적으로 이끌어갈 지식
과 기술을 개발하도록 돕는 것이다. MGIL은 새롭게 떠오르는, 혹은 경험
있는 성직자들과 종교 교육가, 지역사회 조직자, 비영리 및 시민 단체의
지도자 등과 같은 사람들의 교육적 형성과 관련한 시급한 필요들을 다룬
다. 이 과정은 앤도버뉴튼이나 히브리 칼리지 중 한쪽에서 석사 학위를
받고, 상대편 학교에서 자격증을 받는 식으로 설계되었다. 이 과정은 두
학교 어느 곳에서나 18개월 안에 마칠 수 있으며, 다양한 것이 온라인으
로 가능하다.12

MGIL 과정은 캠퍼스 간 행사, 공동 강의 과목, 공유 교수진 개발, 지속적
인 의사 결정과 공동 의사 결정을 가능하게 하는 기관 간 구조 등을 통해
만들어진 강력한 관계를 기반으로 구축되었다.

　　종교 간 이해를 제도화하는 데는 교수진의 승인, 행정 지도력, 교육
과정과 공동 교과 과정 등이 필요하지만, 종종 간과되는 한 가지 요소는
물리적 공간이다. 우리의 작업은 각자의 공간을 공유하면서 시간이 지
남에 따라 진화했지만, 2008년 루스 재단에서 받은 첫 번째 지원사업
때부터 이 일에 특별히 전념할 수 있는 공간을 만들기 위해 노력했다.
닉 카터(Nick Carter)가 앤도버뉴튼의 총장으로 10년 임기를 마치고, 마

12　Celene Ibrahim, and Or Rose. "Annual Grant Report." 헨리 루스 재단에 제출된,
　　출판되지 않은 보고서임. (May 2015), 8.

틴 코펜하버(Martin Copenhaver) 차기 총장이 왔을 때 그는 학교 외부에 거처를 구하였다. 그러면서 역사적인 총장 공관이 더 이상 총장 공관으로서 역할이 없어졌다. 그리고 교정 언덕 꼭대기에 있는 총장 공관을 유대인과 기독교인, UU, 무슬림 공동체 구성원들의 종교 간 생활과 학습, 연구를 위한 역동적인 센터로 지정하자는 생각은 앤도버뉴튼 이사회를 포함한 많은 사람에게 영감을 주었다. 2015년 여름 이사회는 만장일치로 그 일을 하기로 의결했다.

'CIRCLE HOUSE'는 히브리 칼리지와 앤도버뉴튼 신학대학원 그리고 우리의 무슬림 파트너들에게 정말로 필요했던 공동체 형성의 장소를 제공해주었다. 또한 우리와 제휴되어 있는 혁신적인 종교 간 및/또는 이슬람 교육 업무를 하는 지역사회 기반 조직들과 새로운 협력의 가능성을 확대시켰고, 종교 간 행사나 그룹 미팅을 위해서 자연스러운 공간이 되었다. 총장 공관을 종교 간 배움을 위한 센터로 전환하는 결정은 또한 학교가 종교 간 활동에 대한 끊임없는 제도적 헌신을 하고 있다는 것을 보여준 일이다. 이 공간은 무엇보다 학생들이 종교적 차이를 넘어서 서로 다른 학생들을 만나고, 서로를 알아갈 수 있는 새로운 공유 공간이 되었다. 이곳에서 학생들은 격식 없이 종교적 차이를 넘어 진정한 우정을 쌓을 수 있었다. 세계는 이와 같은 공간이 더욱 많이 필요하다.

일반적으로 기독교 교육가로서 볼 때, 종교 간 교육에서 중요한 것은 신학 교육에서도 중요하다. 그것은 바로 '종교적 타자'와의 관계와 이해에 대한 패러다임 전환이다. 과거에 (그리고 여전히 어떠한 신학교에서) 종교적 타자는 주로 선교나 개종 전도를 위해 타 종교 내용을 다루는 수업 등에서 다뤄지는 경우가 대부분이었다.[13] 하지만 CIRCLE의 접근은 많은 프로그램들에서 실시되는 중립적 종교 문해 접근도 넘어서서, 더 나은 종교 지도자, 더 나은 종교 간 지도자를 길러내는 변화의 배움(trans-formative learning)을 추구하였다.[14] 만약 우리 학생들이 21세기 다종교적 상황에서 발생하는 긴급한 필요와 각종 이슈들에 책임성을 갖고, 효과적으로 참여하고자 한다면, 자기 자신을 종교적 타자와의 관계 속에서 깊이 이해하는 것은 더 이상 선택이 아니고 의무이기 때문이다.

십여 년간 CIRCLE의 공동 디렉터를 하고 난 뒤 나는 종교 간 교육이 신학대학원 교육에 필수적인 부분이라는 것에 어느 때보다 확신하고 있다. 임시 학생 운영의 프로그램에서 새로운 정년직 교수 자리와 국제종교 간 지도자 석사 학위 과정을 승인받기까지 CIRCLE이 걸어온 길은 물론 우리의 특수한 상황에서 일어난 일이다. 하지만 이와 비슷한 혁신에 대한 필요와 신학 교육의 주된 패러다임으로 종교 간 함께 형성을 받아들이는 것은 광범위하게 적용 가능하다.

내가 가장 희망하는 것은 우리가 CIRCLE을 통해 해왔던 일들이 다른 이들에게 영감의 원천이 되고, 하나의 모범이 되며, 우리도 우리의 일을 더 개발하고 심화하기 위해 다른 이들의 본보기를 배우는 것이다. 나는 이런 역동적인 대화에 대한 관심을 가지고 전국적인 차원에서 대화가 일어날 수 있도록 새로운 플랫폼을 만들었다. 2013년에 나는 북미종교학회(American Academy of Religions, AAR)에 호마이라 지아드(Homayra

---

13   어번 신학대학원(Auburn Seminary)은 미국 신학대학원의 다종교 교육의 상황에 대한 연구를 2009년 게시하였다. 이 연구는 "다종교 교육이 개종 전도를 증가시킨다"는 생각이 미국 신학대학원이 이 영역의 수업들을 제공하는 세 가지 이유 중에 하나라는 사실을 보고하였다. Auburn Seminary, Center for Multifaith Education, *Beyond World Religions: The State of Multifaith Education in American Theological Schools*, 2009, 2019년 10월 19일 접속, http://www.auburnseminary.org/seminarystudy.

14   흥미로운 점은 어번 신학대학원이 찾아낸 또 다른 이유 두 가지는 "다종교 교육은 더 나은 종교 지도자를 만들어내니까"와 "그것이 신앙을 강화해주니까"였다는 사실이다.

Ziad)와 함께 종교관계학 그룹(Interreligious and Interfaith Studies Group)을 만들었다. 그리고 이후 열렬한 지지와 관심에 힘입어 나는 종교관계학학회(Association for Interreligious and Interfaith Studies, AIIS)를 2017년에 설립했다. 이 학회는 종교학에서 새롭게 등장하는 이 패러다임의 잠재력을 발전시키고 탐구하며, 또한 이것이 교육 기관과 시민사회에 어떤 의미를 주는지를 연구하는 것에 헌신하는 학자들의 모임이다.

이런 일이 어떻게 일어나는지에 대한 많은 세부 사항은 주요 뉴스 매체나 학술지에 나타나지만, 하나의 프로그램, 하나의 수업, 하나의 변화된 마음, 하나의 기관의 변화들이 만들어내는 잔물결들은 수없이 많은 방법으로 매일 나타나고 있다. 나는 헨리 루스 재단에 우리의 활동을 보고할 때 이 잔물결의 한 장면을 담으려 한 적이 있다:

저는 제도적 변화는 느리다는 것과 종교적인 분열을 넘나들며 일하는 변화된 지도자들에게는 긴급한 필요들이 있다는 것을 모두 잘 알고 있습니다. 이 한 개의 보고서가 다루고 있는 지난 2년 동안만 해도, 우리는 우리의 높은 시민적 가치를 감추어버리는 종교적 편협의 이야기들을 수없이 마주해왔습니다. 그것들은 2010년 뉴욕 파크 51 커뮤니티 센터에 대해 일어난 전국적인 논란에서부터(테러로 인해 무너진 뉴욕의 세계무역센터 자리인 그라운드 제로에 근접한 곳에 이슬람 커뮤니티 센터와 모스크를 짓는 것이 일으킨 전국적인 논란을 말함—역자주) 피터 킹의 반(反)무슬림 의회 청문회, 올 8월 위스콘신 주 오크 크릭에 있는 시크교 구드와라(Gurdwara: 시크교의 예배당—역자주)에서 발생한 총기 난사로 인해 6명이 사망한 사건까지 포함합니다.

이렇게 이 나라 시민들의 삶에 잘못된 일이 발생할 때마다, 우리는 또한 용기와 비전의 행동으로 일어나는 사람들을 보았습니다. 즉, 그 부서진 곳에 들어가 치유의 대리인 역할을 하는 사람들 말입니다. 파크 51 논쟁이 발생했을 때, 유대인과 거듭난 기독교인, 무신론자가 한 팀을 이뤄 이 파크 51에 대한 거짓 선전에 맞서기 위해 수백 시간을 할애했습니다. (그중 한 사람인 조시 스탠튼Josh Stanton은 CIRCLE의 온라인 출판물인 Journal of Interrelious Studies와 'State of Formation'이라는 블로그 사이트를 만든 사람입니다). 피터 킹 하원의원(공화당-뉴욕)이 '미국 무슬림의 급진화 범위'에 대한 청문회를 소집하자, 앤도버뉴튼 신학대학원과 히브리 칼리지가 설립한 ICPL(Interreligious Center for Public Life)의 무슬림·유대인·기독교 지도자들이 다른 지도자들과 함께 선출직 공무원들에게 공동 편지를 보내며 청문회를 규탄하는 글을 올렸고, 각각의 공동체에서 대화의 자리들을 소집했습니다. 위스콘신 주 오크 크릭 시에 있는 시크교 사원에서 살인 사건이 발생했을 때, 저와 다이애나 에크(Diana Eck)가 함께 가르쳤던 여름 세미나 '다종교 공동체 설립과 리더십'을 듣던 학생들은 공격이 있은 다음 주 애도의 편지, 공개 지지 편지, 설교 그리고 지역의 구드와라 모임에 연대하는 것으로 응답했습니다.

이 모든 응답은 CIRCLE의 사업이 이 언덕꼭대기를 넘어서는 파급효과를 가질 수 있고, 또 이미 갖고 있다는 저의 확신을 확인해줍니다. 우리는 프로그램과 구조들을 만들어내고 있습니다. 하지만 가장 중요한 것은 종교 폭력에 대해 우리가 기술과 용기를 가지고 함께 대응하도록 하는 이해의 정신을 기르는 것입니다. CIRCLE의 헌신과 수많은 사람의 종교 간 다리 놓기를 위한 헌신은 새로운 연결이 만들어질 때마다, 이해가 무지를 맞설 때마다, 사랑과 연대가 증오와 고립을 이길 때마다 더 강해집니다. 우리는 언제 사고가 발생할지 예측할 수 없지만, 그것을 보수하는 지난한 작업을 위해 필요한 능력을 갖춘 지도자들을 계속해서 준비할 수 있고, 또한 해야만 합니다.[15]

6. 나가며

나는 이 장을 시작하며 앤도버뉴튼 신학대학원과 히브리 칼리지에서의 종교 간 활동이 하나의 질문으로 시작되었다는 사실에 주목했다: 우리의 졸업생들이 맞이하게 될 복잡한 다종교적 상황을 생각했을 때, 다음 세대의 종교 지도자와 교육자들이 해야 하는 적합한 준비는 어떤 모습일까? 수년간의 실험과 성찰, 전략 개발을 하면서 우리의 질문은 바뀌었고 늘어났다. 우리는 더 이상 종교 간 리더십의 능력이 적합한 준비를 위해 필수적인 것인지 아닌지를 묻지 않는다. 대신 우리의 질문은 '어떻게'와 '무엇을'의 세부 내용에 더욱 집중되어 있다. 종교 형성의 모델(a model of religious formation)에서 종교 간 함께 형성의 모델(a model of interreligious coformation)로 전환하기 위해 우리는 어떻게 교과 과정을 설계해야 하는가? 종교 간 관계와 관련한 문제들이 단순히 주변부나 선택의 문제로 남지 않게 하기 위해서 그것들을 우리의 교과 과정에 어떻게 통합시켜야 하는가? 어떤 교과 과정의 설계, 교육적 프로그램 그리고 교육

---

15   Jennifer Peace, "Final Report on Luce Grant funding from July 2010-June 2012." 헨리 루스 재단에 제출된, 출판되지 않은 보고서임. (September 2012) 17-18.

전략이 이 모든 일을 가장 잘 도울 것인가? 유능한 종교 지도자가 다양한 종교를 가지고 있는 동료들과 지역사회 이해관계자들과 효과적으로 일하기 위해 알아야 할 사항이나 행동은 무엇일까? 이것들은 우리가 홀로 대답할 수 있는 질문들이 아니다. 이 책의 각 장들이 우리가 함께 이러한 긴급한 질문들에 직면할 때 필요한 틀을 제공해주고, 세부사항들을 알려줄 것이다.16

---

16 2019년 6월 앤도버뉴튼 신학대학원은 매사추세츠 주에 있는 뉴튼 캠퍼스를 닫았으며, 예일 대학교가 있는 뉴헤이븐으로 이사하였다. 예일 대학교의 앤도버뉴튼 신학대학원은 더 이상 CIRCLE 프로그램을 운영하지 않는다. 하지만 CIRCLE의 유산은 이 프로그램에 영향을 받았던 이들의 삶과 목회에 그리고 히브리 칼리지의 종교 간 배움과 리더십을 위한 베티 앤 그린바움 밀러 센터(Betty Ann Greenbaum Miller Center for Interreligious Learning and Leadership)에서 계속된다.

3부

종교 간 교육의 복잡성

◈

7장

아프리카계 미국인의
종교 다원주의 교육

모니카 A. 콜먼(Monica A. Coleman)

요약문

이 장에서는 아프리카계 미국인(African American)의 문화적 경험에 비추어 종교 다원주의의 고전적 이론에 대한 나의 교육학적 고찰을 반영한다. 아프리카계 미국인의 문화적 맥락은 종교 다원주의 이론에서 제기되는 질문을 어떻게 변화시킬까? 사람들은 아프리카계 미국인의 기독교를 구성하는 오늘날의 다양한 종교적 유입 현상을 어떻게 탐구할까? 아프리카계 미국인이 경험한 역사적·문화적·정치적 특수성 때문에 종교적 차이에도 불구하고 지속되는 공통된 주제가 있다면 무엇일까? 나는 클레어몬트 신학대학원(Claremont School of Theology)에서 신학교육 대학원 과정을 가르치면서 이러한 질문들을 탐구했다. 두 개의 다른 과목에서 나는 생생한 경험과 학문적이지 않은 종교 텍스트들에 초점을 맞췄다. 이 수업들은 실천가들을 위한 회고록과 영감을 주는 텍스트를 배정하며, 현장을 방문하고 종교 지도자를 연사로 초청하는 일들이 포함되었다. 나는 다양한 학문 분야에서 이론적 명제를 찾았고, 때로는 대중적인 선집에서도 찾았다. 나는 강의 자료가 모든 학생에게 관련성이 있었는지 확인했다. 이 강의를 통해, 학생들과 나는 종교 다원주의와 관련된 아프리카계 미국인의 종교에 대해 세 가지를 배웠다: 아프리카계 미국인의 종교성 자체는 종교적으로 다원적이고, 아프리카계 미국인의 삶은 종교적 경계를 넘어 살아가는 데 필요한 도구와 선물을 모두 제공하며, 아프리카계 미국인의 종교성은 아프리카계 미국인의 문화와 정치의 표식을 나타낸다는 사실이다. 아프리카계 미국인의 종교 다원주의를 조사하는 것, 또한 종교 다원주의의 주요 질문을 개인과 공동체가 종교적 차이를 가로지르고 통합하는 방법에 대한 조사로 재구성하는 것은 종교 다원주의의 지적 활동을 확장하는 데 도움이 된다.

1. 들어가며

나는 오랫동안 종교 다원주의에 대한 고전적 이론이 아프리카계 미국인의 종교성을 설명하지 못했고 설명할 수도 없다고 생각했다. 나는 이러한 의구심을 수업으로 가져와 아프리카계 미국인의 상황이 종교 다원주의에 대한 대화를 어떻게 변화시키는지 학생들과 함께 탐구할 수 있었다. 이 장에서 나는 클레어몬트 신학대학원에서 아프리카계 미국인의 종교적 다양성에 관한 두 과목을 어떻게 개발했는지 공유하면서, 종교적 경험을 이끌어내는 것의 중요성을 아프리카계 학문적 종교 분야 외부의 텍스트에서 도출하여 비흑인 학생들을 위한 관련성 확립에 초점을 맞추고자 한다.

일종의 서문으로, 두 가지 이야기로 이 대화를 시작하고 싶다. 클레어몬트 대학원에서 박사 과정을 시작하는 첫해에 나는 데이비드 레이 그리핀(David Ray Griffin)이 가르치는 종교 다원주의 관련 강의를 들었다. 그리핀은 이후에 『심층 종교 다원주의』(*Deep Religious Pluralism*)가 된 책을 구상하고 있었다.[1] 종교 다원주의에 관한 고전적인 이론을 여러 권 읽었지만, 기말시험 과제에서 나는 흑인 여성 잡지 《에센스》(*Essense*)에 실린 편집자에게 보낸 다음과 같은 익명의 편지에 흥미가 생겼다: "우리 가족은 여전히 명절을 크게 기념하지만 나는 요루바(Yoruba)로 개종했다. 어떻게 하면 가족의 믿음을 존중하면서도 나의 종교를 존중할 수 있을까?"[2] 나는 이 간결한 편지로, 1970년대 흑인 예술 운동이 '1965년 이민 및 국적법'(Immigration and Nationality Act of 1965)과 쿠바인의 뉴욕 이민이 미국 노예 체제의 후손들 사이에서 전통 요루바 종교 관습(Santeria, Lukumi, Ifa 포함)을 크게 부흥시키는 계기가 되어 아프리카계 미국인 문화에서 일어날 수 있는 일을 보여주는 하나의 예로 보았다.[3] 이 익명 작

---

1   David Ray Griffin, ed., *Deep Religious Pluralism* (Louisville, KY: Westminster John Knox, 2005).

2   Anonymous, Letter to the Editor, *Essence* (November 2000): 98.

3   참조, Tracey E. Hucks, *Yoruba Traditions and African American Religious Nationalism* (Albuquerque, NM: University of New Mexico Press: 2014); 그리고 Anthony B. Pinn, "Ashe! Santeria, Orisha-Voodoo and Oyotunji Village," in *Varieties of African American Religious Experience* (Minneapolis, MN: Fortress, 1998): 53-103.

가의 가족 신앙을 존중하는 것에 대한 고민은 아프리카계 미국인의 정체성에서 가족이 차지하는 강력한 역할을 반영하기도 한다. 이를 정확한 단어로 설명하기 어렵지만, 고맥락(high-context) 문화권의 개인들이 가족 내 종교적 차이를 정체성 위기로 전환하는 공동체와 자아에 대한 상호연결성을 가지고 있다고 생각했다.4 좀 더 긍정적으로 말하자면, 고맥락 문화권의 가족과 공동체의 강한 연결들은 종교 간 이해의 실천들을 발전시키는 원동력으로 작용할 수 있다.

당시에 나는 존 캅(John Cobb)의 상호 변혁 이론을 흑인 개신교와 서아프리카에서 유래한 전통 종교의 현대적 만남을 상상하는 방식으로 그려보려고 시도했다.5 이 이론에서 캅은 두 종교의 만남이 다른 종교의 수행자뿐만 아니라 종교 자체를 변화시킨다고 제안한다. 캅이 '불교화된 기독교'(Buddhized Christianity)와 '기독교화된 불교'(Christianized Buddhism)에 대해 서술하는 방식에 근거하여, 나는 요루바와 기독교의 상호작용이 마찬가지로 요루바화된 기독교(Yorubized Christianity)와 기독교화된 요루바(Christianized Yoruba)를 만들어낼 수 있다고 상상해보았다.

그리핀(Griffin)과 나는 이 시험지에 결함이 있다는 것을 알고 있었다. 이 이론은 낙관적으로 적용되었을 뿐만 아니라 최고라고 생각하는 부분도 결함이 있었다. 그리핀은 내가 무언가를 발견했다고 확신했기 때문에 이 문제에 대해 계속 생각해보라고 격려했다. 그때 나는 신학과 진리의 주장보다 더 중요한 것이 있다는 걸 설명할 수 없었다. 즉, 문화적 자

---

4   Edward T. Hall, *The Silent Language*, 1959 (New York: Anchor Books, 1973).

5   John B. Cobb, *Beyond Dialogue: Toward a Mutual Transformation of Christianity and Buddhism* (Eugene, OR: Wipf and Stock, 1998).

부심과 이주(migration)가 아프리카계 미국인들이 종교적 차이를 경험하는 방식에 큰 영향을 미친다는 것을 표현할 수 있는 언어를 찾을 수 없었다. 1960년대와 1970년대에 미국 정치에서 시민의 평등권, 흑인 권력, 흑인 미학 운동은 아프리카계 미국인의 종교성에 영향을 미쳤으며, 많은 아프리카계 미국인이 범아프리카 정치 및 문화적 자부심과 더 밀접한 관련이 있다고 생각되는 종교로 개종하게 되었다—이슬람 국가(Nation of Islam), 수니파 이슬람(Sunni Islam), 아프리카 전통 종교와 같은. 따라서 아프리카계 미국인 공동체 내에서 일종의 종교 다원주의가 생겨났으며, 이는 신학적 이해의 변화만큼이나—혹은 그 이상으로—정체성 형성과 보존이라는 지지적 행위와 연결되었다. 수업 시간에 배웠던 사상가들에게는 이러한 시사점을 전혀 발견하지 못했었다.

몇 년 후 노스캐롤라이나 주 그린스버러(Greensboro)에 있는 베넷 여성대학(Bennett College for Women)에서 첫 번째 교수직을 맡았을 때, 나는 아프리카계 미국인의 종교사를 주제로 학부 과정을 가르쳤다. 학생들은 모두 미국 남동부에 뿌리를 둔 아프리카계 미국인 여성들이었다. 대부분의 학생들은 목회 현장에서 활동하는 여성의 존재와 비종교적 흑인 대형교회 문화를 보편적으로 경험했다. 나는 앨버트 라보토(Albert Raboteau)의 대표작인 『노예 종교』(*Slave Religion*)를 3주에 걸쳐 강의했다.[6] 서아프리카의 폰(Fon)족과 다호메이(Dahomey)족의 종교가 아이티와 루이지애나 여러 지역에서 가톨릭과 혼합되는 과정에 대해 수업하던 중 한 학생이 이렇게 물었다: "얼마나 많은 사람이 보둔(Vodun: 아프리카

---

6   Albert J. Raboteau, *Slave Religion: The "Invisible Institution" in the Antebellum South* (New York: Oxford University Press, 1978).

토착의 애미미즘적 민간 신앙, 부두교라고도 한다—역자주)을 수행하나요?" 나의 즉각적인 대답은 다소 경솔했다: "모두 가톨릭 미사에 참석하기 때문에 아무도 정확히 모릅니다." 이 말을 하자마자 나는 아프리카계 미국인의 종교를 가르치려면 종교 다원주의를 독특한 방식으로 가르쳐야 한다는 것을 깨달았다. 아프리카계 미국인 종교학은 개인과 공동체가 종교적 차이를 어떻게 협상하는지에 대해 탐구하기보다 개인과 공동체가 종교적 차이를 가로질러 그리고 그 안에서 어떻게 살아가는지에 대한 토론이 필요하다.

이 두 가지 경험은 종교 다원주의와 아프리카계 미국인의 종교 사상에 대한 고전적인 이론을 탐구하는 나에게 시금석과도 같다. 아프리카계 미국인의 문화적 맥락은 종교 다원주의 이론에서 제기되는 질문을 어떻게 변화시킬까? 사람들은 아프리카계 미국인의 기독교를 구성하는 다양한 종교적 입장의 현대적 표현을 어떻게 탐색할까? 아프리카계 미국인이 경험한 역사적·문화적·정치적 특수성 때문에 종교적 차이에도 불구하고 지속되는 공통된 주제가 있다면 무엇일까? 나는 클레어몬트 신학대학원(Claremont School of Theology, CST)의 교수로서 대학원 과정에서 이러한 개념을 탐구했다.

CST에서 근무하는 동안 종교 전통을 아우르는 교육에 대한 사명은 독특하면서도 분명했다. 나는 새로운 기관 사명 선언문이 채택된 2008년에 채용되었는데, 사명 선언문은 다음과 같다: "에큐메니컬 및 종교 간 교육 기관인 클레어몬트 신학대학원은 21세기 점점 더 다양해지는 다종교 세계에서 영적 지도자로 사고와 행동을 효과적으로 수행하는 데 필요한 윤리적 통합성, 종교적 지성, 문화 간 이해를 학생들에게 심어주기 위해 노력합니다." 모든 학생은 이 교육기관이 다양한 종교 전통에 내재된 가치를 긍정하며, 대부분의 과목에서 종교적 다원성을 교육에 포함한다는 것을 이해한다. 종교 다원주의의 주요 이론가인 존 힉(John Hick)과 존 캅(John B. Cobb Jr.)을 배출한 기관인 만큼 이미 종교 다원주의 이론에 대한 수업이 개설되어 있었다.

종교 다원주의 이론에 대한 나의 교육은 예수에 대한 특정 신념을 고수하는 것이 배타적인 구원 수단이라고 믿는 기독교인들에게 종교적 다원성을 신학적 문제로 제시했다. 나는 이 문제에 대한 세 가지 주요 반응이 배타주의(exclusivism), 포용주의(inclusivism), 다원주의(pluralism)라는 것을 배웠다. 식민지 선교사들에 의해 기독교인(주로 가톨릭 신자)과 3분의 2 세계의 비기독교인 공동체가 만났던 경험에서 비롯된 다원주의적 접근을 통해 선하고 진실해 보이는 비기독교인이 기독교의 구원 약속을 거부하지 않을 수 있는 방법을 이해하려고 한다. '익명의 기독교인'(anonymous Christians)에 대한 칼 라너(Karl Rahner)의 설명을 넘어, 종교 다원주의 이론은 진리 주장이 서로 다르고 신에 대한 생각이 다른 종교 전통이 서로를 존중하고 평화롭게 함께 살며, 서로를 개종시키기보다 이해하려고 노력하고, 심지어 서로에게 배우고 변화될 수 있는 방법을 설명한다. 나는 이러한 전통 안에서, 존 힉(John Hick)과 폴 니터(Paul Knitter), 윌프레드 캔트웰 스미스(Wilfred Cantwell Smith), 존 캅(John B. Cobb), 마크 하임(S. Mark Heim), 다이애나 에크(Diana Eck), 데이비드 레이 그리핀의 저작을 읽었다.

이 다양한 사상가들(그리고 다른 많은 사상가들)은 서로 다른 종교의 주요 교리를 살펴보고, 비교 및 대조하고, 유사한 철학 체계에서 공명을 찾고, 다른 출발점이나 다른 목적의 타당성을 주장하며, 공동의 선을 위한 비전이나 노력을 공유한다. 나는 이러한 관점에 반대하지 않았고, 많은 우호적인 비평가들처럼 그 장단점에 주목했다. 이 학문의 계보는 주로 백인 기독교 남성들이 종교 다원주의에 관심을 갖고 있는 것처럼 보이지만, 앞서 언급한 《에센스》(*Essence*)에 보낸 편지를 보면 그렇지 않다는 것을 알 수 있다. 이 모든 글에는 제국주의 기독교와 이슬람교, 유대교, 불교, 힌두교 이외의 전통을 완전히 무시하고—때로는 묵살하는—내용이 담겨 있다. 그리고 나는 무엇인가 중요한 것이 빠져 있다는 것을 알았다.

나는 종교 다원주의를 연구할 때에 문화의 역할을 살펴보고 싶었고, 기존 이론에서 발견할 수 있는 것과는 다른 것을 발견할 수 있을지도 모른다는 기대감을 품고 있었다. 2010년 가을에 나는 광범위한 매개변수를 가진 강좌를 제안했다: '문화적 맥락에서 종교 다원주의'(Religious Pluralism in Cultural Context)였다. 나는 아프리카계 미국인 문화를 탐구하고자 했지만, 다른 교수진도 같은 과목 번호를 사용하여 다른 문화적 맥락을 탐구할 수 있을 것이라 생각했다. 그래서 과정 설명을 이렇게 작성했다:

종교 다원주의의 주요 이론은 비기독교 종교가 기독교의 구원 및 선택 교리와 어떻게 관련되어 있는지 이해하려는 서구 기독교의 철학적 욕구에서 비롯되었다. 현대 사회에서 종교 다원성에 대한 경험은 고전적 이론과 거의 일치하지 않다. 이는 문화적 다양성으로 인해 더 복잡해진다. 이 강좌에서는 문화가 종교적 정체성과 상호작용하는 방식을 논의하여 혼합주의, 다중 종교 소속, 초종교적 영성 및 실용주의 윤리의 문제를 제기한다. 내러티브, 회고록, 동기 부여 문학, 인터뷰 및/또는 현장 방문을 통해 문화적 맥락에서 종교적 경험을 고려할 것이다.

2. 삶의 경험

나는 삶의 경험에 중점을 두기 시작했다. 나는 흑인 신학과 우머니스트 신학에 뿌리를 둔 해방 신학자로 훈련을 받았다. 또한 영국의 경험적 전통(empirical tradition)과 깊은 관련이 있는 철학인 종교의 과정철학자로 훈련을 받았다. 이 두 분야 모두 이론이나 신학적 성찰로 나아가기 전에 경험에서 출발한다. 사실 모든 이론화는 세상에서의 경험에 기초하고 그 경험에 의해 검증되어야 한다. 나는 기존의 종교 다원주의 이론이 아프리카계 미국인의 종교적 다원성을 설명할 수 없다고 느꼈기 때문에, 가장 영향을 많이 받은 사람들의 삶에 비추어 이론을 검토하고 평가할 수 있도록 이론보다 실천가들의 생생한 경험을 우선시해야 했다.7

나는 회고록과 초청 연사, 현장 방문이라는 세 가지 방식으로 종교 체험을 진행했다. 나는 명백히 기독교인이 아닌 아프리카계 미국인의 영적 글을 살펴보고 싶었다. 흑인 경험에 대한 적절한 반응으로 이교도 정체성을 묘사한 앨리스 워커(Alice Walker)의 에세이를 사용했다. 이 에세이의 제목은 "당신이 천국에 가려는 유일한 이유는(The Only Reason You Want to Go to Heaven Is That You Have Been Driven Out of Your Mind 〔Off Your Land and Out of Your Lover's Arms〕: Clear Seeing Inherited Religion and Claiming the Pagan Self)"이며 워커의 책 『사랑의 힘』(*Anything We Love Can Be Saved*)의 첫 번째 장이다.8 또한 자조(self-help)/영감과 회고록이

---

7   참조, Catherine Albanese, *America: Religions and Religion* (Belmont, CA: Wadsworth, 2006); Nancy T. Ammerman, *Everyday Religion: Observing Modern Religious Lives* (New York: Oxford University Press, 2007); Meredith B. McGuire, *Lived Religion: Faith and Practice in Everyday Life* (New York: Oxford University Press, 2008).

결합된 회고록과 책들도 사용했다. 얀 윌리스(Jan Willis)의 회고록인 『꿈꾸는 나』(Dreaming Me)는 흑인 불교도들 사이에서 잘 알려져 있고, 흑인 신사상(New Thought)의 지도자인 데보라 L. 존슨(Deborah L. Johnson)과 마이클 버나드 벡위드(Michael Bernad Beckwith), 이얀라 반잔트(Iyanla Vanzant)의 책은 후자의 범주에 속한다.[9]

이러한 작업을 할당하는 것은 여러 가지 교육적, 이론적 기능을 수행한다. 나는 비신학자들이 신학을 구성하고 종교는 신성한 텍스트 외부에 존재한다고 믿는다. 우머니스트 신학은 오랫동안 신학적 통찰과 종교 윤리를 위해 흑인 여성 문학에 대한 탐구를 긍정해왔다. 나는 이러한 전통을 이어받아 학문적 연구를 넘어 아프리카계 미국인의 삶과 사상에 대한 내러티브 묘사를 살펴본다. 이러한 텍스트는 그 자체로 신성한 정보원이기 때문에, 나는 종교 다원주의의 연구에는 정경 원전을 나란히 비교하는 것이 가장 좋다는 생각에 반박한다. 이러한 대안적 텍스트는 일부 종교 전통이 정경 원전에 중심을 두지 않는다는 점과 성스러운 원전의 정경이 계속 확장되고 있다는 점을 상기시켜준다.[10]

---

8   Alice Walker, "The Only Reason You Want to Go to Heaven Is That You Have Been Driven Out of Your Mind (Off Your Land and Out of Your Lover's Arms): Clear Seeing Inherited Religion and Claiming the Pagan Self," in *Anything We Love Can Be Saved: A Writer's Activism* (New York: Ballatine, 1997), 1-28.

9   Michael Bernard Beckwith, *Spiritual Liberation: Fulfilling Your Soul's Potential* (New York: Atria Books, 2009); Deborah L. Johnson, *The Sacred Yes: Letters from the Infinite* (Boulder, CO: Sounds True, 2006); Iyanla Vanzant, *Tapping the Power Within: a Path to Self-Empowerment for Women* (Carlsbad, CA: Hay House, 1998, 2009).

10   한 가지 예로, 트레이시 헉스(Tracey Hucks)는 이파(전통 요루바 종교) 신도들이 인류학자와 미술사학자의 학술 저서를 통해 신앙에 대해 배우는 경우가 많다는 글을 썼다. 그렇다고 해서 이파의 경전인 오두(Odu)는 구전으로 전해 내려오는 경전으로 완

이러한 저자들과 책들의 선택은 비기독교 아프리카계 미국인 영성의 복잡성을 강조한다. 워커(Walker)는 내가 선택한 에세이에서 자신을 이교도라고 밝혔지만, 이후 에세이에서는 불교의 페마 초드론(Pema Chodron)의 작품이 자신의 영성에 어떤 영향을 미쳤는지에 대해 이야기한다.11 윌리스(Willis)의 저서『꿈꾸는 나』(*Dreaming Me*)는 "아프리카계 미국인 여성의 불교 여정"부터 "아프리카계 미국인 여성의 영적 여정", "흑인, 침례교도, 불교도 – 한 여성의 영적 여정"에 이르기까지 이후 판본마다 다른 부제가 붙었다. 인종과 성별, 개종을 다양하게 강조하는 윌리스는 자신의 여정에 대한 복잡한 이해를 제공한다. 마찬가지로 반잔트(Vanzant)의『내면의 힘을 일깨워라』(*Tapping the Power Within*)에는 두 가지 중요한 버전이 있다. 초판에서 그녀는 자신을 흑인 여성의 영적 건강을 위해 글을 쓰는 요루바족 여사제로 묘사한다. 이 책은 기독교 신자가 아닌 사람들도 이해할 수 있도록 요루바족 의식을 설명했다. 20년 후, 반잔트는 신사상(New Thought) 통합 사역자로서 경험을 바탕으로 모든 여성의 교화를 위한 이러한 가르침의 관련성을 강조한다(아프리카 의식은 편집되거나 선택적 자료로 제공된다). 또한 우리는 무슬림 신앙고백인 샤하다(shahada)를 공개적으로 한 후 성공회 주교가 그녀의 안수를 취소한 일로 잘 알려진 아프리카계 미국인 성공회 사제이자 신약학자인 앤 홈즈 레딩(Ann Holmes Redding)과의 온라인 기사와 인터뷰도 읽어보았다. 기독교인이 아닌 많은 아프리카계 미국인이 종교적 차이의 경계를 넘나든다는 사실

전히 기록되지 않았으며, 오리샤(Orisha) 숭배가 주를 이루는 다른 계통보다 이파의 계보에서 더 큰 역할을 한다. Hucks, *Yoruba Traditions and African American Religious Nationalism*.

11   참조, *Buddhist-Christian Studies* 32, no. 1 (2012), 여성주의와 불교 특별호.

이 금세 분명해졌다.

이러한 아프리카계 미국인의 종교적 차이는 종교 다원주의의 고전 이론에 대해 완전히 새로운 질문을 제기한다. 이러한 이론의 암묵적 가정은 우리 각자가 개인적 또는 공동체적으로 하나의 종교 전통에 굳건히 서서 다른 종교 전통을 가진 다른 사람들과 교류한다는 것이다. 그러나 비기독교인인 아프리카계 미국인 작가들은 공개적으로 상당히 다른 삶을 살고 있다. 일부 종교 작가들은 두 가지 종교 전통 중 어느 한쪽을 고수하지 않고 두 가지 종교 전통을 모두 주장한다. 다른 종교 작가들은—신사상 전통의 작가들처럼—자신의 고향 전통과 다른 종교 등 여러 전통에 모두 유효한 길을 찾았다고 생각한다. 고전적인 종교 다원주의 이론이 가정하는 경계는 수업 과제를 시작할 때부터 모호해졌다.

경험으로 시작하는 두 번째 접근 방식으로, 나는 종교적 차이를 넘어 살아가는 아프리카계 미국인 종교 지도자들을 학교로 초대하여 그들의 영적 여정을 공유했다. 나는 앤 홈즈 레딩, 1만 명의 회원을 보유한 로스앤젤레스 지역의 아가페 국제영성센터(Agape International Spiritual Center)의 영적 지도자 마이클 버나드 벡위드(Michael Bernard Beckwith), 테네시 주 내슈빌에 거주하는 안수 받은 침례교 목사이자 요루바 전통 종교에 입문한 제프 오바페미 카(Jeff Obafemi Carr)를 초청했다. 각 강연자들은 공개 강연(이 강연은 녹화되어 학교 도서관과 온라인에 보관되어 있음)을 한후 나의 수업을 듣는 학생들과 더 구체적으로 이야기를 나눴다. 나는 성서 밖에서 아프리카계 미국인의 다양성을 경험하는 데 중점을 두었기 때문에 연사들과 직접 대면하여 배우는 것이 중요했다. 즉, 아프리카계 미국인의 종교적 경험 중 많은 부분이 구체화된 관습에 중심을 두고 있기 때문에, 나는 우리 앞에 신체적·인식론적으로 구체화된 사람들에게 계속 배우고 싶었다. 또한 강연자들과의 개인적인 상호 작용을 통해 질문과 답변, 대화의 자연스러운 흐름, 준비되지 않은 의견에서 추론을 통한 대화식 학습이 가능했다.

　강연자들과의 대화는 아프리카계 미국인의 문화적 맥락의 특수성을 조명했다. 레딩(Redding)은 아프리카 감리교 성공회의 시온(African Methodist Episcopal Zion, AMEZ) 교회에 뿌리를 둔 자신의 정체성에 대해 이야기했는데, 이 교회에서는 성찬식에서 일반적인 부름에 다음과 같은 구절이 사용된다: "우리 함께 무릎 꿇고 빵을 떼자 / 우리 함께 무릎 꿇고 빵을 떼자 / 제가 무릎 꿇고 떠오르는 태양을 향하여 얼굴을 내밀 때 / 오 주님, 저를 불쌍히 여기소서."12 레딩은 이 노래가 기독교인의 특유의 행위로 사용되며, 그 안에 노예였던 무슬림 선조들이 동쪽 '떠오르는 태양'을 향해 기도하던 관습이 담겨 있다고 믿는다. 레딩에게 무슬림이자 기독교인이 되는 것은 아프리카계 미국인의 역사적 실천과 일치한다. 카(Carr)는 종교적 차이를 탐색하는 것은 미국에서 흑인으로 살아가는 것과 흑인으로서 하나의 정체성과 미국인으로서 다른 정체성을 탐색하는 것보다 더 복잡하지 않다고 언급했다. 벡위드(Beckwith)는 자신이 자란 흑인 영성주의와 시위 전통의 장점을 신사상(New Thought) 종교에 접목하려고 노력하는 방법에 대해 이야기했다. 이러한 통합은 미국 신사상 종교 공동체의 혁신인 '신성한 봉사'(Sacred Service) 사회 정의 활동과 예배 음악의 원칙에서 나타난다.

12　"빵을 떼자"(Let Us Break Bread)라는 아프리카계 미국인 영가. 1925년 미국 민속학 및 세인트 헬레나 섬 영가 학술지(The Journal of American Folklore and Saint Helena Island Spirituals)에 처음 출판되었으며, 시코스트(Sea Coast) 섬과 사우스 캐롤라이나 및 조지아 해안 지역의 굴라/기치(Gullah/Geechee) 노예 문화에 뿌리를 두고 있다.

강연자들은 아프리카계 미국인의 종교적 다원주의에 대한 세 가지 중요한 통찰을 제공했다. 첫째, 아프리카계 미국인의 종교성 자체는 종교적으로 다원적이다. 노예로 끌려온 아프리카인들은 종교가 없었던 것이 아니라 이슬람교[13]와 아프리카 전통 종교에 대한 경험을 가지고 왔다. 이러한 종교적 경험들은 복음주의 개신교 기독교 또는 가톨릭과 만나 소수 종교로 다양하게 유지되거나 기독교와 결합되어 새로운 것들을 만들었지만 기여한 종교의 흔적은 여전히 볼 수 있다. 후자의 관행을 종종 '혼합주의'(syncretism)라고 한다. 아프리카계 미국인 문화를 연구하는 학자들은 아프리카계 미국인의 현실에서 이전의 종교적·문화적 전통이 어느 정도 유지되고 실행 가능한지에 대해 논쟁을 벌이고 있지만, 아프리카계 미국인 종교의 형성에서 역사와 지리, 노예제도의 중심적인 역할에 대해서는 동의한다.[14]

둘째, 강연자들은 아프리카계 미국인의 삶이 종교적 경계를 넘어 살아가기 위한 도구와 선물을 제공한다고 제안했다. 아프리카계 미국인들의 인종과 피부색에 대한 이해의 변화, 정체성에 대한 복잡한 이해 등 미국(및 아프리카 대륙)의 문화적 복잡성을 오랫동안 협상해왔으며, 이러한 복잡성은 더 크고 종종 억압적인 환경 속에서 이루어졌다. 따라서 많은 아프리카계 미국인들은 비슷한 방식으로 모순 없이 여러 종교 정체성을 유지하는 기술을 발전시켜왔다.

---

13   참조, Richard Brent Turner, "African Muslim Slaves and Islam in Antebellum America," *The Cambridge Companion to American Islam*, ed., Juliane Hammer and Omid Safi (New York: Cambridge University Press, 2013), 28-44.

14   고전적인 논쟁은 인류학자 Melville K. Herskovkits *Myth of a Negro Past*, 1941 (Boston: Beacon Press, 1990)와 사회학자 E. Franklin Frazier *Negro Church in America*, 1963 (New York: Schocken, 1974)에 의해 구체화된다.

셋째, 아프리카계 미국인들의 종교성은 아프리카계 미국인의 문화와 정치의 특징도 나타낸다. 아프리카계 미국인의 종교는 노예제라는 은밀한 환경에서 시작된 초기부터 사회적 고양, 사회적 접촉, 정치적 행동주의의 원천으로 기능했다.[15] 이러한 원천은 때때로 설교와 조직을 통해 노골적으로 표현되기도 하고, 때로는 영적인 노래와 카리스마 넘치는 예배를 통해 은밀하게 표현되기도 한다. 강연자들은 이러한 특징이 아프리카계 미국인 기독교의 특징일 뿐만 아니라 아프리카계 미국인의 비기독교 종교에도 실제로 존재한다고 언급했다. 아프리카계 미국인의 문화와 정치에는 아프리카계 미국인이 어떤 종교적 전통을 유지하든 존재할 수 있는 몇 가지 요소가 포함될 수 있다. 아프리카계 미국인의 지적 사고와 정치의 요소들이 아프리카계 미국인의 종교에 나타나며, 갈등과 다양한 형태의 화합은 신학적, 경험적 차이 속에서도 실제로 공통점이 될 수 있다.

경험으로 시작하기의 세 번째 측면으로, 학생들과 나는 이른 아침 학교에서 차로 한 시간 거리에 있는 아가페 영성센터(Agape Spiritual Center)에서 예배를 드리기 위해 현장을 방문했다. 학생들은 스스로 교통편을 마련했고, 나는 오전 6시 15분 예배가 끝난 뒤 학생들에게 아침을 제공했다. 이 현장 방문을 통해 학생들은 마이클 벡위드에게 읽고 들었던 공공의 가르침과 공동체를 직접 목격할 수 있었다. 현장 방문을 통해 우리는 개인의 경험에 초점을 맞추던 것에서 종교적 경계를 넘어 살아가는 공동체의 경험으로 나아갈 수 있었다.[16] 우리는 이러한 가르침을 받아들

---

15   참조, Raboteau, *Slave Religion* and C. Eric Lincoln and Lawrence H. Mamiya, *The Church in African American Experience* (Durham, NC: Duke University Press, 1990).

이는 대규모 공동체 내에서 다양한 종교 전통을 지닌 종교인들을 긍정하는 설교와 음악을 들었다. 아프리카계 미국인 지도력이 있는 대규모 다인종 예배당에 참석하면서 나는 이러한 형태의 아프리카계 미국인 종교 다원주의가 사소한 트렌드가 아니라 인종을 초월하여 인기 있고 매력적이라는 것을 느낄 수 있었다.

3. 학술적이지 않은 종교 문서들

아프리카계 미국인의 종교 다원주의를 조사하려면 학술적인 종교 텍스트를 넘어서는 것이 필요했다. 경험들의 출처는 일반 독자들을 위해 만들어진 본문들—회고록과 동기부여 문학—에서 찾았다. 이론도 마찬가지였다. 종교 다원주의의 고전적 이론에서 나온 학술적 종교 저술을 사용했다. 또한 젊은 세대의 종교 다원주의자들의 글도 살펴봤다: 제닌 힐 플레처(Jeannine Hill Fletcher), 미셸 보스 로버츠(Michelle Voss Roberts), 존 타타마닐(John Thatamanil), 캐서린 코닐(Catherine Cornille), 피터 판(Peter Phan) (많은 사람들 중에). 이 사상가들은 내가 경험에 관한 섹션에서 발견한 다중적 소속감과 명백하게 씨름하고 있으며, 일부는 정체성과 혼합성의 언어를 살펴보고 다른 일부는 모호한 종교적 경계에 대해 회의적인 태도를 유지한다.

나는 또한 '혼합주의'(syncretism)라는 용어가 비서구 종교 전통과 관

---

16 당시 아가페 웹사이트는 스스로를 '초종교적 영성'(transreligious spirituality)이라고 명시적으로 언급했다. 이후 웹사이트가 수정되어 더 이상 이 용어는 사용되지 않는다. 아가페 국제영성센터, 2019년 10월 10일 최종 접속, www.AgapeLive.com 참조.

련하여 매우 쉽게 발생하기 때문에 인류학을 살펴봤다. 선교학 분야만큼이나 종교 다원주의 이론과 밀접한 관련이 있지만, 인류학은 문화를 종교적 실천에서 더 명시적으로 고려하고 신학적 주장이나 불일치를 덜 고려한다. 마지막으로 글로리아 안잘두아(Gloria Anzaldua)의『경계지대/국경』(*Borderlands/La Frontera*)과 글로리아 아카샤 헐(Gloria Akasha Hull)의『영혼 대화: 아프리카계 미국인 여성들의 새로운 영성』(*Soul Talk: the New Spirituality of African American Women*) 같이 더 대중적인 독자를 위해 쓰인 책을 살펴봤다(물론 읽어야 할 양이 많았지만, 당면한 문제를 파악하는 데 필요하다고 생각했다). 대중적인 본문을 통해 아프리카계 미국인의 종교 다원주의에 대한 지혜는 종교적 진리 주장의 이론화하는 시도를 하지 않는 사람들에게서도 발견할 수 있다는 사실을 상기시켜준다. 오히려 이 저자들이 제공하는 젠더, 이주, 현대 영성에 대한 진지한 고찰은 이주, 토착성, 다원성에 의해 깊이 형성된 아프리카계 미국인의 종교적 관습에 대한 모델을 제공할 수 있다.

4. 모든 학생의 관련성

교육자로서 나는 학생들이 아프리카계 미국인의 종교 다원주의를 단순한 학문적 연습으로만 접하는 것을 원하지 않았다. 나는 학생들이 자료와 친밀한(personal) 관계를 맺기를 원했다. 내가 가르치기로 선택한 거의 모든 종교 전통을 대표하는 예배 공동체가 있는 로스앤젤레스는 종교 다양성의 풍요로운 환경을 제공한다. 반면에 클레어몬트 신학대학원은 독특한 문화적 구성을 지니고 있다. 입학 당시 입학생의 5% 미만이 아프리카계 미국인이었고, 학생의 40%는 영어를 제2외국어로 사용하며 미국 역사에 대한 지식이 없는 유학생이었다. 나는 아프리카계 미국인이 아닌 학생들도 이해할 수 있는 수업을 만들기 위해 문화적 경험을 활용해야 했다. 그래서 나는 다원주의 이론과 함께 아프리카계 미국인의 역사를 가르쳤다. 또한 학생들에게 종교적 다원성에 대한 자신의 경험과 관련된 사례 연구서를 작성하도록 요청했다. 그런 다음 학생들은 구체적인 경험에서 종교 다원주의의 더 큰 문제에 주목해야 했다. 학생들은 수업이 시작될 때마다 이러한 성찰을 공유하고 종교 다원주의가 자신의 삶에서 어떻게 작용했는지에 대해 반 친구들과 함께 소리 내어 생각하기(think aloud)를 했다.

기말 과제는 모든 학생이 자신의 연구 관심사에 따라 아프리카계 미국인의 종교 다원주의에 대해 글을 쓸 수 있는 기회를 가졌다는 점에서 가장 놀라웠다. 한 아프리카계 미국인 학생은 공개적으로 게이인 흑인 기독교인이 성소수자를 환영하는 세속 예술계(그에게 종교적 공간으로 기능하는)와 동성애를 혐오하는 흑인 개신교를 탐색하는 과정에서 종교와 문화의 복잡성에 대해 썼다. 한 백인 메노나이트(Mennonite) 학생은 아프리카계 미국인의 종교 다원성이 메노나이트가 평화 전통에서 문화적 다원성과 씨름하는 방법과 그러한 다원성의 종교적 함의에 대해 기술했다. 한 백인 불교도 학생은 얀 윌리스(Jan Willis)의 이야기와 자타카(Jataka: 부처님의 본생경—역자주) 이야기가 학자들(예: 존 캅John B. Cobb, 마사오 아베 Masao Abe)이 기독교와 불교의 상호작용을 논의하는 방식과는 다른 참여적 종교 다원주의를 어떻게 제시하는지에 대해 썼다. 한 백인 유대인 학생은 우리가 연구한 흑인 종교 경험에서 공통적으로 나타나는 정의에 대한 요구에 자극을 받아 종교 다원주의가 규범적인 신학적 주장을 하지 않고도 사회 정의의 목적을 올바르게 지킬 수 있는지 질문했다.

나는 이 교육적 경험에 놀라움과 감명을 받았다. 수행자들이 직접 경험한 이야기들을 통해, 나는 문헌 어디에도 없는 종교 다원주의에 대한 견해들을 들었다. 또한 수행자들의 이야기를 듣고 적절한 본문을 검색하면서 비기독교인 아프리카계 미국인들이 교회 당국과 학계 이론가들이 오해할지라도 자신들에게는 쉽고 자연스럽게 보이는 방식으로 종교적 차이를 넘나들고 통합하고 있다는 것을 알 수 있었다. 아프리카계 미국인에게 종교 다원주의를 가르치려면 여러 종교에 대한 소속감과 초종교적(transreligious) 영성을 가르쳐야 했다.

거의 5년 후 두 번째 강좌에서 나는 아프리카계 미국인의 종교 다원성을 다시 가르치게 되었다. 이번에는 '아프리카계 미국인 디아스포라 종교'(African American Diasporic Religions)라는 제목의 강좌를 가르쳤다. 의도적으로 종교 간, 초국적(transnational) 범위를 고려하여 네 가지 종교에 대해 깊이 있게 다루었다. 강의가 진행될 때마다 실제 종교가 바뀔 수 있다는 생각으로 강의 설명을 썼다:

이 수업은 미국과 아프리카 디아스포라 전역에서 행해지는 아프리카계 미국인 종교를 학생들에게 소개합니다. 이 수업에서는 각 종교 전통의 역사적 궤적, 신념(신학), 문화 및 시적 영향, 현대적 과제에 대해 논의합니다. 이 수업은 출판된 학술 논문과 생생한 경험 모두에 주목합니다. 이 수업에는 로스앤젤레스 지역에서 네 번의 필수 현장 학습이 포함됩니다 (보통 일요일). 이 수업은 매 학기마다 네 가지 종교에 초점을 맞출 것입니다. 2015년 가을: 흑인 대형교회, 아프리카계 미국인 신사상(New Thought) 종교, 라스타파리(Rastafari) 및 전통 요루바(Yoruba) 종교(Ifa).

'디아스포라'(Diasporic)라는 용어를 사용하여 전 세계 여러 곳에서 아프리카계 사람들이 선택된 전통을 고수한다는 의미를 담고 있습니다. '디아스포라'라고 명명한 것은 '세계 종교'에 대한 정설적인 개념을 의도적으로 전복하는 것입니다. 종교 다원주의 신학의 역사에서 아프리카 디아스포라 종교는 더 '진화한' 종교 전통의 대화에서 무시되고 배제되어왔습니다. 1954년 에른스트 트뢸취(Ernst Troeltsch)는 이러한 전통을 '이교도'(heathen)와 '정령숭배자'(animist)로 묘사합니다: "우리는 많은 종교적 숭배를 나란히 따르는 저개발 종족들 간의 [종교 다원주의에 대한 초기 명제]나 이교도 부족들의 다양성에 대한 이해 없이 단순한 정령 숭배로 가정해서는 안 됩니다."[17] 35년 후, 존 힉(John Hick)은 "문자를 배우기 전의 고풍스러운 종교 형태"가 "때로는 조상, 때로는 토템 동물인 지역 신들과 정령들을 다양하게 숭배하고, 달래거나 미묘하게 교섭하는 종교"로 "아프리카의 일부, 아메리카, 인도네시아, 오스트레일리아, 태평양 섬의 일부 지역"에 존재한다고 언급합니다.[18] 힉(Hick)의 평가에 따르면, 이러한 '축 이전(pre-axial) 종교'는 교육적 가치는 있지만 희망과 미래 비전이 부족하기 때문에 그의 종교 다원성 이론에서 고려되지 않았습니다.[19] 트뢸취와 힉 및 다른 사람들은 아프리카 디아스포라 종교에 대한 오해와 이해 부족 그리고 백인 식민지 우월주의 가정에 따라 이러한 입장을 유지합니다. 저는 아프리카 디아스포라 전통을 분류하면서 지역적으로나 전

---

17   Ernst Troeltsch, "The Place of Christianity Among the World Religions," in *Attitudes Towards Other Religions: Some Christian Interpretations*, ed. Owen C. Thomas (New York: Harper & Row, 1954, 1969), 8.

18   John Hick, *An Interpretation of Religion: Human Responses to the Transcendent* (New Haven, CT: Yale University Press, 1989), 22.

19   Hick, 28.

세계적으로 실행되는 이러한 흑인 종교가 '세계 종교'라고 주장합니다. 이들은 오리엔탈리즘(Orientalism)에서 탄생한 다섯 가지 고전 종교인 이슬람교, 기독교, 유대교, 불교, 힌두교와 함께 포함되어야 합니다.[20] 아프리카 다이스포라 종교를 세계 종교로 간주할 때, 학자들은 종교를 구성하는 요소, 다양한 지역에서 종교가 어떻게 그리고 왜 실행되는지, 종교가 서로 만나고 반응하는 방식에 대해 다르게 생각해야 합니다.

5. 새로운 종교 경험

이전 과정과 마찬가지로 나는 종교 경험을 통합했다. 회고록에 초점을 맞추기보다는 이 수업에서는 경건한 문헌과 현장 방문을 통해 종교 경험을 접했다. 각 종교마다 수행자들이 자신의 영적 발전을 위해 읽어야 할 책을 한 권씩 배정했다: 마이클 벡위드(Michael Beckwith)의 『영적 해방』(*Spiritual Liberation*)과 파로쿤 파툼비(Fa'lokun Fatunmbi)의 『이와-펠레: 이파 탐구』(*Iwa-Pele: Ifa Quest*),[21] 케네스 울머(Kenneth Ulmer)의 『하나님의 음성 알기』(*Knowing God's Voice*),[22] 유아자(Yuajah) 황후의 『라스타의 삶의 방식: 라스타파리 리비티』(*Rasta Way of Life: Rastafari Livity*).[23] 학생들은

---

20   Hick, 33.

21   Awo Fa'lokun Fatunmbi, *Iwa-Pele: Ifa Quest: The Search for the Source of Santeria and Lucumi.* (Brooklyn, NY: Original Publications, 1991).

22   Kenneth C. Ulmer, *Knowing God's Voice: Learning How to Hear God Above the Chaos of Life and Respond Passionately in Faith* (Ventura, CA: Chosen Books: 2011).

23   Empress Yuajah, *Rasta Way of Life: Rastafari Livity Book* (CreateSpace: 2014).

이 책들을 읽고 현장 방문과 관련된 종교에 대한 학술적 독서와 그곳에서 예배를 드린 경험을 비교하고 대조했다.

이 과정에서는 현장 방문 일정을 잡는 것이 훨씬 더 어려웠다. 라스타파리(Rastafari)와 이파(Ifa)는 전통적으로 억압받은 전통이기 때문에 인터넷 검색을 통해 장소와 모임 시간을 찾는 데 어려움을 겪었다. 라스타파리는 축제일에만 예배를 드리는데, 대부분 학기 중이 아닌 여름철에 열린다. 내가 현장 방문을 준비하기 위해 취한 조치의 예로, 나는 라스타파리 서점이 있다는 그 지역의 자메이카 레스토랑에 갔다. 식당의 종업원에게 물어보니 두 집 건너에 있는 문이 닫힌 서점으로 안내해주었다. 주인이 나와서 밤에 (로스앤젤레스의 다른 지역인) 흑인 예술 지구로 가보라고 했다. 그날 밤에도 그 지역에 갔더니 문이 열려 있는 작은 건물에서 아프리카 드럼을 치며 연습하는 사람들을 발견했다. 이전에 개인적으로 만났던 드러머 중 한 명을 알아보고 라스타파리 공동체에 대해 물어봤다. 그 드러머는 나를 길 건너편에 있는 라스타파리 공동체의 소수 종파인 멜기세덱(Melchizedek)의 집으로 데려다주었다. 그들의 지도자는 나를 어두운 골목으로 데려가 뒷문을 통해 라스타 제일교회(the First Church of Rasta) 휴식 공간으로 안내했다. 그 지도자는 나에게 신문을 주며 내가 처음 보았던 동네에서 라스타 제일교회가 건물을 잃었다고 말했다. 지금은 큰 축제가 없을 때 멜기세덱의 집에서 매주 영적인 메시지를 담은 레게의 밤을 개최한다. 나는 라스타파리족은 아니지만 라스타파리족 여성에게 어울리는 방식으로 머리를 땋고 옷을 입었기 때문에 현장 방문을 위해 공동체에 들어가는 데 도움이 되었다. 아프리카계 미국인 종교에 대한 공동체적 지식을 얻으려면 시간과 끈기, 적응, 내부자에 가까운 지위가 필요한 경우가 많다. (역사적으로 억압받는 인종과 문화권에서) 역사적으로 억압받는 종교에 대한 정보는 그러한 정보를 어디서 어떻게 구할 수 있는지 아는 사람들의 입소문을 통해 전해지는 경우가 많다. 나는 현장 방문을 할 때마다 학생들에게 적절한 복장에 대해 안내했다―이는 각 종교 전통에 따라 상당히 다르고 전통적인 성별 범주에 따라 달랐다. 우리는 방문객임에도, 지식과 외형 모두를 통해 존경심을 표했다.

현장 방문은 해당 지역의 종교 다양성과 흑인 인구에 따라 달라진다. 흑인 인구가 많은 미국 및 아프리카 디아스포라의 대부분의 주요 도시에서 이 과정을 가르치는 것이 가능하지만, 그 모습은 다를 것이다. 예를 들어, 시카고에서 가장 큰 아프리카계 미국인 신사상 공동체는 로스엔젤레스의 공동체처럼 신사상종교과학 지부(Religious Science arm of New Thought)가 아니라 신사상연합교회 지부(the Unity Church branch of New Thought)와 역사를 가지고 있다. 따라서 시카고의 아프리카계 미국인 신사상 공동체는 아가페 국제영성센터보다 예배 형태가 교회와 더 비슷하다. 미국 내에서도 아프리카계 미국인과 흑인 이주의 역사는 예배 공동체의 형태를 변화시킨다. 요루바족의 전통 예배가 루쿠미/산테리아(Lukumi/Santeria) 예배와 비슷하게 보이는지 아니면 현대 나이지리아 예배와 비슷하게 보이는지는 지도자의 훈련과 민족성, 미국 노예제 후손과 다른 디아스포라 흑인의 이주 패턴에 따라 크게 달라진다.[24] 흑인 인구가 적은 도시나 마을에서 현장 방문을 주선하는 것은 훨씬 더 어려울 것

---

24 예를 들어, 캘리포니아에 거주하는 대부분의 아프리카계 미국인은 오클라호마와 루이지애나, 텍사스에 뿌리를 두고 있으며, 조지아, 노스 및 사우스 캐롤라이나와는 다른 종교적·경제적 패턴으로 노예 제도가 시행되다가 많은 노예가 워싱턴 DC/볼티모어, 뉴욕 또는 필라델피아로 이주한 지역 출신이다. 쿠바인과 아이티인, 나이지라인의 다양한 이민 형태는 전통적인 요루바 숭배 공동체의 실천 방식에도 영향을 미쳤다. 이는 현지 예배 경험의 복잡성을 보여주는 한 가지 예일 뿐이다.

이다. 노스캐롤라이나 주 그린즈버러에서 가르칠 때 학생들과 대화할 수 있는 이파 및 라스타파리 수련자를 찾을 수 있었지만, 현장 방문을 위한 수련자 공동체는 가까이 있지 않았다.

6. 종교 이외의 학문적 독서

이 수업은 또한 경험적 지식과 학문적 성찰을 연관시켰다. 아프리카계 미국인의 디아스포라 종교성을 탐구하면 종교학에서 비기독교 아프리카계 미국인 종교를 다루는 학술적 글이 얼마나 적은지 알 수 있다. 사회학자와 정치학자들은 흑인 대형교회를 사회문화적·신학적 현상으로 다루는 최고의 학술 논문을 저술했다.[25] 학생들은 이러한 저술에서 신학적 성찰이 신학이나 윤리학을 전공한 사람들의 글에서 볼 수 있는 것만큼 엄격하지 않다는 것을 금방 알아차렸다. 아프리카의 전통 종교에 관한 대부분의 학문은 역사와 인류학 분야에서 찾아볼 수 있다. 아프리카계 미국인 신사상 교회에 대한 학술 연구는 단 한 건뿐이다. 우리는 또한 상당히 드문 신사상 종교에 대한 학술적 글도 봐야 했다. 역사가들과 사회학자들이 라스타파리(Rastafari)에 관한 대부분의 책을 쓰는데,[26] 노

---

25 참조, Sandra L. Barnes, *Black Megachurch Culture: Models for Education and Empowerment* (New York: Peter Lang, 2010); Milmon F. Harrison, *Righteous Riches: The Word of Faith Movement in Contemporary African American Religion* (New York: Oxford University Press, 2005); 그리고 Tamelyn N. Tucker-Worgs, *The Black Megachurch: Theology, Gender, and the Politics of Public Engagement* (Waco, TX: Baylor University Press, 2012).

26 라스타파리 종교에 대한 몇 가지 훌륭한 학술 논문이 있으며, 그중 대표적인 저작은 Leonard E. Barrett, *The Rastafarians*, 20th anniv. ed. (Boston: Beacon Press,

엘 어스킨(Noel Erskine)의『가비에서 말리까지: 라스타파리 신학』(*From Garvey to Marley: Rastafari Theology*)이 대표적이다.[27] 즉, 아프리카계 미국인의 종교적 다양성을 연구하려면 학제 간(interdisciplinary) 연구가 필요하다. 각 분야마다 고유한 언어와 방법론을 사용하며, 학생들은 이러한 차이를 빠르고 민첩하게 넘나들어야 하기 때문에 이는 특히 어려운 과제다.

나와 학생들은 책을 읽으면서 종교적 전통을 막론하고 아프리카계 미국인의 문화적 맥락에서 비슷한 문제를 논쟁의 쟁점으로 제기한다는 사실을 발견했다. 해결 방식은 다르지만, 해방과 민족주의의 문제는 모든 전통에서 발생한다. 각 종교 전통은 아프리카와 관계에 대해 고민하거나 명확한 입장을 취하고 있고 흑인(blackness)을 중심 주제로 삼고 있다. 각 전통은 정치에서의 역할과 신학과 실천을 통해 정의를 추구하는 방법에 대한 명확한 구상을 갖고 있다. 이러한 차이에도 불구하고 정의와 자유라는 목표는 각 종교에서 공통적으로 추구한다. 방식은 다르지만 음악과 움직임은 모든 예배 경험에 필수적인 요소이다. 아프리카계 미국인의 종교 연구에 대한 설문 조사를 통해 이러한 주제를 금방 알 수 있지만, 로스앤젤레스의 상황은 학생들이 이러한 주제를 연구 대상이 아니라 상호작용할 수 있는 살아 있는 영성의 주체로 직접 경험할 수 있게 해주었다.

1977, 1997)이다.

27 Noel C. Erskine, *From Garvey to Marley: Rastafari Theology* (Tallahassee, FL: University Press of Florida, 2005).

7. 모든 학생의 관련성

다시 말하지만, 이 수업에 참여한 대부분의 학생은 인종적 또는 문화적 경험에서 아프리카계 미국인이 아니었다. 재림교회 1세대인 한 치카노 (Chicano: 멕시코계 미국인—역자주) 학생은 라스타파리(Rastafari)와 사파티스타(Zapatista) 운동—둘 다 문화적 토착성과 관련된 민족주의 정치 운동—에서 여성의 역할에 대해 글을 썼다. 다르마(Dharma) 전통을 주로 연구하는 한 백인 박사 과정 학생은 아프리카계 미국인의 신사상 종교에 명시적인 인종 의식이 부족하기 때문에 이것이 해방 신학이 될 수 있는지에 대해 글을 썼다. 한 한국계 미국인 개신교 학생은 요루바 전통 종교의 흑인 종교적 민족주의에서 밀레니얼 세대 한국계 미국인 기독교인들이 신앙의 문화적 근거를 찾는 데 도움이 되는 방법론을 발견했다. 한 백인 무슬림 개종자는 다양한 아프리카계 미국인 종교의 경건 문헌에서 발견되는 영적 관행이 인본주의 영성과 관련이 있는지 질문했다.

학생들은 아프리카계 미국인의 종교적 다양성과 특수성에 대해 배운 내용을 자신의 연구 관심사에 적용할 수 있었다. 나는 학생들이 아프리카계 미국인의 종교적 다양성을 다른 조사의 척도로 사용하면서 종교적, 문화적 민족주의를 포용하는 것이 매우 기뻤다. 이러한 학문적 활동은 일반적으로 소외되어 있는 것을 전면에 내세움으로써 서구의 고전적 교육을 약화한다.

이 교육학적 실험을 통해 아프리카계 미국인의 종교 다원주의에 대한 세 가지 결론을 얻었다. 먼저, 아프리카계 미국인의 종교적 다원성은 모든 종교학 학생들과 관련이 있다는 것이다. 흑인 종교 또는 흑인 교회 전통에 대한 연구는 흑인 학생들만을 위한 교육적 실천으로 간주되는

경우가 너무 많다. 흑인 학생들이 아프리카계 미국인 및 아프리카 디아
스포라 종교에 대해 배우는 데 특별한 문화적 연관성을 느낄 수는 있지
만, 흑인 학생들만이 이 콘텐츠의 유일한 수혜자는 아니다. 신학 교육자
들은 유색인종 학생들에게 고대 및 서구 기독교를 가르치는 데 익숙하
다. 나는 관심 있는 모든 학생에게 흑인 종교를 가르칠 때 동일한 전제를
채택했다. 아프리카계 미국인의 종교적 다원성에 대해 배우는 것은 다
른 종류의 종교적 다원성에 대해 배우는 것만큼이나 중요하다. 왜냐하
면 학생들이 만나는 사람들과 공동체는 자신과 다른 방식으로 믿을 수
있고, 학생들이 만나는 공동체 내에는 다양한 믿음의 방식이 있기 때문
이다. 학생들은 윌리엄 하트(William D. Hart)의 흑인 종교에 대한 표준
내러티브, 모든 아프리카계 미국인이 흑인 개신교 기독교를 신봉하여 "흑
인 개신교 교회는 … 흑인 종교와 사실상 동일시"되고, 따라서 "다른 모
든 형태의 흑인 종교 표현은 규범적으로 주변적이고 문화적으로 의심스
러운 것"이라는 가정28에 의존할 수 없다. '흑인'(Black) 또는 아프리카계
미국인이라는 인종적·문화적 정체성이 아프리카계 미국인의 역사와 문
화에 대한 지식을 의미한다고 가정해서는 안 된다. 따라서 나는 흑인 학
생에게 하는 것처럼 비흑인 학생을 위해 각 흑인 종교 전통에 대한 설명
과 함께 적절한 배경 정보를 포함했다. 결론적으로 아프리카계 미국인
이 종교적 다원성을 가지고 살아가는 방식은 비아프리카계 미국인 학생
들이 비아프리카계 미국인 맥락에서도 종교적 다원성 관습에 대해 생각
할 수 있는 모델이 되었다. 나는 학생들의 과제를 통해 학생들이 아프리

---

28   William David Hart, *Black Religion: Malcolm x, Julius Lester, and Jan Willis* (New
     York: Palgrave Macmillan, 2008), 8.

카계 미국인의 종교적 다원성의 방법론을 어떻게 활용하고 더 친숙한 맥락에서 적용하는지 반복해서 보았다. 이는 문화적 전유 행위가 아니라 학생들이 아프리카계 미국인 종교에서 자신이 씨름하고 있는 경험과 아이디어를 더 잘 표현하고 명명할 수 있는 언어와 전략을 발견한 것이다.

두 번째, 아프리카계 미국인의 종교 다원주의는 종교 다원주의의 지적 기반을 확장한다. 나는 세계적이고 복합적이기보다는 지역적이고 '정령숭배적'(animist)인 것으로 여겨지는 종교 전통에 관심을 가졌다. 대부분의 신학 교육 기관에서는 아프리카계 미국인의 복수의 종교나 아프리카계 미국인의 종교적 다양성에서 비롯된 종교 다원주의를 가르치지 않았다. 또한 세계 종교에 대한 대부분의 논의에는 아프리카계 미국인의 종교적 다양성이 포함되지 않는다. '새로운 종교'와 '토착 종교'는 오리엔탈리즘적 세계관에서 등장하는 다섯 가지 범주와는 다른 범주에 속한다. 이러한 범주에서 상당히 다른 전통—신종교와 토착 종교—은 개별적인 특수성을 거의 가르치지 않는다. 나는 세계 종교와 종교 다원주의 연구의 더 큰 영역에서 좁은 범위는 좁은 범위일 뿐이며, 종교 다원주의 이론가들은 역사적으로 전통적인 종교 연구에서 보이지 않았던 종교 전통을 고려해야 할 의무가 있다는 점을 상기시키고자 한다. 그렇게 된다면 더 많은 종교학자(아마도 나의 제자들 중에도 있을 것이다)가 더 넓은 분야의 신학적·윤리적 통찰력을 활용하여 아프리카계 미국인의 종교적 다양성에 대해 글을 쓰고 가르칠 수 있을 것이다. 마찬가지로, 아프리카계 미국인의 종교 다원주의는 회고록과 경건한 문학, 생생한 경험, 동기부여, 대중 시장 문학으로 대화를 확장함으로써 종교 다원주의의 원천을 넓혀준다. 수행자들의 구술 증언은 글로 된 문헌보다 신학과 실천에 대한 정보를 얻을 수 있는 더 좋은 출처가 될 수 있다.

아프리카계 미국인 종교학자들은 일반적으로 흑인 종교의 다원성을 인정하며, 몇몇 학자는 비기독교 흑인 종교도 끌어안는 신학을 구성하기 위해 일종의 비교 분석에 참여한다.[29] 그러나 이러한 대화는 '종교 다원주의 이론'으로 더 명시적으로 분류되는 사람들과는 별개로 이루어진다. 아마도 나처럼 다른 학자들도 구원에 대한 고전적인 질문을 할 필요성을 고려하지 않고 아프리카계 미국인의 종교적 다양성과 출처를 가정할 것이다. 아마도 구원을 현세에서의 생존과 해방, 정의로 정의하려는 해방 신학자들의 충동으로 인해 예수에 대한 대부분의 진리 주장과 고백적 진술의 필요성이 사라졌을 것이다. 종교 다원주의(및 비교 신학)의 더 넓은 분야는 흑인 종교학자들이 신학적·윤리적 연구에서 흑인의 종교 다원성을 포용하고 촉구하는 방식에서 배울 수 있다.

세 번째, 아프리카계 미국인의 종교 다원주의는 종교 다원주의 이론의 주요 질문을 재구성한다. 나는 초기에 가르친 문헌과 방문한 현장 그

---

29 앞서 언급한 노엘 어스킨(Noel Erskine)의 *Rastafari Theology*, 조시아 U. 영(Josiah U. Young)의 *Pan African Theology: Providence and the Legacies of the Ancestors*, 윌 콜먼(Will Coleman)의 *Tribal Talk: Black Theology, Hermeneutics and African/American Ways of "Telling the Story,"* 내 저서, *Making a Way Out of No Way: a Womanist Theology*, 자완자 클라크(Jawanza Clark)의 *Indigenous Black Theology: Toward an African Centered Theology of the African-American Religious Experience*는 이를 명시적인 방식으로 설명한다. 다른 흑인 종교 학자들도 주술과 민속 종교에 주목하는데, 이본 시로(Yvonne Chireau)의 *Black Magic: Religion and the African American Conjuring Tradition*, 케이티 캐논(Katie Cannon)의 *Black Womanist Ethics* 등이 대표적이다. 이 외에도 여러 흑인 종교 학자들이 요술과 민간 종교를 다루고 있다. 제임스 콘(James Cone)의 *The Spirituals and the Blues: an Interpretation*에서 영성을 사용한 것과 드와이트 홉킨스(Dwight Hopkins)의 *Shoes that Fit Our Feet: Sources for a Constructive Black Theology*에서 노예 서사를 사용한 것도 이 범주에 포함시킬 수 있다. 이 목록에는 아프리카 신학자들이 해방 신학에서 종교적 다원주의에 관여하는 방식은 포함되어 있지 않다.

리고 강연한 수행자들을 통해 두 가지 획기적인 개념을 배웠다. 아프리카계 미국인의 종교 다원주의는 단지 신학적 진리 주장에 대한 것이 아니다. 아프리카계 미국인의 종교 다원주의는 신학과 문화, 정체성, 공동체 의식, 권한 부여에 관한 것이다. 신학적 차이만 조사해서는 아프리카계 미국인이 종교 공동체로 개종하거나 종교 공동체에 남는 이유, 아프리카계 미국인이 종교적 차이를 넘어 개인과 교류하는 데 겪는 어려움이나 어려움의 핵심을 파악할 수 없다. 아프리카계 미국인의 종교 다원주의는 사람들이 종교적 차이를 넘어 서로 만나고 상호 작용하는 방식만큼이나 개인과 공동체가 종교적 차이를 통합하고 가로지르는 방식에 대한 것이다. 아프리카계 미국인의 종교 다원주의는 소수만 참여하는 부수적이거나 잘못된 활동이 아니라 핵심적인 이론적 질문으로 여러 종교에 대한 소속감과 초종교적 영성과 씨름하는 것을 포함한다.

따라서 아프리카계 미국인의 종교 다원주의는 종교 다원주의 이론을 전반적으로 뒤흔들고 있다. 모든 학생과 학자와 관련된 아프리카계 미국인의 종교 다원주의는 이 분야의 내용과 출처를 확장하고 종교 다원주의 활동의 중심 질문을 재구성한다.

8장

종교 간 맥락에서 이슬람 연구에 대한 성찰

무니르 지와(Munir Jiwa)

요약문

이 장에서는 신학교에서 이뤄지는 이슬람 연구의 도전과 기회를 성찰하고자 한다. 특히 GTU의 이슬람연구센터(CIS)를 중심으로 논의할 것이다. 먼저 GTU와 CIS의 간략한 역사적 개요를 살펴보고, 기관적(institutional) 도전 과제와 내가 이슬람연구센터의 창립 디렉터이자 이슬람 연구 및 인류학의 부교수로 겪었던 개인적인 도전 과제를 소개할 것이다. 마지막으로, 학문 간 협력과 더 큰 공공 영역에서의 종교 간 연구, 대화 및 지도력에 대한 무슬림의 기여 분야에서 장려할 만한 기회들을 공유하고자 한다. 이 성찰은 2018년 4월 이전의 것이다.

1. 역사적 배경

20세기 초반 동안 몇몇 개신교 단체와 가톨릭 수도회는 자신들의 신학교를 버클리로 옮겼다. 캘리포니아의 버클리 대학교 교육 자원과의 가까운 거리에 끌려 각각의 신학교들은 자신들의 수업을 캘리포니아 대학교의 다른 학생들에게 열었으며, 여러 수업 안내 책자에 수업들을 등록하고 도서관 자원을 공유했다. 1960년대 초반에 기독교에서의 신학 교육은 교단 중심에서 더 세계교회연합(ecumenical)의 방향으로 전환하기 시작했다. 신학교들은 협력하여 교육 과정을 강화하고 고급 학위 과정을 제공하며, 이러한 방향으로 변화하는 것의 이점을 이해하기 시작했다.

이 지역의 역사적 배경을 바탕으로 개신교 신학교들 간의 협력 학위 과정이 1962년에 협상되어 연합신학대학원(Graduate Theological Union, GTU)이라는 기관이 만들어졌다. 몇 년 후에 첫 번째 가톨릭 학교가 연합체에 합류하게 되었고, 1968년에 유대학연구센터가 설립되었다. 그 이후 수십 년 동안 GTU는 신학교 이외에 이론과 자연과학 연구센터, 아테나고라스 총대주교 정교회연구소(Patriarch Athenagoras Orthodox Institute), 불교학연구소(Buddhist Studies Institute) 등 여러 학문 센터를 추가로 설립했다. 2007년에는 이슬람연구센터(CIS)가 GTU의 학문 프로그램 단위로 창설되었다. 미라·아제이 신갈 다르마연구소(Mira and Ajay Shingal Center for Dharma Studies)는 2015년 12월에 창시되었고, 2016년에는 예술·종교센터(Center for the Arts and Religion)와 신학·자연과학센터(Center for Theology and Natural Sciences)가 GTU의 공식 과정으로 합류되었다. 현재 연합신학대학원은 미국에서 가장 큰 종파 간·종교 간 신학교와 신학대학교, 연구소의 협력체가 되었다.

2. GTU의 이슬람연구센터

2007년에 창설된 이슬람연구센터(Center for Islamic Studies, CIS)는 연합 신학대학원의 협력 정신과 종교 간 참여에 불가결한 존재로 자리매김했다. CIS는 이슬람 텍스트와 전통 그리고 그들의 신학적, 역사적, 문화적 그리고 비교적 맥락(context)에서의 다양성에 대한 연구와 학문적인 공간을 제공한다. 이는 이슬람 연구에서 석사 학위 및 자격증을 제공하고 GTU의 다양한 분야의 박사 수준에서 이슬람 연구를 지원하며, GTU 연합체 및 버클리 대학교 학생들을 대상으로 이슬람과 무슬림 사회에 대한 대학원 과정도 제공한다. 이 연구소는 많은 GTU 회원 학교들과 협력하며 UC 버클리의 부서 및 연구소들과도 함께 작업하여 수업과 연구, 교육 및 공공 프로그램에 사용 가능한 자원을 확장하고 있다.

사회정책이해연구소(Institute for Social Policy and Understanding, ISPU)의 최근 연구에 따르면, GTU가 위치하고 있는 샌프란시스코 만 지역에는 다양한 민족과 국가의 무슬림 25만 명이 거주한다.[1] 우리의 이러한 지리적 위치는 종교 간 맥락에서 무슬림 및 이슬람 전통과의 심층적인 연구를 위한 중요한 장소로 자리매김하게 한다. CIS는 매년 샌프란시스코 만 지역 사회에서 수천 명의 참석자를 유치하고, 설립된 지 10년이 넘은 기간 동안 700개 이상의 교육 프로그램과 포럼, 공개 행사를 제공해왔다. 이 다양한 종교 간 맥락에서 CIS는 균형 잡힌 시각을 촉진하고 더 깊은 대화와 사고를 유도하는 이슬람 연구의 통찰력 있는 학문과 교

---

[1] 참조, Institute for Social Policy and Understanding, "The Bay Area Muslim Study," 2018년 4월 2일 접속. http://www.ispu.org/public-policy/the-bay-area-muslim-study/.

육을 통해 종교 전통 내외의 이해를 촉진하는 독특한 위치에 있다.

3. 종교 간 연구를 위한 기관의 과제 세 가지

GTU가 종교 다양성을 확장하고 대중 홍보를 강화하면서 그동안 비교적 잘 알려지지 않았던 종교 전통들, 예를 들면 다르마 연구(힌두교 연구, 자이나교 연구, 인도 불교 연구 포함)와 시크교 연구, 스베덴보리(Swedenborgian) 연구, 몰몬 연구와 같은 프로그램 및 학술 과목을 설립하고 있고, 그 과정에서 새로운 도전에 직면하고 있다. 한편으로는 위에서 언급한 특정 종교 전통 내에서 학술 및 공공 프로그램을 수립하거나 계속해야 하는 거대한 과제가 있다. 이에는 해당 전통 내의 해석과 표현 다양성에 대한 교육도 포함된다. 다른 한편으로는 기관 및 대중 전반의 측면에서 여러 종교 전통을 다양한 수업에 포함하고 종교 간 교육을 더 많이 실시하며, 종교 간 프로그램을 제공하도록 하는 요구에 부응하는 것이다. 일부 강의는 세계 종교 소개를 모델로 하여 교수마다 특정 전통이나 연구 분야에 대해 일주일 또는 이 주일 동안 가르치는 협력적인 방식으로 진행된다. 다른 모델은 다양한 전통과 학문 분야에서 교수들을 모아 이론적 접근과 방법론을 고민하고 다른 교육 방법, 특히 특정 주제(예: 정체성, 순례, 전쟁 및 이동, 환경/생태학, 폭력, 예술, 법) 주위의 수렴과 발산을 식별하는 데 협력하는 방식을 취한다. 다른 모델은 더욱 목회 중심적이며 실천신학에 관심이 있다. 그러나 종교 간 맥락에서 이러한 프로그램은 종교적 정체성의 교차성(intersectionality)과 인종, 성별, 성적 취향, 계급, 문화, 민족, 국적, 언어, 장애 여부와 같은 민감한 이슈들에 대한 다양한 신앙 공동체들의 실천 방식을 고려해야만 한다.

우리는 현재 GTU에서뿐만이 아니라 더 큰 사회적 상황에서 볼 때, 다종교(multireligious)에서 전통 내 및 전통 간(interreligious and intrareligious) 참여로 이동하고 있으며, 이에 따라 소수 민족에 속한 교수들 및 소수 종교 전통들의 경우, 교수들의 시간과 제한된 자원의 균형을 잡는 데 더 큰 노력을 기울여야 할 필요성이 있다. 이 균형을 이루기 위한 중요한 요소는 시간 관리 및 우선순위 설정뿐만 아니라 기금을 조달하는 것이다. 많은 신학 기관에게 이러한 균형을 찾는 것은 여전히 주요 도전이지만, GTU에서는 새로운 협력 기회를 제공함으로써 이러한 도전에 대응하는 매우 중요한 발자국을 내딛었다.

또 다른 도전은 점차적으로 다양해지고 많아지는 비기독교인으로 구성된 학생들에게서 비롯한다. 일부 학생들은 종교적이지 않지만 영적인 존재로서 정체성을 갖는 반면, 많은 학생이 종교를 학문적으로 연구하는 것에만 관심이 있다. 이 다양한 학생 구성으로 인해 각 학생은 GTU가 제공하는 교과 과정 안에서 개별적으로 적합한 과목 구성을 고안할 수 있다. 최근 재구성된 박사 학위 과정은 미국 및 세계의 변화하는 종교적 전망에 주의를 기울이며 어떻게 학문 프로그램에서 학제 간 연구 및 교육, 혁신적인 방향의 종교 간 연구가 이뤄질 수 있는지 보여주는 좋은 예이다.

교육과 학생 상담, 연구 수행, 출판의 학문적 요구 외에도 프로그램의 성장과 기금 조달은 계속되는 도전이다. CIS에서는 새로운 학생 모집과 샌프란시스코 만 지역에서 학문적 파트너십을 구축하고 유지해야 하는 도전을 마주하고 있다. 또한 GTU의 학교 및 센터와 협력하며 UC 버클리의 학과 및 인근 제이투나 대학(Zaytuna College: 미국 최초의 인증 받은 무슬림 문과 대학)와 협력해야 하는 과제도 있다. 무슬림 단체와 언론인, 정책 결정자, 종교 지도자, 주요 관계자 및 국제 방문객과의 공개적인 협력 관계를 구축하는 것도 필요하다. 이러한 도전을 맞이하는 일은 학교와 교도소, 사회/미디어, 박물관 및 예술 단체, 시사 연구소, 비영리 단체 그리고 무슬림 및 다른 종교, 종교 간 공동체 같은 다양한 환경에서 이루어지고 있다.

무슬림 연구 프로그램의 성장은 동시에 종교 간 프로그램의 성장을 의미한다. 이러한 연구에서 다양한 신앙 전통에서의 학생들과 학자들, 전문가들과의 대화가 진행되고 있기 때문이다. 이는 다양한 분야에서 새로운 방식으로 생각해야 한다. 맥락적 학습(contextual learning)과 교육이 도시에서 이뤄질 것인지 아니면 어떤 특정한 신성한 장소에서 이루어 질 것인지, 교실에서 미디어를 어떻게 사용할 것인지, 온라인 학습 및 체험 학습의 모델을 활용할 것인지 등에 대해 고민하는 것은 프로그램의 다양성을 확립하고 우리의 프로그램이 세계적 영향력을 갖는 데 기여할 수 있다.

4. 이슬람 연구와 무슬림이 직면한 특별한 도전

사회적 갈등이 증가하고 이슬람 혐오가 확산하며, 이슬람 및 무슬림에 대한 부정적인 뉴스가 일상화된 시대에, 이슬람 연구 분야의 제공 범위를 확대함에 따라 공공 영역에서 긴급한 요구가 많다. 오늘날 우리가 처한 세계에서는 지속적인 참여와 능동적이고 신중한 답변을 요구하며, 늘 증가하는 학문적 문의와 대중의 설명 요청에 대응해야 한다. 언론과 대중에게서의 중요하고 시급한 질문들에 우리는 즉각적으로 대응해야 하고 이러한 상황은 우리를 자주 위기관리 모드로 살게 만든다. 이는 상당한 시간과 에너지, 기술과 인내와 함께 감정적인 부담을 초래한다. 또한 연구 주제(예: 안보 및 테러리즘)가 제한되는 학문적 위험이 있으며, 연구를 위한 여행이 필요할 때, 특히 해당 학자가 무슬림인 경우 서구 및 기타 지역에서 특정한 검열의 대상이 될 수도 있다. 이는 미국 및 해외의 이러한 학자들에 대한 학문적 자유에 큰 영향을 미쳤다. 이슬람 고전 전통에 대해 매우 필요한 비판적인 학문은 너무 종종 가려지고 있으며, 현대 정치 및 미디어 맥락에서의 이슬람과 무슬림만 집중 조명되기 일쑤이다. 계속되는 전 세계적 상황에 의해 이슬람 연구 분야에 있는 학자들이 직면하는 도전은, 상대적으로 전문적 및 개인적 참여에 대한 정치적 검열이 적고 학문과 출판에 사용 가능한 시간을 크게 줄일 수 있는 다른 학문과 연구 분야에 있는 이들과는 크게 구별된다.

나는 매우 자주 나의 정체성이 무슬림으로만 국한되는 상황에서 길을 찾아야 한다. 다시 말해, 나는 무슬림인이기 때문에 내가 하는 말은 내 학문적 자격이나 다른 주체적 위치와 정체성과 관계없이 무슬림이라는 이유로 해석되어야 하는 경우가 많다. 이로 인해 나와 소수자 전체가 방어적인 입장에 서 있어야 하는 상황이 자주 발생한다. 왜냐하면 우리가 한편으로는 배제된 역사에 신경을 쓰려 할 때, 동시에 우리의 정체성에서 비판적인 거리를 유지하지 못하고 '객관성'에서 벗어났다는 평가를 받기도 하기 때문이다. 예를 들어, 수업 안팎에서 유럽-미국 제국의 역사와 그 지속적인 세계적 폭력을 논하는 많은 경우에 나의 비판은 나의 인류학 연구 경험이나 캐나다 출신인 것—미국에 대한 방대하고 꾸준한 비평의 흐름을 얻으려면 북쪽으로 가라!—에서 기인한 게 아니라 '이슬람'이나 내가 무슬림이라는 점에서 나온 비판으로 여겨진다.

　세속주의, 현대성, 자유주의, 전쟁과 폭력, 정체성, 미디어, 예술과 미학, 이슬람 혐오, 다원주의 정치, 종교 형성, 종교 간 참여, 무슬림 표현의 다양성 등의 주제를 가르치는 현대 이슬람 연구 분야에서, 나는 종종 유럽과 미국의 공공 영역과 미디어에서 이슬람과 무슬림이 일반적으로 표현되는 표준적인 틀 안에서 일해야만 한다는 걸 알게 된다. 이 틀을 나는 이슬람의 다섯 가지 '미디어 기둥'이라고 부르는데, 그것은 다음과 같다: 9.11을 미국에서 이슬람 역사와 신학 및 미국 내 무슬림에 대한 주요 시간적 시각으로 접근하는 방식; 테러와 폭력; 무슬림 여성과 히잡(vei-ling) 그리고 최근 성소수자에 대한 토론; '이슬람과 서양'; 그리고 마지막으로 '이슬람 세계' 전체를 볼 때의 지리적·공간적 시각으로 중동에 중점을 두고 정치를 중심으로 이해하려는 것.

5. 이슬람의 다섯 가지 '미디어 기둥'

1) '9.11'

첫 번째 틀인 '9.11'은 확실히 미국에서 이슬람과 무슬림을 생각하는 데 가장 독점적으로 사용되는 시간적 틀이다. 장 보드리야르(Jean Baudrillard)는 그의 도발적인 2002년 출판물인 『테러의 정신』(*Spirit of Terrorism*)에서 다음과 같이 썼다:

　세계 사건에 대해서는 우리는 많은 것을 보았다. 다이애나의 죽음에서 월드컵까지. 전쟁에서 대량학살까지 실제로 폭력적인 사건들도 많다. 그러나 세계적 규모의 상징적 사건, 다시 말해 세계적으로 보도되는 사건뿐만 아니라 세계화 자체의 후퇴를 나타내는 사건은 전혀 없었다. 1990년대의 침체 기간 동안 사건들은 '파업'이었다(아르헨티나 작가 마세도니오 페르난데스Macedonio Fernandez의 말처럼 말이다). 그러나 지금은 이 파업이 끝났다. 사건들은 더 이상 파업 중이 아니다. 뉴욕의 세계무역센터를 향한 공격으로 우리는 심지어 모든 사건의 '어머니', 지금까지 발생한 모든 사건을 스스로에게 통합시킨 순수한 사건을 봤다고 말할 수 있다.

그는 덧붙여 말한다.

이는 세계적 질서에서 소외되고 착취당한 자들이 갖는 주도적 세계 권력에 대한 증오를 넘어선다. 그 세계적인 질서의 이점을 공유하는 이들도 그들 마음속에 이러한 악의적인 욕망을 품고 있다. 명확한 질서나 명확한 권력에 대한 알레르기는 다행히도 보편적이며, 세계무역센터의 두 탑은 그 명확한 질서의 이중성의 완벽한 대표물이었다.[2]

'9.11'은 미국의 공공 영역에서 무슬림의 존재를 표시하는 시간적 프레임이 될 뿐 아니라, 실비안 디우프(Sylviane Diouf)와 다른 학자들이 우리에게 상기시키는 것처럼 대서양 노예무역이 벌어지던 때에 강제로 끌려온 미국 무슬림들의 긴 역사와 존재를 지워버린다. 또한 이는 미국과 미

---

2   보드리야르(Baudrillard)의 2002년 저서 *Spirit of Terrorism* (New York: Verso, 2002)을 참조. 이 책은 2001년 9월 11일 사건 직후 출판되어 처음에는 몰이해하다는 평가를 받았다.

국 내의 이슬람을 이해하는 데 매우 중요한 역사인 아프리카계 미국 무슬림들의 역사 또한 삭제해버린다. 9.11은 상징적 권력에 대해 생각하는 하나의 방법이 되는데, 쌍둥이 타워는 글로벌 자본뿐만 아니라 신성한 장소로서 상징성을 띠고 있었다.

아마도 지금은 2010년도의 낡아 보이는 예시일 수 있지만, 파크 51 이슬람 커뮤니티 센터에 대한 공개 토론은 종종 민감한 질문들로 가려졌다. 소위 '그라운드 제로 모스크'의 근접성이 무너진 쌍둥이 타워의 신성한 땅을 더럽힐 것처럼 말이다. 여기서 흥미로운 것은 우리가 무슬림 공공 공간을 더 넓은 대중에게 생각하고 수용할 수 있도록 하기 위해 사용하는 자유주의적인 표식들이다. 예를 들어 이 커뮤니티 센터는 돔과 미나레트(minaret: 필수적이거나 필수 기능은 아님)가 있는 모스크가 될 수 없었다. 처음에는 모스크가 커뮤니티 센터로 제안되었기 때문에 시작할 수 있었고 유대교와 기독교 및 다른 신앙을 실천하는 공간으로 제안되었다. 제안 중에는 종교 협력 센터, 미술 전시, 요리 학교, 레크리에이션 센터, 9.11에 목숨을 잃은 이들을 기리기 위한 메모리얼도 포함되어 있었다. 실제로 파크 51의 아이디어는 YMCA나 유대인 커뮤니티 센터를 본떠서 만들었지만 결국 커뮤니티 센터로는 충분히 인정받지 못했다. 다시 말해, 만약 그것이 그저 모스크였고 확장된 커뮤니티 센터가 아니었다면 공개적인 반발이 더 많았을 것이다. 실제로 '아메리카의 이슬람화를 막아라'라는 단체(파멜라 겔러Pamela Geller와 로버트 스펜서Robert Spencer가 공동 창립)는 그것을 '그라운드 제로 모스크', 때로는 '승리의 모스크'로 부르기 시작했다. 이것은 이슬람 혐오 산업 연합이 2010년 중간 선거를 방해하려는 시도에서 볼 수 있는 문제였다.

공개적인 대화는 프레임이 어떻게 구성되는지에 따라 제한될 뿐만 아니라, 해당 프레임 안에서 토론이 진행됨에 따라 그러한 프레임이 더욱더 심화된다. 조지 레이코프(George Lakoff)의 작업이 우리에게 상기시키듯 "프레임은 우리가 세상을 보는 방식을 형성하는 정신적 구조"이다. 예를 들어, 파크 51의 경우 건물의 건축과 물류에 대한 구체적이고 현지화한 대화(어떻게 뉴욕시에서 가장 친환경적인 건물을 목표로 했는지, 건물의 디자인 및 미학, 휴양 시설은 어떤 모양일지 등)와 그라운드 제로에 근접해 있는 '모스크'의 정치성에 초점을 맞춘 대중의 이해 사이에 상당한 간극이 있는 것처럼 보였다. 만약 어떤 이가 파크 51의 아름다움이나 센터에 원하는 휴양 시설에 대해서만 이야기한다면, 대중은 이러한 대화가 이상하다고 여기거나, 더 중요한 국제적 9.11, 그라운드 제로 그리고 무슬림들의 침식과 관련한 문제를 다루지 않는 것으로 여길 것이다. 이러한 예들이 내가 말하는 특정한 프레임 내의 각본과 코드이다. 내가 만약 파크 51의 친환경 건축에 대해 이야기한다면 나는 '실제'적이고 더 넓은 공공의 문제를 다루지 않는 변론인(apologist)으로 여겨질 것이다. 비록 나의 관심과 공헌이 주로 이러한 건축학적 혹은 미학적 세부 사항과 관련이 있었더라도 말이다. 몇 년이 지난 뒤에 사람들은 (계획대로 건축되지 않은) 커뮤니티 센터에 대해 거의 기억하지 않으며, 기억하더라도 국가적 논쟁거리였던 건물로 기억할 뿐이다.3

---

3   파크 51에 대한 많은 훌륭한 기사와 작품, 심지어 PBS 영화도 있지만, 특히 로즈마리 코베트(Rosemary Corbett)의 2017년 저서 *Making Moderate Islam: Sufism, Service and the "Ground Zero Mosque" Controversy* (Stanford, CA: Stanford University Press)를 참조하라.

2) 테러와 폭력

미국에서 공적으로 이슬람과 무슬림을 논하고 생각하며 대표하는 데 사용되는 두 번째 틀은 테러와 폭력이다. 오늘날 이슬람과 무슬림을 생각할 때, 테러와 관련해서 생각하지 않을 수 없고, 계속해서 무슬림에게 테러를 부인하도록 요구하는 것 이외에 이슬람과 무슬림을 생각할 수 없다. 지하드, 알카에다, 탈레반, 부르카 그리고 매드라사는 이제 모두 영어 단어이며 대부분의 미국 공중은 그것들을 영어 단어로만 알고 있다. 아프가니스탄, 이라크, 이란, 팔레스타인, 시리아, 관타나모, 아부 그라이브—이 모든 것은 이슬람과 무슬림을 생각하는 데 사용되는 프레임과 기록이다. 이 모든 것은 일관되게 폭력에 연결되어 있다.

자살 폭탄 테러에 관한 탈랄 아사드의 책은 죽음을 다루는 것과 다양한 형태의 폭력의 영향—이를테면 어떤 형태의 폭력은 우리에게 충격을 주지만 어떤 폭력은 생명을 파괴하면서도 충격을 주지 않는 것—에 대해 논의하는 데 유용하다.[4] 나의 주장은 버틀러의 주장과 맥을 같이 하는데, 나는 아사드가 말한 폭력의 등급(scale of violence)과 더불어, 우리의 폭력에 대한 다양한 반응은 또한 우리가 누구의 생명을 우선해서 생명으로 간주하는지와 연관되어 있다고 생각한다. 어떤 형태의 폭력은 우리가 다른 사람들의 이익과 자유, 민주주의, 안보를 위한 것으로 정당화하면서 우리에게 허용되는 폭력으로 받아들인다. 그러나 이러한 동일한 형태의 폭력이 우리에게 가해질 때는 우리는 이를 증오와 악, 종교적

---

4   Talal Asad, *On Suicide Bombing* (New York: Columbia University Press, 2007)을 참조하라. 또한 주디스 버틀러(Judith Butler)가 그녀의 저서 *Frames of War* (New York: Verso, 2009)에서 이 논점을 어떻게 다루고 있는지도 참조하라.

열광, 근본주의, 테러리즘의 산물로 해석한다. 또한 이러한 형태의 폭력은 국가기관에 의해 후원되었는지 여부에 따라서도 구별된다. 이처럼 사람들은 종종 무슬림이 가하는 폭력의 화려한 성격과 폭력의 예측할수 없는 측면이 이들의 폭력을 다른 형태의 폭력과 구분하는 것이라고 말하지만, 끝없는 '테러와의 전쟁'도 예측할 수 없으며 훨씬 더 많은 사람을 죽였다고 주장할 수 있다. 폭력과 죽음에 대한 우리의 차별화된 접근을 이해하려면 이러한 현상을 권력과 연관해서 연구해야 할 뿐만 아니라, 사람들을 분류하는 방식(개인이건 혹은 단체이건) 즉 그들을 주체로 보는지 대상으로 보는지, 피해자로 이해하는지 아니면 가해자로 보는지에 주의를 기울여야만 한다.

3) 무슬림 여성, 베일 그리고 성소수자

다음 틀은 무슬림 여성과 베일이다. 우리는 종종 마치 가부장제가 이슬람과 무슬림에게 국한된 것처럼 '이슬람적 가부장제'에 대해 이야기한다. 사우디아라비아에서 여성이 운전하는 것, 파키스탄에서 명예 살인, 또는 아프간 여성을 탈레반에게서 구하는(탈레반이 시작한 것으로 오해되는 부르카burqas 풍습은 사실 오랜 식민지 역사에 기인하는 것이다) 등에 대한 우리의 관심과 우려는, 미국에서의 여성들의 강간율이 경고를 초과하거나 여성들이 수십억 달러 규모의 미용 및 성 산업에 착취되고 노예로 이용되는 사실과 비교해볼 때 잘못되고 과도한 것으로 보인다.5 미국 여성들이 겪

---

5   이것은 서양에서 여성들이 겪는 다양한 착취와 그들의 권리 부족을 폭로하기 위해 이루어진 놀라운 작업을 폄하하려는 것이 아니다. 하지만 나의 요점은 강간과 성희롱, 성적 착취, 여성 배제의 규모를 고려할 때, 우리가 세계의 다른 여성들, 특히 무슬림이

는 착취의 규모와 중대성, 음험함을 고려한다면 사실은 훨씬 더 국가적이고 집단적인 분노가 일었어야 할 것이다. 분명한 차이점이라고 한다면 서양의 여성들은 (자신들의 착취를) 스스로 선택할 수 있다는 것이고, 나머지 세계(특히 무슬림 다수 세계)의 여성들은 그러한 선택의 자유조차 없다는 것뿐이다.

여성과 그 외 다른 소수자에게 부여하는 권리에 따라 사회를 표시하고 평가하는 논의는 이제 마사드(Massad)와 푸아(Puar) 및 여러 학자가 훌륭하게 지적한 것처럼 성소수자로 확장된다.6 국가 차원의 법적 범주에 중점을 두면 삶의 경험의 엄청난 다양성을 감안하지 못할 가능성이 있기에 양쪽 측면 모두 살펴볼 필요가 있다. 예를 들어 파키스탄 이슬람 공화국은 국가 신분증에서 세 번째 성별 범주를 인정한다. 오랫동안 남아시아 사회의 일부로 여겨져 온 히즈라(*bijra*: 남아시아 사회에서 '히즈라'는 성소수자들, 특히 트랜스젠더, 젠더 비확정자, 또는 인터섹스를 포함하는 특정한 사회 집단을 지칭하는 용어로서 단순히 성 정체성을 설명하는 것이 아니라, 고유의 사회적, 문화적 맥락을 지닌 존재로 중요한 의미를 가진다—역자주)는 국가에 의해 보호되고 스스로의 정체성을 구분하기 위해 세 번째 성별 범주를 선택할 수 있다(여러 시대와 장소에 걸쳐 이슬람 사회가 다양한 방식으로 성소수자를 보호한 많은 예가 있다). 그리고 몇 년 전에 파키스탄에서 가장 많이 시청된 TV 쇼가

대다수인 국가의 여성들의 지위에 대해 도덕적 판단을 내리는 데 자신감이 있는 미국에서는 더 많은 인식과 분노가 있어야 한다는 것이다.

6   Jasbir Puar의 저서 *Terrorist Assemblages: Homonationalism in Queer Times* (Durham, NC: Duke University Press, 2007)와 Joseph Massad의 저서 *Islam in Liberalism* (Chicago: Chicago University Press, 2015)을 참조하라. 이 책들은 특히 문명화 담론과 신자유주의 및 제국주의 관행에서 성소수자(LGBTQ) 권리가 이슬람/무슬림에 맞서 어떻게 동원되었는지에 대한 상세한 분석과 비판을 제공한다.

〈나와지시 알리 여사와 늦은 밤〉(Late Night with Begum Nawazish Ali)이었
는데 남성 호스트 알리 살림(Ali Saleem)은 여장을 하여 여성 캐릭터 나와
지시 알리 여사를 연기했다. 그의 인기로 인해 알리 살림은 현재 자신의
쇼를 진행하고 있다. 이러한 국가적·법적 인식에 비추어볼 때, 이것이
갑자기 파키스탄을 서구 사회보다 더 '자유로운' 사회로 만드는가? 현재
미국에서 이러한 방식의 인정을 상상하기 힘들다는 점을 감안할 때, 서
구 사회가 파키스탄으로부터 젠더와 성소수자에 대해 배울 수 있을까?
파키스탄에 여성 총리가 있었다는 사실은 어떠한가?

어떤 국가가 이슬람 국가인지 아닌지에 따라 그 국가의 특이성을 규
정하려는 우리의 생각은 그 국가의 사람들이 실제로 어떻게 살아가는가
에 대한 관심을 갖지 못하게 한다. 특히 히잡(hijab) 또는 무슬림 여성의
다양한 형태의 헤드스카프에 중점을 둘 때 이는 마찬가지다. 헤드스카
프는 이슬람 인구가 많은 지역에 진입하기 위한 식민지 전략으로 동원되
었으며, 아프가니스탄에 군사적으로 진입하기 위해 부르카가 사용된 방
식도 마찬가지였다.7 파키스탄의 세 번째 성별에 대한 내 의견으로 돌아
가 볼 때, 트랜스젠더 남성이나 여성으로 변장하는 남성들이 헤드스카
프를 착용하는 데 주저함이 없다는 것에 주목해야 한다―그것은 그들의
중점이 아니다. 여기서 내 의견은 특히 서구에서는 무슬림 여성이 베일
을 쓰는 것이 주된 프레임 및 중점으로 채택되면서 인권이나 전쟁의 정
당화와 연관되어 이야기되지만, 이러한 논의는 무슬림들의 살아 있는
경험을 고려하는 세심함이 부족하다는 것이다. 무슬림이 대다수인 지역

---

7   Lila Abu-Lughod, Leila Ahmed, Saba Mahmood 등 많은 훌륭한 저자들이 무슬림
     여성, 베일 착용 및 식민주의에 대해 쓴 글과 강연을 참조.

에서 성별 진보가 이루어지는 경우라도 절차적 이유로 종종 무시된다. 특히 무슬림 여성들이 꾸란과 예언자의 전통을 참고하여 해방되고 더 경건하게 사는 데 지침을 찾을 때 그렇다. 사바 마흐무드(Saba Mahmood)의 많은 훌륭한 저작은 '자유와 주체성(agency), 권위 및 인간 주체'의 범주를 재고하는 중요성을 포함하여 이러한 논의를 더 자세히 이해하는 데 도움이 된다.

4) '이슬람과 서양'

네 번째 틀은 '이슬람과 서양' 또는 이른바 '문명의 충돌'이다. 이슬람과 무슬림은 어떤 식으로든 미국에 대해 '외국인'이며 미국적 가치는 여러 측면에서 문제가 된다. 앞서 첫 번째 9.11 프레임에서 언급한 것처럼, 첫째로 이러한 이분법은 먼저 서양에서의 무슬림의 오랜 역사, 대서양 노예무역 중에 강제로 끌려온 아프리카 무슬림들 또는 아프리카계 미국인 무슬림의 오랜 역사를 잊게 한다. 또는 유럽의 상황에서는 우리는 이민에 관한 논쟁을 떠나, 보스니아 무슬림이 이미 유럽인이라는 것을 잊곤 한다. 이러한 프레임에서 주된 논의는 일반적으로 민주주의와 자유, 이슬람과 서양이 가치적으로 어떻게 공존 가능한지에 대한 문제에 집중된다. 이러한 논의는 무슬림들이 어떻게 덜 미국인(less American)이거나 덜 유럽인(less European)이라는 것 강조하며 '우리'와 '그들'이라는 언어로 돌아가 무슬림들이 자신들의 (서양의 가치에 대한) 충성을 증명하도록 요구하게 된다. 여기서 가장 음흉한 부분은 파멜라 겔러(Pamela Geller)와 'Stop the Islamization of America'라는 단체가 보여준 것처럼, 아무리 무슬림이 '좋은 미국 시민'으로 보여도, 그들이 타끼야(taqiyya: 특히 시아파 전통 내에 있는 매우 지엽적인 교훈으로, 협박을 받았을 경우에 종교적 신념을 숨겨도 된다는 가르침)를 시행하고 있을지도 모름으로 그들을 믿어서는 안 된다는 주장이다. 겔러가 이끄는 단체는 무슬림들이 '이슬람 이데올로기'를 따르면서 비록 온건해 보일지라도 미국에 대한 '성전'(jihad)을 일으키기 위해 힘쓰고 있다고 주장하며 대중들에게 공포를 조장한다. 겔러와 다른 이슬람 혐오주의자들은 이를 '잠복적인 성전'(stealth jihad)라고 부른다. 하나의 예는 겔러의 단체가 '샤리아'(shari'a)가 미국 법체계를 장악하고 있다고 주장하는 것이다. 더 나아가 그녀는 이슬람의 가치와 법률, 전통이 이른바 진보적인 유대-기독교 문명과 항상 대립해왔다는 것을 보여주려고 노력한다. 이러한 편견과 이슬람 혐오 산업에―종종 연방 관료들의 승인을 받아―수백만 달러의 자금이 들어가지 않았다면 우리는 이렇게 뻔뻔한 이슬람 혐오를 무시할 수 있었을 것이지만, 불행하게도 '언론과 표현의 자유'를 통해 이러한 증오를 표현하는 것이 허용되고 있다.[8]

5) 중동

9.11이 이슬람과 미국의 무슬림을 생각하는 데 사용되는 시간적 틀이라면, 다섯 번째 틀은 지리적·공간적 틀로 중동이다. 이 틀에서는 아랍 세계의 중심이 이스라엘과 팔레스타인에 있다. 하지만 대부분의 무슬림은 중동 이외의 지역에서 살고 있고 특히 무슬림이 다수인 최대의 국가는

---

8   미국진보센터(Center for American Progress)의 보고서 "Fear, Inc. 2.0"을 참조. 2018년 4월 2일 접속. https://www.americanprogress.org/issues/religion/reports/2015/02/11/106394/fear-inc-2-0/.

인도네시아이다. 중동에 중점을 두는 것은 신앙의 기원과 실천(예를 들어, 메카로의 하즈hajj 순례) 및 아랍어의 중요성과 연결되어 있을 수 있지만, 중동에 대한 집착은 대개 정치와 석유, 테러리즘, 오리엔탈리즘적 환상과 관련이 있으고 일반적으로 아랍/무슬림이 서구 사회에 기여한 과학과 미학, 건축, 예술을 포함한 심오한 지적 공헌의 역사와는 관련이 없다.

6. 틀을 재고함으로써 도전 극복하기

수업에서는 이러한 전체화된 틀을 해체하고, 위에 언급한 틀들 밖에서 연구하는 것이 얼마나 어려운지에 대해 논의한다. 기존의 틀 밖에서 연구하는 것은 인정받지 못거나 변명으로 보일 위험이 있기 때문이다. 우리는 종종 다른 영어화된 단어들, 즉 지하드(jihad), 마드라사(madra-sa), 탈레반(Taliban), 알카에다(al-Qaeda)―이러한 단어들의 스펠링이 틀린 것으로 인식되지 않는 것을 보라!―등을 해석하는 것을 포함하여 '진보적', '중도적', '근본주의자'와 같은 단어에서 시작하는 경우가 많다. 또한 우리는 이슬람 전통을 이해하려고 시도할 때 주로 어떻게 기독교적 렌즈를 통해 보는 것을 해체하거나 도전할 수 있는지에 중점을 둔다. 예를 들면 꾸란을 공부할 때 성서 해석 방법들을 적용하지 않는다거나, 세계 여러 지역의 많은 공동체에서 종교적 규범이 얼마나 자주 해방되는지 주목한다거나, 자유주의적 혹은 세속적 규범과 가치들에 도전한다거나, 꾸란이나 예언자 전통에 기초한 페미니즘을 무시하지 않는다거나 하는 노력들이다. 또는 학생들에게 지금 세계에서 '종교적' 폭력에 대한 주장에 이슬람이 어떻게 동원되고 이용되는지 생각해보도록 할 때, 나는 그들에게 어떻게 이슬람/종교/신학만을 생각하지 않고 이를 역사적·사회적·정치적·경제적 맥락과 세계화 속의 군수 산업 복합체에 초점을 맞출 것인지에 대해 도전한다.

이러한 작업은 나의 다양한 학생들에게 상상력이 많이 필요한 작업이다. MA, MDiv, MTS, Ph.D., DMin 학생들은 비록 주의를 기울이고 민감하게 반응하려고 한다고 해도, 유럽-미국 기독교, 세속주의와 자유주의의 범주를 벗어나 생각하는 것이 어렵다고 자주 느낀다. 이러한 프레임이 '보편적'(universal)이라고 여겨지기 때문이다. 국제학생들이나 다른 종교 전통에서 온 학생들은 수업 토론의 폭과 깊이에 크게 기여한다. 무슬림 학생과 비무슬림 학생, 이슬람을 연구하는 학생과 다른 종교 전통들을 연구하는 학생, 또는 다른 전통이나 시각에서 공부하는 학생 간에는 수업 토론을 경험하는 방식에도 차이가 있다.

학생들뿐만 아니라 교수진과 행정 지도자 그리고 GTU에 속한 다른 학교들의 목회 지도자들도 이슬람과 무슬림에 대해 배울 기회가 종종 필요하다. 우리는 자신의 종교 전통에도 우리가 다른 전통들에는 용감하게 질문하는 어려운 질문들을 할 수 있어야 한다. 이를 통해 내가 앞에서 이야기한 정치적이고 언론적인 프레임을 양산하는 우리의 편견에 대해 알게 된다. 많은 사람이 우리는 '진보적인' 연합체이기 때문에 자동적으로 우리가 '포용적'이라고 착각하지만, 내 경험상 항상 그렇지 않았다. 먼저, 미국 신학교와 일반 학계에서 이슬람 연구가 역사적으로 배제되어 왔다는 것에 대한 심각한 무지를 자각하게 된다면 이러한 학교들은 이슬람 연구가 기독교나 유대교처럼 규범적이고 교과적으로 연구되어야 한다는 것을 깨닫는 데 도움이 될 것이다.9 흥미롭게도, GTU에서 가장 포용적이라고 주장하는 가장 자유주의 성향의 부처들이 이슬람 연구의 다양성에 가장 많은 장애물을 설치하는 것을 경험하게 되었다. 그들은 종종 우리가 학계에서의 이슬람과 무슬림 연구 전통의 다양성에 집중하게 하기보다는, 그들 목회의 일부고 특정 종파적·이념적 접근인 정체성 정치(identity politics)와 신앙을 실천하는 문제에 우리 논의의 주제를 맞추려 했다.[10]

실제로 우리는 우파의 이슬람 혐오의 계획적 생산과 전파에 대한 공개적인 인식이 높아지고 있는 반면에, 좌파가 종종 자신을 이슬람과 무슬림의 이익을 위해 노력하는 것처럼 보이기 때문에 간과하는 경향이 있다. 특히 후기식민주의(postcolonial)와 탈식민주의(decolonial) 연구 및 인류학과 비판 이론을 포함한 방법론에 관한 풍부한 학문적인 연구를 가져오며, 신학교에서 기독교 사역에 대한 나의 연구와 비판은 여성과 젠더, 페미니즘, 성에 대한 논의가 유럽계 미국 좌파에 의해 어떻게 이슬람교와 무슬림, 이슬람 연구에 힘과 권력을 행사하기 위해 동원되었는지에 중점을 둔다. 이것은 분할과 지배의 식민지 과정을 재생산하는 것이며 '좋은' 이슬람 및 무슬림과 '나쁜' 이슬람 및 무슬림의 지표를 만든다: 자유주의적 가치를 지향하는 무슬림들을 홍보하고 친구를 맺는 '친

---

9   예를 들어, 나의 많은 사역 동료들은 서양의 학계나 신학교에서 무슬림들이 신학적으로 그리고 신앙적으로 이슬람을 공부할 수 있는 곳이 없다는 사실을 잊고 있다. 이슬람은 주로 미국의 학문적 세속 기관에서 지역 연구를 통해 연구되어왔다. GTU와 같은 맥락에서 이슬람을 공부하는 모든 사람이 무슬림이 아니며, 무슬림도 여기서 다른 전통을 공부한다는 점을 유념해야 한다. CIS가 학문적 센터라는 점에서 학생들은 자신의 종교 신념과 생각을 제한할 필요는 없지만, 종교적 차이와 다른 차이를 함께 탐색해야 한다.

10   GTU의 석사 학위와 박사 학위는 학문적 학위이며, 이슬람 연구 분야의 학생들에 대한 입학 기준은 다른 분야와 마찬가지로 학문적 기준이지 신앙적 기준이 아니다(비록 학생들과 학자들이 신앙적일 수는 있지만). 이는 신학교의 동료들조차 종종 간과하는 점이다.

이슬람주의'(Islamophilia)에 저항하거나 비판으로 미묘한 차이를 드러내는 이들을 향한 협박을 통해 '반이슬람주의'(Islamophobia)를 재생산하는 것이다.11 아무 의심 없이 받아들여지는 이러한 자유주의적 규범과 표지는 너무 근본주의적이고 자기 선택적이며, 근시안적인 틀은 너무 총체적이어서 자유주의 정치를 재구성하려는 노력으로 인해 이슬람과 무슬림을 재판에 세우고 있다. 이것은 다음과 같은 중요한 신학적이고 학문적인 질문을 갖게 한다: 우리는 좌파와 우파가 공모하고 있는 신학, 선교, 제국에 내재된 '진보적' 및 '보편적'이라는 용어가 포함하고 있는 식민지적 시공간 개념과 관행을 어떻게 이해할 수 있을까? 특히 서구의 자유주의와 세속주의, '유대-기독교 문명'은 법과 시민 질서라는 틀을 사용할 때 이슬람과 무슬림에 대해 어떻게 재구성되는가? '토착 정보원'(native informants)에 관한 인류학적 논의와 '야만'(savage), '구원'(salvation) 같은 개념은 우리에게 여전히 무엇을 가르칠 수 있는가? 미국적 상상력의 끊임 없는 확장을 통해, 어떤 조건과 한계 속에서 이슬람과 무슬림 생활에 대한 인식의 확장된 표준을 실현할 수 있을까? 그리고 아마도 가장 중요한 질문은 지식의 생산과 전파에 내재된 권력을 어떻게 다시 생각할 수 있는가 하는 것이다. 나는 이러한 질문들을 계속 던지는 것이 이슬람 연구 프로그램을 구축하는 데 중요하며 특히 종교 간 연구에서

---

11 Mahmood Mamdani의 2004년 저서 *Good Muslim, Bad Muslim: America, The Cold War, and the Roots of Terror* (New York: Pantheon)라는 제목은 그 책을 읽지 않은 사람들조차 널리 사용해왔다. 중심 논점은 '좋은' 무슬림과 '나쁜' 무슬림의 범주가 문화적이거나 종교적인 것이 아니라 정치적이라는 것이다. Shryock의 편집본 *Islamophobia/Islamophilia: Beyond the Politics of Friendship and Enemy* (Bloomington, IN: Indiana University Press, 2010)는 우리가 '우리'처럼 문명화되고 자유주의적인 '좋은' 무슬림을 사랑하고(이슬람 애호), '우리'와 다르거나 반대하는 '나쁜' 무슬림을 두려워하는(이슬람 공포증) 경향이 있음을 보여준다.

그렇게 해야 할 것이라고 생각한다. 이것을 통해 다양한 종교 전통을 연구할 때, 우리의 질문들이 얼마나 차별적인지 알아볼 수 있게 될 것이다.

학문과 이해를 발전시키고자 할 때 어려운 질문은 필요하고 환영받아야 한다. 하지만 여기서 더 큰 문제는 다양성의 언어로 표현되거나 혹은 다양성을 요구하는 목소리들이 내가 경험하기로는 종종 자유주의적 형태의 기독교 포교 행위라는 것이다. 다른 곳에서 나는 이것을 자유주의적 근본주의와 개종이라고 불렀다.

특정 학생, 특히 무슬림인 학생을 따로 뽑아내고, 그들의 무슬림 정체성을 다른 정체성보다 우선적으로 부각시키며, 미국과 유럽에서 논의된 최근의 특정 문제에 대해 어떤 견해를 갖는지 물어보는 것은 이러한 편협한 질문을 유럽-미국 중심적으로 만들며 서구 사회의 시각을 따르게 만든다. 자유주의 테스트(버틀러Butler 등 참조)는 자유주의자들이 이슬람과 무슬림에게 특별한 종류의 철저한 검토를 보류하면서 '좋은' 무슬림과 '나쁜' 무슬림의 계급을 만드는 새로운 방식이다. 사바 마흐무드(Saba Mahmood)가 제안한 대로, 우리는 자유주의도 의심해야 한다.[12] 나는 덧붙여 이러한 의심 대상에는 자유주의의 배타성, 그 속임수와 한계, 보편성에 대한 주장과 모든 사람을 해방시키겠다는 주장도 포함되어야 한다고 생각한다.

---

12 Saba Mahmood의 2003년 《보스턴 리뷰》(*Boston Review*)에 실린 에세이 〈Questioning Liberalism Too〉를 참조하라. 이는 Khaled Abou El Fadl의 에세이 〈Islam and the Challenge of Democracy〉에 대한 응답이었다.

7. 종교 간 및 학문 간 교육 발전을 위한 이슬람학의 기회

이러한 도전과 비판을 강조하고 이러한 질문을 던지는 동안, GTU는 매우 안심되는 방식으로 이러한 문제들을 논의하기로 약속했다. 나는 GTU가 점점 더 학제 간 및 종교 간 교육으로 나아가고 있다는 예로 우리 박사 프로그램의 새로운 구성을 언급했다. 아래의 세 가지 예시인 마드라사-미드라샤(Madrasa-Midrasha), 이슬람 예술 및 이슬람 혐오 연구는 GTU에서 CIS가 학문 간 및 종교 간 교육을 발전시키고 혁신적이고 창의적인 교육법과 학습의 기회를 창출하며, GTU와 UC 버클리 및 더 큰 대중과의 협력을 구축하는 데 어떤 역할을 하는지 그 예를 보여준다.

8. 마드라사–미드라샤: 이슬람학과 유대학 종교 간 교육

GTU의 유대학연구센터(Center for Jewish Studies)와 이슬람연구센터(Center for Islamic Studies)가 공동 개발한 마드라사–미드라샤 프로그램은 종교 간 교육을 위한 모델을 제공한다. 2009년에 시작된 이래로 마드라사–미드라샤 프로그램은 이슬람과 유대 전통의 풍부함과 다양성, 공통성을 탐험할 수 있는 수많은 강좌와 워크숍, 강연, 컨퍼런스 및 기타 공개 프로그램을 제공했다. 이 프로그램은 참여자들 간에 현대적인 쟁점에 대한 비평적인 대화를 장려한다. 학생들은 오늘날 거룩한 경전과 역사적·문화적 맥락을 통해 자신의 종교를 살고 수행하듯이 두 신앙 전통을 학문적으로 공부하는 것에 전념한다. 공동 학습에는 명절, 식이법, 기도, 의식, 문학 및 예술, 정치 등을 연구하는 것이 포함된다.

지난 몇 년 동안의 행사 및 강좌는 월간력, 명절 이해, 할랄과 카슈룻(Kashrut: 유대교의 음식 계율—역자주)의 법과 관행, 할례(circumcision), 백악관과 종교, 이스라엘/팔레스타인 문제, 이슬람 혐오 및 반유대주의, 하자르/하갈, 여성 및 젠더, 미디어 표상, 신성한 공간의 미학, 이슬람 예술 및 유대 예술, 환경 및 기후 변화 그리고 성스러운 기간: 성지 순례, 경건, 개인적 변화 등과 같은 주제를 다루었다. 이러한 각 강좌 및 프로그램은 박물관 방문을 포함하여 각 종교 전통을 그들 자신의 맥락에서 연구하는 다양한 청중들에게 기회를 제공했다. 그러나 이 두 종교 전통을 함께 공부하는 추가적인 학습도 있었다. 공동 학습은 유사성과 차이를 인정하면서 모스크와 회당을 방문하고 학계, 무슬림 및 유대 공동체, 종교 간 공동체 그리고 일반 대중과의 협력을 계속해서 강화하는 것이다.

9. 미학적 참여: 예술을 통해 이슬람과 무슬림의 다양성 이해하기

거의 지난 10년 동안의 공개 교육 프로그램을 통해 예술은 CIS와 GTU 전체에서 중요한 강조점이 되었다. 그러나 미국 내 이슬람 연구에서 이슬람 예술과 건축, 미학의 연구는 상당히 소홀히 되며, 이슬람 예술의 연구는 주로 미술사 전공에서 이루어진다.[13] 물론 서양 미술사에 대한 연구를 다양화하는 데에 이것이 매우 필요하지만, 학문 분야 간의 협력

---

13   이것은 시각 예술의 경우이지만, 많은 사람이 이슬람 연구 내에서 문학과 시를 연구한다. 음악과 공연도 별도의 학과나 프로그램에서 가르친다.

을 더욱 장려하고 이슬람 예술과 건축을 이슬람 연구에 통합하는 것이 중요하다.

2016년 4월, CIS에서는 "오늘날 이슬람 예술을 연구하고 가르치는 데에 문화적 경계선을 다루는 방법"이라는 주제로 이슬람 예술 역사학자와 박물관 큐레이터, 교육 전문가와의 하루 대화를 주최했다. 이 풍부한 대화에서 얻은 바와 CIS의 몇 년 동안의 공개 프로그램에서 배운 내용을 기반으로, 나는 이슬람 예술과 건축은 GTU 전체의 교과 과정 발전 및 공공 참여에 대한 교육 과정에서 점차적으로 포함되어야 한다고 생각한다. 하나의 중요한 시작점은 "반향의 울림: 이슬람 전통 예술에 영감을 받은 현대 예술"(Reverberating Echoes: Contemporary Art Inspired by Traditional Islamic Art)이라는 전시를 기획하고 조직하여 2017년 1월 31부터 2017년 5월 26일까지 GTU의 더그 애덤스(Doug Adams) 미술관에서 전시한 것이다. 이슬람 예술 역사 연구학자이자 CIS 연구학인 캐롤 비어(Carol Bier)가 큐레이터로 참여했다.[14] 이 전시의 하이라이트는 이슬람 전통과 다양한 방식으로 관련된 7명의 미국 예술가의 작업이었다. 이 혁신적인 탐험의 큰 성공을 기반으로 2017년 가을에 CIS는 GTU 도서관에서 "지식과 다양성"(Knowledge & Diversity)이라는 전시를 개최했다. 이 전시의 하이라이트는 이슬람 연구 분야의 학생과 졸업생, 교수와 방문 학자들의 작업들이었으며 몇 년 동안 함께 일한 여러 예술가의 작품을 전시했다.

CIS의 목표는 고정관념에 도전하고 편견과 오해에 대항하며, 다양한

---

14 Carol Bier의 2017년 저서 *Reverberating Echoes: Contemporary Art Inspired by Traditional Islamic Art* (Berkeley CA: Graduate Theological Union) 참조. 이 책은 전시회를 기념하여 출판되었다.

관객에게 함께 생각하고 대화할 수 있는 플랫폼을 제공하는 작업의 일환으로 예술을 계속 포함하는 것이다. 예술은 또한 정체성, 문화적 유산과 파괴, 식민주의와 제국주의, 박물관, 미술관 및 예술 시장, 아름다움과 고통, 전쟁, 이동, 이주 및 난민, 사회 정의, 환경, 생태학 및 지속 가능성 그리고 오리엔탈리즘의 문제, 예술과 문화의 도용 문제, 번역과 표현의 문제 등에 대한 대화를 더 많이 열어주는 데 매우 중요하다.

예술과 예술가들은 이슬람과 무슬림에 대한 대화와 이해를 위한 플랫폼을 제공하고, 예술을 학문적인 과정과 전시를 통해 활용함으로써 예술 자체에 대한 더 나은 이해를 제공할 수 있기를 희망한다. 예술 제작의 예술적인 과정과 형식적인 측면(시각, 공연, 음악, 문학, 미디어 등)은 교육 과정 개발의 중요한 측면이며 역사와 문화, 언어, 종교 전통 간에 대화할 수 있는 방법을 제공한다. 예술은 또한 감정과 경험, 구현(embodiment)과 영성의 수준에서 미학적 참여의 기회를 제공한다.

예술을 통해 이슬람 전통과 무슬림들에 대한 더 나은 이해를 촉진하거나, 이슬람 미술 및 건축이 (과학, 의학, 수학, 사회학, 인류학과 같은 다른 분야에서처럼) 서양에 미친 기여를 연구하는 동안, 이러한 노력들이 문화 외교로 간주될 수 있으며 종종 '미적, 종교 간, 선한 이슬람/무슬림'과 '정치적, 폐쇄적, 나쁜 이슬람/무슬림'의 이분법을 강화하는 데 기여할 수 있다는 것을 알고 있다. 그러나 CIS/GTU에서 우리는 예술과 미학에 대한 비평적 접근을 통해, 또한 저항과 전복으로서의 예술을 포함함으로써, 과거와 현재의 이슬람과 무슬림의 다양성에 대한 교육과 학습을 더욱 풍부하게 하고 가르침을 향상시키는 데 기여하고 있다. 우리는 미학 교육이 희망과 정의, 새로운 형태의 연대, 권력 관계에 대해 의식이 있는 세계를 상상하고 이뤄나가는 데 매우 중요하다고 인식한다.

10. 이슬람 혐오 연구

이슬람연구센터가 공동 주최한 가장 중요한 프로젝트 중 하나는 하템 바지안(Hatem Bazian) 박사가 이끄는 UC 버클리의 인종과젠더센터(Center for Race and Gender)와 함께한 '이슬람 혐오 연구와 기록 프로젝트' (Islamophobia Research and Documentation Project, IRDP)이다. IRDP는 미국에서 최초로 시작된 프로젝트였고, 자금이 풍부한 이슬람 혐오 산업에 대한 연구를 포함하여 주제에 대해 체계적이고 실증적인 접근 방식을 취했다. 이 프로젝트의 중요성은 이 성장하는 분야에서 학문을 발전시키고 '이슬람 혐오 연구 학술지'(Islamophobia Studies Journal)를 통해 공유하는 데 머물러 있지 않는다. 해당 웹사이트는 광범위한 자료를 제공하며 학문적·공공적 제휴를 형성하고 있다. IRDP의 연례 학회는 또한 다양한 분야의 대중과 대화를 나누는 국제적인 학자 네트워크를 형성하는데 중요한 역할을 하며, 학생들이 논문을 발표하고 교수진에게 멘토링을 받을 수 있는 장을 제공한다.[15]

우리는 폭력과 전쟁, 난민과 삶의 터전의 박탈, 환경 위기, 백인 우월주의, 민족국가주의, 외국인 혐오 및 증가하는 이슬람 혐오로 표시된 위험하고 불안한 시대에 살고 있다. 특히 이슬람 혐오는 국가 후원의 '폭력적 극단주의 대응'(Countering Violent Extremism, CVE) 프로그램과 무슬림 공동체의 감시, 종교적·학문적 자유의 감찰과 박탈 그리고 주류 언론과 정치, 그 밖의 분야에서 무슬림에 대한 지속적인 과소 표현 및 허위

---

15   참조, 2018년 4월 2일, https://irdproject.com/. 조지타운 대학교의 브리지 이니셔티브(Bridge Initiative)도 참조, 마지막 접속 2018년 4월 2일, http://bridge.george town.edu/.

표현 등으로 나타나고 있다.

대안적 사실(alternative facts: 자신들이 내세운 근거 없는 거짓 주장을 가리켜 트럼프 행정부에서 내세운 신조어—역자주), 두려움, 분노, 백인 우월주의의 부상으로 특징되는 탈진실 시대(post-truth era)에, 미국과 일부 유럽 국가에서 이슬람과 무슬림은 특이한 국가적 플랫폼을 차지하고 있다. 이를 통해 이슬람 혐오와 이슬람 애호가 동시에 트럼프의 금지와 장벽 건설, 모독 및 배제에 참여하는 이들에 의해 표현되고 동원될 수 있다. 미국에서 지난 1년 동안 히잡을 쓴 무슬림 여성들은 대부분 억압받는 자로 인식되다가 2017년 여성 행진에서는 잠시 자유의 얼굴이 되었다. 2017년 트럼프의 이슬람 금지에 대항하며, 다양한 배경을 가진 모든 사람이 연대하여 나라 전역의 공항에서 시위를 위해 모여들었고, 이런 집회에서는 공개 기도가 환영받았다. 공공장소는 무슬림과 연대하여 다양성과 애국심을 지지하는 공개 표현의 장으로 변하기도 했다. 그러나 이와 같은 명백한 이슬람 애호를 과거에 본 적이 있더라도 이는 일반적으로 일시적이며, 무슬림과 다른 소수자들은 그러한 연대가 임시적이고 우발적이며 정치적이라는 걸 잘 알고 있다. 많은 사람이 자주 묻는 것처럼 힐러리 클린턴이 대통령이 되었다면 이 모든 일이 일어났을까?[16] 그러나 이러한 고통스러운 교훈은 아이러니하게도 이제 미국 자체와 미국의 거부와 배제의 역사를 직시하도록 강제하고 있다.

학습과 대화의 정신에서 그리고 우리의 교실과 공공 프로그램의 특

---

16 이와 같은 주제에 대해 학생들과 우리 교수진, 방문 학자들과 많은 대화를 나눴으며, 그들 모두에게 감사한다. 특히 이 질문에 대해서는 나의 박사 과정 학생 중 한 명인 파울라 톰슨(Paula Thompson)에게 감사한다. 그녀는 UC 버클리 인종및젠더센터의 이슬람 혐오증 연구 및 기록 프로젝트의 코디네이터이기도 하다.

권으로 학문과 비평을 발전시키고 어려운 질문들을 계속 던지고 다루는 것이 중요하며, 이는 예측할 수 없는 세계에 대비하는 데 도움이 된다. 나는 종종 기독교 동료들에게 그들이 말하고 행하는 것들이 그들이 포용하려고 하는 공동체들과의 대화를 통해 계속해서 확인되어야 한다는 것을 상기시킨다. 종교 간 연구를 우리에게 편안한 환경 밖으로 확장하려 할 때 우리는 우리의 편견과 수사학의 한계를 빠르게 인식하게 되고, 종종 백인 중심의 기독교 자유주의가 유색인종 공동체의 경험과 근본적으로 다르다는 것을 깨닫게 된다. 이는 힘과 장소의 문제를 생각하는 것, 즉 '어디에서' 종교 간 대화가 이뤄지는지를 살펴보고, 어떤 상황에서 우리가 취하는 추정과 태도가 다른 상황에서는 도전 받을 것이라는 점을 염두에 두는 걸 의미한다.

11. 함께 일하며 앞을 바라보기

오늘날 신학교와 신학대학에서 이슬람학을 가르치는 것은 이것이 역사적으로 배제되어왔던 이유뿐만 아니라 무슬림들이 서양 문명에 미친 깊은 공헌을 인정하는 데에 중요하다. 이슬람교도 이곳에 뿌리내린 하나의 미국의 종교다. 대서양 노예무역 시대에 미국에 노예로 팔린 아프리카 무슬림이 미국에 온 이후부터 이곳에서 뿌리를 두고 있으며, 신앙을 지켜온 아프리카계 미국인 무슬림들의 오랜 투쟁과 풍부한 역사가 있다. 이슬람과 무슬림들은 우리가 오늘날 신앙을 공부하고 살아가는 종교 간·학제 간의 상황에서 우리가 함께 근본적으로 새로운 방식의 우리를 고민하는 방법에 큰 공헌을 한다. 이슬람학은 단지 우리가 종교 간 연구에 대해 생각하고 가르치고 실천하는 방식에 대한 추가 기능이 아니다. 그것은 이것들에 필수적이다. 우리는 이슬람 전통의 고유성과 역사에 대해 연구하고 성찰해야 하고, 상호 구성하는 역사—중첩과 얽힘, 혼란의 역사—뿐만 아니라 지적·영적 학습의 공유된 역사라는 맥락에서 연구하고 성찰해야 한다.

CIS는 이슬람학과 무슬림들이 신학교와 대학 전반에서 하는 중요한 역할을 모범적으로 보여준다. CIS의 첫 10년을 되돌아보며 앞으로의 몇 년 동안 우리가 오늘날 직면한 도전과 미래에 예상되는 도전들을 다루면서, CIS는 국내외적으로 갈라지는 시대에 대화의 기회를 제공하고 촉진한다. 지금까지 이슬람학에서 석사 및 박사 학위 취득자와 졸업생이 50명이 넘는다. CIS 교수진 및 방문 학자들은 17개 국가에서 온 학생들로 이루어져 있고, 32개 언어로 말하고 읽거나 쓸 수 있는 다양한 경험과 역사를 가져와 GTU 및 이외의 지역을 변화시키고 있다. 이는 GTU의 이슬람학의 특징적인 세계적 다양성을 나타내는 것이다. CIS는 이슬람학에서 견고한 학문적 연구를 진행함으로써, 또한 대학 내외에서 시대의 긴요한 문제에 대한 대화에 기여함으로써 GTU의 중요하고 선도적인 동반자로 자리 잡았다.

우리가 예술을 포함한 이슬람학 프로그램을 확대하고, 이슬람 지도부, 채플린(chaplaincy) 및 영적 돌봄, 환경 및 지속 가능성 연구와 같은 분야에서 논의를 계속하며, 온라인 학습과 체험 학습, 심화 학습 같은 교육 방안을 확대하고 도서관 자원을 다양화하고 확대함에 따라, 앞으로도 학문적·행정적으로 배울 것과 나눌 것이 많이 있다. 신학적 상황에서 종교 연구가 함께 중요한 기여를 할 수 있다. 종교 교육은 학생들이 전통 내외에서 공통성과 차이를 민감하게 탐색할 수 있는 기술과 전문 능력을 갖추는 것을 목표로 하므로, 우리는 학자 공동체로서 또한 신앙인들로서 학계와 공공 분야—미디어, 공공정책, 법 제정, 사회정의 운동, 산업 그리고 종교 공동체 등—에서 긍정적인 역할을 해나갈 기회를 갖고 있다. 나는 이러한 일이 중재와 번역, 경계를 넘는 일이라고 생각한다. 이것은 종교와 종교인들을 분열의 원인으로 여기는 것에서 비판적 참여를 통한 대화와 이해의 근원으로 여기는 것으로 재구성하기 때문이다. 신학교에서 종교 및 종교 간 교육을 향상시키는 것은 사람들의 상호 연관성을 이해하고 역사적·사회적·정치적·경제적 맥락에서 모든 것을 이해하는 것을 포함한다. 이것은 더 큰 공공 영역에서 거대한 변혁적 잠재력을 가지고 있다.

9장

종교 간 교육
: 교실 안에서 일어나는 초국가적이고 초영성적인 정체성 형성

크리스틴 J. 홍(Christine J. Hong)

요약문

이 장에서는 종교 간 그리고 문화 간 교수법이 새로운 형태의 초영성(trans-spiritualities)을 공동 양성하고 상호 변혁에 대한 헌신을 키움으로써 교실에 존재하는 종교적·문화적 다양성을 존중하고 가시화할 수 있는 방법에 대해 다룬다. 또한 소수 민족과 공동체가 공간과 시간, 땅의 경계를 넘나들며 새로운 실천과 관습, 어휘를 만들어내는 동시에 내면화된 문화적·종교적 혼종성의 영향과 마주하는 방법을 살펴본다. 추가적으로, 이 장에서는 비백인 및 비기독교 공동체에 대한 백인 및 기독교 우월주의적 이해의 위험성과 문화 간 및 종교 간 교실에서의 문화와 종교의 본연의 혼성적이고 역동적인 표현에 대한 우월주의의 저항에 대해 논의할 것이다.

1. 들어가며

이야기는 활기차고 상호작용하는 세상에서 인간이 학습하는 방법의 초석이다. C. S. 송(C. S. Song)은 그의 저서『태초에는 이야기가 텍스트가 아니었다: 이야기 신학』(In the Beginning Were Stories Not Texts: Story Theology)에서 신학적이고 개인적인 형성을 위한 이야기의 힘에 대해 성찰한다. 송은 이야기 만들기와 스토리텔링은 우리의 신학적 결단의 기조(matrix)의 해체와 구축을 동시에 한다고 주장한다. 우리는 어린 시절에 서로와 세계에 대한 이해의 해체와 구축이라는 탐구 과정을 시작한다. 사물을 가리키며 그것이 무엇인지 궁금해 하는 순간부터 우리는 다른 사람의 행동, 세상의 밀고 당김에 의해 우리가 어떻게 영향을 받는지 그리고 어떻게 우리 자신의 체화된 존재 방식이 주변 사람들에게 도움이 되거나 해가 될 수 있는지 배우는 탐구 과정에 들어간다. 우리가 계속 배우고 세상과 서로에 대한 경험이 계속 쌓이면서 우리의 이야기는 변한다. 우리 이야기의 변화는 인간의 차이, 특히 서로 다른 종교적·영적 헌신에 대해 듣고 배우는 데 도움이 된다. 때로는 그 차이에서 오는 오해는 우리를 두렵게 하고 서로 분리되도록 위협한다.

깊이 얽히고설킨 이야기(특별히 종교적 그리고 종교 간 헌신에 관한 이야기)는 타인과 우리 자신에 대해 가르쳐준다. 이야기를 조사하고, 만들고, 공유하고, 말하고, 내면화하고, 해석하는 과정은 우리가 이 세상을 함께 살아가는 다른 사람들에 대해 품고 있을 수 있는 뿌리 깊은 두려움과 편견, 추측과 씨름하는 데 도움이 된다. 우리가 종교 간 수업에서 학생들의 형성의 흐름에 대해 더 많은 것을 배울수록(특히 북미의 유색인종 학생들의 정체성과 영적 형성과 같은), 우리의 교수법은 우리 자신의 이야기와 '집단적 우리'(collective we)의 이야기 모두의 변화하는 이야기의 힘을 중심으로 바꿔어야 한다. 이 글은 학생들의 제한된 초국가적·초영성적 정체성 형성에 관한 이야기가 미치는 영향을 묘사함으로써 시작되며, 의도적인 다문화(intercultural) 및 종교 간 공간에서 학생들의 학습에 대한 수업 및 교육 접근 방식에 이 관점이 어떻게 영향을 미칠 수 있는지 알아보며 결론을 맺는다.[1]

2. 초국가적, 초영성적 역량 강화로서의 이야기

이야기와 내러티브를 공유하는 것은 정체성이 형성되고 구체화되며, 재형성되는 과정의 일부이다. 한국계 미국인 2세로서 나의 정체성과 사명감은 점점 더 국경을 초월하고 있다. 이민 선배 세대가 들려주는 이야기는 나의 부모님이 떠난 그 땅과 나를 다시 연결해준다. 고통스러운 이민, 전쟁, 난민의 생존과 번영의 경험은 전승되고 내면화되며, 검토되고 기록되며, 다시 이야기가 되어 나를 한국과 한국 사람들 그리고 그들의 모여진 역사들과 고민들을 계속해서 연결해준다. 그뿐만 아니라 이 이야기들은 역사의 고통스러운 시기 동안 그들을 지탱해준 신앙과 영성과도

---

1   나는 초영성적(trans-spiritual)이라는 용어를 사용하여 서로 다른 경험, 장소, 역사, 종교적·영적 전통에서 비롯되었지만 한 개인 안에서 구체화되고 함께 유지되는 종교적·영적 헌신, 신념, 관습을 설명한다. 초국가주의와 그 헌신처럼 초영성은 서로 다른 헌신들을 통합하거나 종합하거나 혼합하지 않는다. 하지만 이러한 헌신과 실천, 신념은 서로 긴장과 대화 속에서 존재하고, 표현되며, 변화된다. 초종교적 영성은 종교적 신념과 관습을 무작위로 선택하는 것이 아니라 공동체적·가족적·개인적인 역사와 경험, 헌신을 통해 그 안에 뿌리를 두고 있다. 식민지의 역사를 가진 개인과 집단에게 초영성적 실천은 한때 토착적이었으나 재해석되고 재토착화된 실천일 수 있다.

나를 연결해준다.

삶의 경험에서 비롯된 이야기는 우리의 의식과 심지어 유전자 데이터에 깊은 각인을 남긴다. 실향민, 원주민, 홀로코스트 생존자, 아프리카계 미국인에 대한 수많은 연구는 DNA에 각인된 트라우마의 정도를 보여준다. 그 트라우마의 영향은 미래 세대에게 깊은 심리적·신체적 영향을 미치며, 그중 많은 부분이 아직 제대로 풀리지 않은 숙제이다. 여러 세대에 걸쳐 공유되는 내러티브와 그 내러티브를 몸과 행동으로 옮기는 법을 배우고 그 결과로 나타나는 방식은 우리와 우리가 전하는 이야기에 영향을 미친다. 이야기는 바다와 시간을 넘어 공간과 장소 그리고 종종 표현할 수 없는 감정과 우리를 연결한다. 우리에게 각인되는 것은 트라우마로 남는 것만이 아니라 트라우마 경험에 직면했을 때 우리를 지탱하고 회복력을 키우는 연습이 될 수도 있을까? 어쩌면 영적 수행과 그로부터 얻는 유익, 종교적·문화적 정체성 역시 집단적 경험과 이야기 공유를 통해 전달되는 것일지도 모른다. 그렇다면 초국가적·초영성적 정체성 형성의 이해와 양성을 위한 공간을 만드는 것이 어떻게 종교 간 수업을 구성하고 종교 간 교수법에 접근하는 방식을 바꿀 수 있을까?

나는 로스앤젤레스에서 태어났지만 항상 한국의 뿌리와 깊은 유대감을 느껴왔다. 나에게 집(home)이라는 개념은 항상 모호하게 느껴진다. 나에게 집은 영원한 외국인(perpetual foreigner)[2]으로 남아 있는 미국도 아니고 나의 대부분의 친인척들이 여전히 거주하고 있는 한국도 아니다. 나에게 집은 두 곳 모두이면서도 동시에 둘 다 아니다. 집은 지리적으로

---

2 '영원한 외국인'은 외적인 모습으로 인한 고정관념과 편견으로 인해 북미 생활에 동화되지 못하는 아시아인들 및 아시아계 미국인들을 의미한다. 이들은 항상 방문을 하거나 여행 중인 외국인으로 여겨지기 때문에 집이라는 개념을 갖기가 어렵다.

나 내 발이 닿는 물리적 근거지와 관련이 있을 뿐만 아니라, 내 자신 또는 나의 정체성과 사명감의 역동성을 끊임없이 설명해야 할 필요를 느끼지 않으면서도 내 몸이 가장 존재감을 느끼고 나의 피부가 편안함을 느끼는 곳이기도 하다. 여기에는 내가 영적·종교적 신념을 어떻게 수양하고 실천할지 여부도 포함된다. 이러한 초국가적이고 초영성적 정체성은 한국에 자주 여행을 가는 것과 끈끈한 가족 시스템 덕분에 부분적으로 형성되었다.

초국가적·초영성적 정체성 형성은 역동적이며 끊임없이 조율된다. 조율의 대상에는 영적·종교적 정체성, 신념, 관습이 포함된다. 이러한 협상이 진행되면서, 내적·외적 제3의 공간이 만들어진다. 레빗(Levitt)과 워터스(Waters)는 청소년과 청년의 초국가주의에 관한 저서에서 새롭고 유연하게 경계를 넘나드는 초국가적 정체성 형성에 대한 몇 가지 사례를 소개한다. 이민은 더 이상 가족이나 국적의 영구적 단절에 영향을 미치지 않는다. 많은 북미계 2, 3세들은 집을 국경에 한정하지 않고 다양한 장소와 사람들로 정의한다. 이렇게 다양한 장소와 국가, 사람들에 대한 그들의 헌신은 종종 충돌할 수 있지만, 그들은 갈등을 해결할 필요 없이 함께 결속된다.3 예를 들어, 내가 어렸을 때 한인 2세들이 서로에게 자주 묻는 질문이 기억난다: "만약 미국과 한국이 전쟁을 한다면 어느 편에 설거야?" 이 질문은 정답이 없는 질문 중 하나였다. 우리는 부지런히 일하며 우리를 위해 새로운 길들을 미국에서 개척한 이민 세대의 부모님들과 함께 미국에 있지만, 우리 중 상당수는 여전히 한국에 친척이 있어 자주

---

3   Peggy Levitt and Mary C. Waters, *The Changing Face of Home: The Transnational Lives of the Second Generation* (New York: Russell Sage Foundation, 2002).

방문하고 있었기 때문이다. 또한 가족에 대한 충성심과 어른을 공경하는 유교적 가치관, 백인 우월주의 국가에서 영원한 외국인으로 겪어야 하는 현존하는 인종차별과 차별이 더해져 더욱 복잡하다.

의도적이고 개방적이며 자기 성찰적인(self-revelatory) 종교 간·문화 간 교실에서 나는 점점 더 많은 학생이 초국가적이라고 스스로를 규정하고 경계를 넘나드는 방식으로 자신의 종교와 영성, 신앙을 조율하는 것을 발견한다. 학생들이 자신의 개인적인 내러티브와 정체성, 물려받은 문화에 대해 이야기하고 풀어내면서 자신의 영성 훈련이 하나 이상의 공동체와 장소에 뿌리를 두고 있다는 사실을 발견한다. 디아스포라의 종교 간 소통에 관한 수업에서 처음에 자신을 기독교 백인 남성이라 소개한 학생이 있었다. 수업이 진행되면서 우리가 개인사를 알아보는 것이 어떤 의미인지에 초점을 맞추자, 그는 자신이 가톨릭과 위칸교(Wiccan)를 경험하며 자랐고 나중에는 개신교인이 된 라틴계 남성이라고 동료들에게 밝혔다. 그는 위칸과 로마 가톨릭에 대한 이해와 근거를 가지고 개신교 기독교를 믿는 피부가 하얗고 눈동자가 파란 라틴계 남성이 문제가 된다는 것을 배워왔기 때문에 처음에는 자신을 백인 기독교 남성으로 정체성을 선택했다고 말했다. 그는 자신의 내면에 있는 자신을 탐구하기보다는 사람들이 기대하는 대로 자신을 표현하는 법을 배웠었다. 백인 기독교 남성이라는 정체성은 그에게 특권과 사회적 자본을 제공했지만, 개인적이고 영적 삶은 힘들게 만들었다.

초국가주의와 이것을 정의하는 특성은 초영성주의 및 개인의 영성 간·종교 간 헌신으로 확장될 수 있다. 혼합된 종교 및 영성 훈련은 타협된 초국가주의의 실체가 된다. 우리 가족은 3대째 기독교 집안이다. 우리 가족의 기독교와 그 관습은 조부모님이 북한에 계실 때 뿌리를 내렸다. 조부모님은 기독교, 특히 장로교를 받아들이면서 동화될 수 없는 유교문화적 관습을 버리고 새로운 기독교 신학과 신앙으로 재해석했다. 그러나 의식적으로 묻어둔 것이 항상 땅에 머물러 있는 것은 아니다. 다양한 역사학자와 신학자, 한국계 미국인 종교학자들이 한국 기독교 신앙의 토착적 기원을 밝히기 시작하면서 초월적 영성의 방식도 드러나기 시작했다.

1) 개방적인 경계

우리 가족이 거부한 관습 중 하나는 조상 숭배를 하는 제사였다. 백인 유럽인과 북미 선교사들이 생각했던 것과는 달리 제사는 일차원적인 조상 숭배가 아니다. 제사는 죽은 자를 기억하는 관습이며 삶과 죽음의 경계가 열려 있다는 것을 인식하는 것이다. 살아 있는 사람들은 고인을 위한 연회 테이블을 차리고, 고인의 사진과 함께 고인이 좋아했던 음식 그리고 요즘에는 고인이 살아 있을 때 의미를 지닌 물건들을 테이블 위에 올려놓는다. 그런 다음 산 사람들은 식탁 앞에서 절을 하고 기도를 한다. 이러한 기도는 영혼의 안녕을 기원하고 산 자를 위한 인도와 보호를 요청하는 대화식 기도이다. 제사상을 차리고 대화를 나누며 기도하는 이 관습은 죽음으로도 단절되지 않는 관계의 영속성을 분명히 나타낸다.

나는 외할머니가 돌아가신 1주기부터 제사를 드리기 시작했다. 외할머니가 돌아가신 뒤에도 나는 여전히 할머니의 존재를 내 삶에서 깊이 느끼고 있다. 기일마다 나는 외할머니와 마지막으로 만났을 때 외할머니가 주신 친필 성경을 포함해 제사상을 차린다. 이 관습은 나의 외할머니뿐만 아니라 많은 증인과 부활한 몸에 대한 나의 기독교적 이해, 더 나아가 한을 풀기 위한 한국의 토속적 샤머니즘 관습이나 민족의 집단적 고통에 대한 깊은 유대감을 느끼게 해줬다. 초국가주의는 나에게 초영성적이며 탈식민지적이다. 나는 기독교 선교와 일본의 병합을 겪으면서 지워졌던 한민족의 영적 관습과 기독교에 대한 나의 헌신, 한반도에 대한 나의 헌신을 함께 간직하고 있다.

수년에 걸쳐 초국가적 이민자 공동체들의 다른 초영성적 관습은 새로운 땅에서 새로운 종교적 관습을 위해 동화되고 재전유(re-appropriated)되어왔다. 남겨진 땅, 문화, 종교, 영성의 결합 조직은 새로운 장소에서 이식된 공동체의 생존과 번영을 보장하기 위해 다시 재배(re-cultivate)된다. 워너(Warner)와 위트너(Wittner)는 그들의 저서『디아스포라 모임』(*Gatherings in Diaspora*)에서 산테리아(Santeria: 아프리카 부족 신앙과 가톨릭 제의를 결부한 쿠바의 종교 의식—역자주)의 요소를 실천하는 뉴욕의 가톨릭 아이티인들의 혼합적 관습과 로스앤젤레스 지역의 유대계 이란인들의 종교적·문화적 적응에 대해 소개한다.4 한국계 미국 공동체에서 이러한 혼합 관습은 '통성기도'(열렬한 기도)와 새벽기도에 가장 두드러지게 반영되어 있는데, 두 가지 모두 '한'을 대면하고 풀어주는 초기 샤머니즘적 관습에서 유래했을 가능성이 있다.5

체화된 영성과 정체성에 대한 이러한 재해석과 변화는 이민이나 이주에서 시작되거나 끝나지 않는다. 다른 종교 전통으로 개종하거나 다

---

4   R. Stephen Warner and Judith G. Wittner, *Gatherings in Diaspora: Religious Communities and the New Immigration* (Philadelphia: Temple University Press, 1998).

5   '한'은 집단적 슬픔, 비통, 고통을 뜻하는 한국 고유의 용어이다. '한'은 개인적, 관계적, 국가적일 수 있다. 통성기도와 같은 관습은 사실상 '한'을 풀어내는 애통의 외침이 될 수 있다.

른 종교 전통에서 개종되는 사람들도 의도적이든 의도하지 않았든 개인적으로 중요한 종교적 관습과 신과 자아에 대한 신학적 이해를 성스러운 공간으로 가져갈 수 있다. 우리 인간은 유동적인 존재이기 때문에 특히 위기의 순간에 우리 민족의 이야기와 역사, 신학, 신념, 관습을 새로운 종교적이고 성스러운 공간으로 가져올 수 있다. 나는 장로교 가정과 교회에서 자랐다. 하지만 그 교회는 개혁주의 전통을 따르되 분명하게 오순절적이고 카리스마적인 방식을 따르는 교회였다. 이러한 관행은 아시아계 미국인 이민자 기독교 공동체에서 드물지 않다.6 오늘날까지 나는 개혁주의 영성과 실천의 바탕이 되는 신학에 헌신하는 안수 받은 장로교 목사이지만, 위기에 처했을 때 나의 기도는 결정적으로 오순절적이고 카리스마적인 기도가 된다. 내가 하나님과 신속하게 소통해야 할 때 나는 기도서를 찾거나 신조를 암송하지 않는다. 그 대신에 나는 나를 대신하여 신적이고 기적적인 개입을 기대하는 것을 포함하여 내가 원하고 필요로 하는 것들을 자발적이고 부끄러움 없이 기도한다. 나의 개혁주의 신학은 자발적인 기도를 허용하지만, 이런 식으로 신에게 간구하는 것은 논리와 윤리에 도전하는 것이다. 그러나 위기 상황에서 나의 기도 관행은 이러한 경계를 자연스럽게 극복한다. 우리의 영적 형성의 기초에 있는 것이 항상 우리로부터 쫓겨날(exorcised) 수는 없다. 한번은, 2년마다 열리는 장로교 모임에서 종교를 초월한 한 방문자가 총회 전체 예배에서 성찬을 받은 적이 있다. 성인 초기에 개종한 아프리카계 미국인 무슬림인 그녀는 기독교 성찬이 인간과 신을 연결하는 성찬이라는 깊은 믿음으

---

6   한국계 미국인 주류 개신교인들의 카리스마적 관습은 한국 영성의 토착된 샤머니즘적 뿌리를 반영한다.

로 성찬에 참여한 것이다. 그것은 우리의 전통과 신학적 선입견에 어긋나는 것이었지만, 그녀는 자신의 종교적이며 영적인 삶의 여정, 출신지 그리고 현재 자신이 종교적 정체성이 자리 잡은 새로운 장소에 적합한 방식으로 초영성적·공동체적 헌신을 구현하고 있었다. 그녀가 그리스도의 몸과 피인 빵과 포도주를 받는 모습을 지켜보면서, 나는 그녀가 나와 할머니를 분리하는 제사상에 있는 개방된 경계(porous boundaries) 사이를 오가는 것 같았다.

2) 기술

국가적·영적·종교적 공간과 관습 사이의 이러한 개방된 경계는 진화하는 기술에 의해 더욱 촉진되고 있으며, 이는 다시 학생들이 종교 간 교실에서 서로 그리고 세상과 소통하는 방식을 변화시키고 있다. 나의 부모님이 미국으로 이민을 오셨을 때 그들은 사랑하는 사람들과 즉각적으로 소통할 수 있는 능력을 상실했다. 긴급 상황이나 특별한 날을 제외하고는 장거리 전화는 비용이 너무 많이 들었다. 편지는 손으로 써야 했고 도착하는 데 몇 주가 걸렸다. 상실감과 이별의 느낌은 지금보다 훨씬 더 영구적이었다. 오늘날 기술은 국경을 초월한 사람들이 다양한 방식으로 실시간으로 서로 다른 고국과 소통할 수 있게 해준다.[7] 사람들은 기술을 통해 다른 장소와 사람들에 대한 유대감과 헌신을 경험할 수 있다. 심지어 전 세계의 공동체와 함께 예배를 참관하고 참여할 수도 있다. 기술의 힘을 통해 우리는 더 이상 한 장소에 얽매이지 않는다. 기술의 도움으로

---

7   Levitt and Waters, *The Changing Face of Home*.

전 세계 여러 곳의 예배를 참관하고 화상 회의를 통해 다른 종교인들과 직접 교류함으로써 종교 간 교실은 국가적·영적 경계를 넘어선 종교 간 공간이 되었다. 학생들은 더 이상 종이에 적힌 글에 얽매이지 않는다. 전 세계 사람들이 학생들이 배울 수 있는 살아 있는 텍스트가 된다. 초국가적인 종교적·영적 사람들로서 우리는 자신만의 역사적 이야기를 발굴하고 해석하여 더 이상 현재의 신학과 영적 실천을 근거로 삼고 발전시키는 데에만 얽매이지 않는다. 우리는 새롭게 형성된 영성을 함께 수양함으로써 살아 있는 공동체와 생활 실천을 통해 의미를 만들고 새로운 이야기를 만들어낼 수 있다. 우리는 다양한 이야기를 따라가고 다른 사람들의 정체성과 헌신을 만나면서 우리의 정체성과 헌신을 큐레이팅할 수 있다.

3. 초영성적, 초국가적 정체성 및 내러티브 구축하기

기술적으로 전달되는 내러티브는 살아 있는 텍스트이기 때문에 종교 간 교육에서 초영성 경계의 개방성의 특성을 유지하지만, 위험한 낭만주의에 빠지기 쉽기도 하다. '집'(home)의 구성은 기술적으로 전승된 내러티브를 통해 만들어지고 재창조되는데, 이 내러티브는 영성 훈련을 중심으로 재구성된 공동체와 새로운 의미 부여로 낭만화될 수 있다. 유교 수행자나 한국계 미국인 기독교인, 심지어 나의 가족조차도 할머니를 위해 제사를 지내는 나의 모습에 충격을 표현할 수도 있다. 사실 어떻게 보면 제사를 부활시킨 원동력 중 하나는 내가 부모님과 조부모님 세대에서 전해 내려오는 이야기 중 일부를 낭만적으로 해석한 것일 수도 있다.

대한민국과 나의 할머니가 가진 모든 것은 내 마음속에서 대체할 수 없는 존재이다. 나의 할머니는 결점이 있지만 돌이킬 수 없을 정도로 결점이 있는 것은 아니다. 반면에 한국 국적의 사촌들은 내가 얼마나 '집'을 그리워하는지 그리고 방문할 때 떠나는 것을 얼마나 두려워하는지 항상 놀라곤 한다. 나는 항상 떠날 때 운다. 그것은 상실감, 따뜻한 편안함과 모국어를 듣고 매번 자신을 설명할 필요가 없는 환경에서 살아야만 얻을 수 있는 소속감에 대한 상실감이다. 어쩌면 그것은 부분적으로 내가 고향을 낭만적으로 생각하는 데서 오는 상실감일지도 모른다. 나는 한국이 내 마음과 정신 속에서 어떻게 계속 변화하고 있는지에 따라 나의 초영적 실천을 지속적으로 재구성할 것이다. 안타깝게도 이러한 변화는 상충되지만 중요한 다른 내러티브의 삭제로 이어질 수 있다.

왜 낙관적인 견해가 필요할까? 우리는 우리 자신을 빠져들기 원치 않는 이야기들을 가리기 위해 긍정주의를 찾고 있는 걸까? 이렇게 길들여지고 낭만화된 형태의 초국가성과 초영성에는 위험성이 있다. 낙관적인 초국가성과 초영성 그리고 우리가 받아들이는 내러티브의 큐레이션은 가장 고통스럽고 말할 수 없는 이야기를 포함한 내러티브와 역사 전체를 보이지 않게 만들 수 있다. 우리는 우리가 듣고 다시 말하기를 주저하는 불편하고 지저분한 이야기를 피하는 특권적인 내러티브를 큐레이팅할 위험을 감수한다. 초국가적이고 초영성적 정체성을 낭만화하는 것은 우리가 오직 보고 싶은 것만 보고 다른 것은 거의 보지 않게 될 수 있다. 학생과 교수자들은 더 큰 내러티브와 다른 사람의 이야기를 고려하지 않고 자신의 이야기 중심으로 자신에게 가장 의미 있는 것을 고르고 선택할 위험이 있다.

스스로 길러진 정체성과 헌신에 직면하여, 학생들이 낙관적 견해를 벗도록 장려하는 일종의 종교 간 교육을 어떻게 계속할 수 있을까? 학생들이 더욱 총체적이고 공동체적인 정체성 형성을 위해 서로 다른 이야기를 하나로 묶는 과정을 거치도록 어떻게 도울 수 있을까? 조앤 달리세라(JoAnn D'Alisera)는 워싱턴 D.C. 지역의 시에라리온(Sierra Leonean) 가족들의 서로 다른 서사를 기록한다:[8] 2세들은 미디어와 공교육 시스템에서 들은 이야기를 통해 '아프리카의 어두운 심장'(the dark heart of Africa)이라는 편견이 내포하는 모든 것을 상상한다. 그러나 그들의 난민 부모들은 적대적인 북미를 위해 남겨진 풍부하고 아름다운 역사, 땅, 문화를 묘사한다. 이 청소년들은 이 두 가지 상반된 이야기를 긴장감 속에 함께 담아내며, 이 상반된 이야기가 자신과 미국과 시에라리온 공동체 둘 다를 향한 책임감에 어떤 의미가 있는지 고뇌한다. 학생들은 교실에서 끊임없이 선별된 자신의 정체성과 이야기에 대해 무엇을 배우고 있을까? 교실에서 배우는 내용이 가정과 예배 공동체, 미디어에서 접하게 될 다른 장소들, 사람들 그리고 경험에 대한 대안적인 내러티브를 이해하고 받아들일 수 있는 여지를 만들 수 있을 만큼 충분히 개방적일까?

종교 간, 문화 간 수업에서는 투명한 내러티브와 숨겨진 내러티브가 의도적으로 균형을 이루도록 해야 하며, 특히 백인 및 식민주의적 시선을 통해 내러티브가 파괴되고 변질되는 방식을 밝혀내야 한다. 특히 교과서에서 조국에 대한 정보가 부족함에도 불구하고 조국에 대해 배우거나 정복자보다 피정복자, 야만인보다 문명인의 관점을 통해 배우는 디

---

8   JoAnn D'Alisera, "Images of a Wounded Homeland: Sierra Leonian Children and the New Heart of Darkness," in Nancy Foner, ed., *Across Generations: Immigrant Families in America* (New York: New York University Press, 2009), 114-34.

아스포라 사람들의 경우 더욱 그러하다. 교실은 학생들이 이러한 다양한 이야기를 긴장감 있게 받아들이고, 자신이 접하는 이야기를 비판적으로 면밀히 검토하고, 해체하고, 재구성할 수 있도록 도와야 한다.

이민 2세대와 3세대는 이민 1세대에게서 이야기를 전해 듣고, 그 이야기를 풀어내고, 혼합된 영성 훈련을 창조하는 등 새로운 의미를 만들어냄과 동시에 백인 우월주의 문화와 그에 수반되는 백인의 관점에서 보는 '외국' 역사들, 종교적 관습들, 민족들에 대한 다양한 서사를 듣고 내면화하게 된다. 나의 청소년기 초기에 한국에 있는 가족들과 대화를 나누던 중, 한국전쟁 이후 미군이 '구세주'라는 내러티브가 우리 가족이 이해하는 내러티브와 다르다는 사실을 알고 깜짝 놀랐다. 가족들이 이해하는 미군의 한국 땅 점령은 북한의 핵 위협 때문에 용인된 것이지만, 미국의 폭력, 내재된 미국 예외주의, 미군의 한국 땅 주둔에 따른 신식민지적 백인 우월주의적 시작으로 인해 환영 받지 못한 상황이었다.

앞서 언급한 세대 간 트라우마 연구에서도 알 수 있듯이, 백인의 시선과 미국의 예외주의가 우리 조국에 대한 내러티브에 스며들어 해석하고 내면화한 방식을 포함해 제국과 식민지 역사가 미국 내 유색인종의 초국가적 정체성에 미친 영향은 계속되고 있다. 이러한 현실과 긴장은 우리의 정체성과 그 안에 내재된 영적·종교적 관습을 풀고 재구성하는 지속적인 과정으로 이어진다. 내가 제사 수행을 했던 것처럼, 북미에서 식민지 역사를 가진 사람들이 기독교 선교 및 다른 형태의 제국주의와의 만남을 통해 잃어버리거나 지워진 영적 관습을 되찾고 재구성하려는 움직임이 있다. 그러나 이러한 재구성은 개인이 각자가 선택한 공동체에서 권한과 고립감을 동시에 느끼게 할 수 있다. 그러므로 종교적·영적 믿음과 실천뿐만 아니라 공동체와 개인의 정체성 사이의 관계에 대한 재협상을 필요로 한다. 안수 받은 성직자라는 나의 신분은 종교적 공간에서 나에게 힘을 실어주기도 하지만 많은 한인 공동체에서 나를 혼란스럽게 만드는 요인이 되기도 한다. 그 결과 나는 여성 안수에 대해 보수적인 신학을 고수하는 한인 공동체의 사람들에게서 크게 고립되어 있다고 느낀다. 나는 이야기의 협상과 그 의미를 재구성하는 것을 몸소 구현한다. 영적·종교적 권위를 지닌 여성으로서 내가 존재한다는 것 자체가 남성성과 거룩함을 동일시하는 유교적-기독교적 관습에 대한 도전이다. 공동체 내에서 이러한 긴장이 존재하는 것만으로도 필요한 갈등과 대화를 만들어내며, 이는 한인 미국 교회 생활과 신학에서 권력과 특권의 패러다임을 해체하는 변화와 새롭게 협상하는 공간으로 향하게 된다. 이는 결국 한국 문화를 경직되고 신학적으로 보수적이며 성차별적인 것으로 표현하여 단순화하려는 백인 기독교 우월주의적 내러티브의 덧씌움을 해체한다.

4. 종교 간 교육에서 교육적 접근법을 다시 생각하기

이러한 복잡성을 염두에 두고, 많은 학생이 초국가적·초영성적 정체성을 키우고 있는 종교 간·문화 간 교실에서는 어떻게 접근해야 할까? 먼저, 나는 종교 간 교실과 종교 간 교육을 참가자들이 종교 간 삶의 복잡성과 공적·종교적 삶의 더 큰 체계적이고 사회적인 구조를 의도적으로 배우고 협상하는 공간으로 정의한다. 종교 간 교육과 학습 과정의 일부분은 개종을 목적으로 하지 않고 서로의 특정 문화와 전통에 대해 열린 자세를 유지하는 것이다. 학생들이 이야기를 통해 정체성을 형성하는 과정에서 서로의 내러티브와 역사 사이의 개방적인 경계를 유지하면서 동시에 자존감을 지키며, 직면할 수밖에 없는 긴장과 갈등에 용기 있게 대처할 수 있는 역량을 키우도록 격려하려면 어떻게 해야 할까? 학생들의 정체성이 식민주의와 백인의 관점에 의해 2차적으로 지워지거나 서구식 신학교육이 설정한 성공과 실패의 기준과 잣대를 통해 파괴적인 형태의 동화를 겪지 않도록 하기 위한 실천에는 어떤 것들이 있을까?

1) 종교 간 수업에서 벌어지는 갈등

교실에서의 갈등, 특히 정체성을 둘러싼 갈등은 우리가 두려워해야 할 것이 아니다. 존 쉰들러(John Shindler)는 그의 저서 『혁신적인 교실 관리』(*Transformative Classroom Management*)에서 갈등을 경청과 존중의 문화를 함께 만들어가는 방법, 즉 앞으로 나아가기 위한 방법으로 정의한다. 교실에서의 갈등은 표면화되고 적절히 다루어질 때 서로의 의견을 경청하는 새로운 방식의 문을 열 수 있다.[9] 쉰들러는 주로 청소년 교실을 언급하고 있지만, 그의 이론을 종교 간 공간에도 적용할 수 있다. 청소년기가 우리의 정체성을 시험하고 자아를 배우는 가장 중요한 시기라면, 신학 교육에서 종교 간 및 문화 간 공간 또한 수업 참가자들, 특히 북미 공간에서 종교적 또는 문화적 정체성의 우위에 도전 받은 적이 없는 백인 기독교인들에게도 가장 중요한 시간이다.

종종 교실에서 종교적·문화적 정체성, 이야기, 관점에 대한 갈등이

---

9   John Shindler, *Transformative Classroom Management: Positive Strategies to Engage All Students and Promote a Psychology of Success* (San Francisco: Jossey-Bass, 2009).

발생할 때 우리의 본능은 주제를 빠르고 효율적으로 방향을 바꾸거나 분산시키려고 한다. 하지만 이러한 본능을 따를 때 교수자와 학생의 정체성과 관점에 실제로 도전되고 변화되는 것은 무엇인가? 어쩌면 교수자의 권위만 재확인되는 것일 수 있다. 갈등을 적절하고 신중하게 중재할 때, 갈등은 교수자와 학생, 나아가 인접한 공동체 모두를 위한 공동체와 개인의 변화 수단이 될 수 있다. 끊임없이 재협상하는 초국가적·초영성적 정체성을 구현하는 학생들의 존재 자체가 강의실 공간을 변화시키고 도전한다. 같은 반 학생들과 교수자는 이러한 학생들의 관점과 이야기에서 배우고, 그들의 내러티브와 정체성 그리고 그들이 집이라 부르는 공간을 큐레이팅하고 해석하는 관점을 통해 배운다. 학생들에게 이미 내재되어 있는 것을 끌어내어 드러냄으로써 우리의 정체성과 영적 형성에 대한 이해는 함께 개방되어 차이를 넘어서는 학습을 훨씬 더 가능하게 하고 집단적으로 변화시켜 교실이라는 물리적 벽을 넘어 학습의 내적 공간을 효과적으로 확장할 수 있다.

교실에서 전략적으로 직면할 때 갈등이 잠재적으로 변화할 수 있는 만큼, 교수자는 먼저 학생과 교수자의 초국가적 및 초영성적 정체성 형성 모두에 우호적인 교실을 조성해야 한다. 교실 내 갈등은 교실이 이러한 유동적인 정체성을 협상하기에 의도치 않게 열악한 장소가 된다. 하지만 그 대신에 정체성이 엄격하게 고정되어 있고 정체성의 발현이 정체성의 깊이와 같다고 가정하는 곳으로 변할 수도 있다.[10]

---

10   주디스 버틀러(Judith Butler)는 성별(gender)은 사회적으로 구성된 수행성 바깥에서 수행되며 본질적으로 유동적이라고 언급한다. 나는 국가적·인종적·민족적·종교적·영적 정체성 또한 유동적이지만 학생과 교수자는 정체성에 대한 더욱 엄격한 사회적 기대와 열악한 환경에서의 필요와 생존을 통해 수행하는 법을 배운다고 주장한다.

2) 예상되는 정체성

교수자와 학생이 수업에서 정체성과 정체성 수행 경계를 허물고 개방적
으로 남겨두는 시간을 갖지 않고 정체성을 가정할 경우, 지속적이고 미
약하게 협상되는 주요 정체성 지표들은 보이지 않게 된다. 이러한 보이
지 않는 경계는 학생과 교사 모두의 미세한 공격(micro-aggression)으로
발생할 수 있다. 사회적 위치 및 사회경제적 지위에 대한 가정, 민족 이
름의 잘못된 발음, 장애를 보이지 않게 만드는 것 등이 일반적인 경험이
다. 최근 연구에 따르면 교수자나 다른 사람들이 공공장소에서 유색인
종 학생의 이름을 교정하지 않고 잘못 발음할 경우 유색인종 학생에게
부정적인 영향을 미치는 것으로 나타났다. 이름이 만들어지고 부여될
때 내포된 모든 역사와 의미가 보이지 않게 되고 무력감을 느끼게 된
다.[11] 아시아계 미국인 어린이와 청소년을 대상으로 한 연구에 따르면
이러한 무력감은 개인의 자존감 형성으로 확장되어 자해 행동으로까지
이어질 수 있다.[12]

　　교수자의 렌즈가 충분히 자기 성찰적이지 않거나 편견이 없는지 검
토되지 않은 경우, 수업 내에서 정체성을 나타내는 것은 내면화된 정체
성보다는 더 뚜렷하거나 더 표현적인 정체성을 가진 사람들에게 유리하
게 작용하는 경향이 있다. 교실에서 이러한 특권은 기독교적 특권 또는

11　Corey Mitchell, "A Teacher Mispronouncing a Student's Name can Have a
　　Lasting Impact," PBS, May 16, 2016, 2016년 9월 8일 접속, http://www.pbs.
　　org/newshour/rundown/a-teacher-mispronouncing-a-students-name-
　　can-have-a-lasting-impact/.

12　Nita Tewari and Alvin Alvarez, *Asian American Psychology: Current Perspectives*
　　(New York: Psychology Press, 2008).

기독교적 서사와 인물에 대한 특권, 성직자의 특권, 이성애자 특권, 남성 특권, 백인의 시선 및 백인 특권의 형태로 나타날 수 있다. 이러한 특권에 복종하는 것은 또한 서구 기관과 교육 환경에서 유색인종 강사의 경험일 수도 있다.[13]

교실 환경들과 그 안에서 사용하는 교수법은 가정하기보다는 자아정체성의 심화를 촉진하고, 동시에 종교적·정신적·국가적 등 다양한 정체성을 동시에 자아 해석(self-interpretation)하도록 장려해야 한다. 좋은 교수법 실천들은 학생과 교사, 공동체의 정체성이 어떻게 협상되고 이해되는지 풀어내고, 아주 사소해 보이는 정체성 지표들에서도 의미를 끌어낸다. 일본계 미국인 구어 예술가인 G. 야마자와(G. Yamazawa)는 그의 시 〈다리〉(The Bridge)에서 아버지의 억양이 지닌 힘을 이렇게 묘사한다: "내 아버지의 억양은 철조망 울타리를 오르는 것 같다. … 이는 아버지는 영어를 배우려고 노력하기보다 그의 식당에서 다른 사람들을 위해 요리하며 가족을 먹여 살리는 데 더 많은 시간을 보냈다는 뜻이다." 야마자와에게 아버지의 억양은 이민의 흔적을 넘어 아버지의 헌신과 선택 그리고 가족에 대한 사랑까지 담고 있다. 서로의 이름을 정확하게 발음하는 방법만 배우는 것이 아니라 자신의 이름에 얽힌 이야기를 풀어내는 것을 권장한다면 교실은 어떤 모습과 느낌을 갖게 될까? 이름이 어떻게 만들어졌고 우리가 어떻게 이름을 받았는지, 이름을 지어준 사람에게는 어떤 의미가 있고 우리에게 어떤 의미가 있는지 물어본다면 어떨까? 그것이 우리를 어떻게 계속 만들어나갈까? 때때로 우리의 모국 이

---

13 린다 투히와이 스미스(Linda Tuhiwai Smith)나 안드레아 스미스(Andrea Smith) 같은 원주민 학자들은 서구 인식론과 연구 과정의 영향에서 원주민 학자의 정신이 탈식민화되는 것을 성찰한다.

름은 우리 중 일부가 모국어 또는 고향과 연결된 유일한 연결고리이기도 하다.

나의 할아버지가 나에게 홍진(Hong Jin)이라는 한국 이름을 지어주었다. 한자에서 홍은 넓다는 뜻이고 진은 작고 귀하다는 뜻이다. 나의 할아버지에게 나는 할아버지가 만나기를 기다리던 넓은 바다 건너편에 있는 작고 소중한 사람이었다. 이 이야기와 내 이름의 유래, 이름을 지어준 분 그리고 첫 손자를 한참 뒤에야 만날 수 있었던 할아버지의 깊은 그리움과 슬픔을 떠올리지 않고는 나의 한국 이름을 생각할 수 없다. 이름이 우리의 정체성을 형성하고 초국가적 유대를 전달하고 유지하는 방식에 깊은 뿌리를 가지고 있는 것처럼, 영성과 영성 훈련 또한 교실이라는 공간에서 우리를 수많은 '집'(home)과 연결해주는 상속이자 유산이다.

3) 종교 간 교육 안에서 기독교인과 백인의 특권

종교 간 교육은 종교 간 및 문화 간 생활에 만연한 기독교인과 백인의 특권을 찾아내고 질문하고자 한다. 예를 들어 기독교인만 있는 교실이나 무슬림만 있는 교실처럼 동질성이 존재하는 것처럼 보일지라도 깊은 차이가 있으며 이를 드러낼 수 있는 적절한 공간이 필요하다. 본질주의적인 북미 문화에서 우리의 많은 차이점은 필연적으로 인종적 정체성과 헌신이라는 더 큰 범주 안에 묻혀버린다. 북미 사회에서 발생하는 적대적인 백인 우월주의 시스템과 기독교 특권 속에서 살아남기 위해 전체 공동체는 이러한 침수 과정을 겪어왔다. 그러나 이러한 분류가 교실과 다른 시스템들에서 정체성을 함양하는 주된 방식이자 유일한 방식이 되면, 큰 정체성 범주 안에 내재된 깊은 갈등이 묻히게 된다. 예를 들어,

아시아계 미국인에 대한 본질주의적이고 종종 동아시아 중심의 서술에 묻혀 복잡하고 독특한 아시아계 및 아시아계 미국인의 역사가 보이지 않게 된다.

모든 식민지 개척자가 백인 미국인과 유럽인이었다는 믿음과 달리, 아시아 역사는 아시아 국가들과 민족 사이에서만 발생한 식민지 역사, 점령, 억압, 한계로 가득 차 있다. 미국의 맥락에서 동화(assimilation)되고 녹아들어 단일한 아시아계 미국인이 되어야 한다는 요구는 기본적으로 사회와 미국 공적 영역에서 우리의 종교적 서사와 정체성으로까지 확장된다. 같은 기표들을 동일시하는 학생들 사이에서도 그 기표들을 다르게 이해하게 된다. 예를 들어, 기독교와 기독교의 살아 있는 신학 및 실천은 모든 곳의 기독교인들에게 다른 의미를 갖는다. 2014년 한국 부산에서 열린 에큐메니컬 세계교회협의회 총회(the Ecumenical World Council of Churches)는 WCC(World Council of Churches)가 추구하는 에큐메니컬 관행에 동의하지 않는 한국 기독교인들에 의해 외부에서는 대대적인 보이콧을 당했다. 마찬가지로 '아시아계 미국인'이 된다는 것은 이민 역사와 도착 시점, 미국 시민 생활 참여도가 매우 다양한 아시아계 미국인마다 다른 의미를 갖는다. 동일하게 히스패닉, 치카노(Chicano), 라틴계(Latin@) 또는 라틴엑스(Latinx) 중 소속 및 정체성을 갖고 있지만 인구 조사에서는 '비백인 히스패닉'이라는 하나의 단일 범주로 분류하려고 한다. 인종 및 정체성과 마찬가지로 종교와 종교적 경험은 다면적이고 결코 단일하지 않다. 개방적인 교실에서 가르치고 배울 때, 우리는 하나의 규범적 의미나 경험을 고정시키고자 하는 충동에 저항해야 한다. 또한 본질주의를 채택해야만 할 때, 우리는 규범성을 향한 이러한 움직임이 항상 외부 경험을 미미하게 만들고 특권적인 중심 내러티브와 양립할 수 없는 것으로 구성한다는 것을 인정해야 한다.

끊임없이 논의되는 우리의 정체성처럼, 학생과 교실의 혼합된 영성과 관행은 항상 변화하고 있다. 이러한 변화는 교실 구성과 가정, 예배 공간 등 다양한 요인에 영향을 받는다. 이러한 변화는 끊임없이 변화하는 공동체에서 다른 사람들과의 만남을 통해 더욱 깊어진다. 유용한 교수법은 공동체와 교실의 역동적인 특성을 강조하며, 단일한 해석을 통해 본질화하거나 경우에 따라 새롭게 식민지화할 대상이 아니라 서로의 긴장 관계에서 유지되어야 한다. 교실에서 상충되는 내러티브는 항상 서로 일치할 필요는 없지만 긴장감 속에서 함께 존재할 수 있으며, 각 참여자가 정체성과 영성을 지속적으로 협상하는 데 수반되는 위험을 넘어 동지애를 느낄 수 있는 공간을 만들 수 있다. 따라서 의도적으로 종교 간·문화 간 공간에서의 교육적 접근은 상호성을 위한 촉매제로 긴장의 경험을 유지하면서 초종교적 영성(trans-spiritualities)과 지속적으로 복잡한 정체성의 존재를 인정하고 긍정해야 한다.

이는 종교적·영적 역동성을 종교적 관습과 신념의 혼합 이상의 것으로 이해하는 데서 비롯한다. 일부 세계 종교를 혼합적 실재로 이해하는 것에 대한 우리의 저항은 우리가 기독교를 포함한 일부 종교들이 처음부터 혼합적 실재라는 것을 이해하기 시작할 때 무너질 수 있다.[14] 초종교적 영성과 관습은 겉으로 보기에 단일 종교적 공간과 정체성 안에 존재할 수 있다. 앞서 언급했듯이 혼합성은 특히 이민자 및 이주민 기독교 공동체에서 단일 종교로 보이는 많은 기독교 관습의 초석이다. 강의실

---

14   Paul Bradshaw and Maxwell E. Johnson, *The Origins of Feasts and Seasons in Early Christianity* (Collegeville, MN: Pueblo Books, 2011).

에서 이러한 긴장은 풀어주고 탐구할 필요가 있다. 종교와 영성 사이의 긴장—어느 한쪽이 다른 쪽보다 더 타당하다는 가정—조차도 종교 간 교육에서 탐구할 수 있는 모호한 공간이다.

4) 환대하는 종교 간 교실

환대하는 종교 간 교실은 정체성과 영성의 함께-형성(co-formation)을 촉진하고 그들 사이의 관계를 얽히고설키게 한다. 학생과 교사, 교육 기관은 서로의 만남을 통해—기쁨과 슬픔, 갈등과 창조 안에서—형성되고 재형성된다. 특별히 실천신학자에게 교실 안에서의 모든 노력은 결국 참여자와 기관, 사회의 변혁을 위한 것이다.[15] 실제로 이러한 상호 변화는 "우리는 누구인가?"라는 질문을 끊임없이 던지고 '우리'를 둘러싸고 선을 긋는 방식을 면밀히 검토할 때 일어날 수 있다. 예를 들어, 우리가 '우리'를 둘러싸고 그리는 경계에는 누구의 이익이 반영되어 있을까? 누가 그 선을 그릴 수 있나? 누구는 제외되는가? 설정된 '우리'의 혜택을 받는 사람은 누구이고 소외되는 사람은 누구인가?

에이머스 영(Amos Yong)은 기독교 신학에서 '우리'라는 개념을 다른 종교 전통의 사람들을 포함하도록 확장한다. 오순절 신학자로서 종교 간 참여와 삶을 위한 성령론을 전문으로 연구하는 영은 급진적인 종교 간 환대를 하나님의 영의 기능으로 파악한다. 영은 그리스도인의 경우, 성령의 복음화 기능에도 그리스도인의 삶에 깊이 관여하고 헌신하는 데

---

15   Richard Osmer, *Practical Theology: An Introduction* (Grand Rapids, MI: Eerd-
      mans, 2008).

필요한 이웃 사랑과 환대에 대해 자신의 교리로의 태도의 회심과 재회심
이라는 강력한 요소가 있다고 가정한다.16 영의 우리(we-ness)에 대한
이해를 따른다면, 종교 간 교육은 서로에 대한 근본적인 환대를 깊이 구
현하고, 우리 자신을 개방하고 차이에 대한 인식을 심화함으로써 우리
가 주장하는 종교적 전통과 문화의 진정한 지지자가 될 수 있다.

개방형 교실은 우리의 다공적 정체성 및 영성과 마찬가지로 종교
적·영적 정체성의 학습과 형성이 교실 공간 밖에서도 계속되고 교실 경
험을 깊이 역동적으로 변화시킨다는 것을 이해해야 한다. 교실은 종교
간 또는 다종교 대화와 삶이 말로만 이루어지는 것이 아니라 교실 밖에
서 일어나는 예술과 음악, 침묵, 미각, 공동의 기억 등을 통해 형성된다
는 점에서 다공성이며 경계가 없다. 이러한 경험은 교실 공간 내에서 다
른 사람들과의 상호작용을 탐색하는 방법을 향상시킨다.

다공성 교실을 위한 교수법 또는 학생과 교수자의 변화하는 정체성
과 영적 형성을 위한 친절한 공간을 조성하는 교실은 교실에서 권력과
특권의 다양한 차원을 지속적으로 제기하고 추적하며, 만남을 통해 어
떻게 변화하거나 변화되는지 추적한다.17 권력과 특권 구조 내에서 차이
를 나타내는 지표에는 종교, 성별, 국적, 언어, 나이, 성적 취향 등이 있
다. 이러한 공간의 조력자로서 우리는 소외된 공간에서 자기반성(self-
reflexivity)을 통해 정체성 형성을 추적하는 취약한 경험을 이해하고 함
께 협력함으로써 이를 신중하게 수행하려고 노력한다. 이를 위한 실질

---

16 Amos Yong, *The Missiological Spirit: Christian Mission Theology in the Third Mil-lennium Global Context* (Eugene, OR: Cascade Books, 2014), 55-63.

17 Sheryl Kujawa-Holbrook, *God Beyond Borders: Interreligious Learning Among Faith Communities* (Eugene, OR: Pickwick Publishing, 2014).

적인 방법으로는 '안전한 공간'이라는 잘못된 개념을 없애고 대담하고 민주적인 공간으로 이동하는 것이 있다. 사회 어디에 있든 완전히 안전하지 않은 사람들이 있다. 어떤 사람들은 안전에 대한 우려 때문에 항상 방어적인 태도를 취하거나, 자신을 설명해야 하거나, 생존을 위해 의도적으로 자신의 정체성을 숨기기도 한다. 북미 사회에서 어떤 공간을 '안전하다'고 말하는 것은 이성애자, 남성, 능력주의, 백인을 특권으로 여기는 곳이라는 것이 현실이다. 개인과 공동체의 정체성은 종교적이든 아니든 한 공간에서는 권력을 가질 수도 있지만 다른 공간에서는 한계에 머물러 있다. 앞서 설명한 바와 같이, 나의 여성 성직자라는 지위가 교회라는 가족 내에서 힘을 발휘하고 있다. 미국장로교회(Presbyterian Church U.S.A)는 현재 92%가 백인이지만, 나의 성직자라는 신분과 교단 지도력은 내가 변화의 길을 모색할 수 있는 기회를 준다. 한국계 미국인인 나는 역설적인 존재이다. 영적·종교적 권위를 지닌 여성은 여전히 매우 가부장적인 유교적 구조와 시스템을 뒤집으려 한다고 의심받는다.

5) 교실에서 이분법적 사고와 가정 해체하기

우리는 반인종주의 및 반대체주의적(anti-supersessionist) 접근과 비판을 우리의 교수법과 태도에 통합함으로써 친절한 종교 간 교육과 교실을 지향한다. 내러티브 간의 긴장의 역동성을 끌어올리고 식민지 내러티브의 중심을 통해 묻혀 있던 이야기와 현실, 역사를 가시화하기 위해 노력하는 동시에 위험한 이분법을 해체하는 작업도 병행해야 한다. 총체적인 정체성 양성에 반하는 가장 흔한 두 가지 이분법은 흑인과 백인이라는 인종적 이분법과 기독교와 타 종교라는 종교적 이분법이다. 흑백 이분법은 유색인종 공동체의 복잡한 내러티브를 억압하는 역할을 하는 반면, 기독교와 타 종교라는 이분법은 세상의 다양한 종교적·영적 내러티브를 무시하고 기독교적 의제와 이야기를 중심에 두고 있다. 다양한 정체성과 헌신의 복잡성을 숨기고 궁극적으로 취약한 공동체들을 서로 대립시키는 이분법적 구조 내에서 초국가적 정체성 및 초영성적 정체성과 관행 사이의 다공성 경계를 유지하기를 바랄 수는 없다.

교실에서 정체성과 이야기의 복합성을 함께 형성하는 데 도움이 되지 않는 또 다른 가정은 세대적·직업적 가정이다. 특히 신학 교육에서 우리는 더 이상 밀레니얼 세대에 대한 고정관념을 가지고 학생들이 획일적인 밀레니얼 세대에 속해 있다고 가정할 수 없다. 세대적 소속에 대한 가정은 종교 간 교육에서 장려하는 다원적 정체성과 경계를 손상시킨다. 세대 가정은 전통과 문화, 민족 사이의 잠재적인 세대 간 협력에 역행한다. 오늘날 신학 교육에서는 밀레니얼 세대, X세대, 베이비붐 세대의 학생들이 함께 공간을 공유하고 학습하는 것이 일반적이다.

가정이 넘쳐나는 또 다른 교차점은 직업적 차이에 관한 것이다. 제2, 제3의 직업을 가진 학생들은 여러 직업을 가진 학생들과 공간을 공유한다. 교회나 회당과 같은 많은 지역사회 종교기관은 더 이상 풀타임 직원과 지도력을 유지할 수 없다. 전통적인 종교 지도자 역할의 부족은 신학 교육을 받는 학생들이 그들의 진로를 위한 일들을 하면서 동시에 다양한 지도자 역할을 함께 하며 창의력을 이용하도록 강요해왔다. 결국 소득 보장을 위해 모험적인 삶을 살아야 하는 학생들과 제2, 제3의 직업을 가진 학생들이 함께 모이게 되면서 사회경제적 격차가 드러나고, 이는 다시 교실의 다양한 내러티브에 영향을 미친다. 게다가 신학대학원협회(the Association of Theological Schools) 내에서 비전통적인 석사 과정이 증가함에 따라 학생들이 종교 지도자가 되기 위한 목적이 아닌 다른 이유로 신학교에 입학하고 있다.[18] 학생들의 초국가적·초영성적 헌신과 형성 그리고 그들의 사회경제적, 잠재적 직업 현실의 다양한 구조에 따라 그들이 신학 교육을 원하는 다양한 이유를 교수자로서 우리는 어떻게 받아들이고 있는가?

학생들은 서로 다른 삶의 경험과 역사, 관점, 세대와 세대 간의 격차와 현실, 공동체 및 그룹 자원, 접근 지점, 의사소통 방법을 하나의 공간으로 가져온다. 이러한 깊은 다양성은 갈등과 오해의 가능성 때문에 처음에는 부담스러워 보일 수 있다. 그러나 이렇게 서로 다른 내러티브가 함께 형성되면 변화에 대한 저항이 줄어들게 된다. 심오한 차이가 존재할 때, 학생과 교수자의 가정은 무너지고 우리의 초국가적·초영성적 정체성 및 관행과 같은 방식으로 자아와 타자 사이의 경계가 다공성이 된다. 신학 교육의 교실에서 세대 간의 차이와 사회적 위치의 차이로 인해 우리는 그 어느 때보다 차이에 대해 그리고 차이를 통해 대화할 수 있는 능력을 양성할 준비가 되어 있으며, 이는 결국 초국가적이고 초영성적인 정체성과 헌신을 지닌 학생들의 형성을 지원하게 될 것이다.

5. 나가며

우리가 듣고 배우고 공유하는 이야기는 우리와 주변 사람들을 형성한다.

---

18 Association of Theological Schools, "Annual Data Tables, 2015-2016," 2017년 9월 15일 접속, http://www.ats.edu/uploads/resources/institutional-data/annual-data-tables/2015-2016-annual-data-tables.pdf.

우리의 이야기들은 끊임없이 변화하고 있다. 이러한 이야기는 우리의 가장 깊은 약속—초국가적·초영성적—을 말하며, 심지어 우리가 아직 이해하고 풀어내는 법을 배우고 있는 약속도 포함한다. 이러한 이야기는 개인적이든 공동체적이든 우리의 종교적 신념과 실천을 구체화한다. 우리의 정체성은 연약함과 탄력성을 동시에 지닌 내러티브로 얽혀 있고 내러티브는 서로 작용하며 몸과 마음의 경계 안 긴장감 속에 존재한다. 초국가적이고 초영성적인 우리의 정체성은 서로의 만남, 특히 의도적으로 취약한 신학 교육의 공간에서 함께 형성된다.

홀륭하고 혁신적인 교육학은 학생들이 자아에 대한 고정적이고 영구적인 정의를 내릴 필요 없이 다양한 이야기, 우리의 역사, 사회적 위치, 종교와 관습에 대한 이해 사이에 다리를 놓는다. 다른 사람과의 만남을 통해 자아가 지속적으로 형성될 수 있도록, 자신의 정체성과 헌신, 실천을 다공적인 방식으로 보유하는 개인과 환대하는 교실을 조성한다. 환대하는 교실을 조성하는 방식은 적대감과 두려움을 조장하는 위험한 이분법과 가정을 무너뜨리는 동시에 서로를 향한 상호 변화를 장려할 수 있다. 우리는 우리 자신과 배움의 공간에서 내러티브와 약속, 실천을 긴장감 있게 유지하는 법을 배울 때 상호 발전을 확보한다.

4부

종교 간 교육의 효과

◆

10장

"신은 훨씬 더 자비로운 분이란다"
: 신학적 감각과 종교 간 신학 교육

티무르 유스카예프(Timur Yuskaev)

요약문

종교 간 신학 교육(interreligious theological education)은 왜 그리고
어떻게 중요할까? 나는 이 장에서 하트포드 신학대학원(Hartford
Seminary)을 졸업한 무슬림 채플린들의 현장 경험을 통해 위 질문
을 생각해보고자 한다. 위기의 순간이 오면—즉, 다수의 역사적
사건들과 다양한 힘의 주체들이 강력하게 응집된 상황들이 오면
—채플린들은 신학적이고 비교종교적이며 목회적인 내용이 함께
엮인 수업들을 의지한다. 이 수업들이 지니는 교차성(intersectio-
nal quality)은 학생들에게 어떠한 것을 형성시키는 대단한 힘이 있
다. 특히 학생들은 이러한 수업들에서 자신들이 살아가고 있는 다
원주의적 공간에 대한 미묘하고 깊은 감각을 연마한다. 나는 이 글

에서 윌리엄 코널리(William E. Connolly)의 다원주의 이론을 사용하여, 종교 간 신학 교육은 다원주의에 대한 실제 경험을 풍부하게 해주고 그 정치학에 깊이를 더해줄 때 의미가 있다고 주장한다.

텍스트의 각 단어(각 기호)는 그것의 경계를 넘는다.

— 미하일 박틴(Mikhail Bakhtin)[1]

깊고 다차원적인 다원주의에 대한 선행적 헌신은 현실 속에서 더욱 증폭된다.

— 윌리엄 코널리(William E. Connolly)[2]

* * *

"저 아이는 스카프를 매고 있네!!" 어느 여자소년원의 일요 무슬림 반에서 자원봉사를 하던 선생님이 놀라서 할 말을 잃었다. 이 선생님은 수개월째 이 소년원을 방문하고 있었으며, 선생님의 역할 외에도 실제적으로는 무슬림 채플린(chaplain: 주로 병원이나 군대, 교도소, 학교 등에서 종교적 지원을 제공하는 성직자 혹은 지도자를 일컫는 말 ─ 역자주) 역할까지 맡고 있었다. 소년원에는 12세에서 18세에 이르는 무슬림 청소년들이 많았는데,

---

1   Mikhail Bakhtin, *Toward a Methodology for the Human Sciences: Speech Genres & Other Late Essays*, trans. Vern W. McGee (Austin, TX: University of Texas Press, 1986), 161.

2   William E. Connolly, *Pluralism* (Durham, NC: Duke University Press, 2005), 169.

그곳에서 히잡을 두르고 있는 학생은 아무도 없었다. 과거에 몇몇 학생이 스카프를 사용해 자살한 일들이 있었기 때문에 히잡을 두르는 것은 금지되어 있었다. 스카프를 두른 새로운 학생이 오면 교도관들은 빠르고 효과적으로 그 규칙을 가르쳤고, 그 규칙이 적용되는 데에는 항상 아무런 문제가 없었다. 그러나 실제로는 더 어려보이는 이 조그마한 열네 살 먹은 여자아이는 이곳에 들어온 이후에도 여전히 자신의 머리에 스카프를 몇 시간, 혹은 하루 종일 쓰고 있었다. "교도관들이 왜 널 가만히 두지?" 선생님은 물었다. 그러자 그 아이가 대답했다. "아시잖아요, 저는 이걸 벗으면 지옥에 간다구요."

선생님이 이 상황에 반응하는 데에는 많은 요소가 영향을 주었다. 당시 이 선생님은 하트포드 신학대학원의 이슬람 채플린 프로그램(Islamic Chaplaincy program)에 재학 중인 학생이었기에 먼저 채플린으로 이 상황에 접근했다. 선생님은 이후 나와의 인터뷰에서 이렇게 말했다. "나는 이 상황을 지나치지 말고 매우 신중하게 다뤄야 한다고 생각했던 것이 기억납니다." 그녀는 히잡을 쓴 이 학생과 기껏해야 한 번 정도 더 이야기할 기회가 있을 것이라는 걸 알고 있었다. 이곳은 대부분의 재소자들이 다른 어딘가로 이송되기 전 잠시 들르는 곳이었기 때문이다. 채플린의 메시지를 듣는 학생들은 매번 바뀌었고, 그나마도 학생들이 주의를 집중하여 듣는 것은 잠시뿐이었다. 채플린은 곧바로 이러한 상황을 판단하고, 당일 함께 수감되어 있던 무슬림 학생들 세 명과 함께 대화에 가까운 수업을 하기로 결정했다. "우리 어떤 개념에 대해서 이야기해볼까?" 선생님은 학생들에게 제안했다. "신에 대해서 어떻게 생각하니? 신과의 관계는 어떠니?" 그녀는 토론이 "자비롭게 시작되었고, 그것은〔어떤 사람들이 생각하는 것 같은〕 이분법적인 대화가 아니었다"라고 말했다.[3]

왜—그리고 더 중요하게는 '어떻게'—종교 간 신학 교육이 중요한가? 우리는 무엇을, 어떻게 가르쳐야 할까? 학생들이 받게 되는 교육이 '종교 간'(interreligious)이 되거나 '신학적'(theological)이 된다는 것은 무슨 의미일까? 나는 내가 2010년부터 가르쳐온 종교 간 신학대학원인 하트포드 신학대학원의 졸업생들의 이야기를 통해 이러한 질문들에 대해 성찰해보고자 한다. 하트포드 신학대학원은 소수 종교를 가지고 있는 학생들, 특히 무슬림 학생들을 매우 특별히 여기는 곳이다. 예를 들면, 내가 이 글을 쓰고 있는 2016년, 우리 학교의 무슬림 학생 비율을 39%이다. 대부분의 무슬림 학생들은 내가 지도하는 이슬람 채플린 프로그램에 소속되어 있다. 이 프로그램은 1999년 잉그리드 맷슨(Ingrid Mattson)이 시작했고, 목회학 석사(M.Div.)에 준하는 72학점 과정이다. 학생들에게는 종교학 석사 학위와 이슬람 채플린 자격증이 주어진다. 이 글을 준비하는 동안, 나는 늘 하던 대로 '미국 종교사에서의 무슬림', '종교와 공적 생활', '무슬림의 대중 연설' 그리고 신학 과목으로 지정된 '20세기와 21세기의 무슬림 정치신학' 등을 가르쳤고 재학생들 및 졸업생들과 이야기를 나눴다. 나는 특별히 이 글에 들어갈 만한 이야기나 통찰력을 찾기 위해 그들과의 대화를 살펴봤고, 이후 일곱 번의 후속 인터뷰를 진행했다. 이 글은 그중 두 개의 인터뷰에 대한 사례 연구이다.

위에 언급한 소년원 관련 사례는 모두 익명으로 소개하고자 한다. 그 선생님은 당시 나의 학생이었고 지금은 채플린이 되었다. 그녀와 나는 이러한 일들에 대해서는 비밀을 지키는 것이 필수라는 사실에 동의했다. 왜냐하면 이러한 작업은 사람에게 영향을 주며, 만약 조심하지 않으면

---

3   익명의 선생님과의 인터뷰, 2016년 5월 16일.

부정적인 결과가 생길 수도 있기 때문이다. 두 번째 소개하게 될 사례는 이전에 출판된 글에 기초하고 있다. 이 사례에서 나의 대화자는 2011년 이슬람 채플린 프로그램을 졸업한 빌랄 안사리(Bilal Ansari)이다. 2015년 9월 13일, 안사리는 "길거리 삶의 신정론—겨자씨의 믿음: 투팍 샤커의 노래 〈So Many Tears〉의 20주년에 대한 단상"(Thug Life Theodicy—A Mustard Seed of Faith: Reflections on the 20th Anniversary of Tupac Shakur's Song 'So Many Tears')이라는 글을 온라인에 게재했다.4 안사리와 나는 이 글에 대해서 2016년 5월 함께 이야기를 나눈 적이 있다. 그때 그는 캘리포니아 주 버클리에 있는 무슬림 인문대학인 제이투나 대학(Zaytuna College)의 학생회장이었다. "길거리 삶의 신정론"이라는 글은 그가 채플린 겸 대중 지식인으로서 목소리를 내는 많은 예 중의 하나였다.

나는 히잡을 쓴 저항자에 대해 이야기한 익명의 대화자와 "길거리 삶의 신정론"에 대해 이야기한 안사리, 이 둘 모두에게 무엇이 그들로 하여금 그와 같이 반응하도록 준비시켰는지 물었다. 나는 먼저 그들이 서로다른 상황이었지만 둘 다 모두 직업적 본능에 따라 행동했다는 것을 발견했다. 소년원의 선생님은 채플린으로서 그 수업을 시행했고, 안사리도 역시 채플린으로서 〈So Many Tears〉라는 노래를 성찰했다. 나는 그들이 선택하여 사용한 단어나 행동들 뒤에 담긴 본능이 과연 무엇이었는지 생각해보라고 요구했다. 나의 생각과 다양한 질문들은 사실 그들의 행동 속에 담긴 신학이 무엇이었는지 찾고자 하는 것이었다. 더 실제적

---

4   Bilal Ansari, "Thug Life Theodicy A Mustard Seed of Faith: Reflections on the 20th Anniversary of Tupac Shakur's Song 'So Many Tears'," 2017년 6월 23일 접속, https://ummahwide.com/thug-life-theodicy-a-mustard-seed-of-faith-5bb62c88dfc2#.15vj9wcv9.

으로, 나는 그들이 살아가는 신학 안에 하트포드 신학대학원이 어떤 영향을 주었는지 그 조각들을 추적하고 싶었다.

물론 이들이 가진 신학은 그들이 받은 신학 교육의 내용을 피상적으로 살펴보는 것보다 훨씬 깊고 넓다. 둘은 모두 무슬림 가정에서 자랐다. 익명의 선생님은 여성이고, 이십대 후반 내지는 삼십대 초반의 아직 자녀가 없는 시아파 아랍계 미국인이다. 안사리는 40대 초반에, 네 명의 자녀를 둔 수니파 미국 흑인이다. 이들은 둘 다 하트포드 신학대학원을 다니기 전후로 매우 다양하고 광범위한 직업 및 교육적 경험을 지니고 있다. 익명의 선생님은 비영리 단체에서 저소득층 가정들을 직접 상담하고 돕는 일을 했었다. 안사리는 코네티컷 주 댄버리 시에 있는 여성 연방교정시설(FCI)에서 채플린으로 근무했으며, 매사추세츠 주에 있는 윌리엄스 대학교에서 무슬림 채플린으로 일했던 경험이 있다. 이 두 채플린의 경험은 미국 신학 교육의 큰 흐름을 보여준다. 안사리는 퍼시픽 종교신학대학원(Pacific School of Religion)에서 목회학 박사를 하던 중에 "길거리 삶의 신정론"을 썼고, 이 둘이 하트포드 신학대학원에 다니며 들었던 수업들은 또한 다른 미국의 신학교들에서 가르쳤던 교수들이 가르쳤기 때문이다.

이 글의 요점은 사실 서두에 소개한 박틴과 코널리의 문구에서 이미 나와 있다. 나는 무슬림 학생들 및 졸업생들과 대화를 나누며 우리(그들과 나 자신, 다른 교수들 그리고 우리 학교)가 하는 것이 무엇인지 명료하게 보여줄 이야기를 찾으려 했다. 나는 그들의 신학―그들이 '신학'이라는 말로 의미하는 모든 것―은 사람들이 일반적으로 신학이라는 말로 이해하는 것, 특히 신학교의 교육 과정으로 제시되는 것보다 훨씬 광범위하다는 사실을 발견했다. 정말 그들에게 신학적 훈련이 필요한 순간에 그들이 의지하는 것은 그들이 '신학'이라고 명명된 수업들에서 배운 형식적인 내용들 너머에 있었다. 신학 과목들은 당연히 중요하다. 왜냐하면 그 과목들은 그들의 종교와 다른 이들의 종교를 논할 수 있는 단어와 담론들을 일정 부분 제공해주기 때문이다. 하지만 핵심은 하트포드 신학대학원이 그들이 자신들의 직업 환경에서 목회적으로 일을 해결할 수 있도록 신학 감수성을 기르도록 도움을 주었다는 사실이다.

나는 이 모든 이야기를 안사리의 "길거리 삶의 신정론"으로 시작하여 "지옥에 간다구요" 에피소드로 이행하며 설명하고자 한다. 안사리가 익명의 선생님 이전에 하트포드를 다녔기 때문에 이것은 시간 순서에 따른 것이다. 이 둘의 여정은 우리 학교 역사의 한 단면을 보여준다. 나는 이들의 이야기를 통해 '어떻게' 다종교 신학 교육이 작동하는지 살펴본 후 또한 그것이 '왜' 중요한지 이야기할 것이다. 그 지점이 바로 코널리가 이야기하는 깊고 다차원적인 다원주의가 들어오는 곳이다. 바로 이렇게 깊고 다차원적이며, 신학으로 채워진 시간적 감각이 내 사례 연구의 핵심이다.

* * *

안사리의 타이밍은 절묘했다. 그가 "길거리 삶의 신정론"을 출판한 것은 2015년 9월 13일이었고, 그것은 투팍 샤커가 〈So Many Tears〉라는 노래를 발표한 지 딱 20년이 되는 날이었다. 안사리가 "강력하고 영적인 찬송"이라고 묘사했던 그 노래는 딱 1년 뒤에 발생한 투팍의 죽음에 대한 전조였다.5 안사리는 《움마 와이드》(Umma Wide)라고 하는 온라인 잡지에 자신의 생각을 담았다. 《움마 와이드》는 자신들을 "글로벌 무슬림 커뮤니티의 경계를 뛰어넘는 이야기들을 전해주는 신생 디지털 미디어"
라고 표현하는, 트위터 팔로워가 1,300명인 온라인 잡지인데,6 이들은
안사리의 글이 7분 정도면 읽을 수 있는 글이라고 소개했다. (다만 7분을
읽어서는 오직 표면적이고 축약된 내용만을 이해할 수 있을 것이라는 내용은 말하지
않았다.)

　"길거리 삶의 신정론"은 사이버 설교라고 하는 장르를 사용한 깊은
신학적 성찰이 담긴 글이다. 이 글은 두 부분으로 나뉘어 있고, 그 사이
에는 묵상의 시간이 있는, 이슬람의 금요일 회중 설교인 쿳바(khutba)의
기본적인 구조를 따르고 있다. 글의 첫 번째 부분에는 두 개의 본문이
있다. 하나는 신약, 또 다른 하나는 꾸란에서 가져왔다. 두 본문은 모두
겨자씨의 비유에 대한 부분이다: "만일 너희에게 믿음이 겨자씨 한 알
만큼만 있어도… 너희가 못할 것이 없으리라"(마 17:20), "하나님은 부활
의 날 공정한 저울을 준비하나니 어느 누구도 불공평한 대우를 받지 않
도록 함이라. 비록 겨자씨만한 무게일지라도 그분은 그것을 드러내 계
산하리니"(꾸란 21:47). 안사리는 첫 번째 쿳바를 그의 독자를 대신하여
기도로 마무리했다.

　　당신이 텅 빈 디트로이트에 살든, 다마스쿠스에 살든, 필라델피아의 감
　　옥에 있든, 혹은 팔레스타인 자치지구에 있든, 보스턴 폭탄 테러의 생존
　　자이든, 아니면 바그다드의 생존자이든, '겨자씨만한 신앙'에 의지하여
　　더 나은 삶이 올 것이라고 희망하고 기대하는 이 원형적 흑인 남자(ar-

5　　빌랄 안사리와의 인터뷰, 2016년 5월 18일.

6　　Umma Wide, 2017년 3월 20일 접속, https://ummahwide.com.

chetypal Black man)의 들어주소서.

안사리는 투팍의 절절한 호소와 애도가 뚜렷이 담겨 있는 〈So Many Tears〉의 긴 부분을 중간 부분에 넣었다:

갱스터를 위한 천국은 있을까? 날 기억해주오.
너무나 많은 친구가 공동묘지에 있고, 난 눈물을 참 많이 흘렸지
아, 몇 년을 고통스럽게 지내고, 눈물을 참 많이 흘렸지
주여, 난 친구를 너무 많이 잃었고, 너무 많은 눈물을 흘렸습니다.

안사리 설교의 마지막은 탄원이었는데, 그것에 대해서는 조금 뒤에 이야기할 것이다. 바로 그 전에는 다음과 같은 가르침(dars)이 있었다:

투팍 아마르 샤커는 가정이 붕괴되고 폭력적인 환경에서 자란 아이의 분투와 고통을 울부짖었습니다. 그는 교육을 제대로 받지 못했고, 그것이 그를 더럽고 추악한 비즈니스로 이끌었습니다. 그는 늘 취해 있었고, 우리는 그것을 거리의 언어로 표현하길 "약을 먹었다"(medicated)라고 말했습니다. 이런 상태에서 그는 그가 단지 한 알의 씨앗이 되는 일밖에는 할 수 없다고 생각했습니다. 그는 그가 죽게 될 날을 기다렸습니다. 그때 그는 그의 수많은 다른 친구처럼 흙 속에 묻혀서야 안식할 수 있으리라고 생각했습니다. 하지만 그런 가운데서도 그는 회개하며 신의 용서와 자비, 전적인 은혜를 소원했습니다. 그는 그의 아랍 이름인 샤커의 의미처럼 살았고, 또 그렇게 죽었습니다. 그는 분명히 그가 신이자 주님이라고 늘 부르던 자비로운 은혜를 주시는 신의 초월적인 능력을 인정하고

감사했습니다. 그는 비록 올바른 삶을 살지 못하고 너무나 많은 눈물을 흘려야 했지만, 항상 자신을 구원해줄 신에 대한 희망으로 가득 차 있었습니다.

이 내용에서 '우리'라고 한 부분은 안사리의 독자이다. 노련한 설교자로서 그는 그 자신을 '우리' 안에 포함시킴으로써 자신을 독자들과 연결하였다. '우리'는 또한 안사리의 시점에 대한 감각을 보여준다. 그는 나와의 인터뷰에서 그 글은 "자신의 자리를 찾고자 고군분투하는 대학생 나이대의 젊은 사람들 그리고 어려운 시기를 겪으면서 힙합을 하나의 저항 장르로 여기는 흑인들과 무슬림들"을 위해 썼다고 말했다. 안사리가 말하는 '저항'이란 2013년 미국 십대 흑인이었던 트레이본 마틴(Trayvon Martin)의 죽음과 가해자의 무죄 판결 이후 해시태그를 통해 급부상한 '흑인의 삶은 소중하다'(Black Lives Matter) 운동을 의미한 것이었다. 2015년에는 어린이(타미르 라이스Tamir Rice), 여성(코린 게인스Korryn Gaines), 남성(키스 라몬트 스캇Keith Lamont Scott) 등을 포함해 경찰에 의한 살인 사건이 더 많이 일어나면서 '흑인의 삶은 소중하다' 운동은 시민평등권 운동으로 발전했고, 마치 이것은 제임스 볼드윈(James Baldwin)의 『더 파이어 넥스트 타임』(*The Fire Next Time*)의 인터넷 버전이 반복되는 것 같았다.[7] 안사리에게 그 시간은 매우 특별했다: "그것은 아프리카계 미국인 커뮤니티에게 너무 많은 고통과 무기력감(apathy)을 주는 일이었습니다. ⋯ 그래서 나는 그것을 읽는 모든 이와 그리고 그와 비슷한 일을 경험할 모든 이에게 희망을 주기 위해〔그 작품을〕사용했습니다."

---

7   Black Lives Matter를 보라, 2017년 3월 21일 접속, http://blacklivesmatter.com.

어떻게 안사리의 사이버 설교가 그의 하트포드 신학대학원과 퍼시픽 종교신학대학원 그리고 그 너머에서 받았던 신학 교육을 반영했을까? 이 질문에 답하려면 우리는 그 '너머'로부터 시작해야 한다. 왜냐하면 안사리가 가르침(dars)의 마지막 부분에 본능적으로 확신을 품고 사용한 '구원'(redemption)의 개념이 그곳에서 드러나기 때문이다: "〔투팍은〕 그를 구원해줄 신에 대한 희망으로 가득 차 있었다." 안사리는 그가 서른다섯 살일 때 하트포드 신학대학원에서 공부를 시작했다. 그는 그전까지 자신의 "신학적 준비는 마구잡이였다"라고 말하였다. 그는 무슬림 네트워크 몇 군데와 관련되어 있었고, 제이투나 대학의 공동설립자인 자이드 샤키르(Zaid Shakir)와 함자 유수프(Hamza Yusuf) 같은 저명한 무슬림 지도자들의 강의를 들으며 공부하곤 했다. 그러나 기본적으로 그는 말콤 X와 일라이자 무하마드(Elijah Muhammad) 등의 수니파 미국 흑인 무슬림들의 움직임이었던 워리스 딘 모하메드(Warith Deen Mohammed)의 공동체에 기반을 두고 있었다.

안사리는 하트포드 이전에 "이맘 모하메드의 강의들을 듣는 축복이 있었다"라고 말했다. 워리스 딘 모하메드의 가르침 중에서 구원은 매우 중요한 개념이었다. 그것은 어떻게 신이 역사와 자연뿐만 아니라, 꾸란이나 성경과 같은 경전을 통해 아프리카계 미국인들에게 말씀하시는지를 드러내도록 하는 비밀번호와 같은 것이었다.[8] 그가 꾸란과 성경에서 찾아 수려하게 엮은 구원에 대한 메시지들은 그가 워리스 딘 모하메드를 수년간 들으면서 얻은 것이었다. 안사리는 이런 분명한 역동 너머에는

---

8   *Speaking Qur'an: an American Scripture* (Columbia, SC: University of South Carolina Press, 2017)에 수록된 3장 Timur R. Yuskaev의 "Redemption"을 보라.

더 깊은 층위의 무언가가 있었다는 것을 기억했다: "W. D. 모하메드는 단지 그가 섬기도록 부름 받은 사람들을 위해 헌신적으로 일했던 보통의 겸손한 사람이었습니다." 다른 말로 하면 W. D. 모하메드의 신학적 표현들을 보강하고 가르치는 것은 모하메드의 공동체를 섬기고자 하는 목적이었다. 안사리는 그와 모하메드 사이에는 섬김 중심의 정서가 있다는 것을 내내 기억해냈다. 그가 하트포드 신학대학원에서 얻은 것은 바로 그것을 표현할 더욱 형식적인 언어와 구조였다.

하트포드 신학대학원에서 안사리가 처음 들은 수업은 2007년 가을학기에 있었던 영국 케임브리지 대학교에서 가르치던 아주 저명한 무슬림 학자 티모시 윈터(Timothy Winter) 교수의 '이슬람 신학 입문'이었다. 안사리는 그 수업이 매우 지적이었고, 특별히 윈터 교수가 기독교의 토마스 아퀴나스나 유대교의 마이모니데스와 같은 이슬람 담론에 큰 영향을 미쳤던 12세기 율법 신학자 아부 하미드 알-가잘리(Abu Hamid al-Ghazali)에 대한 전문가였다고 기억했다. 윈터 교수는 알 가질리의 유명한 책이었던 『종교과학의 부흥』(*The Revival of the Religious Sciences*)을 교재로 수업했다. 안사리는 윈터 교수가 그 책은 '목회 지침서'가 될 수 있을 것이라고 말했다고 기억했다. 안사리에게 윈터 교수의 표현은 신선한 충격을 주었으며, 그때 그는 윈터 교수의 통찰력을 통해 신학이란 "양떼를 보호하고 그들을 위해 노력하기 위한 목회적 도구"라는 생각을 갖게 하였다.

'목회 신학'(Pastoral Theology)이라는 말 역시 안사리에게 매우 중요한 개념이었다(위에서 언급된 '목회 지침서'와 이곳의 '목회 신학'에서 공통으로 나타나는 '목회pastoral'라는 개념은 본래 기독교 신학적 용어이지만 무슬림인 안사리에게 관점을 변화시키는 영감을 주었다는 뜻—역자주). 그는 다른 수업을 들을 때도

이 개념을 기본으로 사용했고, 또한 하트포드의 채플린으로 일하면서도 사용했다. 나는 그에게 어떤 수업이 가장 큰 영향을 주었는지 물어보았다. 그는 이슬람학 교수이자 이슬람 채플린 프로그램을 처음 만든 잉그리드 맷슨(Ingrid Mattson) 교수의 '이슬람 윤리' 수업이었다고 답했다. 안사리는 그 수업을 그의 석사 과정이 거의 끝나갈 때쯤 들었다. 그는 코네티컷 주 댄버리 시의 연방교정시설에 있는 "무슬림 여성, 특히 아프리카계 미국인들을 위한 목회의 도전들"이라는 주제로 논문을 쓰려고 준비하고 있었다. 맷슨의 수업은 안사리가 교정시설에 초청된 지역 모스크의 다른 남성 이맘들이 율법적인 개념으로 바라보았던 상황들에 대해, 윤리적이고 목회적인 접근을 할 수 있도록 도왔다.

그 교정시설에는 한 가지 딜레마가 있었다. 수감된 무슬림 여성들이 교도소 당국에게 매주 금요일 이맘이 이끄는 회중기도에 그들의 참여를 허용해달라고 요청한 것이다. 지역 이맘들은 이 요청의 의도에 공감하지만 법적으로 여성들은 금요일 회중기도에 참석할 필요가 없다고 응답했다. 그들은 이미 자신들의 회중을 돌보고 있기 때문에 금요일 오후에는 시설로 올 수 없다고 덧붙였다. 안사리는 이것은 마치 귀머거리 같은 반응이라고 생각했다. 그것은 그가 생각하는 신학적·목회적 돌봄에 대해 반하는 것이었다. 율법상의 복잡성을 알고 있었지만 그는 이맘이자 채플린으로 자원하여 금요일 오후의 댄버리 교정시설에 있는 여성들을 위한 기도회를 인도하기로 결정했다. 그의 결정은 맷슨 교수의 수업에 영향을 받은 것이었다. 거기서 그는 "윤리란 신학과 율법의 조화다. 그것이 내가 상황을 바라보는 방식이다. 그리고 그것이 내가 딜레마를 대할 때 윤리적 결정을 하는 데 도움이 되는 방식이다"라는 것을 배웠다.9

안사리에게 윈터 교수와 맷슨 교수의 수업들은 매우 중요한 것이었다. 하지만 안사리의 "길거리 삶의 신정론"에 더욱 직접적인 영향을 준 것은 하트포드 신학대학원의 최초 유대인 교수이자 아브라함 파트너십 과정의 책임자였던 예헤즈켈 란다우(Yehezkel Landau) 교수가 가르쳤던 '고통, 신정 그리고 회개: 욥기와 요나서에 대한 종교 간 읽기'라는 수업이었다.[10] 안사리는 그 수업에서 영감을 얻었다. 왜냐하면 란다우 교수의 유대교 신학에 대한 논의들이 아프리카계 미국인의 경험과 공명하는 지점들이 있었기 때문이다. 그 수업에서 가장 감명 깊었던 것은 (그가 말하길) "유대인들의 학문과 사상 그리고 비판이 얼마나 많은 학문과 노력을 그들의 신학적 작업을 위해 쏟아 부었는지"에 대한 것이었다. 란다우 교수는 특히 유대인들이 '신정론의 도전'이라는 주제에서 열정을 다했음을 특별히 강조했다. 안사리가 몇 년 후에 '흑인의 삶은 소중하다' 운동 시기에 무슬림 채플린으로의 부름을 느꼈을 때, 신정론은 투팍의 〈So Many Tears〉가 갖는 도전이었다. 하트포드 신학대학원의 란다우 교수의 수업 외에도 안사리가 갖고 있는 투팍의 신정론에 대해 도움을 준 것은 그가 퍼시픽 종교신학대학원에서 그의 목회학 박사 과정 지도교수였

---

9   다음을 보라. Bilal Ansari, "The Foundations of Pastoral Care in Islam: Reviving the Pastoral Voice in Islamic Prison Chaplaincy" (MA diss., Hartford Seminary, 2011); Harvey Stark, "Looking for Leadership: Discovering American Islam in the Muslim Chaplaincy" (PhD diss., Princeton University, 2015); 그리고 Timur Yuskaev and Harvey Stark, "Imams and Chaplains as American Religious Professionals," in Jane I. Smith and Yvonne Yazbeck Haddad, eds., *The Oxford Handbook of American Islam* (Oxford: Oxford University Press, 2015), 47-63.

10   Yehezkel Landau, "Building Abrahamic Partnerships: A Model Interfaith Program at Hartford Seminary," in David A. Roozen and Heidi Hadsell, eds., *Changing the Way Seminaries Teach: Pedagogies for Interfaith Dialogue* (Hartford, MA: Hartford Seminary, 2009), 84-120.

던 돌시 블레이크(Dorsey Blake) 교수와 버클리 연합신학대학원의 이슬람연구센터의 이슬람 연구 및 인류학 부교수인 무니르 지와(Munir Jiwa) 교수에게 배운 하워드 서먼(Howard Thurman)과 주디스 버틀러(Judith Butler)의 사상들이었다. 또한 이 모든 것 사이에는 역시 하트포드 신학대학원의 졸업생이었던 그의 아내 콜린 키스(Colleen Keyes)와의 대화를 통해 가졌던 에드워드 사이드(Edward Said)에 대한 비공식적인 연구가 스며들어 있었다.

안사리는 특히 사이드에게서 대중 지식인의 자리이탈(out-of-place-ness)이라고 하는 역설적 힘에 대해 영감을 받았다. 그래서 그는 채플린으로서 루틴이나, 장소와 정의 및 정치에 대한 일상적인 감각들에 국한되지 않는 '유배적'(exilic) 장소에서 말하는 능력을 길러왔다. 그래서 안사리의 "길거리 삶의 신정론"에서는 종교적(religious), 종교 간(interreligious) 그리고 목회적(pastoral) 차원을 모두 느낄 수 있다. 그의 글은 독자들이 아브라함 종교의 경전들과 투팍의 슬픔이 가득한 노래와 대화하도록 이끈다. 그리고 그 대화를 통해 그들의 '고통'과 '무기력감'에 응답하고 희망을 제공한다. 이처럼 안사리의 목회신학적 관점이 분명해지는 그때가 바로 하트포드 신학대학원과 같은 곳에서 그가 가진 배움의 흔적들이 다소 명확해지는 때이다. 그의 온라인 설교에 이러한 신학이 드러나는 곳은 어디인가?

내 생각에 그것은 안사리가 갖고 있는 시간 감각 안에 있다. 즉, 그 자신과 자신의 독자들이 갖고 있는 시간적 감각 사이에 그가 하고 있는 신학적 '씨름' 안에 있다. 예를 들어, 그가 온라인 매체를 사용하여 그의 생각을 나누는 방식을 보라. 그의 글, 특히 잠시 멈추어 사색하게 만드는 투팍의 탄원에는 이사야 54장 17절에서부터 "자살 충동의 징후와 증상"

등에 이르는 다른 본문들이 신중하게 교차 배열되어 있다.[11] 이러한 사이버 경로는 독자들의 일상적인 시간 감각을 혼란스럽게 한다. 투팍의 노래를 들으면서 독자들은 자신도 모르게 그러한 부가적이고 계속해서 늘어나는 사이버 공간들을 방문하게 된다. 그래서 안사리의 다층적인 본문을 7분 만에 읽는다는 것은 사실 불가능하다. 이러한 그의 방법은 독특한 유형의 시간 지연 효과를 발생시킨다. 그것은 일상의 '7분'이 영원으로 바뀌는, 시간의 확장과 심화의 가능성을 보여준다. 이 점은 사이버 설교의 최종 노트, 두 번째 부분 끝의 간구에서 설명되고 있다:

나는 오늘 우리가 유한한 삶의 어려움에도 불구하고 의로운 삶을 살기 위해 우리 모두가 신의 밧줄을 꽉 잡고 살아가기를 기도합니다. 나는 오늘날 우리네 삶의 비참함에도 불구하고 신의 은혜를 갈망하기를 기도합니다. 신이시여, 당신에 대한 우리의 신뢰는 굳건하며 우리는 이 원형적 흑인 남자(archetypal Black man)가 그 자신과 부당하게 억압받는 사람들에게 천국의 문을 여는 겨자씨의 무게를 지녔기를 바랍니다.

설교는 본래 말로 하는 의사소통의 장르이다. 그래서 설교의 의미는 소리에 많이 좌우지된다. 그런 면에서 나는 안사리에게 한 가지 후속 질문을 보냈다. 나는 만약 그가 이 간구를 큰 소리로 신께 고한다면, 어떤 단어를 힘주어 말하고 싶은지 알고 싶었다. 나는 그에게 내가 예상하는 바

---

11 Bible Gateway, 이사야 54장 17절(KJV), 2017년 6월 13일 접속, https://www.biblegateway.com/passage/?search=Isaiah+54%3A17&version=KJV; 그리고 Valley Behavioral Health System, "Signs and Symptoms of Suicidal Ideation," 2017년 6월 13일 접속, http://www.valleybehavioral.com/suicidal-ideation/signs-symptoms-causes.

를 말했다. 나는 그가 투팍의 노래가 발매된 지 20주년이 되면서 동시에 그의 죽음 19주기가 되는 9월 13일에 정확히 자신의 작품을 출시할 계획을 정했다는 사실에, 안사리가 그의 간구 첫 문장에 담긴 '오늘'(today)이라는 단어를 강조할 것이라고 추측했다. 그와 비슷한 단어로는 '생명', '잠시뿐인 삶', '신의 은혜', '겨자씨' 등과 같이 시간과 관련한 또 다른 단어들도 있었다. 내가 "내 생각이 맞나요?"라고 물었을 때, 안사리는 "'오늘'이라는 단어에 대한 당신의 해석과 내 의도가 모두 맞아요"라고 확인해주었다. "마치 알-아스르(al-'Asr: 꾸란의 103번째 장이며 시간의 중요성을 강조하는 장임―역자주)처럼 말이에요"라고 그는 덧붙였다.[12]

안사리의 "길거리 삶의 신정론"이 꾸란의 알-아스르 장을 직접 참조한 것이 아니라는 점은 그의 이 신학적인 답변을 더욱 심오하게 만들었다. 그곳에 나타나긴 하지만, 그것은 그의 사이버 링크들에 비해 훨씬 더 깊이 텍스트에 숨겨 있었다. 안사리의 설교를 뒷받침한 것은 계시에 의해 알려진 시간에 대한 그의 신학적 감각이었다. 꾸란 103장에 나오는 아스르('asr)라는 단어는 중의적이다. 그것은 '낮/오후'라는 뜻을 지니면서 일반적인 의미에서의 '시간' 혹은 (이미 지나갔거나 지나가게 될 과거, 현재, 미래와 같이) 모이고 결정화되는 어느 특정한 순간을 의미하는 '시간'의 의미를 지니고 있다. 안사리의 유창하고 본능적이며 깊이 있는 꾸란의 시간에 대한 감각은 그의 목회 활동의 가장 중심이었다. 그는 자신이 "원형적 흑인 남자"(archetypal Black man)라고 표현한 것은 "제임스 웰든 존슨(James Weldon Johnson) 방식"이라고 설명했다.[13] 그러나 동시에 이 '원

---

12   빌랄 아사리의 저자와의 인터뷰, 2017년 3월 22일.

13   See James Weldon Johnson, *God's Trombones: Seven Negro Sermons in Verse* (New York: The Viking Press, 1927).

형적'이라는 표현은 매우 꾸란적이다. 이는 꾸란 103장에 나오는 인산 (insan: 인간)이라는 단어가 단수인 동시에 복수이며, 모든 인류와 각각의 개인을 동시에 지칭하는 방식과 연결되기 때문이다. '원형적 흑인 남자'란 결국 그가 돌봄의 대상으로 삼는 특정한 사람들과 연결된다. 이러한 면에서 안사리의 목회 신학은 생명력을 얻는다. 이것은 투팍과 그의 동료들이 던졌던 "갱스터를 위한 천국이 있을까?"라는 질문에 대한 그의 대답이다. 그는 나와의 인터뷰에서 이렇게 답변했다. "우리의 신학은 투팍과 같은 사람들을 위한 공간을 허용합니다. 저의 신학,〔강조해서 말하며〕 저의 목회 신학에는 잊힌 사람들을 위한 공간이 있습니다. 저는 천국이 넓다고 믿거든요."

* * *

"신과의 관계는 어떠니?" 실질적인 무슬림 채플린의 역할을 하던 그 익명의 선생님은 교정시설에 수감된 세 명의 십대에게 물었다. 그녀는 그날 논란의 중심에 있었던 스카프 벗기를 거부했던 소녀의 답변을 기대했다. 그녀는 이들과의 시간이 45분밖에 되지 않는다는 것과 지금이 그들과 공유할 수 있는 유일한 시간이라는 것을 알고 있었다. 그녀는 대화를 통해 학생들이 자신들의 이야기를 하고, 질문할 수 있도록 안내했다. 결국, 그 소녀가 물었다고 한다. "스카프를 빼도 괜찮은 건가요?" 나는 그녀에게 바로 다시 물었다. "어떻게 대답하셨어요?" 그녀가 말했다. "아이는 이슬람 율법(fiqh)에 대한 질문을 던지고 있었어요. 하지만 저는 신학적 관점에서 접근했어요." 바로 그러한 접근이 그녀가 소녀와 대화를 계속 이어갈 수 있게 했던 것이다.

채플린에 따르면, 히잡을 쓴 소녀가 스카프를 벗으면 "지옥으로 갈 것"이라고 믿게 만든 것은 그녀의 "무슬림 남자친구"였다. 그 소녀는 나중에 이렇게 토로했다고 한다. "사실 저도 이해가 잘 안 돼요. 그럼 도대체 샤워는 어떻게 해야 해요?" 채플린은 자신이 했던 답변을 기억해냈다. "살다보면 앞으로도 많은 사람을 만날 거야. 사람들은 이런저런 이야기들을 하겠지. 이를테면, '이렇게 하거나 저렇게 하면 넌 무슬림이 아냐' 같은 말들 말이야. 하지만 그 말을 곧이곧대로 믿을 필요는 없어. 잠시 멈춰서 다른 사람의 의견을 구해도 괜찮단다." 그것은 여러 면에서 목회적(pastoral)인 대응이었다. 그 시설에는 "남자친구들의 압박을 받아" 온갖 일들을 하게 된 소녀들이 많았는데, 그런 면에서 이 소녀의 상황도 상당히 전형적인 것이었다. 이런 아이들이 그러한 학대의 고리를 끊을 수 있게 하는 것은 바로 그들이 의문을 제기해도 괜찮으며, 다른 사람에게 의견을 구해도 괜찮다는 것을 아는 데에 있었다. 그런데 그렇게 해도 괜찮다는 것은 누가 허락해주는 것인가? 수업이 끝날 때 즈음, 채플린은 마침내 자신이 생각하는 답변을 알려주었다: "신은 훨씬 더 자비로운 분이란다."

* * *

나는 교사이자 채플린의 역할을 담당한 그녀에게 어떤 특정한 상황에 하트포드 신학대학원에서의 교육이 도움이 된 적이 있었냐고 물었다. 그러자 그녀는 다음의 이야기를 나눴다. 안사리의 경우처럼 시간 감각이 핵심이었다. 히잡을 벗지 않으려던 소녀를 만났을 때 그녀는 하트포드 다중교 채플린 과정의 책임자였던 루신다 모셔(Lucinda Mosher) 교수의 '채플린의 유형과 방법'이라는 수업을 듣고 있었다고 한다. "내가 만약 이 수업을 듣고 있지 않았더라면 아마 다르게 행동했을 것 같아요." 그녀가 말했다. "나는 이 문제를 상당히 신중히 다뤄야 한다는 것, 일대일로 대화해서는 안 되고 다른 소녀들과 함께 이야기해야 한다는 것 그리고 어떻게 하면 강요하지 않는 방식으로 대화할 수 있을까, 라는 것들을 생각했던 기억이 나요." 그녀는 이런 즉각적인 생각들이 모두 모서 교수의 채플린 수업을 통해서 왔다고 말했다.

그 다음 중요한 단계는 율법에 관한 질문들에 대해 교과서 같은 형식적인 답변을 하지 않는 것인데, 그녀는 그것 또한 모서 교수가 가르친 '기독교-이슬람교의 조우: 신학적 차원에서'라는 수업에서 배웠다고 했다. 그녀는 하트포드 신학대학원에서 공부하기 이전에도, 안사리와 다른 많은 학생처럼, 비형식적이지만 나름대로 진지한 공부를 한 뒤 신학대학원에 진학하였다. 크면서 이슬람 초등학교를 다닌 적도 있었고, 무엇보다 그녀는 고등학교까지 홈스쿨링을 하며 종교에 대해 상당히 진지한 탐구 태도를 보여주신 부모님께 가장 큰 영향을 받았다. "신에 대해 깊이 생각하지 못했던" 대학생활 후에, 그녀는 "비영리 조직에서 저소득층 가정을 돕는 사례 관리자(case manager)로 일했고, 후에는 그 매니저들의 매니저"로 일을 했다. 그러면서도 그 와중에 그녀는 "저녁에는 꾸란 공부 모임인 할라카(khalaqa)에 참여"했다고 말했다. 그녀가 하트포드 신학대학원에 진학한 이유는 단지 "종교에 대해 좀 더 학문적인 이해를 얻기 위해서"였다. 그리고 그녀는 신학대학원에서 이슬람 신학 수업들을 통해 큰 도움을 얻었다. 그녀는 "학교에 와서 무슬림 신학 역사에 대해 배울 수 있었어요"라고 말했다. 하지만 어째서인지 그 특정한 채플린 상황에서 차이를 만들어낸 것은 모서 교수의 비교 신학 수업이었다.

나는 이에 대해 더 이야기를 듣기 위해 모셔 교수에게 연락했다. 모셔 교수는 이메일 인터뷰를 통해 그녀의 접근법은 일종의 신학적 씨름, 특별히 "신학과 행동하는 공감(empathy in action) 사이의 관계"를 강조하는 타자의 신학과 대화에 기초하고 있다고 말했다.[14] 나는 모셔 교수 수업의 바로 이런 부분이 그 채플린으로 하여금 대화를 이어가야겠다고 결심하게 하고, 적절한 타이밍에 "신은 훨씬 더 자비로운 분이란다"와 같은 깊은 신학적 개념을 주입할 수 있게 하였다는 느낌을 받았다.

* * *

이 두 채플린의 이야기에서 나타난 하트포드 신학 교육의 역할은 무엇인가? 두 사례 모두, 정말 중요한 순간에 가장 가시적인 영향을 준 것은 교차성(intersectional)을 지닌 수업들이었다. 안사리는 그가 들은 이슬람 신학 수업에는 목회 상담(pastoral care) 요소들이 스며들어 있었다고 말했다. 또한 신학과 율법을 혼합한 수업 그리고 비교 신학적 씨름에 관한 수업들도 있었다고 전했다. 익명의 채플린인 그녀의 경험도 비슷했다. 안사리와 다른 점은, 그녀는 이슬람 신학 수업에서 직접적이고 생산적인 도움을 받지는 못했다는 것이다. 그 수업에서 많은 내용을 배웠지만 그녀는 행동이 변화하는 경험을 하지는 않았다. 하지만 안사리와 같이 그녀가 가장 큰 도움을 받았다고 생각하는 수업들은 비교 신학적 작업과

---

14   루신다 모셔 교수와의 이메일 인터뷰, 2017년 3월 20일. 모셔 교수의 비교 신학 수업은 프란시스 클루니의 책을 상기시킨다. Francis x, *Clooney's Comparative Theology: Deep Learning Across Religious Borders* (Malden, MA and Oxford: Wiley-Blackwell, 2010).

목회 상담을 함께 엮은 수업들이었다. 물론 두 사례 모두 그러한 통합은 유기적으로 일어났다. 그들의 직업적, 개인적 소명 때문인지 두 인터뷰 대상자 모두에게서 '신학적'(theological), '비교종교적'(comparative) 그리고 '목회적'(pastoral)이라는 세 가지 줄기의 결합이 나타났다. 채플린 훈련을 받는 그들은 모두 "신학과 행동하는 공감"을 강조하는 수업들에 끌렸다. 하트포드 신학대학원은 채플린을 훈련시키는 기관이기에 그러한 강좌를 제공하는 일이 자연스러운 것이었다. 또한 그러한 수업을 가르친 사람들이 하트포드의 채플린 교육 과정을 만드는 데 직접적인 역할을 한 잉그리드 맷슨 교수와 루신다 모서 교수였다는 점은 결코 우연이 아니다. 물론 이 이야기들 안에 담긴 가르침과 역동성은 하트포드나 다른 어떤 신학대학원의 채플린 과정보다 더욱 광범위하다. 이 때문에, 우리가 하는 작업의 중요성도 광범위하다.

이 말의 의미를 설명하자면, 먼저 채플린에 대한 이야기로 시작해야 한다. 안사리와 이 익명의 선생님은 신학교에 오기 전 채플린과 비슷한 일을 한 적이 있었다. 그들은 그러한 경험을 통해 어떤 수업을 먼저 듣고, 각 수업에서는 무엇을 배워야 하는지 알게 되었다. 그들은 인식의 틀, 용어, 기술 등이 필요했다. 그들은 그들의 개인적이고 잠재된 직업적 감성을 연마하고, 그들이 눈 깜짝할 사이에 본능적으로 힘든 도전에 대응할 수 있도록 하는 수업들을 발견했다. 이와 유사하게 그들은 신학교 입학 전, 이미 신에 대한 생각 그리고 '신과의 관계' 등이 형성되어 있었다. 그리고 그들은 신학교에 와서 형식적인 신학 교육을 받고자 했다. 그들 종교 전통의 신학 수업들을 듣는 것은 필수라고 생각했다. 그러한 수업들은 그들에게 더 깊은 어휘, 사고의 틀, 챙겨야 할 것들 그리고 역사적이고 현재적인 사례에 대한 친숙함을 제공했다. 그리고 이 모든 것은 그들이 종교 전문가로 기능할 수 있도록 해주었다. 하지만 학문적 측면이 두 채플린 모두에게 요긴했던 것만큼 중요했던 것은 이 모든 차이를 만들어낸 것이 세밀하게 실시된 '목회적' 훈련이었다는 사실이었다.

나는 이 글을 쓰려고 준비하며, 소년원에서 있었던 채플린의 이야기를 하트포드 신학대학원의 흑인 목회 과정을 담당하고 있는 나의 동료 벤자민 와츠(Benjamin Watts)에게 한 적이 있었다. 나는 그에게 물었다. "이 이야기 속에서 우리 신학 교육이 하는 일은 무엇인 것 같아요?" 그러자 그가 답했다. "글쎄요. 이건 비좁은 공간(tight spaces: 즉 제약이 많은 상황을 의미—역자주)에서도 우리가 우리의 신학을 실천해야 하는 순간들에 관한 것이군요." 이것은 채플린들에게는 꼭 필요한 능력이었다. 이 글은 부분적으로 하트포드에서의 공부를 통해 "비좁은 공간"에서도 한 단어("오늘"), 간단한 문구("신은 훨씬 더 자비로운 분이란다"), 혹은 대화를 이어가는 아주 사소한 행동들을 통하여 깊은 신학을 주입할 줄 아는 두 채플린의 능력에 대한 이야기다. 마지막에 언급한 대화 지속하기라는 숙련된 기술은 비교 신학 수업들이 두 채플린 모두에게 중요했다는 추가적인 측면을 암시한다. 그들이 직업적으로 살아가야 하는 비좁은 공간들은 단순히 빽빽한 것이 아니라, 매우 다원적으로 촘촘하다. 그런 면에서 이 이야기들이 보여주는 공간은 채플린들뿐만 아니라 우리 학생들과 졸업생들 대부분이 살고 있는 공간을 응축한 곳이다.

우리는 여기서 안사리와 익명의 채플린이 복잡함을 지닌 사람들이라는 것을 기억할 필요가 있다. 그들의 삶과 행동들은 유구한 역사, 특별히 권력의 역사적, 현재적 위계질서를 "흡수하고 굴절"시키며, 그래서 그들은 스스로를 "문제적 소수자"(problematic minorities)로 여긴다. 문제적 소수자란 경계의 정도(a degree of marginality)뿐만 아니라, "문제적" 소수 그룹과 관계하는 개인들이 스스로 자신들을 "규범적"인 것(혹은 그렇지 못한 것)을 강제하는 규율과 담론의 중심에서 자신들을 찾는 경계의 상태 (a state of liminality)에 의해 결정된다.[15]

나와 나의 대화자들이 있는 미국에서는, 조직 안에 권력의 위계라는 문제가 아프리카계 미국인, 원주민, 가톨릭교도, 유대인, 아랍계 미국인, 아시아계 미국인, 이슬람교도 그리고 그 밖의 '규범적' 성별 개념으로 구분되고 정리된 단체들을 포함한 수많은 경계 집단을 중심으로 끊임없이 있어왔다. 그중 특정한 그룹들은 '테러와의 전쟁' 혹은 '베트남 전쟁'과 같은 다수의 지역적, 국제적 상황으로 인해 특정한 역사적 순간에 관심의 대상이 되었다.[16] 이 장은 (제한된 필요에 따라) 9.11 이후 중요한 대상이 된 무슬림에 초점을 맞추어, 더 깊고 광범위한 그리고 결코 피할 수 없이 (잠재적으로라도) 중요한 다른 많은 소수 그룹의 경험을 흡수하고 굴절시킬 역동성을 강조하고 있다.

이것은 종교 간 신학 교육을 하는 학교들에게 매우 중요한 문제이다. 왜냐하면 우리가 만들어내고자 하는 학생 그룹의 다양성은 그렇게 단순하지 않기 때문이다. 학생 그룹은 단순한 분류에 따른 다양한 정체성들의 집합이 아니라 권력의 위계질서, 인종에 따른 계층적 선입견의 문제들로 가득 찬 삶을 살고 있는 사람들이 포함되어 있다. 이 인간적이고

---

15   예를 들면 다음 책을 보라. George Yancy, ed., *Christology and Whiteness: What Would Jesus Do?* (New York: Routledge, 2012).

16   예를 들면 다음 책들을 보라. Moustafa Bayoumi, *How Does It Feel to Be a Problem? Being Young and Arab in America* (New York: Penguin Press, 2009); Cathy Schlund-Vials, *Modeling Citizenship: Jewish and Asian American Writing* (Philadelphia: Temple University Press, 2011). 위 문단에 나온 "흡수하고 굴절"시킨다는 용어는 무스타파 바유미의 용어를 변형한 것이다. Bayoumi, *How Does It Feel to Be a Problem?* 121을 보라.

구체적으로 실현된 역사 그리고 결코 끝나지 않고 계속되는 정치들이 혼합된 이곳에 신학, 혹은 신학적 감각들이 있다. ("신과의 관계는 어떠니?"라고 물었던 채플린의 질문을 기억해보라. 신과의 관계를 강조한 것은 바로 형식적 신학이 아니라 감각의 문제이다.) 우리 학생들이 살아가는 다원적인 공간들은 구체적으로 실현된 역사와 정치의 감각 안에 다양한 방향이 존재한다. 동시에 옳게 실행된다면, 종교 간 신학 교육은 우리 학생들이 그러한 다원적인 공간에서 다차원적으로 존재할 수 있도록 도울 것이다. 이 다원적인 공간의 다차원적인 면은 말로 표현하기 어렵다. '행동하는 공감'이라는 신학적인 작업이 그것을 구축하는 하나의 방법이 될 것이다. 결국, 종교 간 신학 교육을 행하는 하트포드 신학대학원과 같은 곳은 단순히 학문적 지식을 전달하는 것이 아니라 우리 학생들의 신학적 감성들을 길러내는 곳이다. 특별히 (안사리의 "오늘/아스르"와 같이) 다차원적인 시간에 속하는 감각을 변혁적이고 정치적인 방법을 통해 기르고 사용하는 능력을 길러내는 곳이다.

　왜 종교 간 신학 교육이 중요한가? 그것은 바로 신학적 감성을 비좁은 공간에 주입하는 법을 가르치기 때문이며, 다원주의와 다원주의를 향한 헌신 그리고 다원주의 안에서 우리의 일을 더 깊이 있게 만들기 때문이다. 종교 간 신학 교육은 중요하다. 왜냐하면 우리의 신학적 감성을 연마하는 훈련이 없이 '7분'의 교제는 평평하고 직선적인 7분에 불과할 것이며, 다원주의는 단지 콜라주 또는 얇고/흐린 정체성들의 장소가 될 뿐이기 때문이다. 다원주의가 실제로 작동하기 위해서는 "신은 훨씬 더 자비로운 분이란다"와 같은 말을 해줄 수 있는 감각이 필요하다. 다원주의를 사회적 현실로 지속 가능하게 만들기 위해서는, 이러한 감수성을 연마하고 깨우쳐줄 교육 기관이 필요하다. 그리고 이 기관들은 졸업생

들이 어떤 직업의 길을 선택하든, 중요한 순간마다 그것을 표현하고 실
천할 수 있도록 준비시켜야 할 것이다.

11장

급진적 연대의 목회/킬라파(Khilāfa)
: 종교 간 앨라이로서 신학 교육자와 학생

스캇 C. 알렉산더(Scott C. Alexander)

요약문

이 글은 플로렌스 앤 더 머신(Florence + the Machine: 잉글랜드 출신의 록밴드—역자주)의 노래 가사 중 성서에 나오는 여성 영웅(혹은 그 반대인) 데릴라(사사기 13-16장)의 이야기가 나오는 부분에서 영감을 얻었으며, 종교 간 앨라이(interreligious ally)가 되기 위한 투쟁의 관점을 통해 새롭게 등장하고 있는 종교 간 연구의 본질에 대해 이야기한다. 이 글은 종교 간 연구의 목적(telos/teloi)에 관한 대화가 21세기 초부터 지금까지 일어난 일반 신학 교육의 방향 전환에 대한 광범위한 대화의 중심에 놓여 있다고 주장한다. 이 글은 (특히 인종, 성별, 성적지향에 관한 교차성을 포함하여) 종교 간 앨라이가 되려는 열망과 관련한 도전들을 탐구한 이후, 꾸란 2장 30-33절의 독창적인 주해를 기독교인-무슬림 비교 신학을 실천하기 위한 근거로 삼는다. 그리고 종교 간 연구의 목적을 상고하는 하나의 가능한 패러다임으로, 또한 새롭게 등장하고 있는 종교 간 교육의 한 구성 원리로 '급진적 연대의 목회/킬라파(Khilāfa: 과거 이슬람 국가의 통치자인 칼리프의 통치를 이르는 말—역자주)'—특별히 종교 간 앨라이가 되어가는 형태로—를 제안한다.

이건 또 다른 위험이야.
종소리가 울려 퍼지고 있고,
기둥들을 무너뜨리며,
나는 어머니를 부르고 있지.
이건 또 다른 위험이야.
내 발이 빙글빙글 돌고 있어.
데릴라가 가르쳐주기 전까지
나는 내가 춤을 출 수 있다는 사실을 몰랐지.

— 플로렌스 앤 더 머신(Florence + the Machine)

1. 들어가며

위 내용은 어느 인디록 밴드의 노래 후렴구의 일부분이다. 나는 이 노래에서 영감을 받아 이 개인적인 글을 쓰게 되었다. 이 글은 다른 누군가에게 나의 이야기가 도움이 되었으면 하는 희망 속에 내가 신학 교육자로서 진행했던 종교 간 교육의 도전적이고 보람 있었던 여정에 대해 초점을 맞추고 있다. 이 노래의 의미에 대해서는 결론 부분에서 더 이야기할 것이다. 다만 지금은 독자들께 잠시 기다려줄 것을 부탁한다. 대신 나는 내가 받은 독창적인 영감의 음악적 성격에 기대어, 물론 완전히 다른 장르에서 온 것이지만, 음악적인 은유를 사용하여 이 글의 세 가지 주요 부분에 대해서 생각해보고자 한다.

먼저 이 글은 개인적인 증언의 형태인 '서곡'(prelude)으로 시작한다. 이 증언은 내가 종교 간 및 문화 간 앨라이가 되고자 한 열망에 관한 것이다. 이것은 내가 기독교인이면서 동시에 신학 교육자로서 품고 있는 이 열망의 필수불가결성에 관한 것이다. 그리고 이것은 그 열망에 포함된 위험과 함정들에 대한 것이기도 하다. 이 서곡은 이어지는 '악장들'과 '피날레'의 배경을 제공한다. 그곳에서는 이 책이 담고자 하는 종교 간 교육의 실천(praxis)이라고 하는 훨씬 광범위한 주제에 해당하는 내용들에 대해서 더욱 탐구한다. 1악장은 엄청난 문화적·제도적 변화의 시기에 있는 신학 교육의 목적과 관련이 있는 다소 야단스럽고 가벼운 번영에 관한 것이다. 훨씬 더 가라앉고 흙빛인 2악장은 앨라이가 되려는 급진적 연대의 목회/킬라파로서 열망을 개념화한다.[1] 이곳에서는 또한 강의실 안팎에서 이 목회/킬라파를 실행할 때 발생하는 실제적인 의미들도 다룬다. 피날레는 앞의 두 악장을 통합하려는 약간은 덜 발달된, 다소 무조(無調, atonal)의 시도이다. 여기서 나는 21세기 신학 교육자들과 학생들의 목회적 정체성 형성의 중심 역동성 중 하나는 급진적 연대의 목회/킬

---

1   나는 이 '급진적 연대감'(radical kinship)이라는 개념을 그레고리 보일(Gregory Boyle)의 최근 책인 *Barking to the Choir: The Power of Radical Kinship* (New York: Simon and Schuster, 2017)에서 빌려왔다.

라파에서—특별히 종교 간 만남의 양태에서—경계성(liminality)을 완전히 받아들이고 '카오딕'(Chaordic: 혼돈chaos과 질서order의 합성어—역자주) 지도력의 잠재성을 받아들이는 혁명적 전환을 포함하는 것이라고 주장한다.

2. 서곡: '앨라이'(ally)를 염원하다

5년 전쯤, 나는 페이스북의 한 '비밀 모임'에 초대를 받았다. 그 모임은 LGBTQ 무슬림들에게 한편으로는 그들 자신에게 솔직할 때 생기는 기쁨과 고통을, 다른 한편으로는 그들의 신앙과 도덕적 청렴의 전통을 따를 때 생기는 기쁨과 고통을 함께 나눌 수 있는 '안전한 공간'을 제공하기 위한 곳이었다. 나는 조금 머뭇거렸다. 전통적인 기준에 따르면 나는 '무슬림'도 아니었고 'LGBTQ'도 아니었기 때문이다. 내가 그러한 이유들로 단체에 참여하는 것이 맞는지 모르겠다고 표현하였을 때 나를 초대했던—유럽에서 공부하는 남아시아 남성이었던—친구는 기존 회원들이 나를 따뜻하게 맞이해줄 것이라고 확신을 주었다. 그는 내가 가진 몇 가지 자격에 대해서 언급했다. 그는 내가 이슬람학 박사 학위를 가지고 있고, 이 분야에서 여러 해 동안 가르쳐왔다는 사실을 강조했다. 그는 또한 페이스북에 나를 팔로우하고 있는 무슬림들의 숫자에 대해서 이야기했고, 나의 자기 소개란에 "이슬람교와 무슬림들에게 측량할 수 없는 축복을 받은 가톨릭 신자"라고 적혀 있는 것이 얼마나 인상적이었는지 이야기했다. 그리고 그의 다음 말이 나를 감동시켰다. "우리는 '앨라이'가 필요합니다. 그리고 당신은 정말 완벽한 앨라이예요." 그는 그의 말이 단지 메시지 창에 키보드를 두드려 넣은 것뿐만이 아니라, 내 마음도 두드렸다는 사실은 몰랐을 것이다. 나는 함께하기로 했다.

'앨라이', 나는 이 단어에 대해 다시 말하고 싶다. 솔직히 이 단어는 내가 좋아하는 몇몇의 2차 세계대전 영화들이 보여준 감상적인 상황을 넘어, 나에게 양가적인 반응을 불러일으키는 단어이다. 이 단어는 '친구가 되어주다'(befriend) 같은 단어들과 비슷하다. 표면적으로는 연대와 관계 형성의 정신을 느끼게 해준다. 하지만 앨라이란 사소한 개인의 이익에서 대담한 단계 사이 어디에나 있을 수 있으며, 때때로 정말 악랄한 이들과 함께하기도 한다. 그럼에도 '앨라이'는 종교 간, 문화 간 연구를 해온 내 삶의 대부분 동안, 내가 적극적으로 얻기 위해 노력했거나 혹은 내 뜻과 무관하게 받아온 축복의 범주이다.

나는 앨라이가 되기를 갈망한다. 왜냐하면 그것은 내가 기독교인으로서 갖는 신성한 의무이기 때문이다. 그리스도의 제자는 이웃을 사랑해야 한다. 적당히 하는 것이 아니라 희생해야 한다. 나의 신앙은 우리가 인류의 다른 이웃들, 특히 가난하고 억압받는 자들과 바른 관계를 갖고 도덕적 연대를 갖고자 노력하지 않으면 복음의 부름에 응답할 수 없다고 가르친다. 내가 살고 있는 미국의 상황에서, 경제적으로 안정적이고, 이성애자이며, 시스젠더(cisgender: 생물학적 성과 성 정체성이 일치하는 사람—역자주) 남성이고—볼드윈(Baldwin: 백인 우월주의를 비판한 20세기 미국의 작가이자 사회 운동가인 제임스 볼드윈을 말함—역자주) 특유의 적절한 언어를 사용하자면—"스스로 백인이라고 생각하는" 나에게 위 가르침은 경제적으로 취약하고 부적절한 대우를 받으며, 개인적으로나 문화적으로 오해받고, 낙인찍히고, 소수화되고, 중상모략 당하고, 내가 일상적으로 누리는 백인 자본주의 이성애적 '기독교' 권력과 특권의 구조에 의해 악마화되는 이들과 연대하도록 노력해야 한다는 것을 의미한다.

나는 또한 앨라이가 되고자 한다. 왜냐하면 나는 이러한 열망이 모든 신학 교육자의 소명이라고 생각하기 때문이다. 아래에서 이야기하겠지만, 21세기 신학 교육의 목적이 급진적 연대의 공동체에 헌신하는 변혁적 영적 리더를 키우는 것이라면, 앨라이가 되고자 하는 열망은 타협할 수 있는 것이 아니다. 나처럼 자신의 사회적 위치가 권력이나 특권을 가진 신학 교육자들과 학생들이 있다면 그들은 의도적으로 취약해지고, 서발턴(subaltern) 정체성과 경험을 지닌 다른 학생과 동료, 일반인들에 의한 지적·영적·도덕적 변화에 자신을 개방하지 않는 한 창조적이고 생기를 주는 목회적 실천을 위한 교육을 도울 수 없다. 서발턴인 신학 교육자들과 학생들에게는, 특권을 가진 앨라이들뿐만 아니라 다른 서발턴들과 함께 연대하며 교차적인(intersectional) 개인적·직업적 발전을 이뤄야 한다는 것은 모두가 다 타협할 수 없는 부분이다.

앨라이가 되려고 할 때 발생하는 많은 위험과 곤란은 꽤 잘 알려져 있다. 그것들은 결코 자기만족이나 자기연민의 뿌리가 되어서는 안 되기에, 지속적인 자기성찰 과정을 통해 감시되어야 한다. 위험과 곤란에는 불의에 가장 큰 피해를 입은 사람들을 희생시키면서 자신의 특권을 다시 강화하는 일도 있다. 예를 들면 다른 이들을 '도움'이 필요한 '피해자'로 바라보고, 자기 자신을 '구원자'(savior)나 '구출자'(rescuer)로 여기는 것이다. 또한 개인의 정체성과 책임성을 집단의 정체성과 책임성에서 분리하려고 하면서, 정신적·영적(psycho-spiritual) 문제들 그리고 개인적 죄와 사회적 죄를 구분하려고 할 때 발생하는 모호함들을 다뤄야 하는 어려움이 있다. 또한 사실이든 아니든, 나의 모습이 마치 자신의 정체성에 불안함을 느끼거나, 아니면 의도적으로 자신이나 타인에게,

혹은 둘 다에게, 자신의 진짜 모습을 숨기려 하는 침입자나 워너비 (wannabe: 유명인을 동경하며 흉내 내는 사람─역자주)처럼 진실되지 않게 여겨지는 일도 발생한다.

나는 다양한 공공집단에게 가톨릭(혹은 기독교 전체)의 '배신자', 나의 표백된 블루칼라 백인 이민자의 뿌리를 거부하는 배신자, 비밀 이슬람교도, (단지) '착한' 백인, 자기 만족감에 젖은 '이중 소속자' 그리고 은밀한 게이 등으로 인식되어온 일들이 있다. 이 모든 것 중에 가장 역설적인 것이 가장 고통스럽다. 이를테면, 어떤 이들은 나를 비밀 이슬람 혐오자로 불렀다. 그런 소리를 들은 것은 오직 몇 번에 불과했는데, 그것은 내가 꾸란과 하디스를 아랍어로 읽을 줄 아는 것을 포함하여 이슬람학을 수년 간 공부했다는 사실과 그럼에도 무슬림으로 개종하지 않았다는 사실이 합쳐져서 발생했다. 사람들은 나를 이슬람이 열등하며 완전히 잘못된 종교라고 여기는 서양 기독교인/오리엔탈리스트의 살아 있는 화신처럼 여기기도 했다. 나는 그와는 전혀 다른데 말이다. 우리가 우리 자신을 바라볼 때와 다른 이들이 우리를 바라보는 것은 매우 다르다. 진실은 보통 그 사이 미지의 스펙트럼 어딘가에 놓여 있다. 나는 누군가 나를 그렇게 인식했다는 것도 어떤 면에서는 감사하게 생각한다. 나를 매우 슬프게 만드는 이야기이지만, 나는 사람들이 왜 나에 대해 그렇게 깊은 불안을 품고 있는지 이해하고자 한다. 이런 드문 비난은 심각히 우려되지만, 그럼에도 그들이 옳을 수도 있는 미묘한 것들에 대해 생각해볼 수 있도록 도전을 주기에 나는 감사하다.

나는 1960년대와 1970년대에 자란 이탈리아계 미국인이면서, (제임스타운에서 트럼프에 이르기까지) 미국 역사에 대해 지속적인 관심과 가파른 배움의 과정을 가져왔고, 가장 절박하고 도전적이며, 신나는 '동맹'들 사이에서 17년간 시카고 남부에서 산 적이 있다. 그러한 시간들 속에는 나를 기꺼이 그들에게 초대해주었던 나의 블랙아메리칸(Blackamerican) 형제자매들이 있었고,[2] 그들의 상당수는 무슬림이었다. 이러한 환경 속에서 자라며 사실 나는 내가 앨라이가 되고자 하는 열망이 얼마나 '웃픈' 일인지 알게 되었다. 내가 가진 특권의 깊이와 정도는 항상 놀랄 만한 일이었다. 나는 이 특권을 거의 아무런 제약 없이, 복에 겨운 무식한 방종이라고 밖에 표현할 수 없는 태도로 사용하고 있었다. 나는 또한 앨라이가 되고자 하는 과정에서 내가 경험하는 아주 실제적인 지적·감정적·영적 불편함—모든 불안과 당혹감, 분노와 좌절감—들은, 원칙적으로나 사실적으로나, 나의 흑인 학생들, 동료들, 친구들의 누적되고 집단적

---

2   나는 셔먼 잭슨(Sherman Jackson)의 적절한 신조어인 블랙아메리칸(Blackameri-can: 대문자 B를 사용한다—역자주)을 채택하고 있다. 그는 블랙아메리칸 이슬람의 놀랄 만한 신학적 역사 속에서 이 용어를 설명한다: "한편으로는 '블랙 아메리칸'(black American)을 '백인 미국인'(white American)의 상대라고 간단히 말하는 것은 백인의 특권을 부정하거나 숨기려는 사람들의 생각을 강화하는 것이다. 반면, 아프리카계 미국인들(African Americans)이라 말하는 것은 거의 5백 년에 가까운 신세계 역사(과거 남북 아메리카를 가리키는 말—역자주)의 짧은 단편을 주는 것인데, 이는 이탈리아계 미국인이나 그리스계 미국인을 이탈리아인이나 그리스인이라고 말하는 것처럼 블랙아메리칸들을 아프리카인이라고 말하는 것과 같다. 나는 분명히 블랙아메리칸들의 아프리카 기원을 인식하고, 전적으로 받아들이고, 기념한다. 그러나 미국 역사의 힘은 이 과거의 아프리카인들을 본질적으로 새로운 민족으로 변화시켰다. 이것은 그들의 종교적 성향과 관련하여 특히 그렇다. 나는 물론 하이픈으로 연결된 관습적 표현인 '블랙-아메리칸'(Black-American)을 선택할 수도 있었다. 하지만… 하이픈으로 연결된 표현의 요점은 하이픈의 오른쪽에 있는 단어가 왼쪽에 있는 단어에 담긴 문화적, 종교적 그리고 다른 특징들을 보호할 책임을 지게 된다는 것이다. 블랙아메리칸들이 다른 인종들과 동등하게 이러한 보호를 누려본 적이 거의 없기 때문에, 내가 보기에 흑인들을 미국의 또 다른 하이픈 집단으로 배정하는 것은 오해의 소지가 있다." 다음 책을 보라. Sherman A. Jackson, *Islam and the Blackamerican: Looking Toward the Third Resurrection* (New York: Oxford University Press, 2005), Kindle ed., loc 236-42 (print edition, 17).

인 고통에 대한 모욕이라는 사실을 깨닫게 되었다. 하지만 동시에 앨라이가 되고자 하는 열망이 내게 가져다주는 역경은 견뎌낼 수 없을 정도로 나에게 엄청난 걸림돌이 되고 있는 것도 사실이었다. 이러한 역경들을 다룰 수 있는 방법, 즉 그것들 안에 있는 변혁적인 은혜의 원천은 내가 앨라이가 되기에 부적합한 것들을 모두 기꺼이 받아들이는 데 있다는 걸 깨달았다. 그랬을 때 비로소 내가 앨라이가 되어갈 수 있다는 사실을 깨달았다. 나의 부족함을 깨닫고 받아들일 때, 오직 그때 마스터 빌더(Master Builder: 세계를 창조하고 통치하는 신을 지칭하기 위해 저자가 중립적인 표현으로 사용한 단어—역자주)가 나를 부서진 세상에서 총체의 통치(Reign of Wholeness: 기독교의 하나님 나라에 상응하는 개념의 단어로 저자가 표현한 단어—역자주)를 건설하는 신성한 모험에서 수많은 일꾼(worker) 중 한 사람으로 사용할 수 있는 것이었다.3

---

3   나는 미시간 주 새기나우 교구(the Diocese of Saginaw, Michigan)의 위대한 주교였던 켄 운테너(Ken Untener)의 말에서 '마스터 빌더'와 '일꾼'의 이미지를 빌려왔다. '오스카 로메로 기도'(Oscar Romero prayer)로 널리 언급되는 "길을 따라 한 걸음"(A Step along the Way)이라는 제목의 아름다운 작품에서 운테너는 다음과 같이 썼다: "가끔씩 뒤로 물러서서 길게 보는 것이 도움이 된다. 왕국은 우리의 노력 밖일 뿐만 아니라 우리의 시야 밖이다. 우리는 일생 동안 하나님이 하시는 위대한 사업의 극히 일부만을 성취한다. 우리가 하는 어떤 것도 완전하지 않다. 이것은 왕국이 항상 우리 너머에 있다는 것을 말하는 방법이다. 그 어떤 성명도 모든 것을 말할 수 없다. 어떤 기도도 우리의 믿음을 완전히 표현하지는 못한다. 어떤 고백도 완벽을 가져다주지 않는다. 어떤 심방도 모든 것을 가져오지 않는다. 어떤 프로그램도 교회의 사명을 완수하지 못한다. 어떤 목표와 목적도 모든 것을 포함하지는 않는다. 이게 바로 우리다. 우리는 단지 언젠가 자랄 씨앗을 심는다. 우리는 이미 심긴 씨앗에 물을 줄 뿐이다. 그 씨앗 안에는 미래의 희망이 담겨 있다는 것을 알기 때문이다. 우리는 기반을 만들 뿐이고, 그것은 누군가 더 개발해야 한다. 우리는 우리가 다룰 수 있는 능력 밖의 효모를 제공한다. 우리가 모든 것을 할 수는 없고, 그것을 깨달을 때 해방감이 있다. 이것은 우리가 무언가를 할 수 있게 하고, 그것을 매우 잘 할 수 있게 해준다. 미완성일 수도 있지만, 그것은 시작이고, 길을 따라 가기 위한 한 걸음(a step along the way)이며, 남아 있는

3. 1악장: 신학 교육의 목적

나는 에모리 대학교의 테드 스미스(Ted Smith) 교수가 진행한 다단계 프로젝트에 참여할 때, 종교 간 문제에 대한 앨라이가 되고자 하는 사람으로서 급진적 연대의 목회/킬라파라는 주제를 본격적으로 성찰하기 시작했다. 이 프로젝트의 제목은 "시대 사이의 신학 교육"이었는데, 이것은 의도적인 중의적 표현이었다. '시대 사이'(between the times)란 한편으론 현재가 신학교 교육의 구조적 변화의 시기라는 것을 의미한다. 현재 신학교에는 과거와 달라진 다양하고 교차적인 변화들이 많이 일어나고 있다. 이를테면, 폐교나 학교 통합, 등록 학생 감소, 가장 인기 있는 전문직 학위였던 목회학 석사(M. Div.)의 몰락, 영적-종교적이지 않다는(nones) 밀레니얼 세대들의 자기정체성의 꾸준한 증가, 온라인과 원거리 교육의 인기와 실용성의 급격한 증가, 신학과 목회학 학위 졸업자들의 감당할 수 없는 부채 증가, 대부분 시간제 학생으로 등록하는 이른바 '성인' 학습자들(30대 중반부터 후반 혹은 그 위) 사이에서 두 번째 경력이나 경력 '추가'(add-on)를 위해 갖는 신학 및 목회 교육에 대한 관심 등이 그것이며, 이와 같은 변화를 나타내는 요소들의 목록은 계속된다. 다른 한편으로 '시대 사이'라는 것은 현재를 '크로노스' 시간으로서 과거와 미래 사이에

일들에 들어가서 참여할 수 있는 은혜의 기회이기도 하다. 우리는 결코 최종 결과를 볼 수 없을지도 모르지만, 그것이 마스터 빌더와 일꾼의 차이이다. 우리는 일꾼이지 마스터 빌더는 아니다. 우리는 목회자이지 메시아가 아닌 것처럼 말이다. 우리는 우리의 것이 아닌 미래(a future not our own)를 이야기하는 선지자들이다." Ken Untener, "Prophets of a Future Not Our Own," *United States Convention of Catholic Bishops*, accessed December 20, 2017, http://www.usccb.org/prayer-and worship/prayers-and-devotions/prayers/archbishop_romero_ prayer.cfm.

들어오는 은혜의 시간인 '카이로스'의 시간으로 표현하는 것을 의미한다.[4]

이 프로젝트의 훌륭한 부분은 신학교 교육에서 발생하는 이러한 '지진들'에 대처할 때, 신학 교육의 목적에 대한 새롭고, 깊고, 지속적인 성찰을 시도했다는 점이다. 이 프로젝트의 코디네이터 중 한 사람이었던 안토니오 알론소(Antonio Alonso)는 최근에 다음과 같이 말했다:

〔기관의 변화에 관한〕이러한 긴박한 질문들에 대답하기 위한 방법을 찾으려고 매일 스트레스를 받다보면, 신학 교육의 목적에 대한 더 큰 질문이 종종 부차적인 것이 되거나 심지어 상실되는 경영적 사고방식에 매몰될 수 있다. 실제 문제에 대한 질문들은 물론 중요하다. 제도를 변화시키는 것은 최선의 경영을 요구한다. 하지만 이러한 새로운 변화들은 목적에 대한 오래된 질문들을 더욱 중요하게 만든다. **우리는 애초에 왜 이것을 하고 있는가? 이 모든 것은 무엇을 위한 것인가? 신학 교육은 어디로 향하고 있는 것일까?**[5]

---

4   고전 그리스어에서 카이로스와 크로노스를 시간의 장르로 구분하는 것은 바울의 기독교신학뿐만 아니라 고대 그리스 철학에 그 뿌리가 있다. 나는 카이로스가 더욱 일상적인 크로노스를 비집고 들어오는 특별한 장르의 시간이라는 다음의 설명이 매우 도움이 되었다: "카이로스와 같은 시간은 이 세계와 상관관계가 없는 '시간적 시점'이다. 이 시간은 세계의 모든 지식을 무효화하기 때문에 미리 알 수도 없고, 그것이 왔을 때도 알 수가 없다. 오직 믿음의 눈으로만 마주칠 수 있다. 다만 카이로스는 미래에 '포함' 되어 있지 않다. 오히려 과거와 미래 사이의 순간(Augenblick)이다. 그것은 결정의 시간적 차원이다. 그런 점에서 바울에게 믿음의 결정은 이미 카이로스 안에 있는 것이다." Felix Ó. Murchadha, *The Time of Revolution: Kairos and Chronos in Heidegger* (London: Bloomsbury Publishing, 2013), Kindle ed., 14를 보라.

5   강조는 내가 추가한 것이다. Antonio Eduardo Alonso, "Theological Education Between the Times: Reflections on the Telos of Theological Education" in *Religious Studies News* (April 28, 2017), 2017년 12월 18일 접속, http://rsn.aar

이 프로젝트의 또 다른 훌륭한 점은 "어떤 단 하나의 증언도 이 질문에 대한 답변으로 완전히 진실하거나 포괄적이지 않을 것이다. 적절한 이해 같은 것들은 다양한 관점에서 오는 지식을 필요로 한다. 우리 삶에 필수적인 다원주의는 인종, 민족, 젠더, 성, 신앙, 종교, 훈련 및 직업의 다양성을 필요로 한다"라는 근본적인 확신을 가지고 있다는 것이다.6

내가 신학 교육의 목적으로 지목하는 것도 '하나의 증언'에 지나지 않는다. 그럼에도 알론소가 암시하는 바와 같이, 어떠한 하나의 특이한 증언은 여전히 더 큰 다성적(plurivocal) 분별 과정에 대해 잠재적으로 기여한다. 그러므로 변명할 필요 없이, 나는 내가 이 1악장에서 이야기한 '다소 야단스럽고 가벼운 번영'이라고 언급했던 것을 제안한다: 신학 교육의 목적은 로마 가톨릭 전통에서 말하는 미시오 데이(missio Dei) 혹은 '하나님의 선교'라고 말하는 것에서의 지도력을 위해 모든 크기와 모양, 색깔을 지닌―모든 종교의 사람들과 종교가 없는―사람들에게 자원을 제공하는 것이다. 예언적인 의미에서 이 임무는 매우 야심찬 것이다. 그것은 성서나 꾸란에서 드러난 샬롬/살람을 확립하는 작업이다. 그것은 창조에 대한 창조주의 독창적이고 영원한 소망인 만물의 통합된 전체성 (the integrated wholeness of all things)이다.

'만물의 통합된 전체성'은 본질적으로 신학적인 이상을 나타내기 위한 나쁜 표현은 아니다. 이것은 '평화'와 같은 훨씬 더 관습적이고 우아한 한 단어 표현을 사용하면 종종 잘 알 수 없는 정치적 대상과 혼동된다. 지정학적 표현에서 '평화'는 명백한 폭력적 갈등의 부재를 의미하지만,

---

     web.org/spotlight-on/theo-ed/between-the-times/theological-education
     -between-times-reflections-telos-theological-education.

6   알론소.

신학적인 표현에서 샬롬/살람은 정의의 존재(presence of justice)를 의미하기 때문이다. 하지만 문제는 '만물의 통합된 전체성'은 비록 '평화'보다는 샬롬/살람의 더 나은 기술적인 번역임에도 불구하고 '미시오 데이'나 신학 교육의 목적에 대한 질문의 응답으로는 그것의 관습적 대답들보다는 여전히 추상적이고 모호하다. 다르게 말하자면, "신학 교육의 목적은 사람들이 '만물의 통합된 전체성'을 추구하는 지도력을 갖도록 자원을 제공하는 것이다"라는 말은 질문을 야기한다: "네, 하지만 정확히 '만물의 통합된 전체성'이란 무엇을 의미하나요?" 나는 이 질문에 확실한 답을 줄 수 없다. 왜냐하면 궁극적으로 거시적 목표가 무수히 다른 미시적 맥락에서 추구되듯, '만물의 통합된 전체성'이란 오직 귀납적으로만 설명이 가능하기 때문이다. 내가 할 수 있는 것은 오직 내 자신의 미시적 맥락을 가져와 샬롬/살람이 정확히 의미하는 바에 대해 조금 더 구체적으로 말하는 것뿐이다.

〈뉴욕타임즈〉 베스트셀러였던 『타투 온 더 하트』(Tattoos on the Heart)[7]의 매우 기대되었던 후속작 『바킹 투 더 콰이어』(Barking to the Choir)에서 그레고리 보일(Gregory Boyle)[8]은 '하나님의 꿈'에 대해 열정적이고 심오하게 말한다. 어느 순간, 보일이 복음의 '원래 프로그램'이라고 언급한 것의 의미를 직관적으로 알아챈 가비노(Gabino)라는 '호미'(homie: 친한 친구—역자주)의 이야기를 한 뒤에 이렇게 말했다:

---

7 Gregory Boyle, *Tattoos on the Heart: The Power of Boundless Compassion* (New York: Simon and Schuster, 2010).

8 그레고리 보일은 로스앤젤레스의 홈보이 인더스트리(Homeboy Industries)를 만든 칭송받는 설립자이다. 그의 말에 따르면, 홈보이 인더스트리는 "갱단의 차단(intervention)과 재활(rehab), 회복(reentry)을 위한 지구상에 있는 가장 큰 프로그램이다"(*Barking*, 3).

쾌이어는 공포 정치와 우리가 신에 대해 갖는 감각을 제한하는 입장들에 대해 도전하고자 한다. 쾌이어는 사랑에 기반한 우선순위들이 우리 자신의 선함을 발화시키고, 우리의 타고난 고귀함을 드러낼 것이라고 믿고 있다. 그것은 신께서 우리에게 보여주기를 간절히 원하는 것이다. 그것은 우리가 신께서 생각하고 있었을 그곳으로 세상을 더 가까이 다가가도록 초대한다. 그리고 가난한 사람들은 이 일에 대한 믿을 만한 안내자이다. 히브리 성서(원래 '원래의 프로그램')에서 맺어진 언약 관계는 이랬다: "내가 너를 사랑해온 것처럼 너도 미망인과 고아, 이방인에 대한 특별하고 특혜적인 사랑을 가져야 한다." 신은 이 사람들이 잘려나가는 것이 어떤 것인지 알고 있다는 걸 알고 계신다. 그리고 그들이 이 특별한 고통에 대해 알고 있기 때문에, 신은 그들이 우리를 **새로운 포용의 탄생과 정교한 연대감의 상호성**(exquisite mutuality of kinship)**으로 인도하고 안내할 수 있다고 신뢰한다. 바로 신의 꿈이 실현되는 것이다.**[9]

이 새 책의 부제에서 보일은 '신의 꿈'인 연대감을 "급진적"(radical)이라고 표현한다. 이를 통해 그는 신이 인류에게 갖고자 하는 연대감은 특히 "경계가 없고"(boundless),[10] "전체적이며"(total), 포용성에 있어서 "타협하지 않는"(uncompromising) 것이라고 표현했다.

이러한 형용사들을 보일이 숭고한 '꿈'의 주체로 여기는 성서나 꾸란의 신뿐만 아니라 우리의 존재와 의지, 연민 등에도 적용할 수 있다는 사실은 결코 우연이 아니다. 비록 보일은 하페즈(Hafez)나 루미(Rumi) 같

---

9   강조는 내가 추가했다. *Barking to the Choir*, 164-65.
10   이 단어는 보일이 『타투 온 더 하트』의 부제에서 연민(compassion)을 표현할 때 사용한 것이다.

은 수피 시인들을 좋아하지만, 꾸란을 그리 많이 사용하지는 않는다. 다만 그가 사용한 꾸란은 매우 적절했다. 종교 간 활동의 참여나 문화 간 대화의 다른 형태들에 대해 무슬림의 신학적 성찰에서 가장 표준 문구가 되는 알-후즈라트(al-Ḥujurāt: 꾸란 49장의 이름―역자주) 장의 한 구절을 인용하면서[11] 그는 명민하게 다음과 같이 주장했다: "신은 우리가 상호성을 가지고 연대(kinship)로 가는 길을 찾을 수 있도록 '타자성'(otherness)을 창조한 것 같다. 그리고 **우리가 그 경계를 지우는 일에 헌신하도록 경계를 만드셨을지도 모른다.**"[12]

최근 들어 꾸란이 급진적 연대감에 대한 '신의 꿈'을 가르치고 있다고 여겨지면서 나는 보일보다 조금 더 멀리 가고 싶다는 생각을 했다.

다음은 창세기 1장 26절을 미묘하게 떠올리게 하는 알-바까라(al-Baqara) 장(꾸란 2:30-33)의 도입 부분이다.

너희를 기르시고 존재하게 하는 그분께서 천사들에게 말했다. "내가 지상에 칼리파(khalīfa; 대리자)[13]를 두리라." 천사들이 말했다. "당신을 찬

---

11   "사람들이여 하나님이 너희를 창조하사 남성과 여성을 두고 종족과 부족을 두었으되 서로가 서로를 알도록 하였노라 하나님 앞에서 가장 크게 영광을 받을 자는 가장 의로운 자로 하나님은 모든 것을 아시며 관찰하시는 분이시라."(번역 참조: http://www.tanjaoui.ma/quran/mobile/translate.php? sora=49&l=12).

12   강조는 내가 추가했다. *Barking*, 177. 꾸란 49:13의 급진적 연대감이 암시된 신학에 대한 확대 분석은 다음 문헌에 담긴 해후(encuentro)의 꾸란 신학에 관한 나의 주장을 참조하라. Scott C. Alexander, "Encountering the Religious 'Stranger': Inter-religious Pedagogy and the Future of Theological Education," in Ted A. Smith, Marti R. Jewell, and S. Steve Kang, eds. *Theological Education* 51, no. 2 (2018): 49-59.

13   칼리파(종종 영어에서는 특별히 번역되지 않고 선지자 무함마드의 계승자들의 칭호로 칼리프caliph라고 쓰인다)는 매우 번역하기가 어려운 단어로 유명하다. 이런 경우

미하고 경배하는 저희〔를 세우실 수 있을 때〕, 이 세상을 해치고 살상하는 이를 보내려 하십니까?" 이에 〔신이〕 가라사대 "실로 나는 네가 모르는 것을 알고 있노라."〔신은〕 아담에게 모든 사물의 이름을 가르쳐주신 후 천사들 앞에 〔모든 창조물을〕 제시하며 말씀하시길 "〔너희가 제안하는 것처럼 (in kuntum ṣādiqīn)〕 만일 너희가 진실한 관계를 위해 준비가 되었다면, 이것들의 이름을 말해보라" 하니, 그들이 말하길, "영광을 받으소서. 저희는 당신이 가르쳐준 것 외에는 아무것도 모르나니 실로 당신은 지식과 지혜로 충만하심이라." 신께서 이르시길, "아담아, 그들에게 이름들을 일러주라" 하시니 〔아담이〕 그들에게 그 이름들을 일러주매, 그분께서 천사들에게 이르시길, "내가 천지에 있는 보이지 않는 것과 너희가 드러내거나 감추고 있는 모든 것을 알고 있다고 너희에게 얘기하지 않았느냐?"

한 가지 흥미로운 것은 이 장면의 기독교 버전이 수록된 창세기 본문에서는 신이 다소 우리의 직관에 어긋나는 일인칭 복수 형태를 사용하고 있으며, 이 사실에 주목하게 만드는 매우 예리하면서 잘 알려진 유대교의 미드라시 전통이 있다는 것이다: "하나님이 이르시되 '우리'의 형상을 따라 우리의 모양대로 우리가 사람을 만들고…" 이 미드라시 전통은 일인칭 복수 형태는 상담자의 본성을 지닌 신에 대한 표현이었다고 설명하고, 라쉬(Rashi)는 또한 "하나님의 **겸손함**, 복되신 하나님"의 표현이라고 논평하며, 왜 단 하나이신 하나님이 '우리'라고 말했는지에 대한 설명을 시도한다.[14] 라쉬에 따르면—일반적으로 만물로부터 유일하게 존재론

에는 더욱 그렇다. 이 인용문에서는 문자 그대로 '계승자'라고 하는 것에서부터 지구에 거주하는 2차적 이성적 존재인 정령(jinn), 혹은 달 아래 영역의 관리자로서 신의 '대리인'(vicegerent) 또는 '감독'(vicar)까지 가능하다.

적으로 독립적인—신은 천사들이 잠재적으로 인류에게 가질 수 있는 질투를 줄이고 권력 있는 자리에 있는 사람들에게 겸손을 가르치기 위해서 일인칭 복수형을 사용하고 있다.[15]

꾸란 인용문으로 돌아가서, 나는 꾸란이 신을 일인칭 복수 형태로 말하는 것에 반대하지 않는다는 것을 알지만, 이 본문에서만큼은 분명히 그렇지 않았다. 신은 신적 '우리'가 아니라 신적 '나'로 말하고 있다. 바로 다음 이어지는 본문에서는 하나님이 천사들에게 아담을 향해 엎드려 절할 것을 명령하는 내용이 나온다. 라쉬는 이를 꾸란이 천사들의 '질투'에 대해 더 깊이 보고자 한 것 같다고 해석하며, 그것이 신이 보고 싶었던 것이라고 말한다. 그러나 왜 그리고 무슨 이유로 그런 것일까?

아마도 꾸란이 고의적으로 일인칭 복수형의 사용을 도치시켰다는 데 실마리가 있는 것 같다. 이 꾸란 본문에서 천사들은 피조물들 중에 자신들의 '우리 의식'(we-ness)을 강조한 첫 번째 무리로 묘사되었다. 신은 단수이다. 신이 '임명'하고자 하는 칼리파(즉, 아담)도 단수이다. 천사들만이 집단 정체성을 드러내는 유일한 무리이며, 더 중요하게는 그것을 공유된 유대감이라는 긍정적인 감각으로가 아니라 노골적인 교만과 질투로 드러내고 있다. 조금 다르게 말하자면, 그들은 그들의 천상에서의 '우리' 의식을 강조하고 있다. '위협적인' 타자이자 동시에 아담이 창시자가 될 위협적인 외집단에 대응하여 천사 내집단을 형성하고 있다. 훨씬

---

14   강조는 내가 추가했다. 라쉬의 논평이 있는 토라의 영역본을 보라. 2017년 12월 21일 접속, http://www.chabad.org/library/bible_cdo/aid/8165#showrashi=true.

15   "경전은 큰 사람이 작은 사람과 상의하고 허락을 받아야 하는 올바른 행동과 겸손의 특성을 가르치는 것을 주저하지 않았다. 만약 '나는 인간을 만들 것이다'라고 쓰여 있다면, 우리는 〔신이〕 자신에게 말하지 않고 〔신의〕 위원들과 대화하고 있다는 것을 알지 못했을 것이다."

더 속되고 일상적인 말로 번역하면, 그들이 겉으로는 경건한 호소를 하면서도 그 속에서 불경스럽게 불평하는 소리가 거의 들릴 지경이다. "뭐라고요? 어떻게 하겠다고요? 대단하군요. 결국은 저 지니(Jinn)들처럼 당신을 실망시키고 불명예스럽게 할 장난감을 또 하나 만들겠다고요? (그나저나 그건 어떻게 됐지?) 그리고 이 새로운 진흙 같은 '것'에게 명예로운 자리와 일을 주겠다고요? 그러고는 천상의 빛을 머금고, 오직 찬양과 경배만을 드린 우리는 무시한 채로 이 모든 일을 진행할 것이라는 거군요—또다시?! 그리고 스스로를 '정의'롭다고 부른다고요? 정말 웃기는군요!"

신의 반응도 역시 대단히 흥미롭다. 신은 천사들과 논쟁하지 않는다. 오직 시기질투하는 자녀를 다루는 현명하고 노련한 부모처럼 다룰 뿐이다. 신은 "나는 너희가 모르는 것을 안다"라고 간단히 답하고, 이어서 그것이 무엇인지 부분적으로 보여준다. 신은 천사들에게 신이 창조한 놀랍고 아름다운 것들의 이름을 부를 수 있는지 묻는다. 이 내용은 간혹 천사들이 '창조질서 데이터베이스'를 다룰 수 있는 능력이 있는지 확인하는 시험이라고 해석하고픈 유혹이 있다. 어떤 면에서는 그렇게 이해될 수 있다. 하지만 조금 더 깊이 살펴보면 누군가가 어떤 것들의 이름을 아는지 물어보는 것은 단순히 분류학상의 지식을 물어보는 퀴즈가 아니다. 그것은 그 상대와 의미 있는 관계가 있는지 알아보는 시험이다.

신이 천사들에게 다른 피조물들의 이름을 아는지 물었을 때, 신은 사실 천사들이 은근히 자랑하던 그들의 '우리 의식' 안에 담긴 엘리트주의와 배타성을 집중적으로 보여줄 거울을 들고 있는 것이다. 그들의 숭고한 천상의 본성 말이다. 비록 천사들은 피조물이지만, 그들은 땅의 피조물이 아니다. 그들은 하늘의, 천상의 유일한 피조물이다. 따라서 비록 그들이 지구와 그곳에 사는 다양한 피조물들에 대한 '염려'를 표현함에도 신은 바로 이 거울을 통해 그들이 품고 있는 '염려'는 매우 추상적인 것에 불과하다는 것을 보여주고 있다. 그것은 전혀 경험이나 관계에 근거하고 있지 않아 기껏해야 추상적인 것에 불과하고, 최악의 경우 잘못되거나 날조된 것에 불과하다는 것을 보여준다. 어떤 경우든 그들의 '염려'는 지구와 그 안의 피조물들과 유대감을 갖고자 하는 진실된 열망은 거의 없거나 아예 없다. 오직 그들 스스로가 만든 천상의 내집단에 소속되어 있다는 헛된 자기만족감만 있을 뿐이다. 반면 아담은 피조물들의 이름을 정확히 알고 있다. 왜냐하면 신은 그가 천사들을 포함한 다른 피조물들과 함께 관계를 맺으며 살 수 있는 능력을 주었기 때문이다. 나는 이해석에 대한 가장 중요한 근거가 사디킨(ṣādiqīn, 문자적으로 '의로운 이들')이라는 단어가 '자선'(sadaqa)이나 '친구'(siddīq)라는 단어와 같은 뿌리에서 온 것이라는 사실에 있다고 제안한다. 따라서 이와 같은 맥락에서 아랍어 쿤툼 사디킨(kuntum ṣādiqīn)은 "(너희가 제안하는 것처럼)(in kuntum ṣādiqīn) 만일 너희가 진실한 관계를 위해 준비가 되었다면"으로 번역될 수 있다.[16]

천사들의 자만심과 그들이 주장하는 '우리 의식'에 내재되어 있는 배

---

16   나는 정직해지는 것 혹은 진실된 것과 다른 사람들과 적절하고 상호 증진적인 관계에 있는 것 사이에서, 어근 ṢDQ와 관련하여 매우 흥미로운 어원적 연관성에 기초한 다소 파격적인 해석을 제안한다. 특히 첫 번째 형태의 뿌리(진실을 말하는 것과 관련이 있음), 두 번째 형태(다른 것의 진실이나 진위를 인식하는 것과 관련이 있음), 세 번째 형태(다른 사람과 우정에서 행동하는 것과 관련이 있음), 여섯 번째 형태(보통 애정과 사랑을 가지고 서로 진실하고 신실해야 함) 사이의 연결 조직을 주목한다). 일례로 다음을 보라. Edward William Lane, *An Arabic-English Lexicon*, Book i, Part iv (London: Williams and Norgate, 1872), 마찬가지로 온라인, 2017년 12월 29일 접속, http://lexicon.quranicresearch.net/data/14_S/032_Sdq.html.

타성을 신에게 숭배하라는 명령을 받은 인간들이 능가한다는 것은 이 이야기의 가장 큰 역설이다. 천사들(그리고 천사장)의 오만함이나 아담의 후손들이 종국에 그들의 오만함으로 깨달을 수 없었던 사실은 오직 신만이 '그들'이 없이 '우리'를 소집할 수 있다는 것이다. 인간이 자신들을 위해 상상하고 구성할 수 있는 모든 종류의 '우리'는 불완전하고 부당한 목적을 위해 쉽게 협력한다. 그 이유는 바로 인간이 '우리'를 구성할 때는 필연적으로, 거의 변함없이, '그들'을 상정하기 때문이다. 우리는 그들을 우리의 무가치한 그림자로서 동화하고 지배하고 억압하려고 하거나, 혹은 '그들'을 우리 사랑의 한계의 대상으로 여겨 배제시키고, 즉 신의 경계 없는 사랑의 대상에서 제외시키려고 한다.

여러 가지 면에서, 이 인용 본문은 신이 타위드(tawḥīd: 하나인 신—역자 주)의 모습으로 천사들을 가르치고 있는 것처럼 묘사된다. 이것은 모든 생물의 삶의 중심에서 오직 창조주만이 차지해야 하는 독보적인 장소에서 끝없이 이루어지는 선포이다. 다소 역설적으로, 오직 타위드에만 연결되어 있는 천사들[17]은 자신들의 실체를 완전히 파악하지 못했다. 그들은 하늘의 카바(Ka'ba: 이슬람교의 가장 신성한 신전—역자주) 주위에서 천상의 둘레길을 돌기 위해(아랍어 따와프ṭawāf) 만들어졌다는 특권적인 지위에 마음이 사로잡혀, 하늘의 카바와 땅의 카바가 다르지 않다는 사실을 이해하지 못한다. 그들은 인간이 다른 차원의 존재이지만, 신은 '진흙'으로 만든 이 피조물이 그들의 섬김과 헌신의 유일한 대상으로 하나된 신께 함께 예배드리도록 만들어졌다는 것은 이해할 수 없었다. 무함마드

---

17   전문 용어는 무사크크라랏(musakhkharāt)이다. 그것은 본질적으로 예외 없이 신의 모든 명령에 복종하는 피조물이다.

를 위해 인류를 향한 신의 예언자의 역사를 반복하여 보여준 뒤(51절 이하), 알-안비야(al-Anbiyā) 장은 선지자에게만 해졌던 말이 아니라 더 넓게 모든 창조물에게 전해졌던 이 말들로 이 반복된 이야기에 끼어든다:

> 너희들의 이 공동체는 하나의 공동체이며, 나는 너희를 양육하고 존재하게 하니, 나를 경배하라! 그러나 그들은 분열하였으니, 〔언젠가〕 그들 모두는 우리에게로 귀의하리라(Q 21:92-93).[18]

상당히 흥미로운 것은 91절에는 신이 일인칭 단수로 표현되어 있으며, 93절에는 일인칭 복수로 표현되어 있는 것이다. 불가분의 '나'(자신)를 예배할 때 모든 피조물이 나뉘지 않는 '우리'가 되었으면 하는 신의 계획은 창조적으로 고안된 너무나 많은 '그들'에 의해 좌절되는 것처럼 보인다. 하지만 그럼에도 예외 없이 모두는 진실로 존재하는, '그들'을 받아들이지 않는 오직 유일무이한 '우리' 주위에 단합된 하나의 예배 공동체만이 있어왔고, 또 있을 것이라는 사실을 깨닫도록 되어 있다.

이 해석이 다른 이들, 특히 무슬림들의 해석학적 정밀함을 견뎌낸다면, 누군가는 인용된 꾸란 2장 30-33절이 꾸란 버전의 급진적 연대감이라는 신의 꿈을 암시하는 것이라고 말할 수 있을 것이다. 만약 그렇다면 누군가는 바로 이 인용문이 이 유대감의 중요한 받침대로서 인간을 위치시키고 있다고 주장할 수 있을 것이다. 다른 말로 하자면 우리는 아마 여기서 킬라파에 관여하는 칼리파의 가능한 또 하나의 의미 혹은 기독교

---

18 *Inna hādhihī ummatukum ummatan wāḥidatan wa anā rabbukum fa-`budūni wa taqaṭṭa`ūamrahum baynahum kullun ilaynā rāji`ūn.*

인들이 주로 '목회'라고 부르는 것을 찾아낸 것일지 모른다. 즉, 나는 신학 교육의 목적이란 인간이 우리 모두가 창조된 이유인 급진적 연대감의 통치(caliphate of radical kinship)로의 부름을 받아들일 수 있는 상황을 제공하는 것이라고 주장하는 것이다.

4. 2악장: 종교 간 앨라이로서 급진적 연대감의 목회/ 킬라파를 위한 형성

수많은 단층선(斷層線)의 갈라진 틈에서 새로운 것이 자라나듯, 변화하는 신학 교육 지형에 새롭게 떠오른 하나의 현실은 바로 이 책의 제목에서 '종교 간 배움'(interreligious learning)이라는 말로 의미하고자 하는 것, 즉 종교 사이의 배움과 가르침(educating and being educated interreligiously)이다. 확신컨대 21세기 초반을 보내고 있는 지금, 신학 교육자들과 학생들 모두에게 가장 큰 도전이자 기회 중 하나는 우리 모두가 타종교인들과 함께 지적 교류를 나누고, 인간적인 신뢰를 쌓으며, 도덕적 연대를 나누는 관계를 통해 급진적 연대감의 목회자/쿨라파(khulafā')로 형성될 수 있다는 것이다.[19]

내 경험에 따르면 이러한 형성은 종교 간 앨라이가 되고자 하는 열망

---

19 나는 크리스 스테드먼(Chris Stedman)이 묘사한 '신앙주의자들'(faitheists)을 포함한다. 즉, 어떤 전통과도 연관되지 않고 신의 존재나 초월적 실재를 거부할 수 있지만 그럼에도 '신앙'의 삶에 대한 진정한 존경심을 지니고 있고, 심지어 그들 자신의 깊은 존재론적 헌신 안에 있는 준종교적(quasi-religious) 성격을 인식하고 긍정하는 사람들이다. 다음 책을 보라. Stedman's *Faitheist: How an Atheist Found Common Ground with the Religious* (Boston: Beacon Press, 2012).

이라고 하는 특정한 틀 안에서 일어나며, 이 틀은 여러 가지 가능한 상황들을 포함한다. 이 2악장의 목적은 이 특정한 신학적 형성이라는 것이 어떤 것인지를 말해주는 몇 가지 샘플을 살펴보는 것이다. 이 작업을 위해 나는 세 가지 교차하는 상황 속에서 종교 간 앨라이가 되기 위해 열망하는 (그리고 다른 이들도 그와 같이 되기로 초청하는) 나의 경험에 대해 간단히 성찰해보고자 한다. 첫 번째는 형식적 '교실' 목회의 상황이다. 두 번째는 공적 권리 옹호(public advocacy)의 상황이고, 세 번째는 그보다 훨씬 덜 형식적이고 훨씬 더 개인적인 소셜 미디어에서 하고자 하는 목회의 상황이다.

교실 안에서는 상당히 많은 일이 일어난다. 가르치는 사람으로서, (온라인이든 비대면이든) 대화적이고 상호 변혁적인 배움을 위한 성스러운 공간을 만들기 위해 신-인간 시너지에 참여하는 방법들이 그것을 가능하게 한다. 시카고에 있는 가톨릭 연합신학대학원(CTU)에서 나는 무슬림 동료들과 함께 가르쳤다. 그들과 함께 가르쳤던 다양한 수업에는 항상 한 명이나 두 명 혹은 그 이상의 무슬림 학생들이 있었다. 거기서 얻은 즐거움은 무슬림 학생들과 기독교인 학생들이 함께 그들 각자의 신앙 공동체에서 영적 지도력을 지닌 직업을 가지려 할 때 타자와의 대화를 통해 그 모양과 내용을 만들어나가려고 하는 모습들을 목격하는 것이었다.

가장 최근에는 이 종교 간 팀티칭과 관계 모델의 실천으로 학생과 교수 그리고 학교 전체의 변화를 위한 새롭고 흥미로운 다층적 공간을 만들어낸 일이 있었다. 지난 3년간 나는 블랙아메리칸 무슬림 동료인 샤마르 헴필(Shamar Hemphill)과 함께 일해오고 있다. 그는 시카고 남부에서 혁신적이고 매우 성공적인 사회 변화 프로젝트들을 이끌어오며 국제적으로 인정받는 조직이 된 도시 무슬림 행동 네트워크(Inner City Muslim Action Network, IMAN)의 지역사회 조직자였다.[20] 샤마르와 나는 '종교 간 관점으로 지역사회 조직하기'라는 수업을 함께 가르친다. 그 수업에서 학생들은 훈련 모듈의 일부인 신앙 기반 공동체를 조직하는 연습에서 블랙아메리칸 기독교인과 블랙아메리칸 무슬림 해방 신학을 탐구한다. 수업의 후반부에서 학생들은 자신들이 제시했던 지역사회 조직 프로젝트를 실제로 실천해보는 실습(practicum)을 선택할 수 있다. 이 수업을 가르친 첫해, 학생들은 다른 학생들이 서로에게 영감을 주고 서로에게 종교 간 앨라이가 되도록 지지하였다. 그들은 가나의 마녀 캠프(마녀로 지목된 여성들이 도망쳐 모여 있는 곳—역자주)[21]를 없애려는 종교 간 노력에서부터, 시카고 남부의 지역사회가 정신적으로 고통 받고 있는 사람들에 대해 더 잘 이해하고 필요한 물건들을 공급하도록 돕는 노력까지 다양한 프로젝트들을 시도했다.

프란체스코 영성을 지닌 위대한 작가 리처드 로(Richard Rohr)는 언젠가 이런 예언적인 관측을 했다. "우리는 스스로 새로운 삶의 방식을 생각하지 않는다. 우리는 새로운 생각의 방식으로 우리의 삶을 산다."[22] CTU

---

20 실제로 IMAN의 디렉터인 라미 나시시비(Rami Nashishibi) 박사는 IMAN에서의 활동을 통해 2017년 맥아더 재단에서 주는 (소위 '천재상'으로 알려진) 상을 받았다. IMAN에 대한 추가적인 정보는 다음 웹사이트를 참고하라. https://www.imancentral.org. 2017년 12월 29일 접속.

21 마녀 캠프 현상에 대한 소개는 다음 자료를 확인하라. Kati Whitaker, "Ghana Witch Camps: Widows' lives in exile," in bbc News Online Magazine, 1 September 2012, 2017년 12월 22일 접속, http://www.bbc.com/news/magazine-19437130.

22 Richard Rohr, *Everything Belongs: The Gift of Contemplative Prayer* (New York: Crossroad Publishing, 1999, 2003), Kindle ed., 19.

가 새로운 방식으로 살도록 안내한 것은 샤마르였다. 그리고 그 새로운 방식의 삶은 학교가 선교와 교육에 대해 새로운 방식으로 생각하도록 이끌었다. 그는 먼저 IMAN이 그들의 연례 공동체 훈련을 위해 우리 시설을 쓰는 것을 환영하도록 우리를 이끌었다. 가장 최근에는 지역사회 조직자로서 엄청난 노력을 통해 IMAN을 후원하는 어느 무슬림 가족 재단으로부터 들어온 선물을 CTU의 가톨릭-무슬림 연구 프로그램을 위해 사용하도록 하는 큰 공을 세웠다. 이 선물로 인해 CTU는 '사랑하는 공동체 인턴십 프로그램'(Beloved Community Internship Program)을 시작했다. 그리고 학생들은 이 프로그램을 통해 사회 정의를 위해 종교 간 앨라이가 되고자 하는 그들의 소명을 실현할 수 있는 기회를 얻을 수 있었다. 이 프로그램의 가장 큰 비전은 인턴들이 만들어낸 유대감이 CTU가 시카고 남부 지역의 기관 앨라이로서 깨어진 유대 관계를 안고 수백 년간 살아온 지역사회를 위해 장기적 헌신을 할 수 있도록 도울 것이라는 점이다.

공적 권리 옹호라고 하는 나의 목회—특별히 이슬람 혐오와 그것이 만들어내는 차별과 싸우는 일—는 종교 간 앨라이가 되고자 하는 나 자신과 나의 학생들의 배움에 중요한 매개가 되어왔다. 미국과 해외의 종교 단체들이나 대학들에서 공개 발언 등을 하면서, 나는 '이슬람 혐오 시대에 이슬람과 무슬림: 가톨릭의 응답'이라는 수업을 열었다. 학생들은 소외와 악마화를 직면한 공동체들을 대변하여 공적 권리 옹호의 다양한 형태에 참여하는 것은 급진적 연대감의 공동체를 구축하는 데 큰 걸음이 될 수 있다고 배운다. 마음과 생각을 얻는다는 것—결국 중대한 사회적 변화를 가져오는 도전들은—매우 작지만 점증적인 변화의 단계들이 가득한 긴 여정과 같다. 이 단계들은 각각 자기의 페이스대로, 각자의 특정한 리듬으로 신뢰의 관계를 구축하는 비교적 단순하지만 깊이 있는 인간적인 일들과 관련이 있다. 학생들은 또한 이 필수적인 활동가 연대의 영역에서는 개인의 비용이 의미 있는 사회 변화의 잠재력만큼 비싸다는 것을 배운다. 만약 인간이 그들이 사랑하는 일들과 사랑하는 사람들만큼 아끼고 필요한 것이 있다면 그것은 바로 그들이 두려워하는 일들과 두려워하는 사람들이다.

최근에는 소셜 미디어가 종교 간의 앨라이가 되고자 하는 이들에게 급진적 연대감의 목회/킬라파를 실천할 수 있는 가장 예상치 못한 기회로 떠올랐다. 그곳에서 그들은 신의 섭리가 그들의 목회/킬라파에서 작용하고 있다는 것을 깨닫는다. 또한 그들은 그곳에서 그들의 '포도밭에서의 일'—그것의 효용성, 가치 그리고 피할 수 없는 한계와 약점까지—을 격려 받고 긍정됨을 경험한다. 나도 내 삶에서 그런 순간들이 있었다. 수년간의 공부가 소중한 기회와 만나게 되고, 내 목회에 완전히 새로운 장이 열리는 거나, 다른 이가 나에 대해 문제 제기하는 것 같은 크고 작은 일 속에 내재된 가능성들이 잉태하는 것과 같은 순간들이 있었다.

가장 최근에는 내가 '조카'로 생각하는 이에게 그런 순간을 맞이한 일이 있었다. 내가 그를 처음 만났을 때 그는 열다섯 살이었다. 이 책이 출판될 때 즈음에 그는 열아홉 살이 되어 있을 것이다. 여기서 나는 그를 '파이잘'(Faysal)이라고 부르겠다. 나는 내가 처음에 언급했던 페이스북의 비밀 모임에서 이 아이를 만나게 되었다. 그 아이는 나와 개인적으로 대화하고자 했다. 파이잘은 처음에는 뭔가 부적절한 로맨틱한 관심을 가지고 나에게 접근했지만, 곧 내가 게이도 아니고 무슬림도 아니며, 또한 그런 로맨스를 만들기에는 너무 나이가 많다는 것을 알게 되었다. 그러나 우리는 그때부터 서로에 대해 알아가기 시작했다. 나의 제안에 따라 그는 나를 '삼촌'이라고 부르게 되었다(그러다 그렇게 부르기를 멈추었다가, 또다시 그렇게 불렀다. 청소년은 알기 어렵다!). 마침내 그는 심지어 나의 아내와 당시 스물여섯 살 먹은 나의 아들과도 페이스북 친구가 되었다.

파이잘과 그의 가족들은 튀르키예에 살고 있는 300만이 넘는 시리아 내전의 난민 중 일부였다. 우리가 처음 만났을 때, 파이잘은 자기혐오가 매우 심했다. 이 아이는 무슬림 형제단이 후원하는 시리아 난민들을 위한 고등학교에 다니고 있었는데, 왜소하여 약간의 괴롭힘을 당하고 있었고, 한 남자 선생님을 좋아하게 되었다. 파이잘은 선생님께 그 사실을 이야기했다. 그런데 그가 받은 응답을 설명하자면, 나로서는 마치 미국의 (혹은 세계 어디의) 보수적인 가톨릭 고등학교에서 남학생이 선생님께 들었을 이야기와 비슷하다고밖에 표현할 수가 없다. 파이잘은 그의 '고통'에 대해 동정을 받았지만, 절대로, 어떤 순간에도, 자신의 성적 지향을 따라서는 안 되며, 만약 그랬다가는 '극심한 죄'에 빠지게 되는 것이라는 강한 경고를 들었다. 파이잘은 우울증으로 약을 먹고 있었을 뿐만 아니라, 성적 충동을 조절하기 위한 목적으로 강한 항정신병 약을 먹고 있었다. 그는 약으로 인해 극심한 두통이 생겼고, 갑작스러운 체중 감소가 찾아왔다. 이 아이의 유일한 위로는 비디오 게임과 그가 페이스북과 다른 온라인 매체를 통해서 맺게 된 별로 의미 없는 관계들뿐이었다.

우리는 메시지와 화상 통화를 통해 많은 대화를 나눴다. 나는 파이잘의 모습 그대로를 사랑하시는 신에 대해 주장했고, 그는 나를 무스타시릭(mustashriq)—문자적으로 '오리엔탈리스트' 혹은 무슬림 형제단 교육의 특정한 변종으로서, 자유화와 세속화를 통해 이슬람과 무슬림들의 마음을 식민지화하는 것에 관심 있는 서양인을 뜻함—이라고 비난하곤 했다. 우리 관계 안에서 파이잘의 비난에 대해 내가 할 수 있는 말은, 오직 내가 신경 쓰는 것은 '이슬람교'나 '기독교'가 아니라, 그 자신 그리고 신이 그가 갖기를 바라는 유대감뿐이라는 말을 하는 것이었다. 하지만 역설적으로, 적어도 초기에는, 내가 가지고 있는 이슬람 신앙과 전통에 대한 지식이 그로 하여금 나를 신뢰하게 하였고, 우리 관계의 기초가 되었다.

내가 이 글을 쓰는 동안 우리의 관계와 파이잘의 삶에 많은 일이 일어났다. 그중 하나는 그가 탐욕스럽고 무능한 밀수꾼들의 '돌봄' 아래 에게 해(the Aegean)를 건너려고 했던 위험한 시도가 실패했다는 것이다. 그는 아사드와의 전쟁에서 심각한 부상을 입었던 그의 형제와 환갑이 넘은 어머니와 동행했다. 보트에 탄 14명 중 9명이 살아남았는데, 다행히 그와 그의 가족들은 그 9명에 포함되었다. 죽은 이들 중에는 어린아이들도 있었다. 그는 그들을 위해 아무것도 할 수 없었으며, 그것은 그에게 트라우마로 남았다.

인간의 죄악과 고통의 사건에서 신은 항상 큰 은혜와 기쁨의 순간을 주시는 것처럼, 이 시련은 결국 파이잘에게 큰 축복이 되었다. 이 사건에서 받은 충격과 그의 가족과 떨어져 튀르키예 감옥에서 보낸 이틀을 통해, 그는 그 자신이 그토록 오랫동안 아버지와 형 그리고 선생님들에게 들었던 '약하고' 치명적으로 '잘못된' 인간이 아니라는 사실을 깨달았다. 그는 결국 다른 고등학교로 전학을 갔고, 튀르키예의 한 대학교에 장학금을 받고 튀르키예어와 컴퓨터 공학을 공부하러 가게 되었다. 그가 튀르키예의 게이 시리아 난민이라는 사회적 환경 때문에 그의 대학 생활은 다소 어려운 부분이 있었다. 그래서 나와 내 아내는 그가 프랑스나 캐나다에서 공부할 수 있는지 알아보았다. 안타깝게도 미국의 이민과 난민에 대한 정책이 최근에—급진적 연대감을 더욱 빠르고 결정적으로 부식시키도록—변하면서 파이잘이 그의 '이모'와 '삼촌'이 있는 미국으로 올 수 있는 가능성은 매우 희박해졌다.

내 삶은 파이잘의 존재로 인해 놀랄 만큼 풍성해졌다. 나는 그로 인해 일본 비디오 게임과 만화영화에 대해 내가 생각했던 것보다 더 많이 알게 되었다. 나는 젊은 게이 남성이 갖는 온라인에서의 경험에 대해 내가 원했던 것보다 더 많이 알게 되었다. 그러나 나는 또한 십대로 가장한 이 성숙한 영혼에게 내 자신과 신에 대해 너무나 많은 것을 배우게 되었다. 그가 최근에 갖게 된 종교적인 모든 것에 대한 불쾌감은 그의 삶 속에 있는 신의 임재에 대한 말하지 않았지만 깊은 깨달음과 숭고한 긴장 사이에 놓여 있다. 이러한 대조는 내 안에 계속해서 경외감과 그의 '삼촌'이자 앨라이가 되는 특권을 준다. 최근 성탄절 아침에 그는 나에게 "메리 크리스마스"라고 말하고자 전화를 하였다. 화상으로 통화하며 나는 그에게 나와 내 아내가 저녁식사에 초대한 이웃 가족의 아이들에게 주려고 산 두 개의 선물을 보고 싶은 생각이 있는지 물어보았다. "설마 꾸란은 아니겠지요!" 그는 곧장 키득대며 말했다. "아, 내가 그 생각을 못 했네. 하지만 그건 아니야." 내가 대답했다. "봉제인형을 준비했어." 그러자 그가 대답했다. "그렇군요. 그 아이들이 좀 더 크면 꾸란을 주세요." 그 말을 듣고 나는 말했다. "나에 대해서 너무 잘 알고 있구만. 그나저나 말이 나와서 말인데, 마지막으로 살랏(ṣalāt: 무슬림들이 하루에 다섯 번씩 드리는 매일 기도—역자주)을 드린 것이 언제니?" 그러자 그가 말했다. "제발요. 오늘 크리스마스라고요. 내가 좋은 무슬림인지 아닌지를 이야기할 때는 아니잖아요!" 우리는 둘 다 웃으며 동의했다. 전화를 끊고, 나는 그에게 사랑하며 신도 그를 사랑한다고 이야기했던 때를 떠올렸다. 몇 년간 그의 반응은 똑같았다. 아무런 말도 하지 않거나 정말 솔직하게 말하는 것이었다. "사랑이 뭔지, 신이 뭔지 나는 그런 거 모르겠다구요. 그러니까 제발 그런 말 좀 하지 마세요. 알겠지요?" 요즘은 다정하지만 약간 빈정대며 "안다구요"라고 대답하거나, 아니면 아주 모기 같은 소리로 "저두요"라고 말한다.

5. 피날레: 경계성의 힘과 '카오딕'(Chaordic) 지도력

지금 신학대학원 교육은 경계의 순간에 놓여 있다. 이 순간에 대해 의식하는 것은 어떤 상상 속에만 존재하는 고백적 안정감의 중심 안에서 정체성과 직업을 찾기 위한 교육 방법으로서의 신학 교육이 아니라, '하나님의 선교'라는 제한 없는 영역에서 영원한 경계에 놓여 있는 직업에 대한 정체성과 목적을 찾아주는 교육 방법으로서의 신학 교육을 우리가 성찰하도록 한다. 나는 이 '경계 공간'(liminal spaces)을 생각할 때, 우리가 급진적 연대감으로의 부르심에 응답하는 데 익숙한 공간뿐만 아니라, 쉰두 살 먹은 백인 가톨릭 이성애자 남성이 열다섯 살의 동성애자인 시리아 무슬림 난민 아이에게 '삼촌'이 되고, 종교 간 앨라이가 될 수 있는, 디지털 기술에 의해 만들어진 상대적으로 새롭고 오해투성이며, 부당하게 평가된 그곳을 생각한다.

　이러한 주장이 누군가를 그 자신의 종교 전통 안에 자리 잡도록 하는 것의 중요성을 무시하는 것은 아니다. 오히려 이것은 그러한 모든 중심이 경계성의 바다에 표류하는 섬들처럼 상상적이고 구성적인 공간이라는 깊고 변하지 않는 의식 발전의 중요성을 강조하는 것이다.

　나의 동료 에드워드 폴리(Edward Foley)는 "종교를 뛰어넘는 신학적 성찰"[23]이라는 방법론을 개척하여 유명해진 그의 최근 책에서 비자(VISA)로 알려진 회사를 만든 저명한 기업인 리 호크(Lee Hock)에게서 한 가지 용어를 빌려왔다. 그것은 '카오딕'(chaordic)이라는 단어였는데, 이는 '카오스'(chaos, 무질서)와 '오더'(order, 질서)를 결합한 신조어였다. 이 단어는 호크가 "인간 정신에 반하는" 것으로 여기는 전통적인 방식의 '지휘 및 통제'라고 하는 조직 패러다임을 뒤집는 그리고 인간의 창조적 행위를 드러나게 하는 체계를 묘사하는 형용사이다.[24]

폴리는 내가 신학 교육이 '경계'의 순간에 있다고 설명한 이때를 '카오딕'하다고 표현했을 뿐만 아니라, 이때는 바로 신학 교육과 목회 교육을 위한 교육 방법에 의식적으로 '카오딕적' 접근을 포함하는 것이 요구된다고 설명했다. 그는 뛰어난 통찰력과 정확성을 가지고 이렇게 말했다.

지난 20세기 사업과 산업에 일어났던 혼란스러운 변화와 다소 유사하게, 신학 교육과 다른 이들을 섬기기 위해 계획되었던 다른 많은 목회들은 그들 스스로의 혁명을 겪게 되었다. 더 이상 주류문화 속 남성들만이 튼튼한 회중에 파송되는 시대가 아니다. 오늘날의 신학교와 신학대학원들은 여성들을 많이 받아들이고 있고, 그들 중 어떤 이들은 성장하고 있는 유대교인, 무슬림, 불교도 혹은 세속적 인문주의자이다. 사역을 하려는 학생들은 성별이나 성적 지향성, 민족, 종교적 정체성뿐만 아니라, 그들이 사역하고자 하는 현장 자체도 굉장히 다양하다. 첨탑 교회와 전통적인

---

23   Edward Foley, *Theological Reflection across Traditions: The Turn to Reflective Believing* (New York: Rowman and Littlefield, 2015).

24   Lee Hock, "The Chaordic Organization: Out of Control and Into Order," *World Business Academy Perspectives* 9 (1995): 5-18, 2014년 9월 22일 접속, http://www.ratical.org/many_worlds/ChaordicOrg.pdf. in Foley, Kindle Loc 96/3117.

벽돌 건물들은 좀 더 유동적이고 새롭게 부상하며, 실험적이고 전위적인 목회와 활동들에게 길을 내어주고 있다. 이것은 분명히 목사와 채플린들에게 카오딕한 시대이다.[25]

내가 다시 언급할 것을 약속했던, 이 장을 시작하며 적었던 문장들은 유명한 영국의 인디 록밴드인 플로렌스 앤 더 머신의 노래의 후렴구이다. 그 곡의 제목은 〈데릴라〉(Delilah)이다. 성경에 나오는 삼손의 이야기(사사기 13-16장)를 바탕으로 한 이 후렴구는 폴리가 "성찰적 믿음으로의 회귀"(the turn to reflective believing)라고 규정했던 신학적 성찰과 교육의 카오딕한 형태를 매우 강하게 보여준다. 이 노래의 가사는 놀랄 만큼 신학적이다. 여성 리드싱어인 플로렌스 웰치(Florence Welch)가 부른다.

> 태양을 맞으며 떠내려가네,
> 당신의 연락을 기다리고 있어.
> 그 반짝이는 빛을 위해 벽을 오르고 있어
> 절대 포기할 수 없지…
> 이제 태양이 뜨지만 나는 앞이 보이지 않겠지,
> 당신의 연락을 기다리고 있어.
> 시간을 보내기 위해 한 잔 더,
> 거절할 수 없지.
> 왜냐하면 난 자유로워질 테니까. 난 괜찮아질 거니까,
> 다만 오늘밤이 아닐 뿐.[26]

---

25   Foley, Loc 137-138/3117.

표면적으로 보면 이 가사는 사랑하는 이에게 전화 연락이 오길 간절히 바라는 한 여성의 애타는 마음으로 해석될 것이다. 아마도 하룻밤의 사랑을 나눈 뒤일지 모른다. 하지만 이 유명한 성서의 이야기에 익숙한 이들은 이것이 내가 급진적 연대감의 목회/킬라파를 위한 분별의 시간("네 연락을 기다리고 있어")이라고 이야기하는 그것에 대한—상당히 카오딕한 복잡성(twists)을 지닌—성찰이라고 이해할 것이다.

이 복잡성의 이유 중 하나는 여성의 목소리가 이스라엘의 전설적인 마초 사사, 지금은 잘렸던 머리카락이 다시 자라고 있는, 정의를 위해 앞을 보지 못하게 된 '태양의 아들' 삼손의 고통스러운 탄원을 전달하고 있다는 사실이다. 삼손은 또한 분별력과 결단력 있는 행동의 때에 남성 전사의 것이 아닌 어머니의 용기와 힘을 찾았다("어머니를 부르고 있지").[27] 기독교인들이 전통적으로 수태고지(Annunciation)의 원형이라고 여겼던 천사의 방문이 있었던 바로 그 어머니 말이다. 그와 그녀 모두 억압의 기둥이라고 하는 것들 사이의 경계 공간에 서 있으며, 결국에는 그/그녀와 블레셋 사람들을 향해 "기둥을 무너뜨리게" 된다.

그리고 삼손은 자신의 어머니 다음으로 이 위대한 예언자의 용기 있는 행동에 대해 누구에게 공을 돌리는가? 그는 전통적으로 해롭다 여기던—도덕성, 성별, 문화, 종교적으로 완전한 '타자'였던—이방인 여성 매춘부 데릴라를 그의 위대한 행동의 힘의 원천으로 찬양하고 있다. 그가 궁극적인 의를 추구하는 데 가장 큰 영감을 준 사람으로 생각한 것은 여성 혐오의 사회에 살던, 이 위대한 이스라엘인의 힘을 무너뜨리기 위해

---

26   가사 전문은 Genius.com에서 플로렌스 앤 더 머신의 〈데릴라〉를 보라. 2017년 12월 29일 접속, https://genius.com/Florence-the-machine-delilah-lyrics.

27   글 맨 앞을 보라.

그의 욕망과 사랑을 이용한 것으로 저주받은 가자 지역의 블레셋인이
었다.

전통적인 성서의 이야기는 블레셋의 적들이 그의 눈을 파낸 것에 대
해 데릴라를 비난하지만, 플로렌스와 삼손은 그러지 않았다. 오히려 그
와 그녀는 이렇게 노래를 불렀다.

> 나는 데릴라와 춤을 추고 있네, 그녀는 나의 눈이 되어주고 있지.
> 당신의 연락을 기다리고 있어…
> … 이건 또 다른 위험이야.
> 종소리가 울려 퍼지고 있고,
> 기둥들을 무너뜨리며
> 나는 어머니를 부르고 있지.
> 이건 또 다른 위험이야.
> 내 발이 빙글빙글 돌고 있어.
> 데릴라가 가르쳐주기 전까지
> 나는 내가 춤을 출 수 있다는 사실을 몰랐지.

내가 이 대중가요를 너무 심각하게 받아들인 것일까? 아마 그럴지도 모
르겠다. 하지만 나는 매우 묘하게 이 노래가 나의 동료 폴리가 말했던
성찰적이고 카오딕한 신학 및 목회학 교육―그리고 내가 종교 간 앨라
이를 추구하는 이들을 위한 급진적 연대감의 목회/킬라파를 위한 교육
이라고 말했던 것―을 떠올린다는 생각에서 벗어날 수가 없었다. 나는
이 노래가 말하는 것처럼, 지금과 같은 경계의 상황에서 신학 교육자들
은 학생들에게 새로운 카오딕한 패러다임을 교육해야 한다고 확신한다.

이 교육은 학생들에게 진실한 신앙적 정체성은 이른바 여기나 저기, 과거나 현재, 남성이나 여성, 이성애자나 동성애자, 기독교인이나 무슬림이라고 하는 고정된 공간에서 찾아지거나 형성되거나, 살아질 수 있는 것이 아니라고 말하는 교육이다. 그것은 둘 사이의 어느 누구에게도 해가 되지 않으면서, 신비하고 두려우며, 위험하면서도 흥미진진하며, 창조적이고 생명을 불어넣어주는 상호의존성의 존재를 밝게 비추는 신적 어울림을 통해 이원성의 삭막함이 부드러워지는 경계 공간에서 찾아질 것이다.

| 맺 으 며 |

하이디 하셀(Heidi Hadsell)

이 책의 저자들은 새로운 길을 만들어가는 이들이며, 종교 간 교육에 필요한 창의적이고 규율 있는 학문과 관계 구축에 대한 공동의 헌신을 가진 동료들이다. 이 학자들은 자신의 학문 분야에 기반을 두고 있지만 기꺼이 실험적인 자세를 취하며, 서로서로, 학생들에게, 종교 공동체—그들의 종교 공동체와 다른 사람들의 종교 공동체—에게 배우는 교사들이다. 이 저자들의 연구는 다른 종교적 세계관을 이해하고 그 세계관에 살고 있는 사람들과 교류하며, 그 여정이 자신의 전통과 자기 이해에 비추는 빛을 환영하기 위해 다리를 놓으려는 사람들의 노력을 지지한다.

이 책의 저자들과 여러 차례 직접 대면한 모임에서 나눈 대화는 이 책에 담긴 저자들의 암묵적인 대화만큼이나 흥미로웠다. 독자들은 저자들의 작업이 부분적으로는 복잡한 정체성의 다양한 측면과 각자의 종교적 경험의 본질에 의해 형성되었다는 점에 주목했을 것이다. 저자들은 북미에서 종교 간 교육과 학습이 얼마나 빠르게 변화하고 있는지 그리고 불과 몇 년 전과 지금이 어떤 면에서 얼마나 다른지 예리한 감각을 공유한다.

종교적 차이에 관심을 갖고 탐구하는 것은 종교적 다원주의와 다양성이라는 사실에 긍정적으로 대응하기 위한 선택이다. 지난 수십 년 동안 북미의 다종교적 특성이라는 현실은 종교인이든 비종교인이든 많은 사람에게 서서히 자리 잡았다. 이 기간 동안 1965년부터 변화하기 시작한 이민 패턴에 힘입어 다양한 종교 공동체는 북미에서 종교 공동체를 조직하고 종교적 관습을 제도화할 수 있는 효과적인 방법을 모색하여 찾았거나 모색하기 시작했다. 이러한 조직화 작업의 원동력은 부분적으로는 새로운 세대의 종교 지도자를 북미의 맥락에 맞는 방식으로 교육하는 것과 관련된 질문과 도전에 직면하고 있다는 사실에서 비롯되었다.

지난 수십 년 동안 미국에서 기독교의 수적 헤게모니가 서서히 무너지고 이로 인해 기독교 공동체와 기관, 재정 및 자기 이해에 변화를 가져온 것과 같은 기간에 전국적으로 힌두교도와 불교도, 무슬림 등의 공동체에서 종교 기관 설립이 탄력을 받고 있는 것도 같은 맥락에서 이해할 수 있다.

이 두 가지 역학이 동시에 일어나면서 양측의 활동가들이 서로에게 손을 내밀고, 서로에 대한 지식과 협력을 구하고, 교육 자원을 공유하고, 서로 친구가 되고, 서로 공감하고, 모든 종교 공동체에 개방된 더 넓은 종교 간 조직 구조에 가입하거나 형성하는 데 유리한 순간을 함께 만들었거나 만들도록 도와왔다.

예를 들어, 대학원 수준의 제도화된 종교 교육과 훈련에 오랜 경험이 있는 기독교 신학교와 유대인 신학교는 제도화를 위한 초기 단계를 밟으면서 인가(accreditation) 같은 주제에 대해 그들의 경험과 지식을 구하는 다른 종교 전통의 동료들과 공유할 것이 많다는 것을 알게 되었다. 또한 많은 학교와 프로그램에 등록하는 기독교인 및 유대교인 학생의 수가 감소함에 따라 일부 학교는 다른 종교 전통의 그룹과 공유할 재산이 있거나 이러한 새로운 동료들에게 임대 또는 매각할 재산이 있다는 것을 발견하여 다른 전통의 대학원 신학 교육을 위한 공간을 확보하는 동시에 자체 예산도 절감할 수 있다. 미국에서 공인된 목사가 되기 위해 요구되는 오랜 전통의 임상 목회 교육 과정과 같은 프로그램도 더 다양한 신앙 전통을 지닌 학생들을 포함하도록 확장되기 시작했다. 그리고 관련된 모든 사람은 한 전통의 종교 지도자 준비가 다른 전통의 종교 지도자 준비의 여러 측면과 얼마나 많은 공통점이 있는지 배우기 시작했다.

전국적으로 증가하는 종교 간 현실, 다양한 종교 공동체에 봉사하는 새로운 종교 기관의 파트너십 및 출현은 이 책에 포함된 저자들과 교사들이 교실에서 수행하는 창의적이고 종종 실험적인 작업의 배경을 형성하고 교류한다. 지금은 빠르게 변화하고 역동적인 순간이며, 여러 면에서 불안정하고 불균형하다. 정확한 변화의 궤적을 알 수는 없지만 두 가지를 확신할 수 있다. 첫 번째는 이 교사들과 저자들이 이 나라에서 점점 더 많은 사람이 살아가고 있는 종교적 삶[1]과 그들의 교실과 그들이 속한 종교 공동체로 들어오는 학생들의 현실 그리고 그들 중 일부가 언젠가 이끌게 될 종교 공동체의 현실에 대응하고 있다는 것이다. 두 번째로 확신할 수 있는 것은 이 책에 소개된 학문적 연구가 핵심 공유 가치를 담고 있는 상호 작용하는 관계와 사고의 확장에 기반하고 기여하고 있다는

---

1   "One-in-Five U.S. Adults Were Raised in Interfaith Homes," October 26, 2016, Pew Research Center, Religion in Public Life.

것이다. 종교를 초월하여 공유되는 존중과 감사, 비판적 성찰의 실천은 연대와 우정, 협력의 가치를 정체성으로 하는 종교 공동체의 번영을 위한 토대를 마련하는 데 도움이 된다. 이러한 가치는 각 전통에서 발견되는 가치이며, 종교적 차이뿐만 아니라 다른 종류의 차이를 넘어 사람들 간에 공유되는 가치이다.

이러한 공유된 가치와 이를 실천하고 육성하는 개인과 공동체는 이 책의 각 장에 퍼져 있는 창조적 에너지의 중요한 원천이다. 우리는 독자들이 이 저자들에게 많은 것을 배웠을 뿐만 아니라 이 학자들이 참여하고 있고 지금도 이 땅의 교실과 공동체, 조직에서 펼쳐지고 있는 공통의 희망적이고 지속적인 종교 간 모험의 참여자로 자신을 바라보게 될 것이라고 믿는다.

참 고 문 헌

1부 _ 일신교적 배타주의 극복

1장_ 유일신교에 필수적인 종교 간 학습 ι 루벤 파이어스톤

Assmann, Jan. *Of God and Gods: Egypt, Israel, and the Rise of Monotheism.* Madison, WI: University of Wisconsin Press, 2008.

Assmann, Jan. *The Price of Monotheism.* Redwood City, CA: Stanford University Press, 2010.

Atran, Scott, and Ara Norenzayan. "Why Minds Create Gods: Devotion, Deception, Death and Arational Decision Making." *Behavioral and Brain Sciences* 27, no. 6 (2004): 754-770.

Benarroch, Jonathan. *"Sava and Yanuka": God, the Son and the Messiah in Zoharic Narratives Poetic and Mythopoetic Aspects.* Hebrew, Jerusalem: Magnes Press, 2019.

Born, Max. *Einstein's Theory of Relativity.* Reprint. New York: Dover, 1924, 1965.

Boyer, Pascal, and Brian Bergstrom. "Evolutionary Perspectives on Religion." *Annual Review of Anthropology* 37 (2008): 111-130.

Bukhārī, Muḥammad Abū Abdallah. Ṣaḥīḥ. Beirut: Dār al-Kutub al-ʿIlmiyya, 1420/1999. Cornille, Catherine. *The Wiley-Blackwell Companion to Inter-Religious Dialogue.* West Sussex, UK: Wiley-Blackwell, 2013.

Cross, Frank Moore. *Canaanite Myth and Hebrew Epic.* Cambridge, MA: Harvard, 1975.

Finke, Roger, and Christopher Scheitle. "Understanding Schisms: Theoretical Explanation for their Origins." In James R. Lewis and Sarah M. Lewis, eds., *Sacred Schisms: How Religions Divide*, 11-33. Cambridge: Cambridge University Press, 2009.

Firestone, Reuven. "A Problem with Monotheism: Judaism, Christianity, and Islam in Dialogue and Dissent." In Bradford Hinze, ed., *Heirs of Abraham: The Future of Muslim, Jewish, and Christian Relations*, 20-54. New York: Orbis, 2005.

Fox, Nili. "Concepts of God in Israel and the Question of Monotheism." In Gary M. Berkman and Theodore J. Lewis, eds., *Text, Artifact, and Image: Revealing Ancient Israelite Religion*, 326-345. Atlanta, GA: SBL Brown Judaic Studies, 2006.

Grudem, Wayne. *Systematic Theology: An Introduction to Biblical Doctrine*. Leicester, UK: Inter-Varsity, 1994.

Gutteridge, Harold. *The Esoteric Codex: Nontrinitarianism*. NP: Lulu.com, 2012.

Heft, James, Reuven Firestone, and Omid Safi, eds. *Learned Ignorance: Intellectual Humility among Jews, Christians and Muslims*. New York: Oxford, 2011.

Henderson, John B. *The Construction of Orthodoxy and Heresy*. Albany, NY: State University of New York Press, 1998.

Hick, John, and Edmund Miltzer, eds. *Three Faiths One God: A Jewish, Christian, Muslim Encounter*. Albany, NY: State University of New York Press, 1989.

Holland, Glenn. *Gods in the Desert: Religions of the Ancient Near East*. New York: Rowman and Littlefield, 2010. Ibn Ḥanbal, Aḥmad. *Musnad*. Beirut: Dār al-Kutub al-ʿIlmiyya, 1413/ 1993.

Jaffee, Martin. "One God, One Revelation, One People: On the Symbolic Structure of Elective Monotheism." *Journal of the American Academy of Religion* 69, no. 4 (2001): 753-775.

Liebes, Yehuda. "Christian Influences on the Zohar." In Yehuda Liebes, *Studies in the Zohar*, 139-56. Albany, NY: State University of New York Press, 1993.

Netton, Ian. *Islam, Christianity and the Mystic Journey*. Edinburgh: Edinburgh University Press, 2011.

Nishida, Kitaro. *An Inquiry into the Good*. Translated by Masao Abe and Christopher Ives. New Haven, CT: Yale University Press, 1990.

Smith, Mark S. *The Early History of God: Yahweh and the Other Deities in Ancient Israel.* Dearborn, MI: Eerdmans, 2002.

Smith, Mark S. *The Origins of Biblical Monotheism.* Oxford: Oxford University Press, 2001.

Stark, Rodney, and William Sims Bainbridge. *The Future of Religion: Secularization, Revival, and Cult Formation.* Berkeley and Los Angeles: University of California Press, 1985.

Zevit, Ziony. *The Religions of Ancient Israel: A Synthesis of Parallactic Approaches.* London: Continuum, 2001.

2장_ 통합 비전: 종교 간 지혜를 추구하는 비교 신학 ｜ 존 타타마닐

Brecht, Mara, and Reid B. Locklin, eds. *Comparative Theology in the Millennial Classroom: Hybrid Identities, Negotiated Boundaries.* New York: Routledge Press, 2016.

Clooney, Francis X. *Comparative Theology: Deep Learning across Religious Borders.* Malden, MA: Wiley-Blackwell, 2010.

Clooney, Francis X. *Theology after Vedanta: An Experiment in Comparative Theology.* New York: State University of New York Press, 1993.

Farley, Edward. "Four Pedagogical Mistakes: A Mea Culpa." *Teaching Theology and Religion* 9, no. 4 (2005): 200-203.

Farley, Edward. *Theologia: The Fragmentation and Unity of Theological Education.* Eugene, OR: Wipf & Stock, 2001; originally published by Fortress Press, 1994.

Fredericks, James. *Faith among Faiths: Christianity and the Other Religions.* Mahwah, NJ: Paulist Press, 1999.

Griffiths, Paul. *An Apology for Apologetics: A Study in the Logic of Interreligious Dialogue.* Eugene, OR: Wipf & Stock, 2007; previously published by Orbis, 1991.

Jackson, Roger, and John Makransky, eds. *Buddhist Theology: Critical Reflections by Contemporary Buddhist Scholars.* New York: Routledge, 1999.

Moyaert, Marianne. "Towards a Ritual Turn in Comparative Theology: Oppor-
tunities, Challenges, and Problems." *Harvard Theological Review* 111, no.
1 (January 2018): 1-23.

Neville, Robert C. *Behind the Masks of God: An Essay toward Comparative
Theology*. New York: State University of New York Press, 1991.

Samuel, Joshua. *Untouchable Bodies, Resistance, and Liberation: A Comparative
Theology of Divine Possessions*. Boston: Brill, 2020.

Sankara. *Brahmasutrabhasya*. Translated by Swami Gambhirananda. Calcutta:
Advaita Ashrama, 1993.

Sankara. *Vedanta-Sutras with the Commentary by Sankaracarya*, Part 1. Trans-
lated by George Thibaut. Vol. 34 of Sacred Books of the East, edited
by Max Muller. New Delhi: Motilal Banarsidass, 1988.

Thatamanil, John. *Circling the Elephant: A Comparative Theology of Religious
Diversity*. New York: Fordham University Press, 2018.

Thatamanil, John. *Immanent Divine: God, Creation, and the Human Predica-
ment. An East-West Conversation*. Minneapolis, MN: Fortress Press, 2006.

Voss Roberts, Michelle. *Tastes of the Divine: Hindu and Christian Theologies of
Emotion*. New York: Fordham University Press, 2014.

Ward, Keith. *Religion and Revelation: A Theology of Revelation in the World's
Religions*. New York: Clarendon Press, 1994.

3장_ 대학생들과 신학대학원생들을 위한 종교 간 교육에 대한 복음주의적/오순절주의적 접근 ┃ 토니 리치

Alvarez, Carmelo. "The Ecumenism of the Spirit: Emerging Contemporary
Contexts of Mission in Latin America." In Miguel Alvarez, ed., *Reshaping
of Mission in Latin America*, 174-93. Regnum Edinburgh Centenary 30.
Eugene, OR: Wipf and Stock, 2016.

Anderson, Allen. "Pentecostal and Charismatic Theology." In David F. Ford
with Rachel Muers, eds., *The Modern Theologians: An Introduction to Chris-
tian Theology since 1918*, 601-03. Malden, MA: Blackwell Publishing,

2005.

Anderson, Norman. *Christianity and World Religions: The Challenge of Pluralism*, revised edition. Downers Grove, IL: InterVarsity Press, 1970, 1984.

Arrington, French L. *Christian Doctrine: A Pentecostal Perspective*. 3 vols. Cleveland, TN: Pathway Press, 1993.

Bales-Sherrod, Lesli. "Strangers of Differing Faiths Take a Seat at the Table and Leave as Friends." Knoxville News Sentinel, July 22, 1916. Accessed October 10, 2019. http://archive.knoxnews.com/entertainment/life/st rangers-of-differing-faiths-take-aseat-at-the-table-and-leave-as -friends-3827dec0-9e6d-1074-e053--387954982.html.

Bebbington, David. *Evangelicalism in Modern Britain: A History from the 1730s to the 1980s*. New York: Routledge, 2002.

Chan, Simon. *Spiritual Theology: A Systematic Study of the Christian Life*. Downers Grove, IL: IVP Academic, 1998.

Denison, Jim. "Islam: Religion of Violence or Peace?" Denison Forum on Truth in Culture. May 23, 2017. Accessed October 10, 2019, http://assets. denisonforum.org/pdf/Islam%20a%20religion%20of%20violence%20 or%20peace_.pdf.

Denison, Jim. *Radical Islam: What You Need to Know*. Unlocking the Truth Series. Atlanta, GA: Elevation Press, 2011.

Faupel, William. *The Everlasting Gospel: The Significance of Eschatology in the Development of Pentecostal Thought*. Reprint. Journal of Pentecostal Theology Supplemental Series 10. Sheffield, UK: Sheffield Academic Press, 1996. Dorset, UK: Deo Publishing, 2009.

Fitzgerald, Frances. *The Evangelicals: The Struggle to Reshape America*. New York: Simon & Schuster, 2017.

Gonzalez, Justo L. *A History of Christian Thought in One Volume*. Nashville, TN: Abingdon, 2014.

Grady, Lee J. *Twenty-Five Tough Questions about Women and the Church: Answers from God's Word that will Set Women Free*. Lake Mary, FL: Charisma House, 2003.

Han, Sang-Ehil, Paul Lewis Metzger, and Terry C. Muck, "Christian Hospitality and Pastoral Practices from an Evangelical Perspective." *Theological Education* 47, no. 1 (2012): 11-31.

Higton, Mike. *A Theology of Higher Education*. Oxford: Oxford University Press, 2012.

Hocken, Peter, Tony Richie, and Christopher A. Stephenson, eds. *Christian Unity and Pentecostal Faith*. Leiden, Netherlands: Brill, forthcoming.

Hofstadter, Richard. *Anti-Intellectualism in American Life*. Toronto, Canada: Random House, 1963.

Holman, Jo Ella. "'We Make the Road by Walking': An Intercultural and Contextual Approach to Teaching and Learning." In Miguel Alvarez, ed. *The Reshaping of Mission in Latin America*, 221-34. Regnum Edinburgh Centenary Series 30. Oxford, UK: Regnum, 2015.

Jenkins, Philip. *The Next Christendom: The Coming of Global Christianity* (The Future of Christianity Trilogy) 3rd ed. New York: Oxford University Press, 2011.

Johns, Cheryl Bridges. *Pentecostal Formation: A Pedagogy among the Oppressed*. Journal of Pentecostal Theology Supplement Series 2. Sheffield, UK: Sheffield Academic Press, 1993, 1998.

Johns, Jackie David. *The Pedagogy of the Holy Spirit According to Early Christian Tradition*. Cleveland, TN: CPM Press, 2012.

Juergensmeyer, Mark. *Terror in the Mind of God: The Global Rise of Religious Violence*. Berkeley and Los Angeles: University of California, 2001.

Kärkkäinen, Veli-Matti. *An Introduction to the Theology of Religions: Biblical, Historical, and Contemporary Perspectives*. Downers Grove, IL: InterVarsity Press, 2003.

Kärkkäinen, Veli-Matti. *Christ and Reconciliation: A Constructive Christian Theology for the Pluralistic World*. Grand Rapids, MI: Eerdmans, 2013.

Kärkkäinen, Veli-Matti. *The Trinity and Religious Pluralism: The Doctrine of the Trinity in Christian Theology of Religions*. Burlington, VT: Ashgate, 2004.

Kim, Sebastian and Kirsteen Kim, *Christianity as a World Religion: An Intro-*

duction. 2nd ed. London/New York: Bloomsbury Academic, 2008, 2016.

King, J. H. *From Passover to Pentecost*. 4th ed. Franklin Springs, GA: Advocate Press, 1911, 1976.

King, J. H. *Christ   God's Love Gift: Selected Writings of J. H. King*, vol. 1. Franklin Springs, GA: Advocate Press, 1969.

Land, Steven Jack. *Pentecostal Spirituality: A Passion for the Kingdom*. Sheffield, UK: Sheffield Academic Press, 1993, 2010.

Macchia, Frank D. *Baptized in the Spirit: A Global Pentecostal Theology*. Grand Rapids, MI: Zondervan, 2006.

McCallum, Richard. "Islamophobia: A View from the UK." *Evangelical Interfaith Observer* (Fall 2016): 32-33.

Mouw, Richard. *Called to the Life of the Mind: Some Advice for Evangelical Scholars*. Grand Rapids, MI: Eerdmans, 2014.

Neill, Stephen. *Christianity and Other Faiths: Christian Dialogue with Other Religions*. New York: Oxford University Press, 1961, 1970.

Netland, Harold. *Encountering Religious Pluralism: The Challenge to Christian Faith & Mission*. Downers Grove, IL: InterVarsity Press, 2001.

Niebuhr, Reinhold. *The Children of Light and The Children of Darkness: A Vindication of Democracy and A Critique of Its Traditional Defense*. New York: Charles Scribner's Sons, 1944, 1960.

Orsborn, Catherine. "Standing Shoulder to Shoulder Against Anti-Muslim Bigotry." *Evangelical Interfaith Observer* (Fall 2016): 26-28.

Parham, Charles F. *The Sermons of Charles F. Parham*. New York: Garland, 1985.

Pinnock, Clark H. *Flame of Love: A Theology of the Holy Spirit*. Downers Grove, IL Inter-Varsity Press, 1994.

Pinnock, Clark H. *A Wideness in God's Mercy: The Finality of Jesus Christ in a World of Religions*. Grand Rapids: Zondervan, 1992.

Richie, Tony. "Mr. Wesley and Mohammed: A Contemporary Inquiry Concerning Islam." *Asbury Theological Journal* 58, no. 2 (Fall 2003): 79-99.

Richie, Tony. "A Brief Response to Islamophobia by a Pentecostal Observer." *Evangelical Interfaith Dialogue* (Fall 2016): 40-41.

Richie, Tony. "A Politics of Pluralism in American Democracy: Reinhold Niebuhr's Christian Realism as a National Resource in a Post-9/11 World." *Journal of Ecumenical Studies* 45, no. 2 (Summer 2010): 471-492.

Richie, Tony. "Approaching Religious Truth in a Pluralistic World: A Pentecostal-Charismatic Contribution." *Journal of Ecumenical Studies* 43, no. 3 (Summer 2008): 351-69.

Richie, Tony. "Azusa-era Optimism: Bishop J. H. King's Pentecostal Theology of Religions as a Possible Paradigm for Today." In Veli-Matti Karkkainen, ed. *The Spirit in the World: Emerging Pentecostal Theologies in Global Contexts*, preface by Jürgen Moltmann, 227-244. Grand Rapids, MI: Eerdmans, 2009.

Richie, Tony. "Eschatological Inclusivism: Early Pentecostal Theology of Religions in Charles Fox Parham." *Journal of the European Pentecostal Theological Association* 27, no. 2 (2007): 138-142.

Richie, Tony. "Hints from Heaven: Can C. S. Lewis Help Evangelicals Hear God in Other Religions?" *Evangelical Review of Theology* 32, no. 1 (January 2008): 38-55.

Richie, Tony. "Neither Naive nor Narrow: A Balanced Approach to Pentecostal Theology of Religions." Harold D. Hunter, ed., *Cyberjournal for Pentecostal-Charismatic Research* 15 (2006). Last Accessed October 12, 2019. http://www.pctii.org/cyberj/cyberj15/richie.html.

Richie, Tony. "Revamping Pentecostal Evangelism: Appropriating Walter J. Hollenweger's Radical Proposal." *International Review of Mission* 96 (July/October 2007): 343-354.

Richie, Tony. *Speaking by the Spirit: A Pentecostal Model for Interreligious Dialogue.* Asbury Seminary Series in World Christian Revitalization Movements in Pentecostal/Charismatic Studies 6. Lexington, KY: Emeth Press, 2011.

Richie, Tony. *Toward a Pentecostal Theology of Religions: Encountering Cornelius Today.* Cleveland, TN: CPT Press, 2013.

Schleiermacher, Friedrich. *Brief Outline of the Study of Theology.* Edinburgh: T & Clark, 1850.

Sugirtharajah, R. S. *The Bible and the Third World: Precolonial, Colonial and Postcolonial Encounters.* Cambridge: Cambridge University Press, 2001.

Studebaker, Steven M. *From Pentecost to the Triune God: A Pentecostal Trinitarian Theology.* Grand Rapids, MI: Eerdmans, 2012.

Wariboko, Nimi and Amos Yong, eds. *Paul Tillich and Pentecostal Theology: Spiritual Presence and Spiritual Power.* Bloomington, IN: Indiana University Press, 2015.

Yong, Amos and Clifton Clarke, eds., *Global Renewal, Religious Pluralism, and the Great Commission: Towards a Renewal Theology of Mission and Interreligious Encounter.* Lexington, KY: Emeth Press, 2011.

Yong, Amos and Tony Richie. "Missiology and the Interreligious Encounter." In Allan Anderson, Michael Bergunder, Andre Droogers, and Cornelius Van Der Laan, eds., *Studying Global Pentecostalism: Theories & Methods,* 245-67. Berkeley, CA: University of California Press, 2010.

Yong, Amos. *Beyond the Impasse: Toward a Pneumatological Theology of Religions.* Grand Rapids, MI: Baker, 2003.

Yong, Amos. *Discerning the Spirit(s): A Pentecostal-Charismatic Contribution to Christian Theology of Religions.* Sheffield, UK: Sheffield Academic Press, 2000.

Yong, Amos. *Hospitality and the Other: Pentecost, Christian Practices, and the Neighbor.* Maryknoll, NY: Orbis, 2008.

Yong, Amos. *Pneumatology and the Christian-Buddhist Dialogue: Does the Spirit Blow through the Middle Way?* Leiden and Boston: Brill, 2012.

Yong, Amos. *The Spirit Poured Out on All Flesh: Pentecostalism and the Possibility of Global Theology.* Grand Rapids, MI: Baker, 2005.

2부 _ 종교적 타자와 함께 배우기

4장_ 재건주의 유대교 대학에서 종교 간 교육: 유대교적 주변인 관점에서 살펴보기 ㅣ 낸시 푹스 크레이머

Cohen Steven M., and Jack Wertheimer. "What is So Great about Post-Ethnic

Judaism?" *Sh'ma: A Journal of Jewish Ideas*. March 1, 2011. Accessed October 17, 2019. http://shma.com/2011/03/what-is-so-great-about -post-ethnic-judaism/.

Herberg, Will. *Protestant, Catholic, Jew: An Essay in American Religious Sociology*. Chicago: University of Chicago Press, 1983.

Hollinger, David A. *Postethnic America: Beyond Multiculturalism*. New York: Basic Books, 1995.

Magid, Shaul. *American Post-Judaism: Identity and Renewal in a Postethnic Society*. Bloomington, IN: Indiana University Press, 2013.

Pew Research Center. "A Portrait of Jewish Americans." Accessed October 17, 2019. http://www.pewforum.org/2013/10/01/jewish-american-beliefs-attitudes-culture-survey/.

Putnam, Robert D., and David E. Campbell. *American Grace: How Religion Divides and Unites Us*. New York: Simon & Schuster, 2010.

5장_ 파도 속의 성찰: 미국 여성운동에서 종교 간 연구가 배울 수 있는 것 ㅣ 레이첼 S. 미크바

Adler, Rachel. *Engendering Judaism: An Inclusive Theology and Ethics*. Boston: Beacon Press, 1999.

Albanese, Catherine. *America: Religions and Religion*. 5th ed. Belmont, CA: Wadsworth, 2012.

Alcoff, Linda Martin, Michael Hames-Garcia, Satya Mohanty, and Paula M. L. Moya, eds. *Identity Politics Reconsidered*. New York: Palgrave Macmillan, 2006.

Anzaldúa, Gloria, and Cherríe Moraga, eds. *This Bridge Called My Back: Writings by Radical Women of Color*. New York: Kitchen Table Press, 1981.

Bailey, Cathryn. "Making Waves and Drawing Lines: The Politics of Defining the Vicissitudes of Feminism." *Hypatia* 12, no. 3 (June 1997): 29-45.

Barlas, Asma. *Believing Women in Islam: Unreading Patriarchal Interpretations of the Qur'an*. Austin, TX: University of Texas Press, 2002.

Barrows, John Henry, ed. *The World's Parliament of Religions*, Vol. 2. Chicago, IL: Parliament Publishing Company, 1893.

Baumgardner, Jennifer. "Is there a Fourth Wave? Does it Matter?" Feminist. com, 2011. Accessed January 10, 2019. http://www.feminist.com/re-sources/artspeech/genwom/baumgardner2011.html.

Bhabha, Homi. *The Location of Culture*. London: Routledge, 1994.

Blumenfeld, Warren, Khyati Joshi, and Ellen Fairchild, eds. *Investigating Christian Privilege and Religious Oppression in the United States*. Rotterdam: Sense Publishers, 2008.

Boys, Mary C., and Sara S. Lee. *Christians & Jews in Dialogue: Learning in the Presence of the Other*. Woodstock, VT: Skylight Paths, 2006.

Buber, Martin. *I and Thou*. Translated by Walter Kaufmann. Reprint. New York: Touchstone, 1923, 1971.

Butler, Judith. *Gender Trouble: Feminism and the Subversion of Identity*. New York; London: Routledge, 1990.

Cantwell Smith, Wilfred. *The Meaning and End of Religion*. Minneapolis, MN: Fortress Press, 1964.

Cherry, Conrad. *Hurrying Toward Zion*. Bloomington, IN: Indiana University Press, 1995.

Chicago Theological Seminary. "Mission and Commitments." Last accessed November 6, 2017. http://www.ctschicago.edu/about/philosophy/.

Cohen, Naomi. *Jews in Christian America: The Pursuit of Religious Equality*. New York: Oxford University Press, 1992.

Cornille, Catherine, ed. *Many Mansions? Multiple Religious Belonging and Christian Identity*. Eugene, OR: Wipf and Stock, 2002.

Crenshaw, Kimberlé. "Mapping the Margins: Intersectionality, Identity Politics & Violence Against Women of Color." *Stanford Law Review* (July 1991): 1241.

De Beauvoir, Simone. *The Second Sex*. Translated by Constance Borde and Sheila Malovany-Chevallier. New York: Vintage Books, 2011.

Dinnerstein, Leonard. *Antisemitism in America*. New York: Oxford University

Press, 1994.

Eck, Diana. "Prospects for Pluralism." *Journal of the American Academy of Religion* 75, no. 4 (December 2007): 743-76.

Eck, Diana. *A New Religious America: How a "Christian Country" Became the World's Most Religiously Diverse Nation.* New York: Harper Collins, 2002.

Eck, Diana. "Parliament of Religions, 1893." The Pluralism Project, Harvard University. Accessed January 10, 2019. https://pluralism.org/encounter/historical-perspectives/parliament-of-religions-1893/.

Falquet, Jules. "La règle du jeu. Repenser la coformation des rapports sociaux de sexe, de classe et de 'race.'" In Elsa Dorlin, ed., *Sexe, race et classe.* Paris: Presses Universitaires de France, 2009.

Fessenden, Tracy. *Culture and Redemption: Religion, the Secular and American Literature.* Princeton, NJ: Princeton University Press, 2006.

Freire, Paulo. *Education for Critical Consciousness.* New York: Seabury Press, 1973.

Fuller, Robert C. *Spiritual but Not Religious: Understanding Unchurched America.* New York: Oxford University Press, 2001.

Gilligan, Carol. *In a Different Voice.* Cambridge, MA: Harvard University Press, 1982.

Gillis, Stacy, Gillian Howie, and Rebecca Munford, eds. *Third Wave Feminism: A Critical Exploration.* 2nd ed. New York: Palgrave Macmillan, 2007.

Gross, Rita M. *Buddhism After Patriarchy: A Feminist History, Analysis, and Reconstruction of Buddhism.* Albany, NY: State University of New York Press, 1992.

Hanh, Thich Nhat. *Interbeing: Fourteen Guidelines for Engaged Buddhism.* Berkeley, CA: Parallax Press, 1987.

Haraway, Donna. "Situated Knowledges: The Science Question in Feminism and the Privilege of Partial Perspective." *Feminist Studies* 14, no. 3 (Autumn 1988): 575-99.

Harris, Grove. "Pagan Involvement in the Interfaith Movement: Exclusions, Dualities and Contributions." *Crosscurrents* 55, no. 1 (Spring 2005): 66-

76.

Hedges, Paul. "Interreligious Studies." In Anne Runehov and Lluis Oviedo, eds., *Encyclopedia of Sciences and Religions*. Dordrecht: Springer Netherlands, 2013.

Heft, James L., Reuven Firestone, and Omid Safi, eds. *Learned Ignorance: Intellectual Humility among Jews, Christians, and Muslims*. New York: Oxford University Press, 2011.

Heywood, Leslie, and Jennifer Drake. *Third Wave Agenda: Being Feminist, Doing Feminism*. Minneapolis, MN: University of Minnesota Press, 1997.

Hollinger, David. "Religious Ideas: Should They Be Critically Engaged or Given a Pass?" *Representations* 101 (Winter 2008): 144-54.

hooks, bell. *Ain't I a Woman? Black Women and Feminism*. Brooklyn, NY: South End Press, 1981.

Howe Peace, Jennifer, and Or Rose, eds. *My Neighbor's Faith: Stories of Interreligious Encounter, Growth and Transformation*. Maryknoll, NY: Orbis Books, 2012.

Hull, Gloria, Patricia Bell Scott, and Barbara Smith. *All the Women are White, All the Blacks are Men, But Some of Us Are Brave: Black Women's Studies*. New York: The Feminist Press at the City University of New York, 1982.

Idliby, Ranya, Susanne Oliver, and Priscilla Warner. *The Faith Club: A Muslim, a Christian, a Jew Three Women Search for Understanding*. New York: Simon and Schuster, 2006.

Irigaray, Luce. *Speculum de l'autre femme*. Paris: Éditions de Minuit, 1974. English translation by Gillian C. Gill. Ithaca, NY: Cornell University Press, 1985.

Isasi-Díaz, Ada María. *Mujerista Theology: A Theology for the 21st Century*. Maryknoll, NY: Orbis Books, 1996.

Jakobsen, Janet. "Ethics After Pluralism." In Courtney Bender and Pamela Klassen, eds., *After Pluralism: Reimagining Religious Engagement*, 31-58. New York: Columbia University Press, 2010.

Kalsky, Manuela, and André van der Braak, eds. *Open Theology* 3, no. 1 (January

2017).

Katsekas, Bette. "Holistic Interpersonal Mindfulness: Activities and Applicati-
on of Coformation Theory." *Journal of Clinical Activities, Assignments and
Handouts in Psychotherapy Practice* 2, no. 3 (2002): 1-12.

Kazanijan, Victor, and Peter Laurence. *Education as Transformation: Religious
Pluralism, Spirituality and a New Vision for Higher Education in America.*
New York: Peter Lang, 2000.

Kim, Seung Chul. "How Could We Get Over the Monotheistic Paradigm for
the Interreligious Dialogue?" *Journal of Interreligious Studies* 13 (Feb-
ruary 2014): 20-33.

Knitter, Paul, ed. *The Myth of Religious Superiority.* Ossining, NY: Orbis Books,
2005.

Levinas, Emmanuel. *Otherwise than Being or Beyond Essence.* Translated by
Alphonso Lingis. Berlin: Kluwer Academic Publishers, 1981.

Lorde, Audre. *Sister, Outsider.* Reprint. New York: The Crossing Press, 1984,
2007.

Martinez, Cinthya. "Intersectionality and Feminism." *National Association of
Independent Schools* (NAIS) Online, October 27, 2014. Accessed Janu-
ary 12, 2019. https://www.nais.org/learn/independent-ideas/october
-2014/intersectionality-and-feminism/.

Mohanty, Chandra Talpade. *Feminism Without Borders: Decolonizing Theory,
Practicing Solidarity.* Durham, NC: Duke University Press, 2003.

Moraga, Cherríe, and Gloria Anzaldúa, eds. *This Bridge Called My Back: Wri-
tings by Radical Women of Color.* 4th ed. Albany, NY: State University of
New York Press, 2015.

Nash, Philip Andrew. *The Religious History of America.* New York: Harper
Collins, 1992.

Nussbaum, Martha. *Sex and Social Justice.* New York: Oxford University Press,
1999.

Patel, Eboo. *Acts of Faith: The Story of an American Muslim, in the Struggle for
the Soul of a Generation.* Boston: Beacon Press, 2007.

Patel, Eboo. *Interfaith Leadership: A Primer.* Boston: Beacon Press, 2016.

Patel, Eboo. "Only the Religious Can Solve the World's Biggest Problems." *Foreign Policy* 27 (February 2017). Accessed January 14, 2019. https://foreignpolicy.com/2017/02/27/only-the-religious-can-solve-the-worlds-biggest-problems/.

Plaskow, Judith. *Standing Again at Sinai: Judaism from a Feminist Perspective.* San Francisco: Harper, 1990.

Primiano, Leonard Norman. "Manifestations of the Religious Vernacular: Ambiguity, Power, and Creativity." *Verbum Incarnatum: An Academic Journal of Social Justice* 4, no. 2 (2010).

Rose, Or. "In the Spirit of Abraham: Welcoming the Stranger, or, The Art of Interfaith Hospitality." *Tikkun* 25, no. 5 (2010): 30-35.

Safi, Omid. *Memories of Muhammad: Why the Prophet Matters.* New York: Harper Collins, 2009.

Sharma, Arvind. "Are Interreligious Dialogue and Women's Studies Compatible?" *Journal of Feminist Studies in Religion* 9, no. 1-2 (1993): 107-18.

Singer, Toba Spitzer. *God is Here: Reimagining the Divine.* New York: St. Martin's Press, 2023.

Smith, Jane I. "The Role and Experience of Women in American Islam." In *Religions of the United States in Practice*, ed. Colleen McDannell, 98-114. Princeton, NJ: Princeton University Press, 2001.

Spivak, Gayatri Chakravorty. *In Other Worlds: Essays in Cultural Politics.* London: Methuen, 1987.

Tinker, George E. *American Indian Liberation: A Theology of Sovereignty.* Maryknoll, NY: Orbis Books, 2008.

Trible, Phyllis. *Texts of Terror: Literary-Feminist Readings of Biblical Narratives.* Philadelphia: Fortress Press, 1984.

Vasquez, Manuel. *More Than Belief: A Materialist Theory of Religion.* New York: Oxford University Press, 2010.

Yee, Gale A. *Poor Banished Children of Eve: Woman as Evil in the Hebrew Bible.* Minneapolis, MN: Fortress Press, 2003.

Zyzyklus, Stefan. "Einfühlung: For the Difference." *Diacritics* 37, no. 1 (Spring 2007): 89-110.

6장_ 종교적 자아, 종교적 타자: 함께 형성(coformation) 종교 간 교육 모델 | 제 니퍼 하우 피스

Auburn Seminary, Center for Multifaith Education. *Beyond World Religions: The State of Multifaith Education in American Theological Schools.* 2009. Accessed October 19, 2019. http://www.auburnseminary.org/seminarystudy.

Clooney, Francis X. *The New Comparative Theology: Interreligious Insights from the Next Generation.* New York: Continuum, 2010.

Cornille, Catherine. *The Im-Possibility of Interreligious Dialogue.* New York: Crossroad, 2008.

Ibrahim, Celene, and Or Rose. "Annual Grant Report." Unpublished grant report to the Henry Luce Foundation, May 2015.

Leirvik, Oddbjørn. *Interreligious Studies: A Relational Approach to Religious Activism and the Study of Religion.* New York: Bloomsbury, 2014.

Moore, Diane. *Overcoming Religious Illiteracy: A Cultural Studies Approach to the Study of Religion in Secondary Education.* New York: Palgrave Macmillan, 2007.

Peace, Jennifer. "Coformation Through Interreligious Learning." *Colloquy* 20, no. 1 (2011): 24-27. Accessed October 12, 2019. http://www.ats.edu/uploads/resources/publications-presentations/colloquy/colloquy-2011-fall.pdf.

Peace, Jennifer. "Final Report on Luce Grant funding from July 2010-June 2012." Unpublished grant report to the Henry Luce Foundation, September 2012.

Peace, Jennifer. "Grant Report: July 1, 2013-June 30, 2014." Unpublished grant report to the Henry Luce Foundation, May 15, 2014.

Prothero, Stephen. *Religious Literacy: What Every American Needs to Know And Doesn't.* New York: HarperOne, 2008.

Sacks, Jonathan. *Not in God's Name: Confronting Religious Violence*. New York: Schocken, 2015.

3부 _ 종교 간 교육의 복잡성

7장_ 아프리카계 미국인의 종교 다원주의 교육 | 모니카 A. 콜먼

Albanese, Catherine. *America: Religions and Religion*. Belmont, CA: Wadsworth, 2006.

Ammerman, Nancy T. *Everyday Religion: Observing Modern Religious Lives*. New York: Oxford University Press, 2007.

Anonymous. Letter to the Editor. *Essence* (November 2000).

Barnes, Sandra L. *Black Megachurch Culture: Models for Education and Empowerment*. New York: Peter Lang, 2010.

Barrett, Leonard E. *The Rastafarians*, 20th Anniversary ed. Boston: Beacon Press, 1997.

Beckwith, Michael Bernard. *Spiritual Liberation: Fulfilling Your Soul's Potential*. New York: Atria Books, 2009.

Cannon, Katie. *Black Womanist Ethics*. Eugene, OR: Wipf and Stock, 2006.

Chireau, Yvonne. *Black Magic: Religion and the African American Conjuring Tradition*. Berkeley, CA: University of California Press, 2003.

Clark, Jawanza. *Indigenous Black Theology: Toward an African Centered Theology of the African-American Religious Experience*. New York: Palgrave Macmillan, 2012.

Cobb, John B. *Beyond Dialogue: Toward a Mutual Transformation of Christianity and Buddhism*. Eugene, OR: Wipf and Stock, 1998.

Coleman, Monica. *Making a Way Out of No Way: a Womanist Theology*. Minneapolis, MN: Fortress Press, 2008.

Coleman, Will. *Tribal Talk: Black Theology, Hermeneutics and African/American Ways of "Telling the Story."* University Park, PA: The Pennsylvania State University Press, 2000.

Cone, James. *The Spirituals and the Blues: An Interpretation*. New York: Orbis, 1992.

Erskine, Noel C. *From Garvey to Marley: Rastafari Theology*. Tallahassee, FL: University Press Of Florida, 2005.

Fa'lokun Fatunmbi, Awo. *Iwa-Pele: Ifa Quest: The Search for the Source of Santeria and Lucumi*. Brooklyn, NY: Original Publications, 1991.

Frazier, E. Franklin. *Negro Church in America*, 1963. New York: Schocken, 1974.

Griffin, David Ray, ed. *Deep Religious Pluralism*. Louisville, KY: Westminster John Knox, 2005.

Hall, Edward T. *The Silent Language*, 1959. New York: Anchor Books, 1973.

Harrison, Milmon F. *Righteous Riches: The Word of Faith Movement in Contemporary African American Religion*. New York: Oxford University Press, 2005.

Hart, William David. *Black Religion: Malcolm x, Julius Lester, and Jan Willis*. New York: Palgrave Macmillan, 2008.

Herskovkits, Melville K. *Myth of a Negro Past*, 1941. Boston: Beacon Press, 1990.

Hick, John. *An Interpretation of Religion: Human Responses to the Transcendent*. New Haven, CT: Yale University Press, 1989.

Hopkins, Dwight. *Shoes that Fit Our Feet: Sources for a Constructive Black Theology*. New York: Orbis, 1993.

Hucks, Tracey E. *Yoruba Traditions and African American Religious Nationalism*. Albuquerque, NM: University of New Mexico Press: 2014.

Johnson, Deborah L. *The Sacred Yes: Letters from the Infinite*. Boulder, CO: Sounds True, 2006.

"Let Us Break Bread," African American Spiritual. First published *The Journal of American Folklore and Saint Helena Island Spirituals* (1925).

Lincoln, C. Eric and Lawrence H. Mamiya. *The Church in African American Experience Durham*, NC: Duke University Press, 1990.

McGuire, Meredith B. *Lived Religion: Faith and Practice in Everyday Life*. New

York: Oxford University Press, 2008.

Pinn, Anthony B. "Ashe! Santeria, Orisha-Voodoo and Oyotunji Village." In *Varieties of African American Religious Experience*, 59-114. Minneapolis, MN: Fortress, 1998.

Raboteau, Albert J. *Slave Religion: The "Invisible Institution" in the Antebellum South*. New York, Oxford University Press, 1978.

Troeltsch, Ernst. "The Place of Christianity Among the World Religions." In *Attitudes Towards Other Religions: Some Christian Interpretations*, edited by Owen C. Thomas, 73-91. New York: Harper & Row, 1954, 1969.

Tucker-Worgs, Tamelyn N. *The Black Megachurch: Theology, Gender, and the Politics of Public Engagement*. Waco, TX: Baylor University Press, 2012.

Turner, Richard Brent. "African Muslim Slaves and Islam in Antebellum America." *The Cambridge Companion to American Islam*, edited by Juliane Hammer and Omid Safi, 28-44. New York: Cambridge University Press, 2013.

Ulmer, Kenneth C. *Knowing God's Voice: Learning How to Hear God Above the Chaos of Life and Respond Passionately in Faith*. Ventura, CA: Chosen Books, 2011.

Vanzant, Iyanla. *Tapping the Power Within: A Path to Self-Empowerment for Women* (1998). Carlsbad, CA: Hay House, 2009.

Walker, Alice. "The Only Reason You Want to Go to Heaven Is That You Have Been Driven Out of Your Mind (Off Your Land and Out of Your Lover's Arms): Clear Seeing Inherited Religion and Claiming the Pagan Self." In *Anything We Love Can Be Saved: A Writer's Activism*, 1-28. New York: Ballatine, 1997.

Young, Josiah U. *Pan African Theology: Providence and the Legacies of the Ancestors*. Trenton, NJ: Africa World Press, 1992.

Yuajah, Empress. *Rasta Way of Life: Rastafari Livity Book* (CreateSpace: 2014).

Abu-Lughod, Lila. *Do Muslim Women Need Saving?* Cambridge, MA: Harvard University Press, 2013.

Ahmed, Leila. *Women and Gender in Islam.* New Haven, CT: Yale University Press, 1992.

Ahmad, Bukhari and Nyang, eds. *Observing the Observer: The State of Islamic Studies in American Universities.* London and Washington: The International Institute of Islamic Thought, 2012.

Asad, Talal. *Formations of the Secular: Christianity, Islam, Modernity.* Stanford, CA: Stanford University Press, 2003.

Asad, Talal. *On Suicide Bombing.* New York: Columbia University Press, 2007.

Asad, Talal, Judith Butler, Wendy Brown, and Saba Mahmood, eds. *Is Critique Secular? Blasphemy, Injury, and Free Speech.* New York: Fordham University Press, 2013.

Baudrillard, Jean. *The Spirit of Terrorism.* New York: Verso, 2002.

Bier, Carol. *Reverberating Echoes: Contemporary Art Inspired by Traditional Islamic Art.* Berkeley, CA: Graduate Theological Union, 2017.

Brown, Wendy. *Regulation Aversion: Tolerance in the Age of Identity and Empire.* Princeton, NJ: Princeton University Press, 2008.

Butler, Judith. *Frames of War: When is Life Grievable?* New York: Verso, 2009.

Diouf, Sylviane. *Servants of Allah: African Muslims Enslaved in the Americas.* New York: New York University Press, 1998.

Esposito, John and Dalia Mogahed. *Who Speaks for Islam? What a Billion Muslims Really Think.* New York: Gallup Press, 2007.

Lakoff, George. *Don't Think of an Elephant! Know Your Values and Frame the Debate.* White River Junction, VT: Chelsea Green Publishing, 2014.

Mahmood, Saba. Politics of Piety: *The Islamic Revival and the Feminist Subject.* Princeton, NJ: Princeton University Press, 2005.

Mamdani, Mahmood. *Good Muslim, Bad Muslim. America, the Cold War and the Roots of Terror.* New York: Pantheon Books, 2004.

Massad, Joseph. *Islam in Liberalism*. Chicago: Chicago University Press, 2015.

Puar, Jasbir. *Terrorist Assemblages: Homonationalism in Queer Times*. Durham, NC: Duke University Press, 2007.

Said, Edward. *Orientalism*. New York: Random House, 1978.

Scott, Joan. *The Politics of the Veil*. Princeton, NJ: Princeton University Press, 2007.

Shryock, Andrew, ed. *Islamophobia/Islamophilia: Beyond the Politics of Enemy and Friend*. Bloomington, IN: Indiana University Press, 2010.

9장_ 종교 간 교육: 교실 안에서 일어나는 초국가적이고 초영성적인 정체성 형성 ㅣ크리스틴 J. 홍

Bradshaw, Paul and Maxwell E. Johnson. *The Origins of Feasts and Seasons in Early Christianity*. Collegeville, MN: Pueblo Books, 2011.

D'Alisera, JoAnn. "Images of a Wounded Homeland: Sierra Leonian Children and the New Heart of Darkness." In Nancy Foner, ed., *Across Generations: Immigrant Families in America*, 114-34. New York: New York University Press, 2009.

Kujawa-Holbrook, Sheryl. *God Beyond Borders: Interreligious Learning Among Faith Communities*. Eugene, OR: Pickwick Publishing, 2014.

Levitt, Peggy and Mary C. Waters, *The Changing Face of Home: The Transnational Lives of the Second Generation*. New York: Russell Sage Foundation, 2002.

Mitchell, Corey. "A Teacher Mispronouncing a Student's Name can have a Lasting Impact." *Public Broadcasting Service*. Accessed September 8, 2019. http://www.pbs.org/newshour/rundown/a-teacher-mispronouncing-a-students-name-can-have-a-lasting-impact/.

Osmer, Richard. *Practical Theology: An Introduction*. Grand Rapids, MI: Eerdmans, 2008.

Shindler, John. *Transformative Classroom Management: Positive Strategies to Engage All Students and Promote a Psychology of Success*. San Francisco:

Jossey-Bass, 2009.

Tewari, Nita and Alvin Alvarez. *Asian American Psychology: Current Perspectives*. New York: Psychology Press, 2008.

Warner, R. Stephen and Judith G. Wittner. *Gatherings in Diaspora: Religious Communities and the New Immigration*. Philadelphia: Temple University Press, 1998.

Yong, Amos. *The Missiological Spirit: Christian Mission Theology in the Third Millennium Global Context*. Eugene, OR: Cascade Books, 2014.

4부 _ 종교간 교육의 효과

10장_ "신은 훨씬 더 자비로운 분이란다": 신학적 감각과 종교 간 신학 교육 | 티무르 유스카예프

Ansari, Bilal. "The Foundations of Pastoral Care in Islam: Reviving the Pastoral Voice in Islamic Prison Chaplaincy." MA diss. Hartford Seminary, 2011.

Ansari, Bilal. "Thug Life Theodicy A Mustard Seed of Faith: Reflections on the 20th Anniversary of Tupac Shakur's Song 'So Many Tears.'" Accessed June 23, 2017. https://ummahwide.com/thug-life-theodicy-a-mustard-seed-of-faith-5bb62c88dfc2#.15vj9wcv9.

Bakhtin, Mikhail. *Toward a Methodology for the Human Sciences: Speech Genres & Other Late Essays*, translated by Vern W. McGee. Austin, TX: University of Texas Press, 1986.

Bayoumi, Moustafa. *How Does It Feel to Be a Problem: Being Young and Arab in America*. New York: Penguin Press, 2009.

Clooney, Francis X. *Comparative Theology: Deep Learning Across Religious Borders*. Malden, MA and Oxford: Wiley-Blackwell, 2010.

Connolly, William E. *Pluralism*. Durham, NC: Duke University Press, 2005.

Landau, Yehezkel. "Building Abrahamic Partnerships: A Model Interfaith Program at Hartford Seminary." In David A. Roozen and Heidi Hadsell, eds., *Changing the Way Seminaries Teach: Pedagogies for Interfaith Dialogue*, 85-

120. Hartford, MA: Hartford Seminary, 2009.

11장_ 급진적 연대의 목회/킬라파(Khilāfa) : 종교 간 앨라이로서 신학 교육자와 학생 ┃ 스캇 C. 알렉산더

Alexander, Scott C. "Encountering the Religious 'Stranger': Interreligious Pe-dagogy and the Future of Theological Education." *Theological Education* 51, no. 2 (2018): 49-59.

Alonso, Antonio Eduardo. "Theological Education Between the Times: Re-flections on the Telos of Theological Education." *Religious Studies News*, April 28, 2017. 2017년 12월 29일 접속, http://rsn.aarweb.org/spotlight-on/theo-ed/between-the-times/theological-education-between-times -reflections-telos-theological-education.

Boyle, Gregory. *Tattoos on the Heart: the Power of Boundless Compassion.* New York: Simon and Schuster, 2010.

Florence + the Machine. "Delilah." *Genius.com.* 2017년 12월 29일 접속. https:// genius.com/Florence-the-machine-delilah-lyrics.

| 찾 아 보 기 |

인명

주제